Markus Bauder, Volker Holzer, Hartmut Hug, Klaus Merk, Thomas Paaß, Alexander Rothacher, Christian Seifritz, Cornelia Sobanek

Holzer Stofftelegramme Wirtschaftsschule

Volks- und Betriebswirtschaftslehre, Rechnungswesen, Englisch, Mathematik

Baden-Württemberg

Lösungen

12. Auflage

Bestellnummer 00619

Bildungsverlag EINS
westermann

Die in diesem Produkt gemachten Angaben zu Unternehmen (Namen, Internet- und E-Mail-Adressen, Handelsregistereintragungen, Bankverbindungen, Steuer-, Telefon- und Faxnummern und alle weiteren Angaben) sind i. d. R. fiktiv, d. h., sie stehen in keinem Zusammenhang mit einem real existierenden Unternehmen in der dargestellten oder einer ähnlichen Form. Dies gilt auch für alle Kunden, Lieferanten und sonstigen Geschäftspartner der Unternehmen wie z. B. Kreditinstitute, Versicherungsunternehmen und andere Dienstleistungsunternehmen. Ausschließlich zum Zwecke der Authentizität werden die Namen real existierender Unternehmen und z. B. im Fall von Kreditinstituten auch deren IBANs und BICs verwendet.

Die in diesem Werk aufgeführten Internetadressen sind auf dem Stand zum Zeitpunkt der Drucklegung. Die ständige Aktualität der Adressen kann vonseiten des Verlages nicht gewährleistet werden. Darüber hinaus übernimmt der Verlag keine Verantwortung für die Inhalte dieser Seiten.

service@bv-1.de
www.bildungsverlag1.de

Bildungsverlag EINS GmbH
Ettore-Bugatti-Straße 6-14, 51149 Köln

ISBN 978-3-427-**00619**-0

westermann GRUPPE

Inhaltsverzeichnis

Bewerbung, Ausbildung und Vergütung

Konsum und Finanzierung

Geschäftsprozess Einkauf

Existenzgründung

Grundlagen kaufmännischen Handelns und Verwaltens

1 Einfaches Unternehmensmodell

1. Siehe Stofftelegramm.

2.

	Er fließt vom	Güter-/Geldstrom	Zu-/Abfluss
a)	Lieferer zum eigenen Betrieb	Güterstrom	Zufluss
b)	Kunden zum eigenen Betrieb	Geldstrom	Zufluss
c)	eigenen Betrieb zum Kunden	Güterstrom	Abfluss
d)	eigenen Betrieb zum Lieferer	Geldstrom	Abfluss

2 Grundlagen des Rechnungswesens

2.1 Dreisatz

1. 230 Blatt – 25 Tage
   250 Blatt – x Tage x = 23 Tage

2. 168 Stunden – 1.881,60 EUR
   120 Stunden – x EUR x = 1.344,00 EUR

3. 15 Stunden – 8 Arbeitskräfte
   10 Stunden – x Arbeitskräfte x = 12 Arbeitskräfte

4. 6 Maler – 12 Arbeitstage
   9 Maler – x Arbeitstage x = 8 Arbeitstage

5. 120.000,00 EUR Umsatz – 7.200,00 EUR Provision
   145.000,00 EUR Umsatz – x EUR Provision x = 8.700,00 EUR

6. 60,00 EUR – 30 Wochen
   80,00 EUR – x Wochen x = 22,5 Wochen
   Seine Wartezeit verkürzt sich um 7,5 Wochen.

7. 6 Autohäuser – 15.000,00 EUR
   9 Autohäuser – x EUR x = 10.000,00 EUR
   Pro Autohaus verringert sich der Werbeaufwand um 5.000,00 EUR.

8. 7,2 · 1,25 EUR = 9,00 EUR : 100 km
   100 km – 9,00 EUR Dieselkosten
   6.500 km – x EUR x = 585,00 EUR

9. Ursprüngliche Kosten pro Kopf = (1.300,00 EUR + 200,00 EUR) : 4 = 375,00 EUR
   4 Personen – 375,00 EUR
   3 Personen – x EUR x = 500,00 EUR
   Die Kosten pro Person erhöhen sich um 125,00 EUR.

2.2 Prozentrechnen

1.

	1	2	3	4
Ursprünglicher Preis	230,00	**1.250,00**	**1.600,00**	900,00
Nachlass in %	12,5	–	**22**	–
Nachlass in EUR	**28,75**	–	352,00	–
Erhöhung in %	–	15	–	**15**
Erhöhung in EUR	–	187,50	–	**135,00**
Neuer Preis	**201,25**	**1.437,50**	1.248,00	1.035,00

2.

Gewinn 1	169.397,99 EUR
+ 4 %	6.775,92 EUR
Gewinn 2	176.173,91 EUR
– 8 %	14.093,91 EUR
Gewinn 3	162.080,00 EUR

3. a)

Rohbaumwolle	**3.000,00 kg**	100 %	
− Waschen, Kämmen	500,00 kg	$16\frac{2}{3}$ %	
	2.500,00 kg	$83\frac{1}{3}$ %	100 %
− Spinnen	50,00 kg		2 %
	2.450,00 kg	100 %	98 %
+ Ausrüsten	36,75 kg	1,5 %	
	2.486,75 kg	101,5 %	

b) 513,25 : 3.000 · 100 = 17,1 %

4. a) Aufgrund des Bestelltermins erhalten wir für 25 Stühle 18 % Rabatt.

Listenpreis (25 · 65,00 EUR)	1.625,00 EUR
− Rabatt, 18 %	292,50 EUR
= Zieleinkaufspreis	1.332,50 EUR
+ Fracht	50,00 EUR
= Einstandspreis	1.382,50 EUR

b) 1.382,50 – 100 %
50,00 – x % x = 3,62 %

Auf die Fracht entfallen 3,62 % des Einstandspreises.

5. Bisher gefahrene Strecke: 480 km – 340 km = 140 km
Bisherige Durchschnittsgeschwindigkeit = 140 : 1,1 Std. = 127,3 km/Std.
2:18 − 1:06 = 1:12 (= 1,2 Std. restliche Fahrzeit)
Erforderliche Durchschnittsgeschwindigkeit für Reststrecke: 340 km : 1,2 = 283,3 km/Std.
127,3 km – 100 %
283,3 km – x % = 222,5 %
Der TGV muss seine Durchschnittsgeschwindigkeit um 122,5 % erhöhen.

6.

ursprünglicher Preis	205,00 EUR	100 %	
Preissenkung	20,50 EUR	10 %	
Preis nach der Preissenkung	184,50 EUR	10 %	100 %
Preiserhöhung	18,45 EUR		10 %
Preis nach der Preiserhöhung	202,95 EUR		110 %

Preisabweichung = 205,00 EUR − 202,95 EUR = 2,05 EUR
205,00 – 100 %
2,05 – x % x = 1 %

2.3 Grundlagen der Buchführung

2.3.1 Einnahmen-/Ausgabenrechnung

Haushaltseinkommen	
1. Nettoeinkommen Vater	3.150,00
2. Nettoeinkommen Mutter	1.230,00
3. Beitrag Oma	600,00
Summe Einnahmen	**4.980,00**

Ausgaben	
1. Miete	840,00
2. Wasser, Strom, Heizung ...	340,00
3. Telefon	65,00
4. Zeitung	40,00
5. Nahrungsmittel	1.200,00
6. Bekleidung	260,00
7. Unterhaltung, Freizeit ...	350,00
8. Pkw	450,00
9. Versicherungen	170,00
10. Taschengeld	70,00
Summe Ausgaben	3.785,00
+ Sparen	**1.195,00**
Summe Einnahmen	**4.980,00**

2.3.2 Kassenbuchführung

Soll		**Kasse**	**Haben**
Anfangsbestand	2.740,00	Portokosten	13,00
Verkauf Power-Drinks	290,00	Reparatur Firmenfahrzeug	450,00
Verkauf Punktekarten	690,00	Inserat Wochenblatt	120,00
		Büromaterial	35,00
		Übertrag auf Bankkonto	1.000,00
		Schlussbestand	2.102,00
	3.720,00		3.720,00

Am nächsten Tag eröffnet das Konto mit einem Anfangsbestand von 2.102,00 EUR.

2.3.3 Buchen auf Bestandskonten

1.

Daten	**Seite des Kontos**	
	Soll	**Haben**
Anfangsbestände eines Aktivkontos	×	
Abgänge eines Passivkontos	×	
Schlussbestand eines Aktivkontos		×
Zugänge eines Aktivkontos	×	
Schlussbestand eines Passivkontos	×	
Zugänge eines Passivkontos		×
Anfangsbestand eines Passivkontos		×
Abgänge eines Aktivkontos		×

2.

S	Bank		H
a)	3.450,00	d)	9.775,00
b)	5.520,00	Schlussbestand	9.195,00
c)	10.000,00		
	18.970,00		18.970,00

3.

Geschäftsvorfall	Welche Bilanzposition?	Aktiv? Passiv?	Zu? Ab?	Welche Seite ist zu buchen? SOLL	HABEN
Barabhebung vom Bankkonto, 500,00	*Bank* *Kasse*	*Aktiv* *Aktiv*	*Ab* *Zu*	 *500,00*	*500,00*
(1) Kauf von Waren bar, 900,00 EUR	**Waren** **Kasse**	**Aktiv** **Aktiv**	**Zu** **Ab**	**900,00** 	 **900,00**
(2) Kunde zahlt Rechnung per Bank, 1.500,00 EUR.	**Bank** **Ford.**	**Aktiv** **Aktiv**	**Zu** **Ab**	**1.500,00** 	 **1.500,00**
(3) Kauf von 5 Schreibtischen auf Ziel, 7.500,00 EUR	**G'Ausst.** **Verbindl.**	**Aktiv** **Passiv**	**Zu** **Zu**	**7.500,00** 	 **7.500,00**
(4) Aufnahme eines Darlehens, bar, 20.000,00 EUR	**Darlehen** **Kasse**	**Passiv** **Aktiv**	**Zu** **Zu**	 **20.000,00**	**20.000,00**
(5) Wir zahlen Liefererrechnung durch Banküberweisung, 4.500,00 EUR.	**Bank** **Verbindl.**	**Aktiv** **Passiv**	**Ab** **Ab**	 **4.500,00**	**4.500,00**

3. b) und c)

S	Geschäftsausst.		H
AB	40.000,00		
(3)	**7.500,00**		

S	Darlehen		H
		AB	25.000,00
		(4)	**20.000,00**

S	Waren		H
AB	20.000,00		
(1)	**900,00**		

S	Verbindlichkeiten		H
(5)	**4.500,00**	AB	7.500,00
		(3)	**7.500,00**

S	Forderungen		H
AB	8.000,00	**(2)**	**1.500,00**

S	Bank		H
AB	4.000,00	**(5)**	**4.500,00**
(2)	**1.500,00**		

S	Kasse		H
AB	2.500,00	**(1)**	**900,00**
(4)	**20.000,00**		

4. a)	Waren		an	Kasse	1.000,00
b)	Verbindlichkeiten a. LL.		an	Bank	500,00
c)	Bank		an	Fuhrpark	8.000,00
d)	Darlehen		an	Bank	10.000,00
e)	Waren		an	Verbindl.	1.500,00
f)	Vbl. aus Lieferungen		an	Darlehen	5.000,00
g)	Postgiro		an	Forderungen	2.000,00
h)	Bank		an	Darlehen	20.000,00
i)	Bank		an	Kasse	500,00
j)	Kasse		an	Bank	1.000,00
k)	Postgiro		an	Bank	5.000,00
l)	Geschäftsausstattung		an	Bank	3.500,00
m)	Bank	20.000,00			
	Kasse	20.000,00	an	Grundstücke	40.000,00
n)	Bank	2.000,00			
	Kasse	500,00	an	Forderungen	3.000,00
o)	Darlehen	20.000,00	an	Fuhrpark	8.000,00
				Bank	12.000,00
p)	221 Waren	4.000,00	an	Verbindlichkeiten	2.500,00
				Kasse	1.500,00
q)	280 Bank	1.200,00			
	282 Kasse	300,00	an	Geschäftsausst.	1.500,00

5.

S	Geschäftsausst.		H
AB	40.000,00	**SB**	**47.500,00**
(3)	7.500,00		
	47.500,00		47.500,00

S	Darlehen		H
SB	**45.000,00**	AB	25.000,00
		(4)	20.000,00
	45.000,00		45.000,00

S	Waren		H
AB	20.000,00	**SB**	**20.900,00**
(1)	900,00		
	20.900,00		20.900,00

S	Verbindlichkeiten		H
(5)	4.500,00	AB	7.500,00
SB	**10.500,00**	(3)	7.500,00
	15.000,00		15.000,00

S	Forderungen		H
AB	8.000,00	(2)	1.500,00
		SB	**6.500,00**
	8.000,00		8.000,00

S	Bank		H
AB	4.000,00	(5)	4.500,00
(2)	1.500,00	**SB**	**1.000,00**
	5.500,00		5.500,00

S	Kasse		H
AB	2.500,00	(1)	900,00
(4)	20.000,00	**SB**	**21.600,00**
	22.500,00		22.500,00

2.3.4 Eröffnung und Abschluss der Bestandskonten

a), c) und d)

S	EBK		H
Vbl. gg. KI	67.000,00	G.-Ausst.	75.000,00
Vbl. a. LL.	14.500,00	Fuhrpark	53.000,00
Eigenkapital	114.000,00	Waren	34.000,00
		Forderungen	12.000,00
		Bankguthaben	17.000,00
		Kasse	4.500,00
	195.500,00		**195.500,00**

S	Geschäftsausst.		H
EBK	**75.000,00**	**SBK**	**77.500,00**
Bank	2.500,00		
	77.500,00		**77.500,00**

S	Fuhrpark		H
EBK	**53.000,00**	**SBK**	**75.000,00**
Ba/Vbl.	22.000,00		
	75.000,00		**75.000,00**

S	Waren		H
EBK	**34.000,00**	**SBK**	**37.500,00**
Vbl.	3.500,00		
	37.500,00		**77.500,00**

S	Forderungen		H
EBK	**12.000,00**	Ka	800,00
		SBK	**11.200,00**
	12.000,00		**12.000,00**

S	Bankguthaben		H
EBK	**17.000,00**	Ka	1.500,00
		Fuhrp.	7.000,00
		Vbl.	5.000,00
		Gesch. A.	2.500,00
		SBK	**1.000,00**
	17.000,00		**17.000,00**

S	Kasse		H
EBK	**4.500,00**	**SBK**	**6.800,00**
Bank	1.500,00		
Ford.	800,00		
	6.800,00		**6.800,00**

S	Verbindl. g. KI		H
SBK	**67.000,00**	**EBK**	**67.000,00**
	67.000,00		**67.000,00**

S	Verbindl. a. LL.		H
Ba	5.000,00	**EBK**	**14.500,00**
SBK	**28.000,00**	Fuhrp.	15.000,00
		Waren	3.500,00
	33.000,00		**33.000,00**

S	Eigenkapital		H
SBK	**114.000,00**	**EBK**	**114.000,00**

S	SBK		H
G.-Ausst.	77.500,00	Vbl. gg. KI	67.000,00
Fuhrpark	75.000,00	Vbl. a. LL.	28.000,00
Waren	37.500,00	Eigenkapital	114.000,00
Forderungen	11.200,00		
Bankguth.	1.000,00		
Kasse	6.800,00		
	209.000,00		**209.000,00**

b)

Nr.	Buchungssatz	Soll	Haben
1.	Kasse an Bank	1.500,00	 1.500,00
2.	Fuhrpark an Bank an Verbindlichkeiten a. LL.	22.000,00	 7.000,00 15.000,00
3.	Kasse an Forderungen	800,00	 800,00
4.	Verbindlichkeiten an Bank	5.000,00	 5.000,00
5.	Waren an Verbindlichkeiten	3.500,00	 3.500,00
6.	Geschäftsausstattung an Bank	2.500,00	 2.500,00
		45.300,00	45.300,00

2.3.5 Erfolgskonten (Ergebniskonten)

1. a) Haben-Seite
   b) Aufwandskonten
   c) Aufwendungen → Soll-Seite
   Erträge → Haben-Seite
   d) Saldo eines Aufwandskontos: Haben-Seite
   Saldo eines Ertragskontos: Soll-Seite
   e) Gewinn-und-Verlust-Konto
   f) Haben-Seite
   g) Soll-Seite

2. a) und b)

S	Gehälter		H
1)	25.200,00	GuV	49.800,00
8)	24.600,00		
	49.800,00		49.800,00

S	Umsatzerlöse		H
GuV	65.000,00	2)	43.000,00
		7)	22.000,00
	65.000,00		65.000,00

S	Mieten		H
3)	800,00	GuV	1.400,00
9)	600,00		
	1.400,00		1.400,00

S	Zinserträge		H
GuV	280,00	4)	250,00
		10)	30,00
	280,00		280,00

S	Postgebühren		H
6)	120,00	GuV	120,00

H	Provisionserträge		H
GuV	23,00	5)	23,00

S	GuV		H
Gehälter	49.800,00	U'erl.	65.000,00
Mieten	1.400,00	Zinserträge	280,00
Postgeb.	120,00	Diskontertr.	23,00
EK	13.983,00		
	65.303,00		65.303,00

S	Eigenkapital		H
SB	263.983,00	AB	250.000,00
		GuV	13.983,00
	263.983,00		263.983,00

3.

a)	Aufwend. f. Kommun.	740,00 EUR	an	Bank	740,00 EUR
b)	Zinsaufwendungen	400,00 EUR	an	Bank	400,00 EUR
c)	Bank	500,00 EUR	an	Mieterträge	500,00 EUR
d)	Löhne	7.500,00 EUR	an	Bank	7.500,00 EUR
e)	Steuern	1.200,00 EUR	an	Postgiro	1.200,00 EUR
f)	Beiträge	250,00 EUR	an	Bank	250,00 EUR
g)	Büromaterial	70,00 EUR	an	Kasse	70,00 EUR
h)	Bank	120,00 EUR	an	Zinserträge	120,00 EUR
i)	Rechtskosten	850,00 EUR	an	Bank	850,00 EUR
j)	Versicherungsbeiträge	730,00 EUR	an	Bank	730,00 EUR

4. a), c) und d)

S	EBK		H
Eigenkapital	85.500,00	Geschäftsausst.	92.000,00
Vbl. g. KI	60.000,00	Forderungen	24.000,00
Vbl. a. LL.	22.000,00	Bank	34.000,00
		Kasse	17.500,00
	167.500,00		167.500,00

S	Geschäftsausst.		H
EBK	**92.000,00**	**SBK**	**92.000,00**

S	Forderungen		H
EBK	**24.000,00**	Kasse	900,00
		SBK	**23.100,00**
	24.000,00		**24.000,00**

S	Bank		H
EBK	**34.000,00**	Versich.	680,00
Mietertr.	1.700,00	**SBK**	**36.145,00**
Prov. E.	1.125,00		
	36.825,00		**36.825,00**

S	Kasse		H
EBK	**17.500,00**	Werbung	250,00
Ford.	900,00	Repar.	350,00
		SBK	**17.800,00**
	18.400,00		**18.400,00**

S	Vbl. g. KI		H
SBK	**60.000,00**	**EBK**	**60.000,00**

S	Vbl. a. LL.		H
SBK	**22.000,00**	**EBK**	**22.000,00**

S	Werbung		H
Kasse	250,00	**GuV**	**250,00**

S	Erträge a. Vermiet.		H
GuV	**1.700,00**	Bank	1.700,00

S	Reparaturen		H
Kasse	350,00	**GuV**	**350,00**

S	Provisionserträge		H
GuV	**1.125,00**	Bank	1.125,00

S	Versicherungen		H
Kasse	680,00	**GuV**	**680,00**

S	Eigenkapital		H
SBK	**86.545,00**	**EBK**	**85.500,00**
		GuV	1.545,00
	87.045,00		**87.045,00**

S	GuV-Konto		H
Werb.	250,00	Mietertr.	1.700,00
Repar.	350,00	Prov. E.	1.125,00
Vers.	680,00		
Eigenk.	1.545,00		
	2.825,00		**2.825,00**

S	SBK		H
Geschäftsausst.	92.000,00	Eigenkap.	87.045,00
Forderungen	23.100,00	Vbl. g. KI	60.000,00
Bank	36.145,00	Vbl. a. LL.	22.000,00
Kasse	17.800,00		
	169.045,00		169.045,00

b)

Nr.	Buchungssatz	Soll	Haben
1.	Bank an Erträge aus Vermietung	1.700,00	 1.700,00
2.	Werbung an Kasse	250,00	 250,00
3.	Kasse an Forderungen	900,00	 900,00
4.	Bank an Provisionserträge	1.125,00	 1.125,00
5.	Instandhaltungen, Reparaturen an Kasse	350,00	 350,00
6.	Versicherungsbeiträge an Bank	680,00	 680,00

2.3.6 Doppelte Erfolgsermittlung

a) + b)

S	GuV		H
Gehälter	87.000,00	U-erlöse	270.000,00
Miete	9.600,00	Zinsertr.	420,00
Büromat.	740,00		
Werbung	8.000,00		
EK	**165.080,00**		
	270.420,00		270.420,00

S	Eigenkapital		H
SB	245.080,00	AB	80.000,00
		GuV	165.080,00
	245.080,00		245.080,00

Neues Eigenkapital: **245.080,00 EUR**

Erfolg (= Gewinn)	= Summe Erträge	−	Summe Aufwendungen
165.080,00	= 270.420,00	−	105.340,00

c)

Eigenkapital am Jahresende	245.080,00 EUR
− Eigenkapital am Jahresanfang	80.000,00 EUR
= Erfolg (hier Gewinn)	165.080,00 EUR

2.3.7 Erfolg aus Warenverkäufen

a)

S	Waren		H
AB	29.000,00	Aufw. f. W.	7.250,00
		SBK	21.750,00
	29.000,00		29.000,00

S	Schlussbilanzkonto		H
Waren	21.750,00		

S	Aufw. f. Waren		H
Waren	7.250,00	GuV	7.250,00
	7.250,00		7.250,00

S	Umsatzerlöse		H
GuV	**13.000,00**	Ford.	13.000,00

S	GuV-Konto		H
A. f. W.	7.250,00	UE	13.000,00

b)

Nr.	Geschäftsvorfall	Buchungssatz	Soll	Haben
1.	Verkauf der 5 Schneefräsen auf Ziel	Forderungen an Umsatzerlöse	13.000,00	 13.000,00
2.	Wareneinsatz zu Einstandspreisen	Aufwendungen f. Waren an Waren	7.250,00	 7.250,00

Nr.	Abschluss der Konten	Buchungssatz	Soll	Haben
1.	Die verbleibenden 15 Schneefräsen haben einen Inventurwert von 21.750,00 EUR.	SBK an Waren	21.750,00	 21.750,00
2.	Konto Aufwendungen für Waren	GuV-Konto an Aufwend. f. Waren	7.250,00	 7.250,00
3.	Konto Umsatzerlöse	Umsatzerlöse an GuV-Konto	13.000,00	 13.000,00

c)

Warenverkäufe auf Ziel (5 Schneefräsen, je 2.600,00 EUR)	13.000,00 EUR
– zugehöriger Wareneinsatz (5 Schneefräsen, je 1.450,00 EUR)	7.250,00 EUR
= **Rohgewinn**	**5.750,00 EUR**

2.3.8 Kontenrahmen – Kontenplan

1. Industrie, Großhandel, Einzelhandel, Banken

2. **Kontenrahmen:** Kontenordnungssystem, das für einen ganzen Wirtschaftszweig gilt
Kontenplan: Auszug aus dem Kontenrahmen, zugeschnitten auf einen speziellen Betrieb

3.
- rasches Auffinden der Konten durch einheitliche Gliederung
- Unterstützung der maschinellen Verarbeitung
- einheitliche Kontenbezeichnung
- erleichtert Perioden- und Betriebsvergleich

4. a) Umlaufvermögen : Kontenklasse 2
b) Eigenkapital : Kontenklasse 3
c) Sachanlagen : Kontenklasse 0
d) Finanzanlagen : Kontenklasse 1
e) Verbindlichkeiten : Kontenklasse 4
f) Aufwendungen : Kontenklasse 6 und 7
g) Erträge : Kontenklasse 5

2.3.9 Inventur – Inventar – Bilanz und Gewinn- und Verlustrechnung

1.
- Einhaltung gesetzlicher Vorschriften
- Feststellung der Bestände am Bilanzstichtag
- Soll-Ist-Bestandsvergleiche

2. a) **Stichtagsinventur:** zeitnahe körperliche Bestandsaufnahme (10 Tage vor oder nach dem Bilanzstichtag)

Permanente Inventur: laufende Inventur mittels Lagerkartei (Lagerbestandsdatei); mindestens einmal jährlich körperliche Bestandsaufnahme dennoch notwendig (beliebiger Zeitpunkt)

b) **Inventur:** **Tätigkeit** der Aufnahme und Bewertung der Bestände

Inventar: Bestands**verzeichnis**, das alle Vermögensteile und Schulden am Bilanzstichtag enthält (= Ergebnis der Inventur)

3. A. Vermögen B. Schulden C. Ermittlung des Reinvermögens

4. a) **Anlagevermögen:** Gegenstände, die dauerhaft im Geschäftsbetrieb verbleiben, wie z. B. Gebäude, Maschinen, Werkzeuge.

Umlaufvermögen: Gegenstände, die ständig umgesetzt, be- oder verarbeitet werden, wie z. B. Lagervorräte an Rohstoffen/Heizöl, Forderungen, Guthaben bei Kreditinstituten.

b) **langfristige Schulden** = Schulden mit einer Laufzeit > 4 Jahre
kurzfristige Schulden = Schulden mit einer Laufzeit ≤ 4 Jahre

5.

	a)	b)	c)	d)
Vermögen	**245.000,00**	**80.000,00**	120.000,00	**150.000,00**
Anlagevermögen	70.000,00	50.000,00	**70.000,00**	**45.000,00**
Umlaufvermögen	**175.000,00**	30.000,00	50.000,00	105.000,00
Eigenkapital	95.000,00	**25.000,00**	40.000,00	50.000,00
Fremdkapital	150.000,00	55.000,00	**80.000,00**	100.000,00

6. a) **A. Vermögen**

1. Grundstücke		600.000,00 EUR
2. Gebäude		350.000,00 EUR
3. Fuhrpark		
1 Bagger „Liebherr"	150.000,00 EUR	
1 Lkw „Daimler-Benz"	90.000,00 EUR	
1 Lkw „Magirus"	120.000,00 EUR	
1 Schaufellader „Caterpillar"	220.000,00 EUR	
1 VW-Transporter	18.000,00 EUR	
1 Pkw	55.000,00 EUR	653.000,00 EUR
4. Geschäftsausstattung (lt. Anlage 1)		70.000,00 EUR
5. Kundenforderungen (lt. Anlage 2)		54.500,00 EUR
6. Guthaben bei Kreditinstituten		
– Kreissparkasse	4.360,00 EUR	
– Volksbank	7.990,00 EUR	12.350,00 EUR
7. Kasse		1.270,30 EUR
Summe des Vermögens		1.741.120,30 EUR

B. Schulden

1. Hypothekendarlehen Kreissparkasse	900.000,00 EUR
2. Liefererverbindlichkeiten (lt. Anlage 3)	72.800,00 EUR
Summe der Schulden	972.800,00 EUR

C. Ermittlung des Reinvermögens

1. Summe des Vermögens	1.741.120,30 EUR
2. Summe der Schulden	972.800,00 EUR
3. Reinvermögen (= Eigenkapital)	768.320,30 EUR

Radolfzell, 31.12.20..

b) **Anlagevermögen:** Grundstücke, Gebäude, Fuhrpark, Geschäftsausstattung
Umlaufvermögen: Kundenforderungen, Guthaben bei Banken, Kasse

7. Bilanz zum 31.12.

Aktiva		Passiva	
I. Anlagevermögen		*I. Eigenkapital*	768.320,30
Grundstücke	600.000,00	*II. Fremdkapital*	28.000,00
Gebäude	350.000,00	Hyp'darlehen	900.000,00
Fuhrpark	653.000,00	Vbl. aus Lief.	72.800,00
Geschäftsausst.	70.000,00		
II. Umlaufvermögen			
Forderungen	54.500,00		
Bankguthaben	12.350,00		
Kasse	1.270,30		
	1.741.120,30		1.741.120,30

8. **Inventar:** ausführliche Aufstellung der Vermögensteile und der Schulden in Staffelform
Bilanz: kurzgefasste Gegenüberstellung von Vermögen und Kapital in Kontenform

9. bei Gründung und Ende jedes Geschäftsjahres

10. **Linke Seite:** Aktiva; enthält Vermögensteile.
Rechte Seite: Passiva; enthält Eigen- und Fremdkapital.

11. **Gliederung des Vermögens:** Flüssigkeit (= Liquidität). Je näher die Position am Bargeld („flüssiger"), desto später erfolgt die Nennung der Position.
Gliederung des Kapitals: Fälligkeit (= Fristigkeit). Je kurzfristiger die Fälligkeit, desto später erfolgt die Nennung der Position.

12. Grundstücke → Lagereinrichtungen → Fuhrpark → Waren → Forderungen → Bankguthaben → Bargeld

2.3.10 Vollständiger Geschäftsgang

a), c) und d)

S	EBK		H
Eigenkapital	267.000,00	Fuhrpark	55.000,00
Vbl. a. LL.	65.000,00	Geschäftsausst.	87.000,00
		Waren	125.000,00
		Forderungen	33.000,00
		Bank	24.000,00
		Kasse	8.000,00
	332.000,00		**332.000,00**

S	084 Fuhrpark		H
EBK	**55.000,00**	**SBK**	**55.000,00**

S	087 Geschäftsausst.		H
EBK	**87.000,00**	SBK	87.850,00
44	850,00		
	87.850,00		**87.850,00**

S	2000 Waren		H
EBK	**125.000,00**	6000	15.600,00
		6000	1.040,00
		SBK	**108.360,00**
	125.000,00		**125.000,00**

S	240 Forderungen		H
EBK	**33.000,00**	280	2.450,00
5000	25.500,00	**SBK**	**57.790,00**
5000	1.740,00		
	60.240,00		**60.240,00**

S	280 Bank		H
EBK	**24.000,00**	63	6.450,00
240	2.450,00	**SBK**	**20.000,00**
	26.450,00		**26.450,00**

S	282 Kasse		H
EBK	**8.000,00**	687	450,00
		SBK	**7.550,00**
	8.000,00		**8.000,000**

S	3000 Eigenkapital		H
SBK	**270.700,00**	**EBK**	**267.000,00**
		8020	3.700,00
	270.700,00		**270.700,00**

S	4400 Vbl. a. LL.		H
SBK	**65.850,00**	**EBK**	**65.000,00**
		087	850,00
	65.850,00		**65.850,00**

S	5000 Umsatzerlöse		H
8020	**27.240,00**	240	25.500,00
		240	1.740,00
	27.240,00		**27.240,00**

S	6000 Aufw. f. Waren		H
2000	15.600,00	**8020**	**16.640,00**
2000	1.040,00		
	16.640,00		**16.640,00**

S	63 Gehälter		H
280	**6.450,00**	**8020**	**6450,00**

S	687 Werbung		H
282	**450,00**	**8020**	**450,00**

S	8020 GuV		H
6000	16.640,00	5000	27.240,00
63	6.450,00		
687	450,00		
3000	3.700,00		
	27.240,00		**27.240,00**

S	8010 SBK		H
084	55.000,00	3000	270.700,00
087	87.850,00	4400	65.850,00
2000	108.360,00		
240	57.790,00		
280	20.000,00		
282	7.550,00		
	336.550,00		**336.550,00**

b)

Nr.	Buchungssatz	Soll	Haben
1	087 Geschäftsausstattung	850,00	
	an 4400 Verbindlichkeiten		850,00
2	280 Bank	2.450,00	
	an 240 Forderungen		2.450,00
3	240 Forderungen	25.500,00	
	an 5000 Umsatzerlöse		25.500,00
	6000 Aufwendungen für Waren	15.600,00	
	an 2000 Waren		15.600,00
4	63 Gehälter	6.450,00	
	an 280 Bank		6.450,00
5	687 Werbung	450,00	
	an 282 Kasse		450,00
6	240 Forderungen	1.740,00	
	an 5000 Umsatzerlöse		1.740,00
	6000 Aufwendungen für Waren	1.040,00	
	an 2000 Waren		1.040,00

e)

Aktiva	Schlussbilanz		Passiva
Fuhrpark	55.000,00	Eigenkapital	270.700,00
Geschäftsausst.	87.850,00	Vbl. a. LL.	65.850,00
Waren	108.360,00		
Forderungen	57.790,00		
Bank	20.000,00		
Kasse	7.550,00		
	336.550,00		**336.550,00**

S	Gewinn- und	Verlustrechnung	H
Aufw. f. Waren	16.640,00	Umsatzerlöse	27.240,00
Gehälter	6.450,00		
Werbung	450,00		
Jahresüberschuss	3.700,00		
	27.240,00		**27.240,00**

f) Eigenkapital am Jahresende 270.700,00 EUR

Eigenkapital am Jahresende	270.700,00 EUR
− Eigenkapital am Jahresanfang	267.000,00 EUR
= **Erfolg (hier Gewinn)**	**3.700,00 EUR**

3 Grundlagen des Kaufvertrags

3.1 Rechts- und Geschäftsfähigkeit

1. a) **Rechtsfähigkeit:** Fähigkeit von Personen, Träger von Rechten und Pflichten zu sein. Rechtsfähigkeit beginnt mit Geburt und endet mit Tod.
   Geschäftsfähigkeit: Fähigkeit, rechtsgeschäftliche Willenserklärungen abzugeben.
   b) **Natürliche Personen:** alle Menschen
   Juristische Personen: Personenvereinigungen und Vermögensmassen, die durch Gesetz eine eigene Rechtspersönlichkeit haben.

2.

	N/P/Ö		N/P/Ö
Gemeinde Eierbach	Ö	Eingetragener Verein	P
Vorstandsmitglied einer AG	N	Südwestfunk	Ö
Joh. Gurth, Amtsrichter	N	Universität	Ö
Axel Schweiß GmbH	P	Steuerberater	N
Harald Schmidt	N	IHK	Ö
Continental AG	P	VfB Stuttgart	P

3. Nur Menschen sind rechtsfähig. Tiere können somit nicht erben.
4. Geschäftsunfähigkeit: bis vollendetes 7. Lebensjahr
   Beschränkte Geschäftsfähigkeit: vollendetes 7. Lebensjahr bis 18. Lebensjahr
   Unbeschränkte Geschäftsfähigkeit: ab vollendetem 18. Lebensjahr
5. a) **Geschäftsunfähige:** nichtig
   b) **Beschränkt Geschäftsfähige:** Solange Zustimmung des gesetzlichen Vertreters fehlt, ist Rechtsgeschäft schwebend unwirksam.
   c) **Unbeschränkt Geschäftsfähige:** voll gültig
6. Schließt ein beschränkt Geschäftsfähiger ein Rechtsgeschäft ab, so benötigt er vom gesetzlichen Vertreter hierzu entweder
   - die **vorherige** Zustimmung = **Einwilligung**
   - oder die **nachträgliche** Zustimmung = **Genehmigung**.

   Solange diese Zustimmung fehlt, ist das Geschäft schwebend unwirksam. Danach voll gültig.
7. - Der gesetzliche Vertreter gibt vorherige Einwilligung.
   - Der beschränkt Geschäftsfähige hat nur rechtliche Vorteile.
   - Verträge, die er mit jenen Mitteln bewirkt, die ihm zur freien Verfügung überlassen wurden (Taschengeld, Geldgeschenk).
   - Dem beschränkt Geschäftsfähigen wurden die Mittel zu einem bestimmten Zweck überlassen (keine Ratenzahlung!).
   - Rechtshandlungen innerhalb eines vom gesetzlichen Vertreter genehmigten Arbeitsvertrags oder selbstständigen Erwerbsgeschäftes
8. a) nichtig wegen Geschäftsunfähigkeit
   b) Heiko ist geschäftsunfähig. Kauf der Rosen daher nichtig. Verkäufer muss Kaufpreis zurückerstatten und den Schaden tragen.

c) Bei Weigerung der Eltern ist der Kaufvertrag nichtig, es entstehen künftige Verpflichtungen (Raten!). Ratenverträge bedürfen stets der Zustimmung.
d) Schenkung ist rechtsgültig. Sie bringt nur rechtliche Vorteile. Anke darf das Geld behalten.
e) Da Jürgen nicht nur rechtliche Vorteile erhält, ist die Genehmigung des gesetzlichen Vertreters notwendig.
f) Willi hätte zwar große wirtschaftliche Vorteile. Darauf kommt es aber nicht an, sondern allein darauf, dass der beschränkt Geschäftsfähige **ausschließlich rechtliche Vorteile** erlangt. Ohne Zustimmung des gesetzlichen Vertreters geht nichts.
g) Schwebend unwirksam. Das Geld wurde für einen anderen Zweck zur Verfügung gestellt. Erst durch Genehmigung des gesetzl. Vertreters wird der Kauf des MP3-Players gültig.
h) Kündigung ist rechtswirksam, da Ingrid im Rahmen eines genehmigten Arbeitsverhältnisses für alle damit zusammenhängenden Rechtshandlungen voll geschäftsfähig ist. Die Eltern können die Kündigung nicht verhindern.
i) **Sonderurlaub:** Keine Zustimmung des gesetzl. Vertreters notwendig, da für alle Rechtshandlungen im Zusammenhang mit Ausbildungsvertrag unbeschränkt geschäftsfähig.
USA-Reise: Betrifft nicht Ausbildungsverhältnis, daher schwebend unwirksam.
j) Einstellung ist rechtsgültig, da Rechtshandlung im Rahmen eines genehmigten selbstständigen Erwerbsgeschäftes erfolgte.
k) **Halskette:** Schwebend unwirksam, da das Geld nicht zu diesem Zweck überlassen wurde.
Lexikon: Gültig, da sie die ihr überlassenen Mittel zweckbestimmt verwendete.

3.2 Rechtsgeschäfte

1. Sie begründen rechtliche Wirkungen und sind daher die Grundlage für Rechtsgeschäfte.
2. mündlich, schriftlich, schlüssiges Handeln, ggf. Schweigen
3. a) **Schlüssiges Handeln:**
   - Kopfnicken
   - Handschlag beim Viehhandel
   - Wink nach einem Taxi
   - Einsteigen in Bus

   b) **Schweigen:**
   Sie erhalten ein Angebot einer unbekannten Firma und reagieren daraufhin nicht. Hier gilt Schweigen als Ablehnung.

4.

Kündigung	einseitig/empfangsbedürftig
Schenkung	mehrseitig/einseitig verpflichtend
Kaufvertrag	mehrseitig/mehrseitig verpflichtend
Arbeitsvertrag	mehrseitig/mehrseitig verpflichtend
Testament	einseitig/nicht empfangsbedürftig
Anfechtung	einseitig/empfangsbedürftig
Bürgschaft	mehrseitig/einseitig verpflichtend
Schuldversprechen	mehrseitig/einseitig verpflichtend

5. Antrag und Annahme
6. ja; Einseitige, nicht empfangsbedürftige Willenserklärung
7. formfrei, schriftlich, öffentliche (= notarielle) Beglaubigung, öffentliche Beurkundung

8. Grundsatz der Vertragsfreiheit wird durch Grundsatz der Formfreiheit unterstützt.
   Vorteile der Formfreiheit:
   - schnelle Geschäftsabschlüsse möglich (telefonisch, mündlich)
   - kostensparend

9. - Beweissicherung
   - Vermeidung von Missverständnissen
   - Schutz sach**un**kundiger Personen vor Übervorteilung (z. B. Bürgschaft)
   - Schutz vor übereilten, nicht genügend durchdachten, bindenden Entscheidungen (z. B. Grundstücksverkauf, Ehevertrag)

10. Notarielle Beurkundung. Unterschrift **und** Erklärungsinhalt werden notariell beurkundet.

11. Das Rechtsgeschäft ist nichtig.

12.

Grundstückskauf	notar. Beurkundung
Kauf einer Fließbandanlage im Wert von 6,5 Mio. EUR	formfrei
Testament	Schriftform
Schenkungsversprechen	notar. Beurkundung
Bürgschaft, die ein Kaufmann nach HGB im Rahmen seines Handelsgewerbes abgibt	formfrei
Bürgschaft einer Privatperson	Schriftform
Schuldanerkenntnis	Schriftform

3.3 Besitz und Eigentum

1. **Eigentum:** rechtliche Herrschaft über eine Sache
   Besitz: tatsächliche Herrschaft über eine Sache

2. **Bewegliche Sachen:** Einigung und Übergabe
   Unbewegliche Sachen: Auflassung (= notariell beurkundete Einigung) und Eintragung im Grundbuch (ersetzt die Übergabe)

3. Nein. Übergabe fehlt.

4. ab Übergabe des Fahrrads

5. Maier kann den PC nicht zurückverlangen, da Fischer Eigentümer geworden ist. Er kann lediglich Zahlung verlangen.

6. a) Schmidt wurde Eigentümer. Zuerst wurde das Eigentum an Schlor, danach von diesem auf Schmidt übertragen.
   b) Genau gleich. Zahlung spielt bei Eigentumsübergang keine Rolle.

7. Bayer ist Eigentümer, da er beim Erwerb der Hose in gutem Glauben war, Pregler sei Eigentümer.

8. Die Buchhandlung bleibt Eigentümer. Kein Eigentumserwerb an gestohlenen Sachen.

9. Drexler, durch Einigung und Übergabe

10. Eigentumserwerb an gestohlenen Sachen ist grundsätzlich nicht möglich. Ausnahme u. a. gestohlenes Geld. Das Reisebüro ist also Eigentümer des Geldes geworden. Keine Herausgabepflicht! Seliger muss also gegen Klammer vorgehen.

11. a) 30.05. (mit Beurkundung)
    b) 20.07. (Eintragung im Grundbuch)

3.4 Anfechtung eines Rechtsgeschäftes

1. Anfechtbare Rechtsgeschäfte:
   - Irrtum
   - arglistige Täuschung
   - widerrechtliche Drohung

2. Anfechtungsfristen:
   - **Irrtum:** Unverzüglich nach Entdeckung
   - **Arglistige Täuschung:** innerhalb eines Jahres nach Entdeckung der Täuschung
   - **Widerrechtliche Drohung:** innerhalb eines Jahres nach Wegfall der Zwangslage

3. a) anfechtbar wegen Irrtum in der Erklärung (Tippfehler); Anfechtung unverzüglich nach Entdeckung des Irrtums
   b) nein; nicht anfechtbar, da Motivirrtum
   c) anfechtbar, da Übermittlungsirrtum (Hörfehler); Anfechtung unverzüglich nach Entdeckung des Irrtums
   d) anfechtbar wegen arglistiger Täuschung; Anfechtung innerhalb eines Jahres nach Kenntnis der Täuschung
   e) anfechtbar, da widerrechtliche Drohung; Anfechtung innerhalb eines Jahres nach Beendigung der Zwangslage
   f) gültig, da Formfreiheit

4 Rechtliche Bestandteile des Kaufvertrags

1. **1. Willenserklärung** = Antrag **2. Willenserklärung** = Annahme

2. Kann beides sein.

3. a) Kein Kaufvertrag, da zu spät angenommen.
   b) Kein Kaufvertrag. Annahme unter Abänderungen bedeutet Ablehnung des alten Antrages verbunden mit neuem Antrag.
   c) Kein Kaufvertrag. Angebot ohne Bindung, da Verwendung einer Freiklausel. Bestellung = Antrag. Muss von **V** noch angenommen werden.

4. a) Angebot von **V** ist verbindlich in Bezug auf Menge und Ware, unverbindlich in Bezug auf Preis. Bestellung von **K** fixiert den Preis = 1. verbindl. WE. **V** liefert und nimmt damit die Bedingungen von **K** an. Ja, es kam ein Kaufvertrag zustande.
   b) Antrag war die Bestellung von **K**, Annahme war Lieferung des **V**.
   c) Damit gelten 8,00 EUR. Die Forderung von 8,50 EUR ist nicht gerechtfertigt.

5. **Verpflichtungsgeschäft:** **Begründet** die Pflicht zu einem Tun (oder Unterlassen) und damit **ein Schuldverhältnis**. Im Rahmen eines Kaufvertrages werden Käufer und Verkäufer bestimmte Pflichten auferlegt.

   Erfüllungsgeschäft: Setzt Verpflichtungsgeschäft voraus. **Führt zum Erlöschen des Schuldverhältnisses,** nachdem die geschuldete Leistung von beiden Vertragspartnern in der richtigen Art und Weise erfüllt wurde.

6. **Pflichten des Verkäufers:**
   - ordnungsgemäße Lieferung, d. h. zur rechten Zeit, am rechten Ort, mangelfrei
   - Dem Käufer das Eigentum daran zu verschaffen.
   - Abnahme des Kaufpreises

   Pflichten des Käufers:
   - Abnahme der Ware
   - Bezahlung des Kaufpreises

7. a) auf Verlangen sofort
   b) auf Verlangen sofort

8. am Wohn-/Geschäftssitz des jeweiligen Schuldners; LO für Zahlung = Sitz des Käufers, LO für Lieferung = Sitz des Verkäufers.

   Bedeutung für Warenschuld: Mit der ordnungsgemäßen Übergabe am Leistungsort wird der Schuldner aus seiner Verpflichtung frei. Käufer trägt ab dort die Transportkosten und die Gefahr des zufälligen Unterganges.

   Bedeutung für Geldschuld: Der Schuldner muss die Leistung fristgerecht am Leistungsort bewirken (Das Geld muss also nicht fristgerecht bei Gläubiger eintreffen!). Darüber hinaus trägt er die Kosten und die Gefahr des Verlustes.

9. a) Berger hat fristgerecht am Erfüllungsort geleistet. Er ist nur verpflichtet, das Geld rechtzeitig abzusenden. Es muss nicht am Fälligkeitstag beim Empfänger ankommen!
   b) Berger muss auch noch die restlichen 2,00 EUR bezahlen. Der Schuldner trägt die Kosten der Zahlung.
   c) Ja. Er trägt das Risiko des Verlustes.

10. a) Nein. Elektro Berner hat mit ordnungsgemäßer Übergabe an Spedition seine Pflicht erfüllt. Von dort ab trägt Grieshaber das Risiko des Verlustes.
    b) Ja. Bei Versendung durch eigene Leute/Lkw trägt der Verkäufer das Transportrisiko.

11. a) Ulm b) Ulm c) Stuttgart

5 Den Geschäftsprozess Verkauf durchführen

1. a) **Allgemein gehaltene Anfrage:**
   Bitte um Muster, Katalog, Preisliste, Vertreterbesuch, Warenverzeichnis
   b) **Bestimmte Anfrage:**
   Frage nach Preis, Güte, Beschaffenheit, Lieferzeit, Zahlungsbedingungen usw. für ein genau bezeichnetes Erzeugnis

2. a) **Allgemein gehaltene Anfrage:**
   Anbahnung einer neuen Geschäftsbeziehung aufgrund einer Empfehlung, eines Messebesuches o. Ä.
   b) **Bestimmte Anfrage:**
   Kunde benötigt für einen Angebotsvergleich (bzw. Aktualisierung der Einkaufsunterlagen) die neuesten Daten zu bestimmten Produkten.

3.

Anfrage	**Angebot**
• Absender = Käufer	• Absender = Verkäufer
• unverbindlich	• verbindlich (Ausnahmen bei Verwendung von Freiklauseln!)

4. a)
   - Art der Ware (genaue Bezeichnung)
   - Beschaffenheit und Güte
   - Menge
   - Liefer- und Zahlungsbedingungen
   - Garantien
   - Preis
   - Preisnachlässe
   - Leistungsort und Gerichtsstand

   b) Durch die Angabe von Normen (= Vereinheitlichung von Teilen in Bezug auf Maße, Materialeigenschaften usw.), Mustern, Proben können umfangreiche Beschreibungen des Erzeugnisses im Rahmen des Angebotes vermieden werden.

5. **Gesetzlich:**
   - **Unter Anwesenden:** Angebot kann nur angenommen werden, solange das Gespräch dauert (gilt auch am Telefon).
   - **Unter Abwesenden:** Wie unter normalen Umständen die Antwort erwartet werden kann (Brief ca. eine Woche, E-Mail ca. 24 Stunden).

   Vertraglich:
   Anbieter kann sein Angebot zeitlich befristen (zumeist länger als gesetzliche Bindung). Dann ist er in Bezug auf den Inhalt gebunden, zeitlich jedoch entsprechend der Vorgabe.

6. Einschränkung der Bindungsfrist, siehe Aufgabe 5.
   Freiklauseln, z. B.:

• **Preis freibleibend**	Menge verbindlich, Preis unverbindlich
• **solange Vorrat reicht**	Menge unverbindlich, Preis verbindlich
• **unverbindlich/ohne Obligo**	Menge **und** Preis unverbindlich

7. Bindung an Angebot erlischt, wenn
   - der Empfänger das Angebot ablehnt.
   - das Angebot verspätet angenommen wurde.
   - das Angebot nicht innerhalb der festgesetzten Frist angenommen wurde.
   - der Empfänger das Angebot abändert (= neuer Antrag).
   - der Antragende rechtzeitig widerruft.

8. Angebot widerrufen. Widerruf muss spätestens mit dem Angebot beim Kunden eintreffen.
   Lösung: Telefon, E-Mail, Fax.

9. Bindung an das Angebot ist erloschen, da zu spät angenommen. Die Bestellung muss auf mindestens gleich schnellem Weg erfolgen. Firma Kloppt kann nichts unternehmen.

10. • Es handelt sich um eine bestimmte Anfrage. Das daraufhin erwartete Angebot soll sicher als Entscheidungsgrundlage für einen Angebotsvergleich dienen. Ein unverbindliches Angebot (wie verlangt) bindet aber den Anbietenden nicht und ist daher als Entscheidungsbasis untauglich.
    • Durch die **Vorgabe** von exakten Liefer- und Zahlungsbedingungen bringt sich der Anfragende selbst um einen späteren Verhandlungsspielraum über Preise, Liefer- und Zahlungsbedingungen.
    • Die Angabe der Einkaufsbedingungen in der Anfrage ist rechtlich ohne jede Wirkung. Verweist der Verkäufer im Rahmen seines folgenden Angebotes auf seine Verkaufsbedingungen, dann muss der Anfragende diese entweder akzeptieren oder das Angebot erlischt.

11. • exakte Beschreibung und Klassifikation des Produktes (ggf. erwartete Leistungsdaten, DIN-Normen usw.)
    • Preise
    • Konditionen (Rabatte, Skonti)
    • Aufschläge (Verpackung, Fracht, Versicherung, Mindermengen)
    • Liefertermine
    • Leistungsort
    • Garantien

12. Unklare Formulierungen führen zu unnötigen Missverständnissen mit unter Umständen gravierenden Folgen, wenn z. B. gelieferte Ware völlig in Ordnung ist, jedoch nicht dem notwendigen Standard genügt (z. B. Blech zu dünn, Leistungsabgabe des Elektromotors unter Dauerbelastung zu schwach, Laminatboden in Kinderzimmerqualität statt Wohnraumqualität). Jedenfalls wird die Geschäftsbeziehung belastet, möglicherweise entstehen juristische Auseinandersetzungen unter Beiziehung von Gutachten usw.

13. a) Kosten der Verkaufsverpackung trägt der Verkäufer. Kosten der Versandverpackung trägt der Käufer.
    b) mittlere Art und Güte

14. a) Rabatt = sofortiger Preisnachlass
    Bonus = nachträglicher Preisnachlass

    b) **Mengenrabatt:** Anreiz, mehr zu kaufen, als der momentane Bedarf des Käufers vorgibt. Sind die Kosteneinsparungen aufgrund des Mengenrabattes und des nur 1x notwendigen Beschaffungsvorganges größer als die erhöhten Lagerkosten, dann lohnt der Mehrbezug.

    Treuerabatt: Anreiz für Kunden, bei seinem Lieferanten zu bleiben, Aufbau einer Stammkundschaft

    Skonto: Anreiz zur Barzahlung innerhalb kurzer Frist. Verkürzt Kapitalbindungsdauer beim Lieferanten, verringert damit seinen Bedarf an Fremdkapital.

6 Das Rechnungswesen im Geschäftsprozess Verkauf

6.1 Die Umsatzsteuer beim Verkauf von Waren

1.

Nr.	Buchungssatz	Soll	Haben
1.	240 Forderungen	62.832,00	
	an 5000 Umsatzerlöse		52.800,00
	480 Umsatzsteuer		10.032,00
	6000 Aufwendungen für Waren	32.500,00	
	an 2000 Waren		32.500,00

2. a) Umsatzsteuer: Verbindlichkeit gegenüber dem Finanzamt (Passivkonto). Entsteht bei Ausgangsrechnungen. Haben-Buchung.
   b) Endverbraucher (Privatmann)

3. Keinen! Es handelt sich um durchlaufende Posten, somit kein Einfluss auf Gewinn oder Verlust.

4. Passivkonto

5. Der Unternehmer soll grundsätzlich nicht mit Umsatzsteuer belastet werden, da er nicht Endverbraucher ist. Umsatzsteuer, die er in Rechnung stellt, bedeutet für ihn eine Verbindlichkeit an das Finanzamt.

6. Sie ist i. d. R. monatlich beim Finanzamt einzureichen (innerhalb von 10 Tagen nach Ablauf des Monats). Dies erfolgt über ein beim Finanzamt erhältliches Programm (Elster).

6.2 Die Debitorenbuchhaltung

a) **Buchungssätze im Grundbuch**

Nr.	Buchungssatz	Soll	Haben
1.	240001 (Höscheler e. Kfm.) an 5000 Umsatzerlöse 480 Umsatzsteuer	3.272,50	 2.750,00 522,50
	6000 Aufwendungen f. Waren an 2000 Waren	1.850,00	 1.850,00
2.	280 Bank an 240002 (Westermeyer GmbH)	4.165,00	 4.165,00
3.	240003 (Birkholz e. Kfm.) an 5000 Umsatzerlöse 480 Umsatzsteuer	5.117,00	 4.300,00 817,00
	6000 Aufwendungen f. Waren an 2000 Waren	2.760,00	 2.760,00
4.	280 Bank an 240003 (Birkholz e. Kfm.)	3.451,00	 3.451,00
5.	280 Bank an 240001 (Höscheler e. Kfm.)	5.355,00	 5.355,00
6.	240002 (Westermeyer GmbH) an 5000 Umsatzerlöse 480 Umsatzsteuer	2.082,50	 1.750,00 332,50
	6000 Aufwendungen f. Waren an 2000 Waren	940,00	 940,00

b)–d)

Debitorenbuchhaltung (Nebenbuchhaltung)

S — 240001 Höscheler e. Kfm. — H

S		H	
AB	15.330,00	5. (280)	5.355,00
1. (500/480)	3.272,50	Saldo	13.247,50
	18.602,50		18.602,50

S — 240002 Westermeyer GmbH — H

S		H	
AB	22.540,00	2. (280)	4.165,00
6. (500/480)	2.082,50	Saldo	20.457,50
	24.622,50		24.622,50

S — 240003 Birkholz e. Kfm. — H

S		H	
AB	8.750,00	4. (280)	3.451,00
3. (500/480)	5.117,00	Saldo	10.416,00
	13.867,00		13.867,00

2) 3)

Hauptbuchhaltung

S — 240 Forderungen — H

S		H	
AB 1)	46.620,00	Su. Haben-Beträge	12.971,00
Su. Soll-Beträge	10.472,00	Saldo	**44.121,00**
	57.092,00		57.092,00

S — 6000 Aufw. f. W. — H

S		H	
2000	1.850,00		
2000	2.760,00		
2000	940,00		

S — 2000 Waren — H

S		H	
AB	9.500,00	6000	1.850,00
		6000	2.760,00
		6000	940,00

Summe d. Salden aus den Debitorenkonten

240001 Höscheler	13.247,50 EUR
240002 Westermeyer	20.457,50 EUR
240003 Birkholz	10.416,00 EUR
Summe	**44.121,00 EUR**

S — 5000 UE — H

S		H	
		1. (24001)	2.750,00
		3. (24003)	4.300,00
		6. (240002)	1.750,00

S — 480 USt. — H

S		H	
		1. (24001)	522,50
		3. (24003)	817,00
		6. (240002)	332,50

S — 280 Bank — H

S		H	
2. (240002)	4.165,00		
4. (240003)	3.451,00		
5. (240001)	5.355,00		

1) **46.620,00** = Summe aus den Anfangsbeständen der Debitorenkonten
15.330,00 + 22.540,00 + 8.750,00

2) **10.472,00** = Summe aus den Soll-Beträgen der Debitorenkonten
3.272,50 + 2.082,50 + 5.177,00

3) **12.971,00** = Summe aus den Haben-Beträgen der Debitorenkonten
5.355,00 + 4.165,00 + 3.451,00

6.3 Die Kalkulation im Verkauf

1.

LEP 250 St. · 3,15 EUR		787,50 EUR
− L'Rab	12 %	94,50 EUR
ZEK		693,00 EUR
− L'Skonto	2 %	13,86 EUR
BEP		679,14 EUR
+ Bezko		13,50 EUR
Einst.'P		692,64 EUR
+ Hako	16 %	110,82 EUR
= Selbstk.		803,46 EUR
+ Gewinn	10 %	80,35 EUR
= BarVP		883,81 EUR
+ K'Skonto	3 %	27,33 EUR
= ZielVP		911,14 EUR
+ K'Rabatt	20 %	227,79 EUR
= ListenVP für 250 Stück		1.138,93 EUR
= ListenVP für 65 Stück		**296,12 EUR**

2.

	Erzeugnis A		Erzeugnis B		Erzeugnis C	
LEP		5.240,00 EUR		80,00 EUR		480,00 EUR
− L'Rabatt	15 %	786,00 EUR	20 %	16,00 EUR	10 %	48,00 EUR
= ZEP		4.454,00 EUR		64,00 EUR		432,00 EUR
− L'Skonto	3 %	133,62 EUR	2 %	1,28 EUR	3 %	12,96 EUR
= BEP		4.320,38 EUR		62,72 EUR		419,04 EUR
+ Bezko		130,50 EUR		5,80 EUR		40,50 EUR
= EP		4.450,88 EUR		68,52 EUR		459,54 EUR
+ HKZ	30 %	1.335,26 EUR	25 %	17,13 EUR	20 %	91,91 EUR
= SK		5.786,14 EUR		85,65 EUR		551,45 EUR
+ Gewinn	12 %	694,34 EUR	10 %	8,57 EUR	8 %	44,12 EUR
= BVP		6.480,48 EUR		94,22 EUR		595,57 EUR
+ K'Skonto	2 %	132,25 EUR	3 %	2,91 EUR	2,5 %	15,27 EUR
= ZVP		6.612,73 EUR		97,13 EUR		610,84 EUR
+ K'Rabatt	12 %	901,74 EUR	12 %	13,25 EUR	15 %	107,80 EUR
= LVP		**7.514,47 EUR**		**110,38 EUR**		**718,64 EUR**

3.

Einkaufspreis (20 · 1.050,00)		21.000,00 EUR
− Rabatt	20 %	4.200,00 EUR
Zieleinkaufspreis		16.800,00 EUR
− Skonto	3 %	504,00 EUR
Bareinkaufspreis		16.296,00 EUR
+ Bezugskosten		740,00 EUR
Einstandspreis		17.036,00 EUR
+ HKZ	25 %	4.259,00 EUR
Selbstkostenpreis		21.295,00 EUR
+ Gewinn	12 %	2.555,40 EUR
Barverkaufspreis		23.850,40 EUR
Kundenskonto	2 % i. H.	486,74 EUR
Ziel-/Listenverkaufspreis für 20 Boards		24.337,14 EUR

4.

LEP		3.786,13 EUR	3.398,98 EUR
− L'Rab	10 %	378,61 EUR	339,90 EUR
ZEK		3.407,52 EUR	3.059,08 EUR
− L'Skonto	2,5 %	85,19 EUR	76,48 EUR
BEP		3.322,33 EUR	2.982,60 EUR
+ Bezko		75,00 EUR	75,00 EUR
Einst.'P		3.397,33 EUR	3.057,60 EUR
+ Hako	20 %	679,47 EUR	611,52 EUR
= Selbstk.		4.076,80 EUR	3.669,12 EUR
+ Gewinn	15 %	611,52 EUR	550,37 EUR
= BarVP		4.688,32 EUR	4.219,49 EUR
+ K'Skonto	2 %	95,68 EUR	86,11 EUR
= ZielVP		4.784,00 EUR	4.305,60 EUR
+ K'Rabatt	8 %	416,00 EUR	374,40 EUR
= ListenVP (5.200,00 – 520,00 = 4.680,00)		**5.200,00 EUR**	**4.680,00 EUR**

Senkung = 3.786,13 – 3.398,98 = 387,15 = 10,23 %

5.

LEP		7.006,27 EUR
− L'Rab	18 %	1.261,13 EUR
ZEK		5.745,14 EUR
− L'Skonto	2,5 %	143,63 EUR
BEP		5.601,51 EUR
+ Bezko		245,00 EUR
Einst.'P		5.846,51 EUR
+ Hako	16 %	935,44 EUR
= Selbstk.		6.781,95 EUR
+ Gewinn	13 %	881,65 EUR
= BarVP		7.663,60 EUR
+ K'Skonto	2 %	156,40 EUR
= ZielVP		7.820,00 EUR
+ K'Rabatt	15 %	1.380,00 EUR
= ListenVP		9.200,00 EUR

6.

LEP 240,00 EUR · 6 =		1.440,00 EUR
− L'Rab	10 %	144,00 EUR
ZEK		1.296,00 EUR
− L'Skonto	2 %	25,92 EUR
BEP		1.270,08 EUR
+ Bezko		65,00 EUR
Einst.'P		1.335,08 EUR
+ Hako	25 %	333,77 EUR
= Selbstk.		1.668,85 EUR
+ Gewinn	**9,37 %**	**156,35 EUR**
= BarVP		1.825,20 EUR
+ K'Skonto	2,5 %	46,80 EUR
= ZielVP		1.872,00 EUR
+ K'Rabatt	20 %	468,00 EUR
= ListenVP 3,90 · 600 Stück		2.340,00 EUR

6.4 Preisnachlässe beim Verkauf

1. a)	240	Forderungen	35.473,90	an	500	Umsatzerl.	29.810,00
					480	USt.	5.663,90
b)	6000	Aufw. f. Waren	21.450,00	an	2000	Waren	21.450,00
2.	614	Frachten	125,00				
	260	Vorsteuer	23,75	an	282	Kasse	148,75)
3.	5000	Umsatzerlöse	60,00				
	480	USt.	11,40	an	240	Forderungen	71,40
4. a)	5000	Umsatzerlöse	750,00				
	480	USt.	142,50	an	240	Forderungen	892,50
b)	Korrektur des Wareneinsatzes:						
	2000	Waren	380,00	an	6000	Aufw. f. Waren	380,00
5.	5000	Umsatzerlöse	3.300,00				
	480	USt.	627,00	an	240	Forderungen	3.927,00
6.	280	Bank	20.200,25				
	5000	Umsatzerlöse	525,00				
	480	USt.	99,75	an	240	Forderungen	20.825,00
7.	5000	Umsatzerlöse	6.000,00				
	480	USt.	1.140,00	an	240	Forderungen	7.140,00

8.

S	5000 Ums.E.		H
3)	60,00	1)	29.810,00
4)	750,00		
5)	3.300,00		
6)	525,00		
7)	6.000,00		
GuV	19.175,00		
	29.810,00		29.810,00

9. a)	240	Forderungen	680,68	an	500	Umsatzerl.	572,00
					480	USt.	108,68
b)	6000	Aufw. f. Waren	324,00	an	2000	Waren	324,00
c)	5000	Umsatzerlöse	12,00				
	480	USt.	2,28	an	240	Forderungen	14,28
d)	5000	Umsatzerlöse	42,75				
	480	USt.	8,12	an	240	Forderungen	50,87
	Korrektur des Wareneinsatzes:						
	2000	Waren	27,00	an	6000	Aufw. f. Waren	27,00

e)

5000	Umsatzerlöse	17,10				
480	USt.	3,25	an	240	Forderungen	20,35

f) Ermittlung des Überweisungsbetrages

Ursprüngliche Forderung	680,68
– Minderung wegen Rücksendung der Verpackung	14,28
– Minderung wegen Rücksendung defekter Frontskala	50,87
– Minderung wegen Kratzspuren	20,35
= Restforderung	595,18
– 3 % Skonto	17,86
= Überweisungsbetrag	577,32

280	Bank	577,32				
5000	Umsatzerlöse	15,01				
480	USt.	2,85	an	240	Forderungen	595,18

7 Leistungsstörung im Verkaufsprozess

7.2 Nicht-rechtzeitig-Zahlung

1. a) Kaufvertragsstörungen **durch Verkäufer**
   - Schlechtleistung (mangelhafte Lieferung)
   - Nicht-rechtzeitig-Lieferung (bisher: Lieferungsverzug)

   b) Kaufvertragsstörungen **durch Käufer**
   - Gläubigerverzug (Annahmeverzug)
   - Nicht-rechtzeitig-Zahlung (bisher: Zahlungsverzug)

2. **Zahlung verlangen und evtl. Schadenersatz (§ 286 BGB)**

   Voraussetzungen:
   - Fälligkeit
   - Verschulden
   - Mahnung. Diese ist entbehrlich, wenn
     - 30 Tage nach Rechnungszugang vergangen sind,
     - Schuldner die Zahlung verweigert,
     - Zahlungstermin kalendermäßig bestimmt war,
     - besondere Gründe (§ 286 Abs. 2 Nr. 4 BGB) vorlagen.

   Schadenersatz statt Leistung (§ 281 BGB)

   Voraussetzungen:
   - Fälligkeit
   - Verschulden
   - Nachfrist. Diese ist entbehrlich, wenn
     - Schuldner die Zahlung verweigert,
     - besondere Umstände (§ 281 Abs. 2 BGB) vorlagen.

   Ersatz vergeblicher Aufwendungen anstelle von Schadenersatz statt Leistung (§ 284 BGB)

   Voraussetzungen: Vgl. Schadenersatz statt Leistung.

   Rücktritt vom Vertrag (§ 323 BGB)

   Voraussetzungen:
   - Fälligkeit
   - Nachfrist. Diese ist entbehrlich, wenn
     - Schuldner die Zahlung verweigert,
     - Zahlungstermin kalendermäßig bestimmt war,
     - besondere Umstände (§ 323 Abs. 2 Nr. 3 BGB) vorlagen.

3. Basiszinssatz (Stand 01.01.2015: −0,83 %) + 5 % = 4,17 %

4. Basiszinssatz (Stand 01.01.2015: −0,83 %) + 5 % = 4,17 %

5. Basiszinssatz (Stand 01.01.2015: −0,83 %) + 9 % = 8,17 %

6. a) Nicht-rechtzeitig-Zahlung spätestens 30 Tage nach Zugang der Rechnung, also 10.02.

   b) Nicht-rechtzeitig-Zahlung tritt durch Mahnung ein (wenn der Schuldner auf die Mahnung nicht leistet), also ab 20.01.

   c) Ab 25.01. Nicht-rechtzeitig-Zahlung. Mahnung hier entbehrlich, da kalendermäßig bestimmt.

7.3 Zinsrechnung

1. a) 16 T., z = 6,40 b) 92 T., z = 58,27 c) 28 T., z = 46,20

2. a) 67 T., k = 16.559,23 b) 126 T., k = 13.752,97 c) 29 T., k = 13.438,62

3. z = 176,00 EUR : 66 Tage : p = **12 %**

4. Mieteinnahmen: 1.800,00 · 12 = 21.600,00 EUR

Mieteinnahmen: 1.800,00 · 12 =			21.600,00 EUR
– Kosten:			
Hausaufwendungen: 600,00 · 4	=	2.400,00	
Hyp.zinsen: 8 % aus 150.000,00	=	12.000,00	14.400,00 EUR
Reinertrag = z			7.200,00 EUR

$$p = \frac{7.200,00 \cdot 100}{250.000,00} = \mathbf{2,88\ \%}$$

5. Zinsanteil = 315,00 − 126,00 = 189,00 EUR/t = 90; Rückzahlung: **13.06.**

6.

Mieteinnahmen: 3.400,00 · 12 =			40.800,00 EUR
– Kosten:			
Hyp.zinsen I: 7 % aus 110.000,00	=	7.700,00	
Hyp.zinsen II: 8 % aus 50.000,00	=	4.000,00	
jährl. Abschreibungen		8.000,00	
jährl. Reparaturen		2.600,00	
jährl. Abgaben: 480,00 · 4	=	1.920,00	24.220,00 EUR
Reinertrag = z			16.580,00 EUR

$$k = \frac{16.580,00 \cdot 100}{4} = \mathbf{414.500,00\ EUR}\ \text{Eigenkapital}$$

7. 360 Tage − 9 %
100 Tage − x % x = 2,5 % (angepasster Zinssatz)

2,5 % − 62,50 EUR
100 % − x EUR x = 2.500,00 EUR (= k)

8. 2 Monate − 2 %
12 Monate − x % x = 12 %

9. a) Zinsertrag der zweiten Anlage = 24.720,00 EUR

$$p = \frac{24.720 \cdot 100 \cdot 360}{412.000 \cdot 240} = 9\ \%$$

b) 12 Monate − 9 %
4 Monate − x % x = 3 %

103 % − 412.000,00 EUR
100 % − x EUR x = 400.000,00 EUR

10. 360 Tage = 8 % 100,933 % = 93.314,89 EUR
42 Tage = x % 100 % = x EUR
x = 0,933 % x = **92.452,00 EUR**

11. 360 Tage = 9 % 96 % = 7.968,00 EUR
120 Tage = x % 100 % = x EUR
x = 3 % + 1 % = 4 % x = **8.300,00 EUR** Darlehen

Zinsen: 9 %, 120 Tage aus 8.300,00 EUR = **249,00 EUR**

Bearbeitungsgebühr: 1 % aus 8.300,00 EUR = **83,00 EUR**

Effektiver Zinssatz: 120 Tage = 4 %
360 Tage = x % = **12 %**

12. 360 Tage – 12 %
90 Tage – x % x = 3 %

97 % – 77.600,00 EUR
100 % – x EUR x = **80.000,00 EUR**

13. $p = \frac{1{,}5 \cdot 100 \cdot 360}{98{,}5 \cdot 46}$ = **11,9 %** Bankkredit sinnvoll!

Alternativrechnung:
35.800,00 – 537,00 (1,5 % Skonto) = 35.263,00 EUR

Zinsen Bankkredit: $z = \frac{35.263{,}00 \cdot 11 \cdot 46}{100 \cdot 360}$ = 495,64 EUR

– Skontoabzug	537,00 EUR
Vorteil bei Bankkreditaufnahme	**41,36 EUR**

14. a) $p = \frac{2 \cdot 100 \cdot 360}{98 \cdot 20}$ p = **36,73 %**

b) $p = \frac{2{,}5 \cdot 100 \cdot 360}{97{,}5 \cdot 16}$ p = **57,69 %**

15.

Kredithöhe	50.000,00 EUR
– 2 % Disagio	1.000,00 EUR
– 1,5 % B'gebühr	750,00 EUR
Auszahlung (k)	48.250,00 EUR

$z = \frac{50.000{,}00 \cdot 6 \cdot 255}{100 \cdot 360}$
= 2.125,00 EUR

Zinsen	2.125,00 EUR
+ sonstige Finanzierungskosten	1.750,00 EUR
Summe der Finanzierungskosten	3.875,00 EUR

effektiver Zinssatz = $\frac{3.875{,}00 \cdot 100 \cdot 360}{48.250{,}00 \cdot 255{,}00}$ = **11,34 %**

7.4 Außergerichtliches Mahnverfahren

1.
   - mehrere Mahnungen (damit gerät Schuldner in Verzug, falls Termin nicht kalendermäßig bestimmbar)
   - Androhung Postnachnahme
   - Terminbrief mit letzter Fristsetzung und Androhung des Mahnbescheides
   - Zustellung des Mahnbescheides (damit beginnt gerichtliches Mahnverfahren)

2.
   - Nicht-rechtzeitig-Zahlung ist häufig eine Folge von „Versehen". Radikales (gerichtliches) Vorgehen könnte zu Kundenverlust führen.
   - Sicherung der juristischen Ansprüche. 1. Mahnung: Nicht-rechtzeitig-Zahlung des Schuldners, falls Termin nicht kalendermäßig bestimmbar war.
   - Berechnung des eigenen Finanzbedarfes geht davon aus, dass Kunde seinerseits die Vertragsbedingungen einhält. Ihm muss daher verdeutlicht werden, dass er negative Folgen zu erwarten hat, wenn er sich nicht um die Einhaltung der Vertragspflichten bemüht (z. B. künftig Lieferung nur noch gegen Vorkasse).

3. außergerichtliches Mahnverfahren = formfrei

Siehe auch Kapitel „Prüfungsaufgaben", 1: Kapitelübergreifende Aufgaben.

1 Berufsfindung

1.
   - Eignung
   - Neigung
   - Vorbildung
   - Aufstiegsmöglichkeiten
   - Zukunftsaussichten
   - Verdienstmöglichkeiten
   - Sicherheit des Arbeitsplatzes
   - räumliche Entfernung zum Betrieb
   - Niveau des Schulabschlusses
   - Qualität des Zeugnisses
   - optimistische oder pessimistische Einschätzung der Wirtschaftslage oder einer bestimmten Branche

2.
   - beratende Gespräche mit Eltern, Freunden, Lehrern
   - besondere Veranstaltung zur Berufsberatung, z. B. von Wirtschaftsjunioren, Lions Club usw.
   - Berufsberatung und Veröffentlichungen der Arbeitsagenturen
   - Besuche in einem Berufsinformationszentrum
   - „Schnupperlehre"
   - Zeitungen und Zeitschriften
   - Internet
   - Informationen von Bekannten, Familienmitgliedern, Freunden
   - Gewerkschaften, Industrie- und Handelskammer

2 Bewerbung

1.
- Bewerbungsschreiben
- Lebenslauf mit Lichtbild
- Kopien der Schulzeugnisse
- bei Bedarf ärztliche Untersuchung, z. B. gem. Jugendarbeitsschutzgesetz bzw. Sicherheitsregeln für Bildschirmarbeitsplätze

2. Sie geben einen **ersten Eindruck** über die einzustellende Person, über ihre Grundhaltung (Gewissenhaftigkeit, Sauberkeit), berufliches Engagement und ihr Interesse an der Stelle.

3. (1) Sammlung und Auswertung der Bewerbungsunterlagen
(2) Vorauswahl
(3) ggf. Eignungstests
(4) Vorstellungsgespräch
(5) Auswertung von Test und Gespräch
(6) Entscheidung für einen bestimmten Mitarbeiter
(7) Benachrichtigung

4. Das **Vorstellungsgespräch**
- verschafft dem **Arbeitgeber** einen Eindruck über die Person des Bewerbers, seine Sprache, Haltung, beruflichen Interessen, Fertigkeiten, Fähigkeiten, Fachkenntnisse, Motive für die Bewerbung zu dieser Stelle, beruflichen Ziele und Wünsche, außerberuflichen Interessen, persönliche Lage (heikel!).
- informiert den **Bewerber** über den Arbeitsplatz, die an ihn gestellten Anforderungen, die Arbeitsbedingungen, die Entlohnung usw. Wem ist er direkt unterstellt? Anzahl der Arbeitskollegen, personales Spannungsfeld, Umgangsstil, konkrete Entwicklungsmöglichkeiten.

3 Ausbildungsvertrag

1. a) Berufsbildungsgesetz

   b)
   - Formen der Berufsbildung (Berufsausbildung, berufliche Fortbildung, Umschulung)
   - Berufsausbildungsvertrag
   - Probezeit
   - Prüfung
   - Ausbildungsordnung
   - Beendigung
   - Vergütung
   - Pflichten der Vertragspartner
   - persönliche und fachliche Eignung des Ausbildenden

2. (§ 11 BBiG)
   - **Art, sachliche und zeitliche Gliederung** sowie Ziel der Berufsausbildung
   - **Beginn und Dauer** der Berufsausbildung
   - **Ausbildungsmaßnahmen außerhalb der Ausbildungsstätte**
   - Dauer der **regelmäßigen täglichen Ausbildungszeit**
   - Dauer der **Probezeit**
   - Zahlung und Höhe der **Vergütung**
   - Dauer des **Urlaubs**
   - Voraussetzungen, unter denen der Berufsausbildungsvertrag **gekündigt** werden kann

3. **Rechte** (§§ 14–19 BBiG und § 19 JArbSchG)
   - **Anspruch auf Vermittlung der Kenntnisse** und Fertigkeiten zur Erreichung des Ausbildungszieles
   - **selbst ausbilden** oder einen **Ausbilder beauftragen**
   - die Ausbildungsmittel kostenlos zur Verfügung stellen
   - **nur Verrichtungen übertragen, die dem Ausbildungszweck dienen**
   - **angemessene Vergütung**
   - **Gewährung von Urlaub**
     - bis 16 Jahre 30 Werktage
     - bis 17 Jahre 27 Werktage
     - bis 18 Jahre 25 Werktage
   - **Zeugnis**

   Pflichten (§ 13 BBiG)
   - **Bemühungspflicht** zum Erwerb der erforderlichen Fertigkeiten und Kenntnisse
   - **Sorgfaltspflicht** bei der Ausübung der übertragenen Verrichtungen
   - **Gehorsamspflicht** bei der Befolgung von Anweisungen
   - **Schweigepflicht** über Betriebs- und Geschäftsgeheimnisse

4. a) § 20 BBiG, mindestens 1, maximal 4 Monate

   b) Die Probezeit beinhaltet für beide Partner eine Phase der Unsicherheit, da jeder der beiden ohne Angabe von Gründen jederzeit kündigen kann. Eine Befristung auf maximal 4 Monate schafft spätestens ab diesem Zeitpunkt Rechtssicherheit.

5. § 22 BBiG
   1. **Innerhalb der Probezeit** kann **jeder Vertragspartner ohne Angabe von Gründen und ohne Einhalten einer Kündigungsfrist** kündigen.
   2. **Danach:**
      a) in gegenseitigem Einvernehmen
      b) **von jedem Partner ohne Einhaltung einer Frist bei wichtigem Grund** (z. B. Allergie)
      c) **Vom Auszubildenden** mit einer Frist von 4 Wochen, wenn er
      - **die Berufsausbildung aufgibt** oder sich
      - **für eine andere Berufstätigkeit ausbilden** lassen will.

   Die Kündigung hat **immer schriftlich** zu erfolgen.

6. § 21 BBiG
   Das **Berufsausbildungsverhältnis endet**
   - mit **Ablauf der Ausbildungszeit** oder
   - **(falls früher)** mit **Bestehen der praktischen Abschlussprüfung.**

   Bei Nichtbestehen verlängert sich die Ausbildungszeit bis zur nächstmöglichen Wiederholungsprüfung, **längstens um ein Jahr.**
   (Die Prüfung kann zweimal wiederholt werden.)

7. **Vorteile für den Auszubildenden**
   - Er hat eine klare Beschreibung der Fertigkeiten und Kenntnisse, die Gegenstand seiner Ausbildung sind.
   - Er verfügt über eine sachliche und zeitliche Gliederung seiner Ausbildung.
   - Seine Rechte und Pflichten sind festgelegt.
   - Durch den Abschluss in anerkannten Ausbildungsberufen kann er einen bestimmten Wissensstand nachweisen. Dies verbessert seine berufliche Mobilität.

   Vorteile für den Ausbildenden
   - Seine Rechte und Pflichten sind festgelegt.
   - Die fest umrissenen Ausbildungsinhalte in anerkannten Ausbildungsberufen erleichtern die Stellenbesetzung.

4 Arbeitsschutz

1. Im Rahmen seines Arbeitsauftrages ist der Mensch zwangsläufig bestimmten Gefahren ausgesetzt, vor denen er geschützt werden muss. Diese haben ihre Ursache in den Arbeitsbedingungen, den Umgebungsbedingungen, der technischen Einrichtung bzw. den persönlichen Bedingungen der Arbeitskraft.

2. **Technischer Arbeitsschutz:** Er zielt auf die Verbesserung der Arbeitssicherheit.
   Sozialer Arbeitsschutz: Er zielt auf den Schutz des Menschen vor körperlicher, geistiger oder seelischer Überlastung.

3.
   - Arbeitszeitgesetz
   - Kündigungsschutzgesetz
   - Jugendarbeitsschutzgesetz
   - Bundesurlaubsgesetz
   - Mutterschutzgesetz
   - Schwerbehindertengesetz

4. Das JArbSchG gilt für Personen, die noch nicht 18 Jahre alt sind und sich in einer Ausbildung bzw. einem Beschäftigungsverhältnis befinden.

5. a)
   - grundsätzlich bei Kinderarbeit
   - von 20:00 Uhr–06:00 Uhr
   - an Samstagen, Sonn- und Feiertagen
   - Akkord- und Fließbandarbeiten
   - körperlich und sittlich gefährdende Arbeit

   b)
   - Einwilligung der Eltern liegt vor.
   - Beschäftigung ist leicht und für Kinder geeignet.

   Dabei ist die Kinderarbeit **zeitlich begrenzt:**
   - max. 2 Std. täglich (landwirtschaftl. Familienbetrieb 3 Std.)
   - maximal 10 Std. (15 Std.) je Woche bei 5-Tage-Woche
   - nur zwischen 08:00– Uhr und 18:00 Uhr
   - nicht vor/während des Schulunterrichts

6. a) **Grenzen der Arbeitszeit:**
   - maximal $8\frac{1}{2}$ Std. täglich
   - max. 40 Std./Woche
   - nicht vor Berufsschule, falls diese vor 09:00 Uhr beginnt
   - nicht mehr nach mehr als 5 Schulstunden (bei **einem** Berufsschultag)
   - Berufsschulbesuch im Urlaub ist auszugleichen.
   - Freistellung am Tag vor der Prüfung
   - mindestens 30 Minuten Ruhepause bei einer Arbeitszeit von $4\frac{1}{2}$ bis 6 Stunden, darüber mindestens 60 Minuten
   - nach Beendigung der täglichen Arbeitszeit mindestens 12 Stunden ununterbrochene Erholungszeit
   - grundsätzlich 5-Tage-Woche

b) **Gesundheitliche Betreuung:**
- Tritt ein Jugendlicher in das Berufsleben ein, darf er nur beschäftigt werden, wenn er zuvor von einem Arzt untersucht worden ist (Erstuntersuchung).
- nach einem Jahr erste Nachuntersuchung
- Legt der Jugendliche die Bescheinigung über die Nachuntersuchung nicht vor, besteht Beschäftigungsverbot.
- Dies berechtigt den Arbeitgeber zur fristlosen Kündigung.
- Der Jugendliche ist ohne Entgeltausfall zur Untersuchung freizustellen.
- Kosten trägt das Land.

7. a) Beschäftigungsverbot für werdende Mütter:
- während der Schwangerschaft bei Vorlage eines ärztlichen Zeugnisses
- in den letzten sechs Wochen vor der Entbindung, es sei denn, dass sie sich zur Arbeitsleistung ausdrücklich bereit erklären (Erklärung kann jederzeit widerrufen werden)
- für schwere körperliche Arbeiten
- für Arbeiten mit schädlichen Einwirkungen von Dämpfen, Gasen, Hitze usw.
- für Akkordarbeiten und Fließbandarbeit mit vorgeschriebenem Arbeitstempo
- bis acht Wochen nach der Entbindung (zwölf Wochen bei Früh- und Mehrlingsgeburten)
- für Mehrarbeit, Nachtarbeit zwischen 20:00 Uhr und 06:00 Uhr sowie Sonn- und Feiertagsarbeit

b)
- Erziehungsurlaub bis zum 36. Lebensmonat des Kindes
- Das Elterngeld beträgt mindestens 300,00 EUR, maximal 1.800,00 EUR und orientiert sich am durchschnittlichen monatlich verfügbaren Erwerbseinkommen des betreuenden Elternteils im Jahr vor der Geburt des Kindes. Es ist begrenzt auf zwölf Monate bei Alleinerziehenden und wenn sich beide Partner abwechseln auf 14 Monate.
- Elterngeld Plus:
  - Fördert den Spielraum der Eltern zur individuellen Kinderbetreuung und den schnelleren Wiedereinstieg in die Teilzeitarbeit.
  - Kann beantragt werden für Kinder, die nach dem 01.07.2015 geboren werden.
  - Der Unterstützungszeitraum wird von 14 auf insgesamt 28 Monate verlängert.
  - Im Gegenzug wird der Unterstützungsbetrag je Monat halbiert.
  - Zusätzlich können jeweils vier Monate als Bonusmonate beantragt werden unter der Voraussetzung, dass Vater und Mutter gleichzeitig vier Monate mit 25–30 Stunden pro Woche in Teilzeit arbeiten.
- Kündigungsschutz während der Schwangerschaft und bis vier Monate nach der Entbindung
- Mutterschaftsgeld während der Zeit der Schutzfrist

5 Gehaltsabrechnung

1. a)

Bruttogehalt		4.800,00
+ vermögenswirksame Leistung des Arbeitgebers		20,00
= steuer- und sozialversicherungspflichtiges Gehalt		4.820,00
Abzüge		
– Lohnsteuer	730,00	
– Kirchensteuer	58,40	
– Solidaritätszuschlag	40,15	
– Krankenversicherung (8,4 % von 4.350,00)	365,40	
– Rentenversicherung (9,35 % von 4.820,00)	450,67	
– Pflegeversicherung (1,275 % von 4.350,00)	55,46	
– Arbeitslosenversicherung (1,5 % von 4.820,00)	72,30	
Summe Abzüge		1.772,38
= Nettoentgelt		3.047,62
– vermögenswirksame Leistungen		40,00
– Vorschuss		300,00
= Überweisungsbetrag		**2.707,62**

2. a) **Zulagen**
   - Erschwerniszulagen
   - Prämien
   - vermögenswirksame Leistungen des Arbeitgebers

   Zuschläge für
   - Nacht-, Sonn- und Feiertagsarbeit
   - Überstunden

   b)
   - Geburtsbeihilfen
   - Heiratsbeihilfen
   - Sonderzahlungen anlässlich eines Firmenjubiläums
   - Arbeitnehmersparzulage (vom Staat)

3.
   - vL des Arbeitgebers
   - Gewerkschaftsbeiträge
   - Miete für Werkwohnungen
   - Kostenanteil für private Nutzung des Firmenwagens
   - Zins- bzw. Tilgungsleistungen für Arbeitgeberdarlehen
   - Essensbeiträge
   - einbehaltene Vorschüsse
   - ggf. Gehaltspfändungen

Siehe auch Kapitel „Prüfungsaufgaben“, 1: Kapitelübergreifende Aufgaben.

1 Zahlungsverkehr

1. a) Das Girokonto dient für Susi in erster Linie der Abwicklung des laufenden Zahlungsverkehrs, z. B. Gutschrift des Monatsgehaltes, Überweisung von Einzelbeträgen (Kfz-Reparatur), Abwicklung von Daueraufträgen für regelmäßige Zahlungen (Miete, Vereinsbeiträge) usw.

b)

Position	Anzahl	Kreissparkasse	Raiffeisenbank	Privatbank Rettinger
Grundgebühr pro Monat		3,00 EUR	5,00 EUR	0,00 EUR
Überweisungen/ Schecks	15	10,50 EUR	6,00 EUR	12,00 EUR
Barabhebung	5	3,50 EUR	2,00 EUR	4,00 EUR
Dauerauftrag	6	1,80 EUR	1,80 EUR	3,00 EUR
Erstellen Kontoauszug	4	1,60 EUR	2,00 EUR	2,40 EUR
Zustellung	4	5,60 EUR	4,00 EUR	8,00 EUR
Summe		26,00 EUR	20,80 EUR	29,40 EUR

c) Höhe des eingeräumten Dispositionskredites (ca. 2–3 Monatsgehälter), Dichte des Filialnetzes, weitere Serviceleistungen der Bank, wie z. B. Geldautomat, Immobilienabteilung, Anlageberatung

2. (1) Der **Zahlungspflichtige erteilt den Überweisungsauftrag**.
Bei der beleghaften Überweisung füllt er einen Überweisungsvordruck aus, den er unterschreibt. Alternative: Onlinebanking.

(2) Die Bank des Zahlungspflichtigen **überprüft die IBAN-Kennung** auf Richtigkeit.

(3) Dem **Zahlungspflichtigen wird** der Überweisungsbetrag **belastet**. Er erhält einen Kontoauszug mit einer entsprechenden Soll-Buchung.

(4) Die **Bank des Zahlungspflichtigen erteilt** über die zuständigen Zentralen der Bank des Zahlungsempfängers den **Auftrag**, diesem **den Überweisungsbetrag gutzuschreiben**.

(5) Der Überweisungsbetrag wird **innerhalb des Bankensystems** unter den Kreditinstituten **verrechnet**.

(6) Dem **Zahlungsempfänger wird** der **Betrag gutgeschrieben**. Er erhält einen Kontoauszug mit der Gutschrift in Form einer Haben-Buchung.

3. a) **Einzelüberweisung: Ein** Betrag wird an **einen** Empfänger überwiesen. Zweiteiliges Durchschreibeformular oder Onlinebuchung.
Sammelüberweisung: Viele Beträge an **verschiedene Empfänger**. Nur noch im Onlineverfahren möglich.

b) • Zeitersparnis (nur eine Unterschrift)
• Geldersparnis (nur eine Buchungsgebühr)

4.

Fallbeispiel	Einzelüberweisung (E), Dauerauftrag (D) oder Lastschrift (L)	Begründung
Heizölrechnung über 950,00 EUR. Auf der Rechnung steht eine Kontoverbindung.	E	einmalige Zahlung
Wohnungsmiete 850,00 EUR/Monat	D	regelmäßig, konstanter Betrag
Telefonrechnung	L	regelmäßig, schwankender Betrag

5. a) Beim Lastschriftverfahren hat es die Versicherungsgesellschaft in der Hand, die Abbuchung zu veranlassen. Darüber hinaus ändern sich gelegentlich die Beträge (Änderung der Rabattklasse, Beitragsrückerstattung).
   b) Er kann die Kontobelastung innerhalb von acht Wochen widerrufen.
   c) Er muss stets wissen, wann welche Zahlungen fällig werden, damit sein Konto das erforderliche Guthaben aufweist. Mangelnde Deckung wegen nachlässiger Kontoführung hat zur Folge, dass die Lastschrift nicht eingelöst wird. Schadet dem Ruf des Kontoinhabers.

6. Vorteile:
   - keine Zielüberschreitung
   - bei unregelmäßigen Beträgen kein Arbeitsaufwand für Zahlungspflichtigen
   - kein Mahnaufwand für Empfänger wegen Terminversäumnis

7. a) Ablauf des Zahlungsvorganges:
   - Einschieben der GeldKarte in das Händlerterminal
   - Im Display erscheint das noch vorhandene Restguthaben der GeldKarte.
   - Händler gibt Kaufpreis ein, der dem Kunden wiederum über das Display angezeigt wird.
   - Käufer bestätigt den zu zahlenden Betrag.
   - Kaufpreis wird der GeldKarte belastet und gleichzeitig im Händlerterminal als Zahlungseingang gespeichert.
   - Anzeige des Restguthabens der GeldKarte im Display

b)

Vorteile für Händler	Vorteile für Karteninhaber
1. **Schnelle Zahlungsabwicklung** • schneller Kassendurchlauf (keine Unterschriften, keine Geheimzahl) • keine Wartezeiten für Onlinevorgänge • keine Wechselgeldausgabe • keine Systemausfälle, da offline 2. **Geringere Kosten** • lediglich Anschaffung bzw. Aufrüstung des Terminals • laufende Kosten geringer als bei ec-Karte • Gutschrift auf Konto jeweils in einer Summe • Reduzierung der Bargeldbearbeitung • Reduzierung der Kassendifferenzen 3. **Sicherheit** • Fehlerreduzierung bei Wechselgeldrückgabe • Falschgeldrisiko entfällt. • weniger Bargeldhaltung und Bargeldtransporte • Diebstahl- und Beraubungsrisiko entfällt. • Gutschrift kann nur auf das im Chip gespeicherte Konto erfolgen.	1. pro Ladung nur **ein Buchungsposten** 2. **Bequemlichkeit** • eine Karte mit vielen Funktionen • Zahlung schnell und einfach: keine Geheimzahl, keine Unterschrift • Unabhängigkeit von Banköffnungszeiten 3. **Flexibilität** Unabhängigkeit von passendem Kleingeld bzw. Formularen 4. **Kontrolle, Sicherheit** • Ausgaben begrenzt durch geladenen Betrag • Restguthaben jederzeit verfügbar • Kontrolle der letzten 15 Umsätze möglich • kein Wechselgeldrisiko

8. a) Kreditkartenorganisation (z. B. VISA, MasterCard ...), Kreditkarteninhaber, Vertragsunternehmen (z. B. Hotel, Kaufhaus)

b) **Vorteile**
- **kurzfristiger Kredit** bis zur monatlichen Abrechnung
- ausführliche und **übersichtliche Monatsabrechnung**
- bequemes **Zahlen per Unterschrift**
- **sicher**, da Kartenorganisation das Risiko des Missbrauchs bei Diebstahl trägt
- häufig verbunden mit Versicherungsschutz auf Reisen
- Kautionserlass bei Mietwagen, Ferienwohnung usw.

Nachteile
- feste Jahreskosten
- **verführt zu Mehrausgaben**, da Konto erst später (u. U. nach Lohnzahlung) belastet wird
- daher **Risiko der Überschuldung**
- mangelnde Übersicht über laufende Außenstände

9. a) Der Benutzer benötigt einen PC mit Internetzugang und eine Freigabe des Kontos für Onlinebanking durch das Kreditinstitut.

b)
- Kontostände abfragen
- Bestellungen (Überweisungen, Daueraufträge) aufgeben
- übersichtlicher Finanzstatus
- Umsätze abfragen
- Mitteilungen senden
- Mitteilungen empfangen

2 Kredit- und Darlehensarten

1. **Darlehen**
   - Auszahlung einer bestimmten Kreditsumme
   - in der Regel zeitlich befristet
   - Tilgung lt. Kreditvertrag
   - Zinssatz günstiger und abhängig von Sicherheit und Darlehensdauer

   Kontokorrentkredit
   - Kredit **kann** innerhalb eines vereinbarten Rahmens beansprucht werden.
   - Höhe des Betrages daher schwankend
   - jederzeit kündbar, in der Regel jedoch unbefristet
   - relativ hoher Zinssatz

2. a) **Fälligkeitsdarlehen:** Tilgung des Gesamtbetrages auf einmal bei Fälligkeit
   Kündigungsdarlehen: Tilgung des Gesamtbetrages auf einmal nach Kündigung
   Abzahlungsdarlehen: (= Ratendarlehen) Tilgung in gleichbleibenden Raten bei fallendem Zinsanteil, also insgesamt fallende Beträge
   Annuitätendarlehen: Tilgung in Annuitäten (A = gleichbleibende Summe aus Zins + Tilgung). Um den Betrag der ersparten Zinsen wird Tilgung erhöht.

   b) Tilgung des Gesamtbetrages auf einmal
   c) nicht kündbar durch den Kreditgeber vor Vertragsablauf

   d) **Vorteile:**
   - nur laufende Zinsbelastung, keine Tilgung
   - Gesamtbetrag des Darlehens steht während der Laufzeit zur Verfügung.

   Nachteile:
   - hohe Liquiditätsbelastung bei Gesamttilgung
   - insgesamt höhere Zinsbelastung

3. **Vorteile:**
   - Kapital steht relativ kurzfristig zur Verfügung.
   - keine direkte Mitsprache des Kapitalgebers in Geschäftsführung und Vertretung
   - In Zeiten mit niedrigen Kreditzinsen kann günstig Fremdkapital für Investitionen besorgt werden.

   Nachteile:
   - Fremdmittel stehen i. d. R. nur befristet zur Verfügung.
   - laufende Zins- und Tilgungsbelastung und damit
   - Liquiditätsentzug auch in ertragsschwachen Zeiten
   - Höhe der Fremdmittel hängt ab von verfügbaren Sicherheiten.

4. a) Alternative 1 = Fälligkeitsdarlehen
   Alternative 2 = Kündigungsdarlehen
   Alternative 3 = Abzahlungsdarlehen = Ratendarlehen
   Alternative 4 = Annuitätendarlehen

b) **Alternative 3: Ratendarlehen**

Jahr	Anfangsschuld	Zinsen	Tilgung	Rate	Restschuld
1	120.000,00	12.000,00	12.000,00	24.000,00	108.000,00
2	108.000,00	10.800,00	12.000,00	22.800,00	96.000,00
3	96.000,00	9.600,00	12.000,00	21.600,00	84.000,00
4	84.000,00	8.400,00	12.000,00	20.400,00	72.000,00
5	72.000,00	7.200,00	12.000,00	19.200,00	60.000,00
6	60.000,00	6.000,00	12.000,00	18.000,00	48.000,00
7	48.000,00	4.800,00	12.000,00	16.800,00	36.000,00
8	36.000,00	3.600,00	12.000,00	15.600,00	24.000,00
9	24.000,00	2.400,00	12.000,00	14.400,00	12.000,00
10	12.000,00	1.200,00	12.000,00	13.200,00	–
Summen		66.000,00	120.000,00	186.000,00	–

Alternative 4: Annuitätendarlehen

Jahr	Anfangsschuld	Zinsen	Tilgung	Rate	Restschuld
1	120.000,00	12.000,00	8.000,00	20.000,00	112.000,00
2	112.000,00	11.200,00	8.800,00	20.000,00	103.200,00
3	103.200,00	10.320,00	9.680,00	20.000,00	93.520,00
4	93.520,00	9.350,00	10.650,00	20.000,00	82.870,00
5	82.870,00	8.290,00	11.710,00	20.000,00	71.160,00
6	71.160,00	7.120,00	12.880,00	20.000,00	58.280,00
7	58.280,00	5.830,00	14.170,00	20.000,00	44.110,00
8	44.110,00	4.410,00	15.590,00	20.000,00	28.520,00
9	28.520,00	2.850,00	17.150,00	20.000,00	11.370,00
10	11.370,00	1.140,00	11.370,00	12.510,00	–
Summen		72.510,00	120.000,00	192.510,00	–

c) Fälligkeitsdarlehen 120.000,00 EUR
Kündigungsdarlehen (Annahme: Kündigung nach 10 Jahren) 120.000,00 EUR
Ratendarlehen 66.000,00 EUR
Annuitätendarlehen 72.510,00 EUR

3 Leasing

1. **Leasing** = mittel- und langfristige Vermietung oder Verpachtung von Anlagegütern durch Hersteller oder Leasinggesellschaft

2. **Direktes Leasing:** Hersteller ist zugleich Leasinggeber.
   Indirektes Leasing: Rechtlich selbstständiges Unternehmen (nicht Hersteller) ist Leasinggeber.

3.

	Operate Leasing	Financial Leasing
Laufzeit	i. d. R. max. 1 Jahr	40 %–90 % der üblichen Nutzungsdauer
Kündigung	kurzfristig kündbar	unkündbare Grundmietzeit
Investitionsrisiko	trägt Leasinggeber	trägt Leasingnehmer
Anzahl der Leasingnehmer	mehrere Leasingnehmer nacheinander	i. d. R. nur durch einen Leasingnehmer
Nach Ablauf der Leasingzeit	Rückgabe an Leasinggeber, der i. d. R. an andere weiterverleast	Alternativen nach Ablauf der Grundmietzeit: • Rückgabe • günstiges Anschlussleasing • Kauf

4. a) Vorteile des Darlehens:
   - keine unkündbare Grundmietzeit (Fesselung an Fixkosten)
   - freie Verfügbarkeit der finanzierten Anlage

   b)

Kreditkauf						Leasing	
Jahr	Zins	Tilgung	Geldabfluss	Abschreibung	Gesamtaufwand	%-Satz	Mietzahlung
1	13.000,00	40.000,00	53.000,00	25.000,00	38.000,00	46	92.000,00
2	10.400,00	40.000,00	50.400,00	25.000,00	35.400,00	36	72.000,00
3	7.800,00	40.000,00	47.800,00	25.000,00	32.800,00	36	72.000,00
4	5.200,00	40.000,00	45.200,00	25.000,00	30.200,00	4	8.000,00
5	2.600,00	40.000,00	42.600,00	25.000,00	27.600,00	4	8.000,00
6	---	---	---	25.000,00	25.000,00	4	8.000,00
7	---	---	---	25.000,00	25.000,00	4	8.000,00
8	---	---	---	25.000,00	25.000,00	4	8.000,00
Summe	39.000,00	200.000,00	239.000,00	200.000,00	239.000,00		276.000,00

   c) **Verteilung des Aufwandes:** Bei Kredit gleichmäßiger auf gesamte Nutzungsdauer verteilt. Bei Leasing sind rd. 85 % des ausgabewirksamen Gesamtaufwandes auf die ersten drei Jahre verteilt.

   Liquiditätsentzug: Damit ist bei Leasing auch der Liquiditätsentzug in der unmittelbaren Zukunft erheblich höher als bei Kreditkauf.

   Gesamtbelastung: bei Kredit geringer

   Investitionsrisiko: Durch vertragliche Bindung besonders hoch während der Grundmietzeit, danach geringer. Auch bei Kreditkauf nicht risikolos.

4 Kreditsicherheiten

1. a)

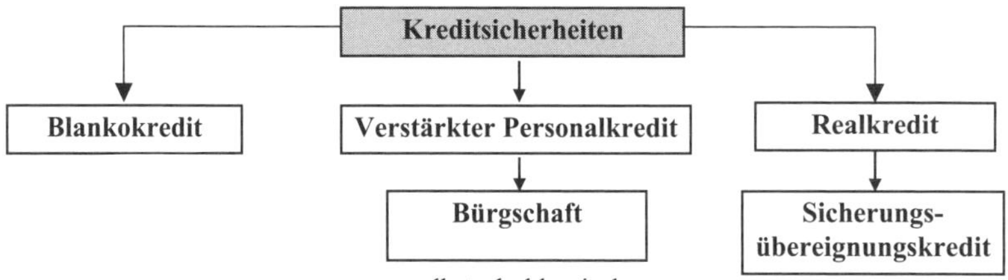

- selbstschuldnerisch
- Ausfallbürgschaft
- gesamtschuldnerisch

b) **Personalkredite:** Kreditsicherung durch eine/mehrere Personen
Realkredite: Kreditsicherung durch eine Sache

2. a)–c) **Kreditvertrag:** Vertrag zwischen **Gläubiger** und **Schuldner**, **formfrei**, i. d. R. schriftlich
Bürgschaftsvertrag: zwischen **Gläubiger** und **Bürge, schriftlich**
Formfrei, falls HGB-Kaufmann Bürgschaft im Rahmen seines Handelsgeschäftes abgibt.

3. **Selbstschuldn. B.:** Bürge verzichtet auf Einrede der Vorausklage.
Ausfallbürgschaft: Bürge hat Recht auf Einrede der Vorausklage. Dies bedeutet, der Gläubiger muss zunächst alle Rechtsmittel gegen den Schuldner erfolglos eingesetzt haben.

4. Falls der Schuldner bei Fälligkeit der Leistung nicht zahlt, kann sich die Bank sofort an den Bürgen wenden. Er haftet wie Schuldner selbst.

5. **Vorteile für Bürgen:** Bei Inanspruchnahme hat der Bürge einen Ausgleichsanspruch gegenüber den anderen Bürgen.
Vorteile für Gläubiger: Bei Ausfall eines Bürgen sind weitere vorhanden, damit höhere Sicherheit.

6.
- Bürgschaftsvertrag kann auch mündlich abgeschlossen werden.
- stets selbstschuldnerisch

7. Gläubiger wird Eigentümer (bedingtes Eigentum).
Schuldner bleibt Besitzer (Besitzkonstitut).

8. **Vorteil für Gläubiger:** Aufbewahrung entfällt, Recht auf Absonderung im Insolvenzfall
Vorteil für Schuldner: Nutzung der übereigneten Sachen im Betrieb weiterhin möglich

9.
- Sache anderweitig bereits übereignet.
- Sache evtl. an gutgläubigen Dritten weiterveräußert.
- Beschädigung/Zerstörung der Sache
- Hoher Wertverfall eines gebrauchten Anlagegutes, daher u. U. schwer zu verwerten.

5 Konsumbedürfnisse und Konsumverhalten

1. Bedürfnis = Mangelgefühl, das man beseitigen möchte.

2. a) **Existenzbedürfnisse** = lebensnotwendige Bedürfnisse. Beispiel: Bedürfnis nach lebensnotwendiger Nahrung, Kleidung, Wohnung.
   Kulturbedürfnisse = nicht lebensnotwendige Bedürfnisse, die aber innerhalb des betreffenden Kulturkreises als „üblich“ angesehen werden. Beispiel: gepflegtes Essen, Kleidung, Wohnung, Haushaltsausstattung, kulturelle Einrichtungen.
   Luxusbedürfnisse = Bedürfnisse, die das übliche Maß erheblich übersteigen. Beispiel: privates Schwimmbad, Nerzmantel usw.
   b) Primärbedürfnisse: Existenzbedürfnisse
   Sekundärbedürfnisse: Kultur-, Luxusbedürfnisse

3. a) Kulturbedürfnis
   b) Kulturbedürfnis
   c) Luxusbedürfnis
   d) Existenzbedürfnis
   e) Existenzbedürfnis
   f) Kulturbedürfnis
   g) Luxusbedürfnis

4. **Hoher Lebensstandard:** Kultur- und Luxusbedürfnisse stehen im Vordergrund, zumal relativ große Einkommensteile zu deren Befriedigung verfügbar sind.
   Niedriger Lebensstandard: Die Befriedigung der Existenzbedürfnisse verbraucht bereits große Teile des Einkommens, sodass sich höhere Bedürfnisarten weniger entwickeln. Der Wunsch nach einem eigenen Auto stellt für den Bewohner eines Entwicklungslandes eher ein Luxusbedürfnis, für einen Mitteleuropäer eher ein Kulturbedürfnis dar.

5. Flugreisen waren vor einigen Jahrzehnten für die meisten unerschwinglich, zählten somit zu den Luxusbedürfnissen. Im Laufe der Zeit wurden sie mit wachsendem Wohlstand für viele erschwinglich und sind nunmehr eher den Kulturbedürfnissen zuzuordnen.

6. 1. Pkw der gehobenen Klasse (Taxifahrer–Menschen der sogenannten Dritten Welt)
   2. Reitpferd (Reitlehrer–Schüler)

7. Individualbedürfnisse: Bedürfnisse des Einzelnen
   Kollektivbedürfnisse: Bedürfnisse der Gesellschaft

8. Privatkunden: Individualbedürfnis; Landkreis: Kollektivbedürfnis

9. Bedürfnis: Mangelempfindung
   Bedarf: Mit Kaufkraft versehenes Bedürfnis. Der Teil der Bedürfnisse, den der Mensch mit seinen Mitteln befriedigen kann.
   Nachfrage: Der Bedarf wird am Markt wirksam, wenn Güter tatsächlich nachgefragt werden.

10. Bei der Deckung seiner Grundbedürfnisse mit den Gütern des täglichen Bedarfs verhält sich der Verbraucher überwiegend vernünftig und gehorcht ökonomischen Regeln. Mit zunehmendem Lebensstandard jedoch kann der Verbraucher höhere Ebenen der Maslowschen Bedürfnispyramide (z. B. Geltungsbedürfnis) verwirklichen und erwirbt mit dem Kauf nicht nur den „Grundnutzen“ des Produktes, sondern auch einen „Zusatznutzen“, der beeinflusst wird durch Markenstärke, Image, Sozialprestige.

11. Die Kenntnis des künftigen Konsumverhaltens erlaubt es, das eigene Warensortiment gezielt auf den Verbraucher abzustimmen und damit Wettbewerbsvorteile gegenüber der Konkurrenz zu erzielen.

6 Verschuldung

1.
   - Arbeitslosigkeit
   - überhöhter Konsum im Vergleich zum langfristigen Einkommen
   - familiäre Konflikte (z. B. Scheidung)
   - Krankheit, Unfall
   - gescheiterte Selbstständigkeit
   - hohe Kreditbelastung

2. Wenn die Ausgaben auf Dauer die Summe aus verfügbarem Einkommen und Vermögen übersteigen und der Verbraucher seinen Zahlungsverpflichtungen nicht mehr nachkommen kann.

3. Durch das sorgfältige Führen eines Haushaltsbuches können die laufenden Ein- und Auszahlungsströme kontrolliert werden. Dabei werden – spaltenweise gestaffelt nach Monaten – die regelmäßigen und die außergewöhnlichen Einnahmen (z. B. Erbschaft, fälliger Sparvertrag) den Ausgaben dieser Periode gegenübergestellt. Übersteigen die voraussichtlichen Einnahmen die Ausgaben, so kann zusätzlich angespart werden. Andernfalls müssen Ersparnisse oder Kredite zur Überbrückung in Anspruch genommen werden.

4. Eine **Schuldnerberatung** wird z. B. von Verbraucherzentralen, gemeinnützigen Organisationen, Kirchen angeboten. Sie hilft bei der Ist-Analyse der familiären Finanzsituation und begleitet den Haushalt in seinem Bemühen, die Krisensituation zu überwinden (z. B. Aufstellen eines Finanzplans, Aufdecken von Einsparmöglichkeiten auf der Ausgabenseite und Erschließung weiterer Einnahmequellen, Aussetzen von Tilgungsbelastungen, Tilgungsstreckung).

   Das **Verbraucherinsolvenzverfahren** ist ein gerichtliches Verfahren. Es hat zum Ziel,
   1) im Rahmen eines Schuldenbereinigungsverfahrens das verfügbare Vermögen des Schuldners anteilig auf die Gläubiger zu verteilen,
   2) nach einer Phase des Wohlverhaltens den Schuldner von seiner Restschuld zu befreien.

7 Zukunftssicherung

1.

Ursachen	• gesunkenes Renteneintrittsalter • steigende Lebenserwartung • gestiegenes Rentenniveau – gemessen am Nettoarbeitseinkommen • immer weniger Menschen in rentenversicherungspflichtigen Beschäftigungsverhältnissen
Folgen	• Eine relativ kleiner werdende Zahl von Beschäftigten muss eine größer werdende Zahl von Rentnern finanzieren. • steigende Sozialkosten und Flucht der Unternehmer aus dieser steigenden Kostenbelastung • dadurch weiter sinkende Beiträge in der Rentenkasse • Eigene Vorsorge wird immer notwendiger.

2. Die Karikatur zeigt die Situation der Rentenversicherung für Neugeborene ab dem Jahr 2000. Immer weniger junge Beitragszahler müssen die Renten einer immer größer werdenden Zahl von Rentenbeziehern aufbringen. Die Karikatur macht anschaulich deutlich, dass das bestehende Finanzierungsmodell auf Dauer nicht haltbar sein wird.

3. a) Vorschlag: **Risikolebensversicherung.**
   Sie versichert das Todesfallrisiko des Alleinverdieners bei relativ geringer Versicherungsprämie.
   b) Vorschlag: **Berufsunfähigkeitsversicherung** oder **Erwerbsunfähigkeitsversicherung.**
   Sie leisten, wenn der Kraftfahrer wegen eines Unfalls seinen erlernten Beruf nicht mehr oder keinerlei regelmäßige Erwerbstätigkeit mehr ausüben kann.
   c) **Private Rentenversicherung** oder kapitalgedeckte Lebensversicherung.

Siehe auch Kapitel „Prüfungsaufgaben“, 1: Kapitelübergreifende Aufgaben.

2 Beschaffungsmarktforschung

1. Mögliche Ereignisse sind:
   - Weiterentwicklung bestehender Produkte oder Produktinnovationen für den Gesamtmarkt bzw. für das eigene Unternehmen, mit denen sich das Unternehmen einen Wettbewerbsvorteil gegenüber den Konkurrenten erwerben bzw. halten will.
   - Kostendruck
   - Probleme mit bisherigen Lieferanten (z. B. Verschlechterung der Qualität, der Zuverlässigkeit, Insolvenz)
   - Wegfall eines bisherigen oder Entstehung eines neuen Marktes
   - wissenschaftliche Erkenntnisse
   - neue Vorgaben des Gesetzgebers (z. B. geringerer Schadstoffausstoß, Verbot der Verwendung bestimmter Materialien)

2. a) Unternehmensinterne Quellen
      - Informationen von Einkäufern
      - Rückgriff auf gespeicherte Informationen in unternehmenseigenen Datenbanken (z. B. Materialtabelle, Lierertabelle, Konditionentabelle)
      - innerbetrieblicher Erfahrungsaustausch von Kollegen

   b) Unternehmensexterne Quellen
      - gesammelte und aufbereitete Informationen aus Angeboten von Lieferern, Gesprächen mit Geschäftspartnern, Besuchen von Messen und Ausstellungen
      - Informationen aus elektronischen Marktplätzen
      - Fachzeitschriften
      - systematische Recherche in Fachzeitschriften
      - Marktübersicht von Verbänden
      - Publikationen der Industrie- und Handelskammer, der Handwerkskammer
      - Statistiken
      - Internetrecherchen (z. B. www.gelbeseiten.de)

3. - Preis
   - Qualität der Produkte
   - Einhaltung von Lieferzusagen
   - Flexibilität bei Sonderwünschen
   - Zahlungsbedingungen
   - Durchdringung des Lieferanten mit IT-Technik
   - Kompetenz in der Forschung und Entwicklung
   - Sicherheit im Fortbestand der technischen und kaufmännischen Leistungsfähigkeit
   - verkehrstechnische Anbindung, räumliche Nähe u. Ä.

3 Den Geschäftsprozess Einkauf durchführen

1. • Bedarfsmenge feststellen, Beschaffungstermin planen und Bezugsquellen ermitteln
   • Anfrage erstellen
   • Angebote vergleichen
   • Bestellung schreiben

2. Ein festes Schema ermöglicht es, die unterschiedlichen Preise, Preisnachlässe und Nebenkosten einzelner Lieferanten vergleichbar zu machen und den günstigsten Einstandspreis zu ermitteln.

3.

		Farbwerke Niederrhein		Chemiefabrik Rostock	
	Listeneinkaufspreis		7.480,00		7.590,00
–	Rabatt	12,5 %	935,00	10 %	759,00
=	Zieleinkaufspreis		6.545,00		6.831,00
–	Skonto	2,5 %	163,63	3 %	204,93
=	Bareinkaufspreis		6.381,37		6.626,07
+	Bezugskosten		180,00		230,00
=	Einstandspreis, gesamt		6.561,38		6.856,07
	Einstandspreis je kg		16,40		14,90

4. Der quantitative Angebotsvergleich ist nur **ein** Entscheidungskriterium bei der Lieferantenauswahl. Darauf aufbauend gibt es noch einen erweiterten Angebotsvergleich, in welchem zusätzlich noch qualitative Kriterien im Rahmen einer Entscheidungsbewertungstabelle zu einer Gesamtbeurteilung zusammengefügt werden.

5. • Preiswürdigkeit
   • Zuverlässigkeit
   • Flexibilität
   • Kreativität
   • Kontinuität
   • Marktmacht des Lieferanten
   • Qualität seiner Erzeugnisse
   • ausreichende Kapazitäten des Lieferanten
   • räumliche Nähe
   • Gegengeschäfte
   • Lieferant übernimmt Bevorratung
   • Mindestmengen

6. Mit **E-Commerce** bezeichnet man Geschäftsvorgänge, bei denen die Beteiligten in erster Linie über das Internet auf elektronischem Wege ihre Geschäfte anbahnen und abwickeln.

7. **B2C:** Business **to** Consumer. Die Geschäftsbeziehung berührt auf der Verkäuferseite ein Unternehmen, auf der Käuferseite eine Privatperson.

   B2B: Business **to** Business. Beide Partner sind Unternehmen.

8.

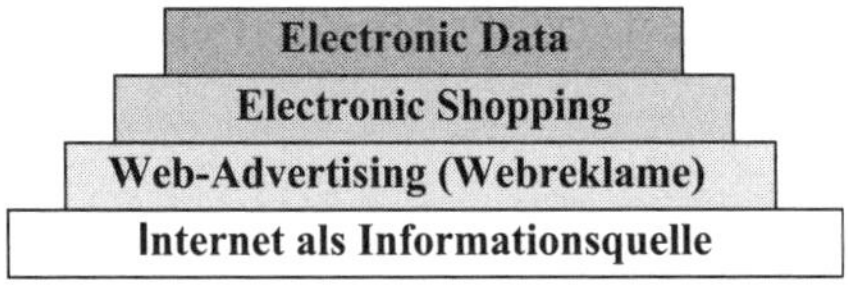

Internet als Informationsquelle

- **Spezialisierte Anbieter stellen Informationen zur Verfügung, wie z. B.** die Fahrplanauskünfte der Bahn AG, Telefonnummern, Wetterdienste, Börsen- und Wirtschaftsinformationen.
- **Portale** sind Eingangspforten ins Internet, die z. B. von Providern erstellt werden (z. B. T-Online, Yahoo) oder auch von Suchmaschinen (z. B. Google).

Webvertising

Abkürzung aus **Web**-Ad**vertising** (Web-Reklame). Das Internet wird als Instrument zur Kundeninformation und als Kommunikationsplattform genutzt. Das Unternehmen stellt seine Produkte im Internet dar, bietet E-Mail- und Kontaktadressen, Gästebücher und ein Forum zum Austausch von Meldungen und Fragen an.

Electronic Shopping

Produkte werden über das Internet an private Endkunden (B2C) oder an Unternehmen verkauft (B2B). Der Versand erfolgt dabei über den traditionellen Weg via Post bzw. die Paketdienste oder ebenfalls über das Internet, z. B. bei Software.

Electronic Data Interchange

Datenaustausch zwischen Betrieben, unter denen eine Kunden-Lieferanten-Beziehung besteht. Im Extremfall kommunizieren die Computer der Geschäftspartner untereinander. Eingriffe von Hand und damit Fehlerquellen beim Eintippen von Daten, Personalkosten und Zeitverzögerung entfallen auf beiden Seiten. Die Geschäftsprozesse werden beschleunigt.

9. Siehe Stofftelegramm.

10. Siehe Stofftelegramm.

4 Vertragsstörungen im Einkaufsbereich

1. **Vorrangig:** Nacherfüllung (Nachbesserung oder Neulieferung) gemäß § 439 BGB
   - Gemäß § 434 BGB liegt ein Sachmangel vor. Damit steht K ein Anspruch auf Nacherfüllung zu.
   - K hat ein Wahlrecht zwischen Nachbesserung und Neulieferung.
   - V kann eine oder beide Arten der Nacherfüllung nur dann ablehnen, wenn gemäß § 439 Abs. 3 BGB die betreffende Nacherfüllung nur mit unverhältnismäßig hohen Kosten möglich ist. Dies ist hier nicht der Fall.

   Nachrangig: (§§ 280, 281, 284, 323, 326, 440, 441 BGB)

Rücktritt vom Vertrag	Voraussetzungen: • angemessene Frist zur Nacherfüllung erfolglos abgelaufen • kein unerheblicher Mangel
Minderung	Voraussetzungen: • angemessene Frist zur Nacherfüllung erfolglos abgelaufen • auch bei unerheblichen Mängeln möglich
Schadenersatz statt Leistung	Voraussetzungen: • angemessene Frist zur Nacherfüllung erfolglos abgelaufen • Pflichtverletzung gemäß § 280 Abs. 1 BGB • Verschulden (Vertretenmüssen) des V • kein unerheblicher Mangel

   Im Sachverhalt liegt kein Verschulden vor, sodass das Recht „Schadenersatz statt Leistung“ nicht geltend gemacht werden kann.

2. Nachbesserung und/oder Neulieferung möglich auch bei geringfügigen Mängeln; verschuldensunabhängig

3. K muss dem V zunächst eine angemessene Frist zur Nacherfüllung einräumen. Nach erfolglosem Fristablauf kann K Schadenersatz statt Leistung verlangen, sofern Verschulden des V vorliegt.

4. Es liegt ein Sachmangel vor, weil der Neuwagen nicht den Werbeaussagen entspricht.

Vorrangig Nacherfüllung	• Nachbesserung (falls durch Nachrüstung des Motors der Benzinverbrauch gedrosselt werden kann) oder • Neulieferung, sofern nicht unverhältnismäßig hohe Kosten anfallen.
Nachrangig, sofern angemessene Nacherfüllungsfrist erfolglos abgelaufen	**Rücktritt** vom Vertrag bzw. **Minderung**

5. **Vorrangig Nacherfüllung:** Nachbesserung (Reparatur des Fahrrads) oder Neulieferung und Schadenersatz neben der Leistung (110,00 EUR)

   Nachrangig, sofern die angemessene Nacherfüllungsfrist erfolglos abgelaufen: **Rücktritt vom Vertrag** und **Schadenersatz statt Leistung** (Verschulden liegt aufgrund der Kenntnis der Bruchgefahr vor; Mangel nicht unerheblich) bzw. **Minderung und Schadenersatz neben der Leistung**.

6. Es liegt ein Sachmangel vor (mangelhafte Montageanleitung + Falschmontage = Ikea-Klausel)

Vorrangig: Nacherfüllung	• Nachbesserung	– korrekte Montageanleitung liefern – Die Fit GmbH muss altes Gerät evtl. abbauen.
	• Neulieferung mit brauchbarer Montageanleitung	Die Fit GmbH muss altes Gerät abbauen und abholen.
Nachrangig, sofern angemessene Nacherfüllungsfrist erfolglos abgelaufen	• Rücktritt vom Vertrag bzw. Minderung	

7. K kann keine Nacherfüllung verlangen, weil Stückkauf vorliegt. „Unmöglichkeit" nach § 275 Abs. 1 BGB.

Rücktritt vom Vertrag	möglich ohne Nachfristsetzung (§ 326 Abs. 5 BGB), da Nachfrist hier sinnlos
Minderung	möglich ohne Nachfristsetzung, da Nachfrist hier sinnlos
Schadenersatz	Nein, da kein Verschulden (Vertretenmüssen) vorliegt.

8.
   - Verbrauchsgüterkauf liegt vor.
   - Somit gilt für die ersten sechs Monate die Beweislastumkehr (§ 476 BGB), d. h., der Verkäufer muss nachweisen, dass die Ware bei Übergabe noch nicht mangelhaft war.
   - Erbringt V diesen Gegenbeweis nicht, wird vermutet, dass die Sache bereits bei der Übergabe mangelhaft war. K kann dann sämtliche Gewährleistungsansprüche geltend machen.

9. **Lieferung verlangen und evtl. Schadenersatz (§ 286 BGB)**
   Voraussetzungen:
   - Fälligkeit
   - Verschulden
   - Mahnung. Diese ist entbehrlich, wenn
     - Verkäufer Lieferung verweigert,
     - Liefertermin kalendermäßig bestimmt war,
     - besondere Gründe vorliegen (§ 286 Abs. 2 Nr. 4 BGB).

   Schadenersatz statt Leistung (§ 281 BGB)
   Voraussetzungen:
   - Fälligkeit
   - Verschulden
   - Nachfrist. Sie ist entbehrlich, wenn
     - Verkäufer die Lieferung verweigert,
     - besondere Umstände vorliegen (§ 281 Abs. 2 BGB).

   Ersatz vergeblicher Aufwendungen anstelle von Schadenersatz statt Leistung (§ 284 BGB)
   Voraussetzung: Vergleiche Schadenersatz statt Leistung.

10. Mahnung entbehrlich, wenn:
    - Verkäufer Lieferung verweigert,
    - Liefertermin kalendermäßig bestimmt ist,
    - besondere Gründe gem. § 286 Abs. 2 Nr. 4 BGB vorliegen.

11. Nachfrist entbehrlich, wenn:
    - Verkäufer Lieferung verweigert,
    - besondere Umstände gem. § 281 Abs. 2 BGB vorliegen.

12. Nachfrist entbehrlich, wenn:
    - Verkäufer Lieferung verweigert,
    - Liefertermin kalendermäßig bestimmt ist,
    - besondere Umstände gem. § 323 Abs. 2 Nr. 3 BGB vorliegen.

13. Ja. Beide Rechte können gleichzeitig in Anspruch genommen werden.

14. - Fälligkeit und Verschulden gem. § 281 BGB liegen vor.
    - Nachfristsetzung entbehrlich, weil Verkäufer die Lieferung verweigert.
    - Daher kann K Schadenersatz statt Leistung verlangen.

15. - Mahnung entbehrlich, weil „besondere Gründe“ gem. § 286 Abs. 2 Nr. 4 BGB vorliegen.
    - Daher kann K Verzögerungsschaden verlangen.

16. - Fälligkeit und Verschulden gem. § 281 BGB liegen offensichtlich vor.
    - Nachfristsetzung entbehrlich, weil „besondere Umstände“ gem. § 281 Abs. 2 BGB vorliegen (Just-in-time-Lieferung).
    - Daher kann K Schadenersatz statt Leistung verlangen.

17. Voraussetzungen für Schadenersatz statt Leistung:
    - Fälligkeit: ja
    - Verschulden: nein
    - Angemessene Nachfrist: erfolglos abgelaufen

    Schadenersatz statt Leistung nicht möglich, weil die Voraussetzung „Verschulden“ fehlt. Rücktritt vom Vertrag möglich, da unabhängig von Verschulden.

18. V hat Anspruch auf Abnahme und Zahlung. Auf die Fristsetzung kann nicht verzichtet werden. V war mit seiner Leistung nicht in Verzug, vielmehr wollte sich K aus wirtschaftlichen Gründen aus dem Vertrag herausschleichen.

5 Wirtschaftlichkeit der Beschaffung

1. 1. Ziel: **Sicherung der Verfügbarkeit**
   - in der richtigen Menge
   - in der benötigten Qualität
   - zur richtigen Zeit
   - am rechten Ort

   2. Ziel: **Die Teile sollen so preiswert** wie möglich sein.
   3. Ziel: Die **Kosten der Beschaffungsorganisation** sollen so niedrig wie möglich sein.

2. a) Ein Zielkonflikt besteht dann, wenn die Verfolgung **eines** Zieles zwangsläufig zur Vernachlässigung eines weiteren, ebenfalls wünschenswerten Zieles führt – und umgekehrt.
   b) Der Zielkonflikt besteht zwischen dem 2. und 3. Ziel.
   Ziel 3 ließe sich erreichen mit möglichst wenig Bestellvorgängen. Zwangsläufige Folge = hohe Beschaffungsmengen, damit hohe Lagerbestände und somit hohe Lagerkosten. Dies wiederum = Konflikt zu Ziel 2.

3. Bei der optimalen Bestellmenge erreicht die Summe aus Beschaffungs- und Lagerhaltungskosten ihr Minimum.

4. Mit zunehmender Bestellmenge sinken die Beschaffungskosten.
   Mit zunehmender Bestellmenge steigen die Lagerhaltungskosten.

5.

Anzahl der Bestellungen	Bestell-menge	Bestellkosten in EUR	Durchschnitt-licher Lagerbe-stand in EUR	Lagerkosten in EUR	Gesamtkosten in EUR
8	187,5	560,00	843,75	210,94	770,94
4	**375**	**280,00**	**1.687,50**	**421,88**	**701,88**
2	750	140,00	3.375,00	843,75	983,75
1	1.500	70,00	6.750,00	1.687,50	1.757,50

6. **Bestellpunktverfahren:** Nach jeder Entnahme wird geprüft, ob der aktuelle Lagerbestand nunmehr den Meldebestand erreicht oder unterschritten hat. Ist dies der Fall, muss nachbestellt werden.

7.

Bestellpunkt	Zeitpunkt, an welchem bestellt werden muss, um Versorgung während der Wiederbeschaffungszeit sicherzustellen.
Meldebestand	Erreicht der Lagerbestand diese Bestandshöhe, dann ist eine neue Bestellung auszulösen.
Wiederbeschaffungs-zeit	Zeitbedarf für eigene Überlegungszeit (z. B. Liefererauswahl), Durchführung der Bestellung, Laufzeit der Post, Lieferzeit, Zeit für Wareneingangskontrolle und Einlagerung
Sicherheitsbestand	Er dient zur Abdeckung von Bestands-, Bedarfs- und Bestell-unsicherheiten. Steht nur für unvorhergesehene Ereignisse zur Verfügung und darf daher zur laufenden Disposition nicht verwendet werden.

8. **Lieferzeit:** Zeitbedarf zwischen Eintreffen der Bestellung beim Lieferer und dem Eintreffen der Ware beim Besteller

Wiederbeschaffungszeit: Beinhaltet den kompletten Zeitbedarf, beginnend mit der Aufdeckung des Bedarfes bis zur Verfügbarkeit der nachbestellten Lieferung.

9. **Bestellpunktverfahren:**
- sehr sichere Strategie, da geringe Gefahr der Unterdeckung
- geeignet für Güter, bei denen ein hoher Servicegrad verlangt wird
- führt tendenziell zu hohen Beständen
- hoher Kontrollaufwand
- durch ständige Bestandskontrolle geeignet für Güter mit unregelmäßigem Bedarf

6 Wirtschaftlichkeit der Lagerhaltung

1. • Ausgleich von Mengenschwankungen bei Beschaffung, Produktion und Absatz (der eine Sektor verläuft kontinuierlich, während der andere saisonal schwankt)
   • Ausnutzung von Vorteilen des Großeinkaufs
   • Zeitüberbrückung zwischen Beschaffung, Produktion und Absatz
   • Lagerzeit für Reifung, Trocknung, Kühlung
   • Bereithaltung eines ausreichenden Sortiments

2. Lagerrisiken durch
   • Mengenverlust wegen Diebstahl, Schwund, Verderb, Zerstörung
   • Wertverlust wegen Beschädigung, Preisverfall, technischer Veralterung, Modewandel

3. Lagerkennziffern = Instrument der Unternehmensführung. Sie helfen, die Entwicklung der Lagerbestände und damit auch der Lagekosten zu erkennen, Schwachstellen aufzudecken, damit entsprechende Gegenmaßnahmen ergriffen werden können.

4. a) Meldebestand = Tagesverbr. · Wiederbeschaffungszeit + Sicherheitsbest.
   b) durchschn. Lagerbestand = (AB + EB) : 2
   durchschn. Lagerbestand = (AB + 4 Quartalsendbestände) : 5
   durchschn. Lagerbestand = (AB + 12 Monatsendbestände) : 13
   c) Umschlagshäufigkeit = Absatz in Stück : durchschn. Lagerbestand in Stück
   Umschlagshäufigkeit = Wareneinsatz in EUR : durchschn. Lagerbestand in EUR
   d) durchschn. Lagerdauer = 360 : Umschlagshäufigkeit

5. Sicherheitsbestand sollte immer auf Lager sein. Er dient zum Ausgleich von Unregelmäßigkeiten
   • auf der Beschaffungsseite (Lieferungsverzögerung),
   • auf der Absatzseite (unerwartete Nachfrage),
   • im eigenen Unternehmen (Ausschuss).

6. **Wiederbeschaffungszeit** = Summe der Zeiten für
   • eigene Disposition (z. B. Auswahl des Lieferanten, Festlegen der Beschaffungsmenge)
   • Schreiben der Bestellung
   • Laufzeit der Post
   • Lieferzeit des Lieferanten
   • Zeit für Warenannahme + Wareneingangskontrolle + Einlagerung der Ware
   Lieferzeit ist demnach eine Komponente der Wiederbeschaffungszeit.

7. a) Meldebestand = 600 · 8 + 5.000 = **9.800 Stück**
   b) Mindestbestand = 12.000 − 600 · 8 = **7.200 Stück**
   c) Meldebestand = Tagesverbrauch · Wiederbeschaffungszeit + eiserner Bestand
   14.000 = x · 8 + 6.000 x = **1.000 Stück**
   d) Wiederbeschaffungszeit = **4 Tage**

8. Die Kosten für die Lagerhaltung steigen überproportional, z. B. wegen Kosten für Fremdlager, zusätzlicher Kapitalbedarf jenseits der vereinbarten Kreditlinie.

9. a) Je größer die durchschnittliche Lagerdauer, desto größer die hierfür zu zahlenden Zinsen.
b) Je größer die Umschlagshäufigkeit, desto
   - kleiner die durchschnittliche Lagerdauer und damit
   - geringer die zu zahlenden Zinsen.
c) (Gleichbleibender Warenabsatz vorausgesetzt!)
Je größer der durchschnittliche Lagerbestand, desto
   - kleiner die Umschlagshäufigkeit,
   - größer die Lagerdauer und damit
   - größer die zu zahlenden Zinsen.

10. a) Bestände: JA = 10,1. Q. = 15,2. Q. = 21,3. Q. = 21,4. Q. = 24

	durchschn. Lagerbestand	= (10 + 15 + 21 + 21 + 24) : 5	=	**18,2 Stück**
b)	Umschlagshäufigkeit	= 26 : 18,2	=	**1,43-mal**
c)	durchschn. Lagerdauer	= 360 : 1,43	=	**251,7 Tage**
d)	Lagerzinssatz	= 9 · 251,7 : 360	=	**6,3 %**

e) Der Ausdruck **UH = Absatz : durchschn. Lagerbestand** hat sich von 2 auf 1,43 verschlechtert.
Mögliche Ursachen:
   - Der **Wert im Zähler ist kleiner** geworden z. B. durch sinkenden Absatz.
   - Der **Wert im Nenner ist größer** geworden, z. B.
     - Ladenhüter im Sortiment,
     - zu hohe Sicherheitsbestände,
     - Beschaffungsmarkt ist unsicherer (längere Wiederbeschaffungszeiten), daher vorsichtigere Disposition mit höheren Beschaffungsmengen.

11.
- **sorgfältige Beschaffungsplanung**
  - **durch Orientierung des Lagervorrates höherwertiger Güter an den künftigen Bedarfen** (Blick in die Zukunft und nicht auf Vergangenheitswerte)
  - Ermittlung **optimaler Bestellmenge**
- Bei **stetigem** Bedarf **höherwertiger** Erzeugnisse und Erfüllung organisatorischer Voraussetzungen: **zeitgerechte Anlieferung** (= just in time)
- **Minimierung des Mindestbestandes**. Daraus sich ergebende Versorgungsrisiken werden abgesichert durch langfristige Lieferverträge. Umfassender Informationsaustausch mit Lieferant, ggf. rechtzeitige Mitteilung der erwarteten Absatzmengen im eigenen Betrieb an den Vorlieferanten.
- Kontrolle des Bestandes auf **Ladenhüter und deren Aussonderung**
- Verringerung des Lieferbereitschaftsgrades

12.

a)	durchschn. Lagerbestand	= (10.000,00 + 18.000,00) : 2	=	14.000,00 EUR
	Umschlagshäufigkeit	= 163.000,00 : 14.000,00	=	11,64
	durchschn. Lagerdauer	= 360 : 11,64	=	30,9 Tage
	Lagerzinssatz	= 8 · 30,9 : 360	=	0,69 %
b)	durchschn. Lagerbestand	= (63.640,00 + 888.480,00) : 13	=	73.240,00 EUR
	Umschlagshäufigkeit	= 2.084.760,00 : 73.240,00	=	28,46
	durchschn. Lagerdauer	= 360 : 28,46	=	12,6 Tage
	Lagerzinssatz	= 10 · 12,6 : 360	=	0,35 %

c) durchschn. Lagerbestand = 277.800,00 : 5 = 45.560,00 EUR
Umschlagshäufigkeit = 582.000,00 : 45.560,00 = 12,77
durchschn. Lagerdauer = 360 : 12,77 = 28,2 Tage
Lagerzinssatz = 8 · 28,2 : 360 = 0,63 %

13. a) Kurve I: Mindestbestand mehrmals unterschritten (riskant, da bei Beschaffungsproblemen der eigene Absatz gefährdet ist). In Phase C Rückgang des Warenabsatzes, daher Auffüllung weit vor Erreichen des Mindestbestandes, Überschreitung des Höchstbestandes (progressive Kostensteigerungen). In Phase D Lieferunfähigkeit (äußerst problematisch).
Kurve II: Höchstbestand einmal überschritten (s. o.), Mindestbestand nie erreicht (Lagerkosten noch senkbar). Insgesamt relativ stabilisierte, gute Lagerhaltung.

b) durchschn. Lagerbestand = 6,5 Mio. EUR; UH = 78 : 6,5 = 12-mal
durchschn. Lagerdauer = 360 : 12 = 30 Tage

c) 12 < 15: Ungünstig im Vergleich zur Konkurrenz. Kapitaleinsatz und Lagerkosten relativ höher, Gewinn relativ niedriger.

14. Die durchschnittliche Lagerdauer gibt an, wie viele Tage ein Gut im Durchschnitt gelagert wird.

15. Durchschnittlicher Lagerbestand sinkt → Umschlagshäufigkeit steigt → durchschnittliche Lagerdauer sinkt → Lagerzinsen sinken.

16. 55.000,00 EUR

17. a) Dieses Konzept strebt an, eine
- flexible,
- kurzfristige und
- rechtzeitige (tages- oder stundengenaue)

Anlieferung der notwendigen Teile/Waren zu erreichen.

b) **Vorteile:**
- Lagerhaltung und die damit verbundenen Kosten/Risiken entfallen bzw. werden vom Vorlieferanten übernommen.
- Langfristige Lieferverträge sichern günstige Einkaufskonditionen trotz flexibler Abnahme.

Nachteile:
- Lagerhaltung wird weitgehend auf die Straße verlagert.
- damit höhere Umweltbelastung
- größeres Abhängigkeitsverhältnis zwischen Abnehmer und Vorlieferant
- Lieferungsverzug, Insolvenz, Qualitätsmängel des Lieferers führen kurzfristig zu eigenen Produktionsstörungen.

7 Das Rechnungswesen im Geschäftsprozess Einkauf

7.1 Wareneingangsbuchung mit Vorsteuer

1.	2000	Waren	14.500,00				
	260	Vorsteuer	2.755,00	an	44	Vbl.	17.255,00
2.	240	Forderungen	62.832,00	an	500	Umsatzerlöse	52.800,00
					480	USt.	10.032,00
3. a)	480	USt.	14.000,00	an	260	Vorsteuer	14.000,00
	480	USt.	7.000,00	an	280	Bank	7.000,00
b)	480	USt.	7.000,00	an	801	Schlussbilanz	7.000,00

4. a) Vorsteuer: Forderung gegenüber dem Finanzamt (Aktivkonto). Entsteht bei Eingangsrechnungen. Soll-Buchung.
   Umsatzsteuer: Verbindlichkeit gegenüber dem Finanzamt (Passivkonto). Entsteht bei Ausgangsrechnungen. Haben-Buchung.
   b) Endverbraucher (Privatmann)

5. a) Summe Vorsteuerbuchungen > Summe Umsatzsteuerbuchungen
   b) Aktivposten (Forderung gegenüber dem Finanzamt)
   c) Summe Umsatzsteuerbuchungen > Summe Vorsteuerbuchungen
   d) Passivposten (Verbindlichkeit gegenüber dem Finanzamt)

6. Keinen! Es handelt sich um durchlaufende Posten, somit kein Einfluss auf Gewinn oder Verlust.

7. a) Aktivkonto b) Passivkonto

8. Zahllast eher üblich. Begründung: Die Verkaufserlöse übersteigen die Einkaufspreise, da eine Wertschöpfung stattfindet. Somit übersteigt üblicherweise die Umsatzsteuer (Basis: Nettoverkaufserlöse) die Vorsteuer (Basis: Nettoeinkaufspreise).

9. Der Unternehmer soll grundsätzlich nicht mit Umsatzsteuer (Mehrwertsteuer) belastet werden, da er nicht Endverbraucher ist. Die ihm in Rechnung gestellte USt. (seine Vorsteuer) erhält er vom Finanzamt zurückvergütet. Umsatzsteuer, die er in Rechnung stellt, muss er ans Finanzamt abführen, sodass per Saldo keine erfolgsmäßige Auswirkung erfolgt.

10. Sie ist i. d. R. monatlich beim Finanzamt einzureichen (innerhalb von 10 Tagen nach Ablauf des Monats). Die Umsatzsteuervoranmeldung erfolgt über eine spezielle Software (Elster). Mit ihrer Hilfe werden die Daten erfasst und an das Finanzamt per Internet übermittelt.

7.2 Kreditorenbuchhaltung

7.2.1 Die Konten/Bücher

1\.

1.	2000	Waren	3.300,00			
	260	Vorsteuer	627,00	440001	Kleiner e. Kfm.	3.927,00
2.	440002	Wolfgang Steiner	8.092,00	280	Bank	8.092,00
3.	2000	Waren	2.400,00			
	260	Vorsteuer	456,00	440003	Hempel e. Kfm.	2.856,00
4.	440003	Hempel e. Kfm.	3.451,00	280	Bank	3.451,00
5.	440001	Kleiner e. Kfm.	5.712,00	280	Bank	5.712,00
6.	2000	Waren	850,00			
	260	Vorsteuer	161,50	440002	Steiner GmbH	1.011,50

Kreditorenbuchhaltung

S 440001 Mark Kleiner e. Kfm. H

S		H	
5. (280)	5.712,00	AB	28.420,00
Saldo	26.635,00	1. (200/260)	3.927,00
	32.347,00		32.347,00

S 440002 Wolfgang Steiner GmbH H

S		H	
2. (280)	8.092,00	AB	19.024,00
Saldo	11.943,50	6. (200/260)	1.011,50
	20.035,50		20.035,50

S 440003 Klaus Hempel e. Kfm. H

S		H	
4. (280)	3.451,00	AB	38.280,00
Saldo	37.685,00	3. (200/260)	2.856,00
	41.136,00		41.136,00

2)

3)

Hauptbuchhaltung

S 440 Verbindlichkeiten H

S		H	
Su. Soll-Beträge	17.255,00	AB [1]	85.724,00
Saldo	**76.263,50**	Su. Haben-Beträge	7.794,50
	93.518,50		93.518,50

S 2000 Waren H

S		H	
1. (440001)	3.300,00		
3. (440003)	2.400,00		
6. (440002)	850,00		

S 260 Vorsteuer H

S		H	
1. (440001)	627,00		
3. (440003)	456,00		
6. (440002)	161,50		

S 280 Bank H

S		H	
		2. (440002)	8.092,00
		4. (440003)	3.451,00
		5. (440001)	5.712,00

Saldensumme aus den Kreditorenkonten

440001 Kleiner	26.635,00
440002 Steiner	11.943,50
440003 Hempel	37.685,00
Summe	**76.263,50**

[1] **85.724,00** = Summe aus den Anfangsbeständen der Kreditorenkonten 28.420,00 + 19.024,00 + 38.280,00

[2] **17.255,00** = Summe aus den Soll-Beträgen der Kreditorenkonten 5.712,00 + 8.092,00 + 3.451,00

[3] **7.794,10** = Summe aus den Haben-Beträgen der Kreditorenkonten 3.927,00 + 1.011,50 + 2.856,00

7.2.2 Preisnachlässe beim Einkauf

1.	2000	Waren	4.000,00	44	Vbl.	4.760,00
	260	Vorsteuer	760,00			
2.	2000	Waren	200,00	44	Vbl.	238,00
	260	Vorsteuer	38,00			
3.	44	Vbl.	3.570,00	2000	Waren	3.000,00
				260	Vorsteuer	570,00
4.	44	Vbl.	9.520,00	2000	Waren	8.000,00
				260	Vorsteuer	1.520,00
5.	44	Vbl.	8.627,50	2000	Waren	7.250,00
				260	Vorsteuer	1.377,50

8 Verbraucherschutz

1. Der Verbraucher ist gegenüber dem Unternehmer in der Regel in einer schwächeren Position. Dies hat seine Ursachen in der Regel in der Unkenntnis in Bezug auf spezielle rechtliche Vorschriften, in der Unbesonnenheit (z. B. im Umgang mit Geld) oder in mangelnder Lebenserfahrung.

2.

Begriff	Erklärung	Beispiel
Unternehmer	§ 14 Abs. 1 BGB. Unternehmer ist eine natürliche oder juristische Person ..., die ... in Ausübung ihrer gewerblichen oder selbstständigen beruflichen Tätigkeit handelt.	• Die Westermeyer GmbH kauft ein angrenzendes Grundstück als künftigen Parkplatz für die Beschäftigten. • Rechtsanwalt Tomicic kauft einen Pkw, um seine Termine vor Gericht wahrnehmen zu können.
Verbraucher	§ 13 BGB. Verbraucher ist jede natürliche Person, die ein Rechtsgeschäft zu privatem Zweck abschließt.	Herr Tomicic kauft für sich privat eine Harley-Davidson.
Verbrauchsgüterkauf	§ 474 BGB. Er liegt vor, wenn • ein **Verbraucher** von • einem **Unternehmer** • eine **bewegliche Sache** kauft.	wie oben

3. in den allgemeinen Geschäftsbedingungen, den Haustürgeschäften und den Fernabsatzverträgen

4. a) Vorformulierte Vertragsbedingungen, die eine Vertragspartei (meist Verkäufer) für eine Vielzahl von Verträgen zum Vertragsbestandteil macht.

   b) **Vorteile:**
   - Vertragsinhalte müssen nicht jedes Mal neu ausgehandelt werden.
   - raschere Abläufe im Beschaffungs- und Absatzbereich, da standardisierte Vertragsinhalte
   - Risikobegrenzung für Verwender, da er für ihn möglichst günstige Klauseln verwendet (z. B. V hat bei mangelhafter Lieferung zunächst Recht auf Nachbesserung).

   Nachteile:
   - Schwächere Vertragspartner könnten benachteiligt werden.
   - Einschränkung der Vertragsfreiheit

   c) Die Benachteiligung der wirtschaftlich Schwächeren (Privatpersonen) durch allgemeine Geschäftsbedingungen soll verhindert werden.

5. Die Klauseln sind alle unwirksam:
   a) Verstoß gegen (§ 308 Abs. 1 BGB): keine Bindung an zugesagten Liefertermin
   b) Verstoß gegen (§ 308 Abs. 2 BGB): unangemessen lange Nachfrist
   c) Verstoß gegen (§ 309 Abs. 5 BGB): keine Pauschalierung von Schadenersatzforderungen
   d) Verstoß gegen (§ 309 Abs. 8 b) bb) BGB): keine Beschränkung der Gewährleistungsrechte auf Nacherfüllung
   e) Verstoß gegen (§ 309 Abs. 8 b) ee) BGB): keine unzulässige Verkürzung der Rügefrist

6. Die Klauselverbote mit Wertungsmöglichkeit verwenden un**bestimmte Rechtsbegriffe** (z. B. unangemessen, hinreichend). Im Streitfalle muss daher ein Gericht entscheiden, wie diese Begriffe im konkreten Fall auszulegen sind. Bei Klauselverboten ohne Wertungsmöglichkeit kann die Inhaltskontrolle ohne gerichtliche Entscheidung durchgeführt werden. Werden sie verwendet, sind sie unwirksam.

7. a) § 312 Abs. 1 BGB. Der Vertrag kam zustande durch Verhandlungen
      - am Arbeitsplatz,
      - in der Privatwohnung,
      - auf der Straße,
      - bei einer „Kaffeefahrt" mit einem Reiseunternehmen.

   b) Der **Käufer hat ein Widerrufsrecht** binnen einer Woche (§§ 312 Abs. 1, 355 Abs. 1 BGB). Dieses Widerrufsrecht entfällt
      - bei Bagatellbeträgen bis 40,00 EUR, die sofort bezahlt werden,
      - wenn der Kunde den Verkäufer selbst in die Wohnung bestellt hat,
      - wenn die Willenserklärung des Verbrauchers von einem Notar beurkundet wurde.

8.

Rechts-grundlage	§ 312 Abs. 1 BGB Haustürgeschäft	§ 312 c, d BGB Fernabsatzgeschäft
Gültigkeit	Verbraucherverträge • am Arbeitsplatz • in Privatwohnung • auf der Straße • bei einer „Kaffeefahrt"	Verbraucherverträge über die Warenlieferung oder Dienstleistungen unter **ausschließlicher Verwendung von Fernkommunikationsmitteln**, also auch mittels Internet, Telefon, Brief
Pflichten des U. vor Vertragsab-schluss		klare und verständliche Information des Verbrauchers durch Unternehmer z. B. über 1. seine Identität, d. h. exakte Angaben über die Firma (Bezeichnung, Gesellschaftsform), 2. seine Anschrift, 3. wesentliche Merkmale der Ware oder Dienstleistung u. a.
Pflichten des U. nach Vertragsab-schluss		Obige Information in Textform. Zusätzlich weitere Informationen, wie z. B. • Ausübung und Rechtsfolgen des Widerrufs- oder Rückgaberechts, • die Anschrift, bei der der Verbraucher Beanstandungen vorbringen kann, • Informationen über Kundendienst und geltende Garantiebedingungen.
Folgen	Der Verbraucher hat **Widerrufsrecht. Der Unternehmer kann anstelle des Widerrufsrechts** dem Verbraucher ein **Rückgaberecht** einräumen.	Der Verbraucher hat **Widerrufsrecht. Der Unternehmer kann anstelle des Widerrufsrechts** dem Verbraucher ein **Rückgaberecht** einräumen.
Ablauf des Widerrufs-rechts, § 355 BGB	• Solange das Widerrufsrecht nicht ausgeübt wird, ist der Vertrag (schwebend) wirksam. • Ein rechtzeitiger, berechtigter Widerruf beendet die vorläufige Vertragsbindung. • Der Widerruf kann in Textform oder durch Rücksendung der Sache erklärt werden. • Eine Begründung ist nicht erforderlich. • Frist: grundsätzlich 14 Tage	
Beginn der Frist	• mit Erhalt einer deutlich gestalteten **Belehrung** des Verbrauchers in Textform über sein Widerrufsrecht • Wird Belehrung nach Vertragsschluss mitgeteilt, beträgt die Widerrufsfrist einen Monat. • Belehrung ist vom Verbraucher gesondert zu unterschreiben oder zu signieren. • Ist Schriftform vorgeschrieben, beginnt die Frist erst zu laufen, nachdem der Verbraucher eine Vertragsurkunde oder eine Durchschrift erhalten hat. • Der Unternehmer muss den Beginn der Frist beweisen.	Bei Fernabsatzverträgen beginnt die Widerspruchsfrist erst bei persönlichem Erhalt der Ware zu laufen.
Erlöschen des Widerrufs-rechts	• 6 Monate nach Vertragsabschluss, bei Warenlieferung 6 Monate ab Wareneingang • Fehlt die Widerrufsbelehrung oder ist sie fehlerhaft, dann verlängert sich die Frist auf maximal zwölf Monate nach Ablauf der eigentlichen Widerrufsfrist (längstens also ein Jahr und 14 Tage).	

Rechts-grundlage	§ 312 Abs. 1 BGB Haustürgeschäft	§ 312 c, d BGB Fernabsatzgeschäft
Abwicklung § 346 BGB	U. a. • Rücksendung der Ware, falls die Sache durch Paket versandt werden kann. • Kosten und Gefahr der Rücksendung trägt Unternehmer. • Im Falle des Widerrufsrechts dürfen dem Verbraucher die Kosten der Rücksendung vertraglich auferlegt werden (Ausnahme: die gelieferte Sache entsprach nicht der bestellten). • Herausgabe des empfangenen Entgelts innerhalb von 14 Tagen	

9. a) Diese Vorschrift stärkt die Autonomie des Verbrauchers, d. h. seine Fähigkeit, selbstständig und eigenverantwortlich zu handeln, da ihm alle notwendigen Informationen zur Verfügung gestellt werden müssen.
   b) Diese Vorschrift stärkt ihn gegen unredliche Methoden der Vertragsanbahnung.

9 Anlagegüter

9.1 Kauf von Anlagegütern

1\. a)

07	Maschinen	32.200,00				
260	Vorsteuer	6.118,00	an	44	Vbl.	38.318,00

b)

44	Verbindlichkeiten	38.318,00	an	280	Bank	37.604,00
				07	Maschinen	600,00
				260	Vorsteuer	114,00

2\. a) Anschaffungskosten = 120.000,00 + 11.000,00 + 1.200,00 + 1.000,00 + 400,00 = 133.600,00 EUR

b)

084	Fuhrpark	133.600,00				
260	Vorsteuer	25.384,00	an	44	Verbindl.	158.384,00
703	Kfz-Steuer	1.600,00				
690	Versicherung	2.300,00				
605	Treibstoffe	500,00				
260	Vorsteuer	80,00	an	280	Bank	4.480,00

c)

44	Verbindl.	158.984,00	an	280	Bank	155.804,32
				084	Fuhrpark	2.672,00
				260	Vorsteuer	507,60

3\. Aktivierung = Soll-Buchung auf einem Aktivkonto

4\. Anschaffungspreis
\+ Anschaffungsnebenkosten
− Anschaffungskostenminderungen
= Anschaffungskosten (= Aktivierungsbetrag)

5\. Anschaffungsnebenkosten = Teil der Anschaffungskosten, daher aktivierungspflichtig. Alle Ausgaben und Aufwendungen, die im Rahmen der Anschaffung zusätzlich zum Kaufpreis einmalig auftreten.
Beispiele: Transportkosten, Zölle, Montagekosten, Zulassungskosten, Vermittlungskosten, Notariatskosten, Grunderwerbsteuer.

6\. Anschaffungskostenminderungen: Rabatte, Skonti, Boni

7\. Nicht aktivierungsfähig: a), b), d)

9.2 Abschreibung zur Erfassung der Wertminderung

1.	6500	Abschreibungen	10.000,00	an	085	Betriebsausstattung	10.000,00
2.	6500	Abschreibungen	40.000,00	an	084	Fuhrpark	40.000,00

3.
   - Abschreibungen berücksichtigen durch die **Haben-Buchung auf dem entsprechenden Anlagekonto die Wertminderungen** bei Anlagegütern. Das Anlagevermögen wird somit richtig ausgewiesen. Gleichzeitig wird der **Wertverlust durch eine Aufwandsbuchung** erfasst.
   - Abschreibungen werden **in die Verkaufspreise einkalkuliert** und fließen somit in Form von liquiden Mitteln in das Unternehmen zurück. Mit diesen Abschreibungsrückflüssen können wiederum die Neuanschaffungen finanziert werden.

4. Abschreibungen sind Aufwendungen und verringern somit den Gewinn.

5. Damit wird verhindert, dass Abschreibungssätze willkürlich zu hoch angesetzt werden in der Absicht, den Gewinn unangemessen zu verkürzen. Dies würde nämlich eine Verschiebung der gewinnabhängigen Steuern in die Zukunft bedeuten.

6. Aktivierungspflichtiger Betrag: 3.900,00 EUR
   Linearer AfA-Satz: $16\frac{2}{3}$ %; AfA-Betrag: 650,00 EUR

   Siehe auch Kapitel „Prüfungsaufgaben“, 1: Kapitelübergreifende Aufgaben.

1 Marketing

1.1 Notwendigkeit der Marktorientierung

1. In aller Regel haben wir es mit gesättigten Märkten zu tun. Eine Absatzsteigerung des eigenen Unternehmens geht somit zwangsläufig zulasten der Konkurrenten. Die Marktmacht liegt somit beim Käufer. Der Unternehmenserfolg kommt nicht von allein. Die Wünsche des Käufers, seine Kaufkraft, die gesamtwirtschaftliche Entwicklung, das Konkurrenzangebot in Bezug auf Menge, Qualität und Preis usw. müssen vorher erforscht werden.

2. Merkmale:
   - Angebot größer als Nachfrage (Markt = gesättigt)
   - Orientierung aller Entscheidungen (Produktionsprogramm, Design, Werbebotschaft) am Kundennutzen
   - Kundennutzen muss erforscht werden.
   - Kundenorientierung wird zum leitenden Prinzip unternehmerischen Handelns.

3. Beispiele für Ansätze zu kundenorientiertem Handeln im Unternehmen:
   - Entwicklung der Produkte in Kooperation mit den Kunden
   - regelmäßige und systematische Erforschung der Kundenbedürfnisse und deren Umsetzung in neue Produkte

1.2 Die Marktforschung

1. a) **Absatzmarketing:** alle unternehmerischen Maßnahmen, die darauf abzielen, einen Markt zu erschließen, zu erhalten und zu erweitern
   b) **Marktforschung:** Instrument zur Informationsbeschaffung
   c) **Marktbeobachtung:** Methode der Marktforschung. Markt wird dabei über längeren Zeitraum fortlaufend beobachtet.
   d) **Marktanalyse:** Methode der Marktforschung, einmalig, zeitpunktbezogen
   e) **Marktprognose:** Vorhersage über künftige Marktentwicklung, z. B. Marktpotenzial, Marktvolumen, Zielgruppe
   f) **Primärforschung:** Erhebung bisher noch nicht erfasster Daten
   g) **Sekundärforschung:** Rückgriff auf vorhandenes Datenmaterial

2.

Unternehmensintern	Absatzstatistik, Tätigkeitsberichte der Außendienstmitarbeiter
Unternehmensextern	Veröffentlichungen des Statistischen Bundesamtes, der statistischen Landesämter, der Deutschen Bundesbank, der IHK, des Bundeswirtschaftsministeriums, Berichte von Verbänden, Prognos-Reports

3.

Befragung	Gewinnung von Meinungen, Einstellungen usw. durch mündl., schriftliches, telefonisches Interview
Beobachtung	Erfassung beobachtbarer Tatbestände ohne direkten Kontakt zum Marktteilnehmer
Experiment	Ermittelt die Abhängigkeit einer Produkteigenschaft (z. B. Art des Produktes, Weichspüler) von der Veränderung einer anderen Eigenschaft (z. B. Form/„weiche“, ovale Form).
Panelerhebung	Feste Anzahl von Haushalten/Geschäften wird zu gleichen Sachverhalten in regelmäßigen Zeitabständen befragt.

1.3 Marketinginstrumente

1.3.1 Produktlebenszyklus

1. **Lebenszyklus** = Umsatzentwicklung eines Produktes zwischen Markteinführung und Ausscheiden aus dem Markt
2. Die Ertragssituation eines Produktes wird bestimmt durch die Phase, in welcher es sich jeweils befindet. Die Kenntnis darüber, an welcher Stelle seines Lebenszyklus sich ein Produkt befindet, ist wichtig. Damit können rechtzeitig die erforderlichen Marketingmaßnahmen (z. B. Weiterentwicklung, gezielte Aufgabe ...) ergriffen werden.
3. Lebenszyklus für ein Modeprodukt Lebenszyklus für ein langlebiges Konsumgut

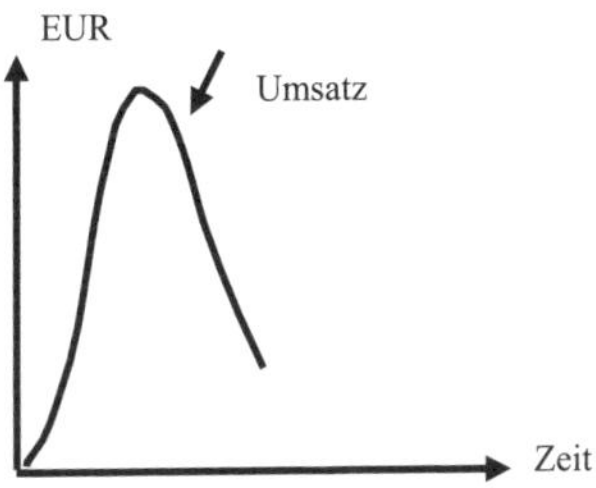

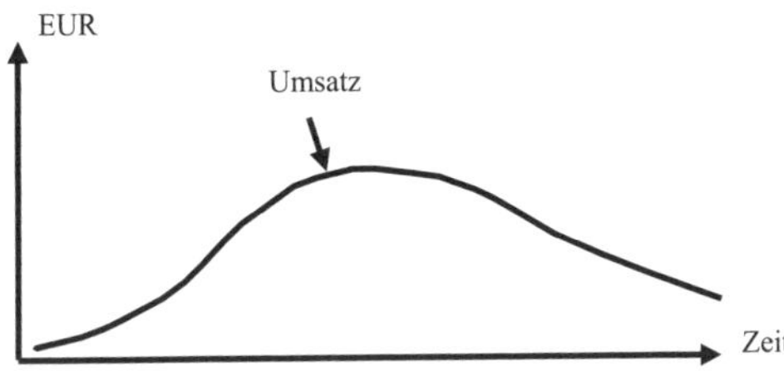

4. a) Einführung – Wachstum – Reife – Sättigung – Niedergang
   b) Siehe Stofftelegramm.

1.3.2 Kommunikationspolitik

1.

Aufgaben der Werbung	Grundsätze der Werbung
• neue Bedürfnisse wecken • neue Produkte bekannt machen • neue Kunden gewinnen • Kundenstamm erhalten	• Wirksamkeit • Wahrheit • Klarheit • Wirtschaftlichkeit

2. a)

Direktwerbung	Massenwerbung
Direktwerbung (durch Brief/Gespräch an einen Einzelnen)	Massenwerbung (durch Rundfunk, Zeitung, Postwurfsendungen an die Allgemeinheit oder Zielgruppe)

b)

Alleinwerbung	Verbundwerbung	Gemeinschaftswerbung
Unternehmen wirbt allein.	Mehrere Unternehmen werben gemeinsam, z. B. Hersteller von Sportgeräten + Hersteller von Sportbekleidung.	Werbung für eine ganze Branche, z. B. „*Kenner trinken Württemberger*“

3. **Werbemittel:** Anzeige, Werbespot, Kostprobe, Schaufensterauslage
   Werbeträger: Tageszeitung, TV-Zeitschrift, Fachzeitschrift, Rundfunk, Fernsehen, Einkaufstasche, (Sportler-)Bekleidung, Firmenfahrzeug, Sportgerät (Formel-1-Rennwagen)

4. Erhöhung der Werbeanstrengungen bei sinkenden Umsatzzahlen
   Sinkender Umsatz – Erhöhung der Werbeanstrengungen
   Steigender Umsatz – Senkung der Werbeanstrengungen

5.

Vorteile	Nachteile
• Kostensenkung durch erhöhten Absatz • Die Verbraucher sind besser informiert und haben dadurch einen besseren Überblick über den Markt für ein bestimmtes Produkt. • Werbung verbessert Absatz, sichert damit Arbeitsplätze und trägt letztlich zum Wohlstand bei.	• Werbungskosten verteuern die Produkte. • Großunternehmen können sich Werbungskosten eher leisten und haben dadurch Wettbewerbsvorteile. • Verbraucher wird manipuliert und zum Verbrauch verführt.

6.

Ökonomischer Werbeerfolg	Psychologischer Werbeerfolg
im werbenden Unternehmen selbst in Geld oder Stückzahlen messbar, z. B. Zuwachs an Umsatz, Erhöhung des Marktanteils	Lässt sich nicht im Unternehmen, sondern nur am Umworbenen selbst messen (Änderung in der Haltung gegenüber Produkt oder Hersteller). Hierzu werden spezielle Verfahren eingesetzt, wie z. B. Satzergänzungstests (z. B.: „An meinem Handy gefällt mir, dass ...“).

7. Werbung wendet sich an den Verbraucher, um ihn an das Produkt heranzuführen. Salespromotion hingegen soll den **Verkaufsvorgang selbst** verbessern.

8.

Public Relation	Maßnahmen zur Imagepflege, z. B. Tag der offenen Tür, Betriebsbesichtigungen
Product-Placement	Unterbringung der Erzeugnisse im Rahmen von Fernsehserien bzw. Spielfilmen (z. B. VW-Tuareg-Geländewagen in King-Kong-Film)
Sponsoring	Unterstützung einzelner Sportler, Künstler oder von Sport- bzw. kulturellen Veranstaltungen

1.3.3 Preispolitik

1. Oberziel = Gewinnmaximierung

2. a) und b)

Einflussgrößen der Käuferseite	Einflussgrößen der Verkäuferseite
Kauffähigkeit • Vermögen, Einkommen • Verschuldungsmöglichkeit **Selbstimage des Käufers** • Preisbereitschaft • Bedürfnisdruck • Preisvorstellung	**Produktpreis** • Kosten • Gewinnerwartung **Produktimage** • Konkurrenzpreis • Preiswürdigkeit • Grund- und Zusatznutzen

3. **Kostenorientierte Preisgestaltung**
   Der Verkaufspreis ergibt sich mithilfe der Vollkostenrechnung. Den Stückkosten wird ein konstanter oder prozentualer Aufschlag hinzugerechnet. Diese Art der Preisbildung findet sich insbesondere bei kundenwunschorientierter Fertigung.

   Nachfrageorientierte Preisgestaltung
   Im Vordergrund der Preisbildung steht die Nachfrageintensität. Der Preis schwankt je nach Verhandlungsmacht und -willen der Nachfrager. (Beispiel: Starker Verfall der Preise für Rindfleisch nach Information der Konsumenten über BSE)

4. Abschöpfung der Konsumentenrente

5. **Voraussetzung:**
   - Bildung von abgegrenzten Teilmärkten, auf denen jeweils unterschiedliche Preise verlangt werden.
   - Ein Übergang von einem zum anderen Markt darf für den Kunden nicht möglich sein.

6.

Art der Preisdifferenzierung	Beispiel
räumliche Preisdifferenzierung	• Benzin an Autobahntankstellen • geringere Preise für Pkw in Ländern mit Luxussteuern (z. B. Dänemark)
zeitliche Preisdifferenzierung	• Preise für Urlaubsreisen je nach Ferienterminen in den einzelnen Bundesländern • Telefongebühren
Preisdifferenzierung in Verbindung mit Produktdifferenzierung	• Pkw mit Sonderlackierungen • verschiedenen Motorvarianten und Zusatzkennzeichnungen (G, GL, GLX)
Preisdifferenzierung nach Verwendungszweck bzw. Abnehmergruppen	• Dieselöl – Heizöl • Normalfahrkarten – Schülerfahrkarten

7. **Treuerabatt:** langfristige Bindung zwischen Kunde und Lieferant, Bildung einer Stammkundschaft

   Mengenrabatt: Abnahme größerer Mengen

   Skonto: keine Inanspruchnahme des Zahlungszieles; rascher Rückfluss der Gelder, Verringerung der Kapitalbindungsdauer, geringerer Bedarf an Fremdkapital, Erhöhung der Liquidität

   Lieferantenkredit: langfristige Bindung des Kunden an den Lieferanten

1.3.4 Sortimentspolitik

1. Formgestaltung, Verpackung, Markierung und Namensgebung

2. a)–c)

Produktdiversifikation	• Sortiment wird um ein weiteres Erzeugnis erweitert. • Unternehmen hat weiteres „Standbein am Markt". • hohe Kosten für neue Produktentwicklung, Maschinen, Vertrieb usw. • größeres Risiko des Misserfolges • Unternehmensrisiko wird gestreut. **Beispiel:** Getränkevertrieb nimmt Fruchtsäfte in sein Sortiment auf.
Produktdifferenzierung	• Varianten eines bereits bestehenden Produktes • geringere Kosten • in der Regel auf derselben Fertigungsanlage • verbesserte Marktstellung • geringeres Einführungsrisiko **Beispiel:** ein bestimmtes Automodell mit verschiedenen Ausstattungs- und Motorvarianten
Produktvariation	• Ein bereits am Markt eingeführtes Erzeugnis wird verändert. • Beseitigung festgestellter Mängel • Anpassung an technischen Standard (z. B. Kopf-Airbag), Veränderung von Design, Verpackung, Qualität • (Seitheriges) Produktimage wird übernommen. • Teure Einführungswerbung entfällt. **Beispiel:** Modifikation eines Pkw-Typs
Produkteliminierung	• Herausnahme von Erzeugnissen aus dem Sortiment • Bringt Vorteile in der Produktherstellung, da weniger Varianten hergestellt werden müssen (weniger Umstellungskosten). • Nachteile auf der Absatzseite, da sich für die Konsumenten die Vielfalt bei der Produktauswahl verringert. **Beispiel:** Aufgabe des verbleiten Superbenzins an den meisten Tankstellen

3. a) **Breites Sortiment:** viele verschiedene Artikel unter einem Dach, typisch: Einkaufszentrum

   Tiefes Sortiment: wenige verschiedene Artikel, diese jedoch in sehr vielen Varianten, typisch: Parfümerie

   b) **Fachgeschäft für DOB:** tiefes Sortiment
   Supermarkt: breites Sortiment

4. a) 1. **Vorleistung** mit technischer Beratung, Preisgestaltung und Klärung von Finanzierungsfragen
   2. **Nebenleistung** mit Überführung, Montage, Schulung des Bedienungspersonals
   3. **Folgeleistung** mit Reparatur, Wartung

   b) 1. wichtiges Instrument zur Informationsbeschaffung (z. B. Aufdeckung von „Kinderkrankheiten" in einer neuen Pkw-Serie)
   2. Der bessere Kundendienst führt dazu, dass die Kunden Produkte dieses Herstellers bevorzugen (Bildung von Herstellerpräferenzen).
   3. Das Unternehmen hat dadurch die Möglichkeit, höhere Preise zu verlangen.

1.3.5 Distributionspolitik

1. a) **Direkter Absatz:** Der Hersteller übernimmt die Aufgaben des Vertriebs bis zum Verbraucher in eigener Regie.
   Indirekter Absatz: Rechtlich, wirtschaftlich und organisatorisch selbstständige Absatzvermittler sind zwischen Hersteller und Konsument eingeschaltet (Vertreter, Groß- und Einzelhandel).

   b)

Vorteile des direkten Absatzes	Nachteile des direkten Absatzes	
• kürzere Vertriebswege • Gewinnanteil des Handels entfällt. • unmittelbarer Kundenkontakt • bessere Durchsetzung der Unternehmensziele, z. B. Preisniveau	• hoher Verwaltungsaufwand durch Abwicklung von Kleinaufträgen	• kleinere Losgrößen • hohes Absatzrisiko • hohe Vertriebskosten • hohe Lagerkosten

   c) **Vorteile durch die Einschaltung des Handels für Hersteller**
   - Handel übernimmt Teil der Lagerhaltung.
   - Frühzeitige Bestellung größerer Mengen ermöglicht
     - höhere Planungssicherheit in der Produktion,
     - höhere Losgrößen,
     - geringere Umrüstkosten,
     - günstigere Transporteinheiten.
   - weniger Reisende/Vertreter
   - weniger Buchungen
   - geringerer Forderungsausfall

2.

	Reisender	Handelsvertreter
Rechtsgrundlage	Arbeitsvertrag	Agenturvertrag
Rechtsstellung	Angestellter mit Handlungsvollmacht	selbstständig
Tätigkeit	im Namen und auf Rechnung seines Auftraggebers	in fremdem Namen und auf fremde Rechnung
Absatzweg	direkt	indirekt
Vergütung	Fixum, Provision, Spesen	Provision (Abschluss-, Delkredere-, Inkassoprovision), Auslagenerstattung
Rechte	vergleichbar den Rechten eines Angestellten mit Handlungsvollmacht (Artvollmacht)	Provision, Benachrichtigung, Unterlagen; Recht auf angemessenen finanziellen Ausgleich nach Beendigung des Vertragsverhältnisses, falls der Unternehmer weiterhin von den vermittelten Kunden profitiert. Maximal eine Jahresprovision (= Ausgleichsanspruch).
Pflichten	Pflichten eines Angestellten	Bemühung, Benachrichtigung, Wettbewerbsverbot, Sorgfalt, Verschwiegenheit, Befolgungspflicht

3.

Vorteile	
Reisender	Vertreter
• bei guter Absatzlage billiger • weisungsgebunden • Tätigkeit kann besser kontrolliert werden • flexibler einsetzbar • Übernahme von verkaufsvor- und verkaufsnachbereitenden Aufgaben	• bei geringen Umsätzen (Produkteinführung) kostengünstiger • provisionsorientiert, daher verstärkter Einsatz

4. **Abschlussprovision:** Provision für den Abschluss von Kaufverträgen
Delkredereprovision: Provision für die Übernahme der Haftung eines Zahlungseingangs
Inkassoprovision: Provision für den Geldeinzug

5. a) **Ausgleichsanspruch** = Recht auf angemessenen finanziellen Ausgleich nach Beendigung des Vertragsverhältnisses, falls der Unternehmer weiterhin von den vermittelten Kunden profitiert. Maximal eine Jahresprovision.

   b) Unternehmer macht auch nach Beendigung des Vertragsverhältnisses Geschäfte mit den vom Handelsvertreter geworbenen Kunden, sodass eine Ausgleichszahlung gerechtfertigt ist.

6. Der Handelsvertreter haftet für den Geldeingang und wird daher nur Abschlüsse mit „sicheren" Kunden tätigen.

7. Es darf sich nicht um Konkurrenzartikel handeln (Interessenskonflikt), sondern nur um Komplementärgüter (sich ergänzender Art).

8. a) Kosten R: 40.000,00 EUR + 2 % von 2 Mio. EUR = **80.000,00 EUR**
   Kosten H: 6 % von 2 Mio. EUR = 120.000,00 EUR

   b) Kosten Reisender = Kosten Handelsvertreter
   40.000,00 + 0,02 · Umsatz = 0,06 · Umsatz
   Umsatz = 1 Mio. EUR

   c)

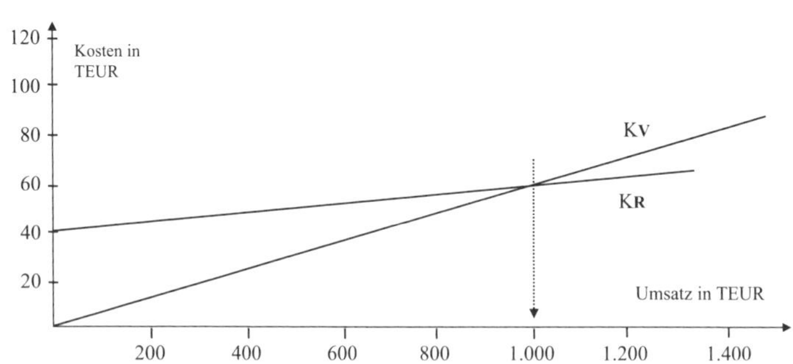

9. a) Kosten **R** = Kosten **V**

$$4.200{,}00 \cdot 13 : 12 + 0{,}02 \cdot \text{Umsatz} = 1.200{,}00 + 0{,}05 \cdot \text{Umsatz}$$
$$4.550{,}00 + 0{,}02 \cdot \text{Umsatz} = 1.200{,}00 + 0{,}05 \cdot \text{Umsatz}$$
$$3.350{,}00 = 0{,}03 \cdot \text{Umsatz}$$
$$111.666{,}67 \text{ EUR} = \text{kritischer Umsatz}$$

b) Derzeitige Kosten des Reisenden:

$4.550{,}00 + 0{,}02 \cdot 150.000{,}00 = 7.550{,}00$ EUR

Der Vertrieb über einen Handelsvertreter darf demnach monatlich 7.550,00 EUR nicht überschreiten.

$$1.200{,}00 + p : 100 \cdot \text{Umsatz} \leq 7.550{,}00 \text{ EUR}$$
$$p : 100 \cdot 150.000{,}00 \leq 6.350{,}00 \text{ EUR}$$
$$p \geq 4{,}233\ \%$$

Der Provisionssatz des Vertreters darf 4,233 % nicht überschreiten.

2 Unternehmensformen

2.1 Rahmenbedingungen für eine Existenzgründung

2.1.1 Handelsrechtliche Rahmenbedingungen

1. für Kaufleute nach HGB

2. | | |
   |---|---|
   | Gewerbetreibende **mit** kaufmännischem Geschäftsbetrieb | • Kaufleute nach HGB
• Pflicht zur Eintragung
• Eintragung ist deklaratorisch |
   | Gewerbetreibende **ohne** kaufmännischen Geschäftsbetrieb | • Kannkaufleute
• Option auf Eintragung
• Falls HR-Eintragung, dann ist Eintragung konstitutiv und sie werden Kaufleute nach HGB.
• Falls kein Eintrag: Nichtkaufleute |

3. - alle Kapitalgesellschaften
   - Alle Gewerbetreibenden, deren Unternehmen nach Art oder Umfang einen in kaufmännischer Weise eingerichteten Geschäftsbetrieb erfordert.

4. - Höhe des Umsatzes
   - Höhe des Vermögens
   - Gewinn
   - Höhe der Forderungen
   - Anzahl der Mitarbeiter
   - Vielfalt der Erzeugnisse
   - grenzüberschreitende Tätigkeit
   - Zahl der Betriebsstätten

5. | | |
   |---|---|
   | **Kannkaufmann** | • Kann sich ins Handelsregister eintragen lassen.
• Beispiele: – Land- und Forstwirte
– Gewerbetreibende ohne kaufmännischen Geschäftsbetrieb |
   | **Formkaufmann** | • Muss sich ins Handelsregister eintragen lassen.
• alle Kapitalgesellschaften (GmbHs und AGs) |

6. Nein. Kaufmann im Sinne des HGB ist die GmbH (Formkaufmann).

7. a) Kaufmann nach HGB
   b) Kaufmann nach HGB
   c) Kein Kaufmann i. S. des HGB (kein Gewerbebetrieb, sondern freier Beruf)
   d) Kannkaufmann; bei Eintragung ins HR = Kaufmann nach HGB, sonst Nichtkaufmann
   e) Formkaufmann, Kaufmann nach HGB
   f) Kaufmann nach HGB (e. K.)
   g) Kaufmann nach HGB (e. K.)
   h) Formkaufmann, Kaufmann nach HGB
   i) Kein Kaufmann i. S. des HGB
   j) Kannkaufmann; bei Eintragung ins HR = Kaufmann nach HGB, sonst Nichtkaufmann

8. Öffentliches Verzeichnis aller Kaufleute nach HGB. Es wird vom Registergericht vollelektronisch geführt.

9. alle Kaufleute nach HGB eines bestimmten Bezirkes (ein oder mehrere Amtsgerichtsbezirke).

10.

Formkaufleute	Eintrag konstitutiv
Sonstige Gewerbetreibende mit kaufmännischem Geschäftsbetrieb	Eintrag deklaratorisch

11. a) Onlinesuche über das gemeinsame Registerportal der Länder (www.handelsregister.de)
    b) Ja. Jeder darf das HR einsehen, Handelsregister = öffentliches Verzeichnis.

12. Firma, Inhaber, Kapital, Geschäftssitz, Gegenstand des Unternehmens, Geschäftsführer, Vorstände, Prokura

13. a) **Abteilung HRA:** Einzelunternehmen und Personengesellschaften
    Abteilung HRB: Kapitalgesellschaften

    b) **Einzelunternehmen und Personengesellschaften**

Kannkaufleute:	Eintrag ist konstitutiv (= rechtserzeugend), d. h., die Unternehmung entsteht erst mit Handelsregistereintragung.
Gewerbetreibende mit kaufmännischer Organisation:	Eintragung ist deklaratorisch (rechtsbezeugend), d. h., der Eintrag bestätigt lediglich, dass die Unternehmung möglicherweise schon vor dem Eintrag entstanden ist.
Kapitalgesellschaften:	Eintrag ist konstitutiv (= rechtserzeugend, s. o.).

14. Nichtkaufmann = Gewerbetreibender ohne kaufmännische Organisation, der sich nicht ins Handelsregister eintragen ließ.

15.
- keine Eintragung ins HR
- keine Firma (bei Tod des Inhabers bzw. Verpachtung darf der Name nicht weitergeführt werden)
- vereinfachte Aufzeichnungspflichten (kein Inventar, keine Bilanz, keine Handelsbücher)
- Prokuraerteilung nicht möglich
- OHG, KG nicht möglich (lediglich BGB-Gesellschaften)
- Bürgschaftserklärungen nur schriftlich
- Prüfungs- und Rügepflicht bei mangelhafter Lieferung: innerhalb 6 Monaten nach Lieferung

16.
- volle Buchführungspflicht, daher höhere Kosten
- unverzügliche Prüfungs- und Rügepflichten

17. Die Firma ist der Name, unter dem der Kaufmann seine Geschäfte betreibt und unterschreibt. Er kann unter seiner Firma klagen und verklagt werden. Kurz: Handelsname. Rechtlich gesehen unterscheidet sich also der Begriff „Firma“ erheblich von den anderen Begriffen.

18. Richtig sind: c) – d) – e) – g)

19. a) Sachfirma b) Mischfirma c) Personenfirma d) Fantasiefirma
    e) Personenfirma f) Mischfirma

20. • Einwilligung der bisherigen Inhaberin
    • Die Firma muss weiterhin als Modegeschäft betrieben werden.

21. Nein. Verstoß gegen den Grundsatz der Unterscheidungskraft gegenüber anderen Unternehmen. Es muss eine andere Firma gewählt werden, die sich zumindest durch einen Zusatz von der bereits bestehenden Firma unterscheidet.

22. Nein. Verstoß gegen Irreführungsverbot. Die Firma muss geändert werden.

23. • Firma
    • Rechtsform
    • Ort der Handelsniederlassung
    • Registergericht
    • Nummer, unter der die Firma ins Handelsregister eingetragen ist
    • Umsatzsteuer-Ident-Nr.

24. Unternehmen ist bei folgenden Stellen anzumelden:
    • zuständiges Amtsgericht zur Eintragung ins Handelsregister
    • Gewerbeamt der Gemeinde. Diese Behörde leitet die Anmeldung weiter an:
      – Finanzamt
      – Industrie- und Handelskammer bzw. Handwerkskammer
      – Berufsgenossenschaft
      – Gewerbeaufsichtsamt
    • Träger der Sozialversicherung, falls Arbeitnehmer beschäftigt werden.

2.1.2 Betriebswirtschaftliche Rahmenbedingungen

1. (1) **ehrliche Selbsteinschätzung** in Bezug auf Belastbarkeit der eigenen Person und der Familie, der persönlichen und fachlichen Voraussetzungen
   (2) **fundierte Information** über eigenes Unternehmenskonzept, den Markt, die Angebote der Konkurrenz, die eigenen und fremden Finanzmittel
   (3) **planvolles Vorgehen,** ggf. nach Prüfung durch unabhängige Organisationen

2. (1) Habe ich die Unterstützung der eigenen Familie?
   (2) Bin ich bereit, über einen längeren Zeitraum mit einem 12-Stunden-Arbeitstag zu leben?
   (3) Habe ich über den Finanzbedarf für das Unternehmen hinaus noch genügend Geldmittel für die nächsten 2–3 Jahre?
   (4) Will ich für längere Zeit auf Urlaub und Hobbys verzichten?
   (5) Wie verlief der letzte Gesundheits-Check?
   (6) Habe ich neben den berufsspezifischen Qualifikationen auch die notwendigen kaufmännischen Kenntnisse?

3. Ein Business-Plan ist eine schriftliche Darstellung des Unternehmenskonzeptes. Der Gründer äußert sich zu folgenden Punkten:
   • persönliche Daten des Gründers (Ausbildungsgang, unternehmerische Kenntnisse, Branchen-Know-how, Gründe zur Selbstständigkeit)
   • Begründung für die gewählte Rechtsform und Standort des Unternehmens
   • Beschreibung der Produkt- und Serviceidee, Wettbewerbsvorteil gegenüber vergleichbaren Konzepten
   • Beschreibung des Marktes mit Angabe der anzusprechenden Zielgruppe (Alter, Kaufkraft, Lebensgewohnheit)
   • Planung des Mitarbeiterbedarfes für die nächsten Jahre
   • Finanzplanung mit Kapitalbedarfsrechnung, vorhandenen Sicherheiten, Gegenüberstellung der erwarteten Einnahmen und Ausgaben

3 Ausgewählte Unternehmensformen

3.1 Überblick über die Unternehmensformen

	AG	KG	OHG	GmbH	e. K.
Personengesellschaft		X	X		X
Kapitalgesellschaft	X			X	

3.2 Entscheidungskriterien bei der Wahl der Unternehmensform

a) **Firma** – Name eines Kaufmannes, unter dem er seine Geschäfte betreibt, unterzeichnet, unter dem er klagen und verklagt werden kann.

b) **Personenfirma** – Firmenname enthält den Personennamen von einem oder mehreren Gesellschaftern.

c) **Sachfirma** – Unternehmenszweck ist aus dem Firmennamen erkennbar.

d) **Geschäftsführung** – Leitung des Betriebes im Innenverhältnis

e) **Einzelgeschäftsführungsbefugnis** – Inhaber kann Entscheidungen allein treffen.

f) **Gesamtgeschäftsführungsbefugnis** – Rechtswirksame Entscheidungen bedürfen eines Gesamtbeschlusses aller Inhaber.

g) **Vertretung** – Betrifft Außenverhältnis. Recht, bindende Willenserklärungen gegenüber Dritten abzugeben.

h) **Einzelvertretung** – Inhaber kann Vertretungsrecht allein wahrnehmen.

i) **Gesamtvertretung** – Inhaber können Vertretungsrecht nur gemeinsam wahrnehmen.

j) **Haftung** – Verpflichtung, für die Verbindlichkeiten der Firma einzustehen.

k) **Unbeschränkte Haftung** – Haftung mit Geschäfts- und Privatvermögen

l) **Unmittelbare Haftung** – Gläubiger kann sich an jeden Verpflichteten wenden (am besten: den Kapitalstärksten).

m) **Solidarische Haftung** – (= gesamtschuldnerische) Haftung für alle Schulden, also auch für jene, die bereits beim Eintritt des Gesellschafters bestanden

n) **Publizitätspflicht** – Pflicht der Kapitalgesellschaften, ihren Jahresabschluss (Bilanz, GuV) + Anhang + Lagebericht offenzulegen. Ziel = Information und Schutz der Eigentümer, Gläubiger, Kommunen, Medien über Vermögen, Schulden, Ertragslage

3.3 Die Einzelunternehmung

a)
- Unabhängigkeit von einem Arbeitgeber
- Unternehmenserfolg gehört ihr allein.
- Perspektive auf ein höheres Einkommen

b)
- höheres Risiko, da Haftung mit Geschäfts- und Privatvermögen
- Einkommen hängt ausschließlich an ihrer Leistungsfähigkeit und Leistungsbereitschaft (fachlich, gesundheitlich).

c)
- Kosmetikstudio Barbara Lederle e. Kffr., Beauty e. Kffr., Lederle e. Kffr.

3.4 Wesen einer Gesellschaftsunternehmung

Vorteile
- Verteilung der Arbeitslast
- Aufteilung des Unternehmerrisikos
- Stärkung der Eigenkapitalbasis
- Verbesserung der Kreditwürdigkeit und -fähigkeit

Nachteile
- Aufteilung des Gewinns
- Verzögerung der Entscheidungsprozesse, da mehrere Personen entscheidungsberechtigt sind
- eingeschränkter Entscheidungsspielraum

3.5 Gesellschaft des bürgerlichen Rechts (BGB-Gesellschaft oder GbR)

a) **Gründung**
- kein Mindestkapital
- Zusammenschluss mehrerer Personen, die sich vertraglich zur Förderung eines gemeinsamen Zwecks verpflichten.
- weitestgehende Vertragsfreiheit
- keine Formvorschrift, sogar mündliche Vereinbarung möglich
- Gesellschaft endet mit Erfüllung des beabsichtigten Zwecks.

Haftung

Jeder Gesellschafter haftet wie Einzelunternehmer, also unmittelbar, solidarisch und unbeschränkt.

Geschäftsführung
- Gesamtgeschäftsführungsbefugnis, d. h., die Zustimmung aller Gesellschafter ist notwendig.
- zumeist jedoch einem Gesellschafter übertragen

Vertretung
- Einzelvertretung
- I. d. R. wird die Vertretungsmacht jenem Gesellschafter übertragen, der auch die Geschäftsführungsbefugnis hat.
- Hierzu ist die Vollmacht der übrigen Gesellschafter erforderlich.

b) **Vorteile:**
- kein Mindestkapital erforderlich
- keine Formvorschriften, sogar mündliche Vereinbarung möglich
- weitestgehende Vertragsfreiheit
- einfache und überschaubare Gesellschaftsform
- Geeignet als (zeitlich befristete) Arbeitsgemeinschaft mehrerer kleinerer Betriebe, die dadurch Aufgaben übernehmen können, die sonst Großbetrieben überlassen bleiben.

3.6 Die Gesellschaft mit beschränkter Haftung (GmbH)

1. a) mindestens ein Gesellschafter
   b)
   - Gezeichnetes Kapital (Stammkapital) muss mindestens 25.000,00 EUR betragen = Summe der Nennbeträge aller Geschäftsanteile.
   - Der von einem Gesellschafter übernommene nominelle Anteil am Stammkapital = Geschäftsanteil eines Gesellschafters.
   - Der Geschäftsanteil ist mit einem Nennbetrag versehen und muss auf volle Euro lauten.
   - Ein Gesellschafter kann bei der Errichtung der Gesellschaft mehrere Geschäftsanteile übernehmen.
   - Mindesteinzahlung pro Einlage = 25 %
   - insgesamt mindestens 12.500,00 EUR

2. **Stammkapital** = gezeichnetes Kapital = Nominalkapital = Gesamtbetrag aller Geschäftsanteile, bewertet zum Nennwert; mindestens 25.000,00 EUR

   Geschäftsanteil Der von einem Gesellschafter übernommene nominelle Anteil am Stammkapital. Er lautet auf volle Euro. Geschäftsanteile können veräußert und vererbt werden. Zur Übertragung ist notarielle Beurkundung notwendig.

3. a) Ja. Personen-, Sach- oder Mischfirma, Fantasienamen mit Zusatz „GmbH“
   b) Fuchs: 40.000,00 EUR, Wolf: 30.000,00 EUR, Hase: 30.000,00 EUR.
   c) je Euro Geschäftsanteil – 1 Stimme
   d) Ja. Geschäftsführer können Gesellschafter oder andere Personen sein.
   e) Ja. Geschäftsführer hat Vertretungsmacht für alle gewöhnlichen und außergewöhnlichen Rechtsgeschäfte. Geschäftsführungsbefugnis im Innenverhältnis durch Satzung geregelt.
   f) Gesamtvertretungsmacht aller Geschäftsführer. Wolf und Hase müssen also zustimmen.
   g) Nein. Ernennung zum Prokuristen ist Aufgabe der Gesellschafter.
   h) Ja. Verwendung des Jahresergebnisses ist Aufgabe der Gesellschafter.
   i) Nein. Zur Übertragung ist notarielle Form notwendig.

Siehe auch Kapitel „Prüfungsaufgaben“, 1: Kapitelübergreifende Aufgaben.

1 Wirtschaftsordnungen

1. Alle Ordnungsmerkmale der freien Marktwirtschaft werden bei der sozialen Marktwirtschaft mehr oder weniger eingeschränkt, um soziale Härten oder Benachteiligungen zu vermeiden.

2. a) Privateigentum:
   - Mitbestimmungsregelungen in Gesetzen
   - teilweise öffentliches Eigentum
   - Art. 14 Grundgesetz: Eigentum verpflichtet.

   b) Vertragsfreiheit:
   - Gesetzesregelungen über nichtige und anfechtbare Rechtsgeschäfte
   - Verbraucherschutzregelungen
   - Gesetz gegen den unlauteren Wettbewerb

   c) Gewerbefreiheit:
   - Umwelt- und Verbraucherschutz
   - Zulassungsvorschriften

3. **Freie Marktwirtschaft:** keine Eingriffe des Staates in die Wirtschaft

   Soziale Marktwirtschaft: Eingriffsmöglichkeiten des Staates in die Wirtschaft, wenn soziale Härten oder Benachteiligungen verhindert oder wirtschaftspolitische Ziele gefördert werden sollen. Die staatlichen Eingriffsmöglichkeiten sind gesetzlich geregelt. Vgl. auch Aufgabe 2.

4. Vgl. Stofftelegramm.

2 Wirtschaftspolitische Ziele

1. Gesetz zur Förderung der Stabilität und des Wachstums der Wirtschaft; kurz: Stabilitätsgesetz

2. Beachtung des gesamtwirtschaftlichen Gleichgewichts

3. Ziele des magischen Vierecks laut Stabilitätsgesetz:

   - **Preisniveaustabilität:** Die Preissteigerungsrate sollte ca. 3 % nicht überschreiten.

   - **Hoher Beschäftigungsstand (Vollbeschäftigung):** Die Arbeitslosenquote sollte ca. 2 % bis 3 % nicht übersteigen. Diese sog. „Sockelarbeitslosigkeit“ kann auch in Zeiten guter Konjunkturlage nicht unterschritten werden. Ursachen der „Sockelarbeitslosigkeit“:

     - **Friktionelle Arbeitslosigkeit:** Sie tritt auf, wenn Arbeitskräfte kündigen bzw. entlassen werden und kurzfristig bis zum Antritt der neuen Stelle nicht beschäftigt sind („Sucharbeitslosigkeit“ bzw. „Fluktuationsarbeitslosigkeit“).

     - **Saisonale Arbeitslosigkeit:** Sie ist Folge jahreszeitlicher (saisonaler) Produktionsschwankungen (z. B. Landwirtschaft, Bauwirtschaft) und ist kaum bekämpfbar.

   - **Außenwirtschaftliches Gleichgewicht:** Die Leistungsbilanz soll langfristig ausgeglichen sein (Exporte = Importe).

   - **Stetiges und angemessenes Wirtschaftswachstum:** Stetiges Wirtschaftswachstum bedeutet kontinuierliches Steigen des realen Bruttosozialproduktes (Bruttoinlandsproduktes) ohne größere Konjunkturausschläge nach oben oder unten. Ein Wirtschaftswachstum von ca. 3 % bis 4 % wird als angemessen bezeichnet.

4. **Arbeitslosenquote** $= \frac{\text{registrierte Arbeitslose} \cdot 100}{\text{(abhängige) Erwerbspersonen}}$

5. Vgl. Aufgabe 3.

6. - gerechte Einkommens- und Vermögensverteilung
   - Erhaltung einer lebenswerten Umwelt

7. **Zielkonflikt 1: Vollbeschäftigung – Preisniveaustabilität:**

Ausgangsbasis:	Rezession (Unterbeschäftigung, Arbeitslosigkeit)
Ziel:	Vollbeschäftigung
Maßnahmen Staat:	Exportförderung, Erhöh. Staatsnachfrage, Förderung priv. Nachfrage
Folge evtl.:	Vollbeschäftigung, jedoch Preissteigerungen

Zielkonflikt 2: Vollbeschäftigung – Außenwirtschaftliches Gleichgewicht:

Ausgangsbasis:	Rezession
Ziel:	Vollbeschäftigung

Maßnahmen Staat: u. a. Exportförderung

Folge evtl.: Vollbeschäftigung, jedoch evtl. Exportüberschuss

Zielkonflikt 3: Preisniveaustabilität – Wirtschaftswachstum:

Zunehmendes Wirtschaftswachstum bei Überbeschäftigung kann zu erheblichen Preissteigerungsraten führen.

Zielkonflikt 4: Wirtschaftswachstum – Umweltschutz:

Rein quantitatives Wirtschaftswachstum bedeutet Umweltbelastung.

8.
1. Arbeitslosengeld relativ niedrig: Einkommensverluste führen zu sinkender Nachfrage und damit sinkendem Wirtschaftswachstum.
2. sinkende Steuereinnahmen des Staates (Arbeitslose zahlen keine Lohn- bzw. Einkommensteuer, Gewinnverringerung bei Unternehmen)
3. keine Sozialversicherungsbeiträge der Arbeitslosen
4. hohe Arbeitslosengeldzahlungen durch Arbeitslosenversicherung
5. evtl. zunehmende Schwarzarbeit durch Arbeitslose

9.
- Nachfrage steigt stärker als das Angebot = Nachfrageinflation.
- Angebotsverknappung
- Kostensteigerungen (z. B. Löhne, Steuern) = Kosteninflation
- zunehmende Konzentration mit nachgeschalteten Preiserhöhungen
- willkürliche Preiserhöhungen durch Monopole und Oligopole = Gewinninflation ...

10.
- Nachfrage der privaten Haushalte, Unternehmen und des Staates sinkt.
- Nachfrage des Auslands nach Inlandsgütern (Exporte) sinkt.
- stark zunehmende Zinssätze
- Standortverlagerungen ins kostengünstigere Ausland
- zunehmende Rationalisierung (Ersatz Mensch durch Maschine)
- Strukturwandel in verschiedenen Branchen (z. B. Kohle, Stahl) ...

11.
- Inlandspreise niedriger als Auslandspreise
- Steigende Einkommen im Ausland, die eine steigende Nachfrage nach Inlandsgütern nach sich ziehen.
- Standortvorteile betr. Bodenschätze, Verkehrslage ...
- Inlandsprodukte sind technisch den Auslandsprodukten überlegen ...

12. **Inflation** = anhaltendes Steigen des Preisniveaus (Geldentwertung)

13. **Importierte Inflation:**

    Ausgangsbasis: Inflationsrate des Auslands ist höher als die des Inlands.

    Folge: Exporte steigen, da inländische Waren für Ausländer billiger werden.

    Möglicherweise entsteht im Inland ein Exportüberschuss (positiver Außenbeitrag), sodass durch die vermehrten Zahlungszuflüsse die Geldmenge steigt. Entsprechend steigen die Preise im Inland. Die Inflation des Auslands wurde also praktisch importiert.

14. **Lohn-Preis-Spirale:** Es liegt ein Doppeleffekt vor:

    - Lohnerhöhungen bedeuten erhöhte Kosten, die in die Preise kalkuliert werden (Löhne steigen → Kosten steigen → Preise steigen).
    - Lohnerhöhungen bedeuten evtl. steigende Nachfrage, was wiederum Preissteigerungen zur Folge haben kann (Löhne steigen → Nachfrage steigt → Preise steigen).
    - Die gestiegenen Preise führen häufig wieder zu erhöhten Lohnforderungen, sodass sich Löhne und Preise gegenseitig nach oben treiben (Spiralwirkung).

15. **Auswirkungen der Inflation:**

    - sinkende Kaufkraft
    - sinkendes Vertrauen in die Währung
    - Vorteile für Schuldner: Rückzahlung des nominalen, vereinbarten Geldbetrages; der reale Betrag sinkt mit zunehmender Inflation
    - Nachteile für Gläubiger: sinkender realer Wert des Rückzahlungsbetrages
    - Flucht in die Sachwerte: Eigentümer von Sachvermögen erhalten ihren Vermögenswert im Gegensatz zu Eigentümern von Geldvermögen.
    - Evtl. Stagflation (Inflation bei Stagnation): zunehmende Arbeitslosigkeit bei steigenden Preisen (vgl. Aufgabe 16!)

16. a) **Stagflation: Stag**nation bei gleichzeitiger In**flation**
    (Stagnation = stagnierende, stationäre Wirtschaft; kein Wachstum)

    b) • Maßnahmen zur Bekämpfung der Stagnation (Ankurbelung der Wirtschaft z. B. durch Förderung der Nachfrage) wirken inflatorisch.

    • Maßnahmen zur Dämpfung der Inflation (z. B. Verringerung der Staatsnachfrage) verschärfen die Stagnation.

17. a) schleichende Inflation

    b) Exportüberschüsse, Lohn-Preis-Spirale, Kostensteigerungen, steigende Staatsschulden

18. - Grenzen des quantitativen Wachstums
    - Umweltschutz
    - strukturelle Arbeitslosigkeit
    - gerechte Einkommens-, Vermögensverteilung

19. **Quantitatives Wachstum:** rein zahlenmäßiges Wachstum (zahlenmäßige Erhöhung des realen Bruttosozialproduktes/Bruttoinlandsproduktes)

    Qualitatives Wachstum: quantitatives Wachstum unter gleichzeitiger Förderung von Umweltschutzmaßnahmen

20. **Grenzen des quantitativen Wachstums:**

    - Bevölkerungsentwicklung (Erwerbstätige)
    - Erschöpfung von Rohstoff- und Energiequellen
    - begrenzte volkswirtschaftliche Kapazität
    - Zerstörung der natürlichen Umwelt, Abfallprobleme

21. **Gefahren des quantitativen Wachstums:**

    - umweltbedingte Erkrankungen
    - Erschöpfung von Rohstoff- und Energiequellen
    - Klimaveränderungen („Treibhauseffekt")
    - Zerstörung der natürlichen Umwelt, Abfallprobleme

22. Wirtschaftswachstum – Erhaltung einer lebenswerten Umwelt

23. a) Alternativenergien: umweltfreundliche Energien (z. B. Sonnenenergie)

    b) Recycling: Wiederverwendung verbrauchter Güter in der Produktion

    c) Verkehrspolit. Alternativen: Verkehrsverlagerung auf umweltfreundlichere Verkehrsmittel (z. B. Pkw → Bahn), Förderung von Katalysatoren ...

24. Einsatz von alternativen Energien, Recycling, Senkung des Benzinverbrauchs, Katalysatoren, Verkehrsverlagerung (z. B. Pkw → Bahn), Gesetz gegen Umweltverschmutzung ...

25. Investitionen im Umweltschutzbereich (Produktion umweltfreundlicher Güter) erhöhen das Bruttoinlandsprodukt und fördern somit das quantitative Wachstum.

26. a) **Strukturelle Arbeitslosigkeit:** Arbeitslosigkeit in best. Regionen, Branchen und/oder Berufen durch strukturellen Wandel auf diesen Teilarbeitsmärkten (z. B. Landwirtschaft, Arbeitslosigkeit durch Rationalisierung ...)

    b) 1. Arbeitslosengeld relativ niedrig: Einkommensverluste führen zu sinkender Nachfrage und damit sinkendem Wirtschaftswachstum.

       2. sinkende Steuereinnahmen des Staates (Arbeitslose zahlen keine Lohn- bzw. Einkommensteuer, Gewinnverringerung bei Unternehmen)

       3. keine Sozialversicherungsbeiträge der Arbeitslosen

       4. hohe Arbeitslosengeldzahlungen durch Arbeitslosenversicherung

       5. evtl. zunehmende Schwarzarbeit durch Arbeitslose

c) **Allgemeine Maßnahmen zur Beseitigung der Arbeitslosigkeit:**

- Rentenalter herabsetzen (Verkürzung der Lebensarbeitszeit)
- Verkürzung der wöchentlichen Arbeitszeit (Tarifverhandlungen)
- Einschränkung der Arbeitserlaubnis für Ausländer
- Förderung der Nachfrage und Investitionen
- Zulassung erhöhter Abschreibungen usw.

Spezielle Maßnahmen:

- Subventionierung der von Strukturkrisen betroffenen Unternehmen (problematisch, da bei dauerhaften Krisen der Zeitpunkt der Arbeitslosigkeit nur herausgeschoben wird)
- Umschulungsmaßnahmen
- Förderung der Mobilitätsbereitschaft (Mobilität = Beweglichkeit; Bereitschaft zum Wohnungs- und Berufswechsel)
- frühe ausbildungsmäßige Anpassung an berufliche Anforderungen

27. Stahlindustrie, Kohle, Werftindustrie, Landwirtschaft

28. **Ursachen unterschiedlicher Einkommens- und Vermögensverhältnisse:**

- Unterschiedliche Leistungsfähigkeit bewirkt unterschiedliche Einkommen.
- Bezieher hoher Einkommen können leichter Vermögen bilden.
- Unterschiedliche Vermögensbasis durch Erbschaften bewirkt unterschiedliche Vermögenseinkommen (Zinsen, Mieten, Pachten).
- Marktmachtunterschiede mit der Folge unterschiedlicher Gewinne ...

29. • Die Vermögenshöhe beeinflusst das Einkommen (Zins, Miete, Pacht).

- Die Höhe des Einkommens beeinflusst das Vermögen (Sparen!).

30. Eine gleiche Einkommensverteilung wäre keine gerechte Einkommensverteilung, weil höhere Leistungen und Qualifikationen auch höher honoriert werden müssen.
Die Frage der gerechten Einkommensverteilung ist nicht objektiv beantwortbar (unterschiedliche Meinungen bei Gewerkschaften, Parteien usw.). Zu beachtende Prinzipien:

- Leistungsfähigkeit, Leistungsbereitschaft (= **Leistungsprinzip**): Gleicher Lohn bei gleicher Leistung unter Beachtung sozialer Nebenbedingungen (z. B. unverschuldete Minderleistung durch Krankheit, Alter ...)
- **Risikoverzinsung:** Die Bereitschaft zur Übernahme des Unternehmerrisikos ist einkommensmäßig zu berücksichtigen.
- **Tendenz zur gleichmäßigeren Einkommensverteilung:** Die auf unterschiedlicher Leistungsfähigkeit basierenden Einkommensunterschiede sollten nicht zu extrem sein.
- Berücksichtigung von unterschiedlichem Familienstand, Zahl der Kinder, Arbeitsjahre, Alter usw. **(Bedarfsprinzip)**.

Test → Ziele der Wirtschaftspolitik I

1., 2., 3. Versuch	Erzielte Punkte

1

Gesetz zur Förderung der Stabilität und des Wachstums der Wirtschaft, kurz: **Stabilitätsgesetz** → 1

1.	1	
2.	1	
3.	1	

2

Beachtung des gesamtwirtschaftlichen Gleichgewichts → 1

1.	1	
2.	1	
3.	1	

3

- **Preisniveaustabilität:** → 1

  Preissteigerungsrate sollte ca. 3 % nicht überschreiten. → 0,5
- **Hoher Beschäftigungsstand (Vollbeschäftigung):** → 1

  Die Arbeitslosenquote sollte ca. 2 % bis 3 % nicht übersteigen. → 0,5
- **Außenwirtschaftliches Gleichgewicht:** → 1

  Die Leistungsbilanz soll langfristig ausgeglichen sein (Exporte = Importe). → 0,5
- **Stetiges** (→ 0,5) und **angemessenes** (→ 0,5) **Wirtschaftswachstum:** → 0,5

  Stetiges Wirtschaftswachstum bedeutet **kontinuierliches** Steigen → 0,5
  des **realen** Bruttosozialproduktes (Bruttoinlandproduktes) → 0,5
  ohne größere Konjunkturausschläge nach oben oder unten. → 0,5
  Ein Wirtschaftswachstum von ca. 3 % bis 4 % = angemessen. → 0,5

1.	8	
2.	8	
3.	8	

4

Die sog. „Sockelarbeitslosigkeit" kann auch in Zeiten guter Konjunkturlage nicht unterschritten werden. Ursachen der „Sockelarbeitslosigkeit":

- Friktionelle Arbeitslosigkeit: Sie tritt auf, wenn Arbeitskräfte kündigen bzw. entlassen werden und kurzfristig bis zum Antritt der neuen Stelle nicht beschäftigt sind („Sucharbeitslosigkeit" bzw. „Fluktuationsarbeitslosigkeit"). → 1
- Saisonale Arbeitslosigkeit: Sie ist Folge jahreszeitlicher Produktionsschwankungen (z. B. Landwirtschaft, Bauwirtschaft) und ist kaum bekämpfbar. → 1

1.	2	
2.	2	
3.	2	

Tragen Sie Ihre Punktesumme ein und ermitteln Sie auf dem Aufgabenblatt Ihre Note.

Punktesumme			Punktesumme			Punktesumme		
→	1. 12		→	2. 12		→	3. 12	

Test → **Ziele der Wirtschaftspolitik II**

1., 2., 3. Versuch | Erzielte Punkte

1

- gerechte Einkommens- und Vermögensverteilung → 1
- Erhaltung einer lebenswerten Umwelt → 1

1. 2 / 2. 2 / 3. 2

2

Zielkonflikt 1: Vollbeschäftigung – Preisniveaustabilität:

Ausgangsbasis:	Rezession (Unterbeschäftigung, Arbeitslosigkeit)
Ziel:	Vollbeschäftigung
Maßnahmen Staat:	Exportförderung bzw. Erhöhung der Staatsnachfrage bzw. Förderung der privaten Nachfrage
Folge evtl.:	Vollbeschäftigung, jedoch Preissteigerungen

→ 2

Zielkonflikt 2: Vollbeschäftigung – Außenwirtschaftliches Gleichgewicht:

Ausgangsbasis:	Rezession
Ziel:	Vollbeschäftigung
Maßnahmen Staat:	u. a. Exportförderung
Folge evtl.:	Vollbeschäftigung, jedoch evtl. Exportüberschuss

→ 2

Zielkonflikt 3: Preisniveaustabilität – Wirtschaftswachstum: Alternative

Zunehmendes Wirtschaftswachstum bei Überbeschäftigung kann zu erheblichen Preissteigerungsraten führen.

Zielkonflikt 4: Wirtschaftswachstum – Umweltschutz: Alternative

Rein quantitatives Wirtschaftswachstum bedeutet Umweltbelastung.

1. 4 / 2. 4 / 3. 4

3

Quantitatives Wachstum: rein zahlenmäßiges Wachstum (zahlenmäßige Erhöhung des realen Bruttosozialproduktes/Bruttoinlandsproduktes) → 1

Qualitatives Wachstum: quantitatives Wachstum unter gleichzeitiger Förderung von Umweltschutzmaßnahmen → 1

1. 2 / 2. 2 / 3. 2

4

Grenzen des quantitativen Wachstums:

- Bevölkerungsentwicklung (Erwerbstätige)
- Erschöpfung von Rohstoff- und Energiequellen
- begrenzte volkswirtschaftliche Kapazität
- Zerstörung der natürlichen Umwelt, Abfallprobleme

2 x → 1

1. 2 / 2. 2 / 3. 2

5

Gefahren des quantitativen Wachstums:

- umweltbedingte Erkrankungen
- Erschöpfung von Rohstoff- u. Energiequellen
- Klimaveränderungen („Treibhauseffekt“)
- Zerstörung der natürlichen Umwelt, Abfallprobleme

2 x → 1

1. 2 / 2. 2 / 3. 2

Tragen Sie Ihre Punktesumme ein und ermitteln Sie auf dem Aufgabenblatt Ihre Note.

Punktesumme → 1. 12 | Punktesumme → 2. 12 | Punktesumme → 3. 12

3 Konjunktur und Konjunkturpolitik

3.5 Aufgaben zu 3.1–3.4

1. **Konjunktur** = wellenförmige Auf- und Abwärtsbewegungen der Wirtschaftstätigkeit (Konjunkturschwankungen, Konjunkturwellen)
   = Schwankungen des realen Bruttoinlandsproduktes

2. **Beschäftigung:** Grad der Kapazitätsauslastung der Volkswirtschaft
   Messung der Beschäftigung v. a. anhand der Arbeitslosenquote

3. **Arbeitslosenquote** $= \dfrac{\text{registrierte Arbeitslose} \cdot 100}{\text{(abhängige) Erwerbspersonen}}$

4. Vollbeschäftigung, Unterbeschäftigung und Überbeschäftigung (vgl. Stofftelegramm)

5. Es handelt sich um eine Art „**Sockelarbeitslosigkeit**“, die auch in Zeiten guter Konjunkturentwicklung nicht unterschritten werden kann. **Ursachen:**

   - **Friktionelle Arbeitslosigkeit:** Sie tritt auf, wenn Arbeitskräfte kündigen bzw. entlassen werden und kurzfristig bis zum Antritt der neuen Stelle nicht beschäftigt sind („Sucharbeitslosigkeit“ bzw. „Fluktuationsarbeitslosigkeit“).

   - **Saisonale Arbeitslosigkeit:** Sie ist Folge jahreszeitlicher (saisonaler) Produktionsschwankungen (z. B. Landwirtschaft, Bauwirtschaft) und ist kaum bekämpfbar.

6. **Konjunkturzyklen:**
   - Hochkonjunktur (Boom)
   - Abschwung (Rezession)
   - Tiefstand (Depression)
   - Aufschwung (Expansion)

7. Vgl. Stofftelegramm (Tabelle).

8. a) **Gründe für Konjunkturabschwung:**

   - Nachfrage der privaten Haushalte nach Konsumgütern sinkt.
   - Nachfrage der Unternehmen nach Investitionsgütern sinkt.
   - Nachfrage des Staates sinkt (Ausgabenkürzungen).
   - Nachfrage des Auslands nach Inlandsgütern (Exporte) sinkt.
   - stark steigende Zinssätze (restriktive Bundesbankpolitik)
   - sinkende Motivation der Marktteilnehmer

   b) **Gründe für Konjunkturaufschwung:**

   - Nachfrage der privaten Haushalte nach Konsumgütern steigt.
   - Nachfrage der Unternehmen nach Investitionsgütern steigt.
   - Nachfrage des Staates steigt (Ausgabenerhöhungen).
   - Nachfrage des Auslands nach Inlandsgütern (Exporte) steigt.
   - stark sinkende Zinssätze (expansive Bundesbankpolitik)
   - steigende Motivation der Marktteilnehmer

9. Vgl. Stofftelegramm.

10. **Eventuelle negative Auswirkungen der Hochkonjunktur:**

- hohe Preissteigerungsraten
- hohe Zinsen (ungünstig für Schuldner)
- starke Umweltbelastungen
- abnehmende Produktqualitäten
- Überbeanspruchung von Mensch/Maschine
- Abwerbung von Arbeitskräften

11. **Konjunkturindikatoren:**

Anzeiger für den gegenwärtigen und zukünftigen Konjunkturverlauf.

Beispiele:
- Arbeitsmarkt
- Zahl der Kurzarbeiter
- Auftragseingänge
- Einzelhandelsumsätze
- Außenhandelsentwicklung
- Nachfrage nach Investitionsgütern ...

12. Erhöhungen des **nominalen** Bruttoinlandsproduktes können möglicherweise nur auf Preissteigerungen beruhen, ohne dass sich die reale Güterproduktion erhöht hat.

Beim **realen** Bruttoinlandsprodukt wird diese Problematik ausgeschaltet, indem Preissteigerungsraten herausgerechnet werden. Eine Zunahme des realen Bruttoinlandsproduktes signalisiert somit eine tatsächliche Mehrleistung der Volkswirtschaft.

13. **Saisonale Schwankungen:**

- jahreszeitlich bedingte Nachfrageänderungen (z. B. Ski im Winter, Surfbretter im Sommer; Weihnachtsgeschäft ...)
- vorhersehbare, regelmäßige Schwankungen, somit planbar
- betreffen nur einige Wirtschaftszweige

Konjunkturelle Schwankungen:

- wellenförmige Auf- und Abwärtsbewegungen der Wirtschaftstätigkeit im mehrjährigen Rhythmus – bereinigt um saisonale Schwankungen
- nicht vorhersehbare Schwankungen, somit schwer planbar
- betreffen nahezu die gesamte Wirtschaft

14. a) Hochkonjunktur (Boom) b) Rezession/Depression c) Hochkonjunktur
d) Aufschwung (Expansion) e) Depression f), g) Hochkonjunktur

15.
- **Saisonale Arbeitslosigkeit:** Sie ist Folge jahreszeitlicher (saisonaler) Produktionsschwankungen (z. B. Landwirtschaft, Bauwirtschaft) und ist kaum bekämpfbar.
- **Strukturelle Arbeitslosigkeit:** Arbeitslosigkeit in best. Regionen, Branchen und/oder Berufen durch strukturellen Wandel auf diesen Teilarbeitsmärkten (z. B. Landwirtschaft, Arbeitslosigkeit durch Rationalisierung ...)
- **Konjunkturelle Arbeitslosigkeit:** durch gesamtwirtschaftlichen Beschäftigungsrückgang hervorgerufene Arbeitslosigkeit (Rezessions- bzw. Depressionsphase)
- **Friktionelle Arbeitslosigkeit:** Sie tritt auf, wenn Arbeitskräfte kündigen bzw. entlassen werden und kurzfristig bis zum Antritt der neuen Stelle nicht beschäftigt sind („Sucharbeitslosigkeit“ bzw. „Fluktuationsarbeitslosigkeit“). Ebenso wie die saisonale Arbeitslosigkeit zählt sie zur sog. „Sockelarbeitslosigkeit“, die auch in Zeiten guter Konjunktur nicht unterschritten werden kann.

16. Durch sinkende Gewinne und relativ geringe Lohnsteigerungen **sinkende Steuereinnahmen**. Gleichzeitig evtl. **steigende Staatsausgaben**, um die Konjunktur wieder anzukurbeln.

Test → **Konjunktur I**

	1., 2., 3. Versuch	Erzielte Punkte

1

Die ständige Veränderung der Wirtschaftslage, verursacht durch ein **Auf und Ab** wirtschaftlicher Aktivitäten (= **Konjunkturschwankungen**), bezeichnet man als Konjunktur. --> 1

1.	1	
2.	1	
3.	1	

2

Abschwung (Rezession) --> 0,5 **Aufschwung** (Expansion) --> 0,5

Tiefstand = Talsohle (Depression) --> 0,5 **Hochkonjunktur** (Boom) --> 0,5

1.	2	
2.	2	
3.	2	

3

Messgrößen, die den Konjunkturverlauf anzeigen --> 1

1.	1	
2.	1	
3.	1	

4

- **Vorhersage (Konjunkturdiagnose)** zukünftiger wirtschaftlicher Entwicklungen --> 1
- **Beurteilung** der **gegenwärtigen Situation (Konjunkturprognose)** --> 1

1.	2	
2.	2	
3.	2	

5

- **Früh**indikatoren --> 1
- **Gegenwarts**-(Präsens-)Indikatoren --> 1
- **Spät**indikatoren --> 1

1.	3	
2.	3	
3.	3	

6

Frühindikatoren:
- Auftragslage --> 0,5
- Baugenehmigungen u. a. --> 0,5

Gegenwartsindikatoren:
- Zahl der offenen Stellen --> 0,5
- Entwicklung der Investitionsgüternachfrage u. a. --> 0,5

Spätindikatoren:
- Preisindex für die Lebenshaltung --> 0,5
- Arbeitslosenquote u. a. --> 0,5

1.	3	
2.	3	
3.	3	

Tragen Sie Ihre Punktesumme ein und ermitteln Sie auf dem Aufgabenblatt Ihre Note.

Punktesumme → 1. 12 | **Punktesumme** → 2. 12 | **Punktesumme** → 3. 12

Test → Konjunktur II

1., 2., 3. Versuch		Erzielte Punkte
1.	1	
2.	1	
3.	1	

1

Beschäftigung
= **Grad der Kapazitätsausnutzung** einer Volkswirtschaft oder: → 1
= **Zahl** der in einer Volkswirtschaft in einem bestimmten Zeitpunkt **beschäftigten Personen** (Erwerbstätigen)

Versuch	Aufgabe	Erzielte Punkte
1.	2	
2.	2	
3.	2	

2

Arbeitslosenquote drückt die **Arbeitslosigkeit in einem Prozentsatz** → 1
aus, der angibt, wie hoch der **Anteil der Arbeitslosen** an → 0,5
den **abhängig Beschäftigten einschließlich** der **registrierten** → 0,5
Arbeitslosen ist.

Versuch	Aufgabe	Erzielte Punkte
1.	2	
2.	2	
3.	2	

3

Arbeitsplatzwechsel (0,5), **Saisonarbeit** (0,5), mangelhafte Arbeitsvermittlung usw. führen **unabhängig** von der → 0,5 **konjunkturellen** Lage zum **Ausweis** einer **bestimmten** → 0,5 **Arbeitslosenzahl**, d. h., ein gewisses Maß an Arbeitslosigkeit ist unvermeidlich.

Versuch	Aufgabe	Erzielte Punkte
1.	3	
2.	3	
3.	3	

4

- **Voll**beschäftigung → 1
- **Über**beschäftigung → 1
- **Unter**beschäftigung → 1

Versuch	Aufgabe	Erzielte Punkte
1.	4	
2.	4	
3.	4	

5

Saisonale Arbeitslosigkeit: → 0,5
jahreszeitlich bedingt, → 0,5
z. B. Landwirtschaft, Bauwirtschaft

Konjunkturelle Arbeitslosigkeit: → 0,5
konjunkturbedingt, → 0,5
durch den konjunkturellen Abschwung verursacht
(Rückgang der gesamtwirtschaftlichen Nachfrage führt zu Produktionseinschränkungen und häufig zu Entlassungen und damit zu einem Beschäftigungsrückgang.)

Strukturelle Arbeitslosigkeit: → 0,5
branchenbedingt, → 0,5
entsteht durch Veränderung der Wirtschaftsstrukturen einer Volkswirtschaft, die durch technische Neuerungen hervorgerufen werden, z. B. Werftenindustrie, Kohlebergbau usw.

Friktionelle Arbeitslosigkeit: → 0,5
Sucharbeitslosigkeit → 0,5
ist die Arbeitslosigkeit, die entsteht, wenn Arbeitskräfte kündigen bzw. entlassen werden und kurzfristig bis zum Antritt der neuen Stelle beschäftigungslos sind, z. B. berufliche Veränderung.

Tragen Sie Ihre Punktesumme ein und ermitteln Sie auf dem Aufgabenblatt Ihre Note.

Punktesumme	Versuch	Punkte	Erzielt
Punktesumme	1.	12	
Punktesumme	2.	12	
Punktesumme	3.	12	

7 Prüfungsaufgaben

Prüfungsaufgaben 2007 (Aufgabe 1, teilweise)

1.3.1 Globalisierung: weltweite Vernetzung der Beschaffungs- und Absatzmärkte
Exportweltmeister: Kein anderes Land verkauft wertmäßig mehr Waren und Dienstleistungen ins Ausland als Deutschland.

1.3.2

Vorteile	Nachteile
• Viele der im Ausland hergestellten Produkte sind preisgünstiger als im Inland hergestellte Erzeugnisse. • Damit ist über den günstigen Preis ein höherer Lebensstandard im Inland möglich, da vergleichbare inländische Erzeugnisse (in dieser Menge) unerschwinglich wären. • Ein weltweiter Absatzmarkt schafft inländische Arbeitsplätze.	• Umweltbelastung durch hohes Transportaufkommen steigt. • Drohung mit Arbeitsplatzverlagerung ins Ausland führt zur Akzeptanz schlechterer Arbeitsbedingungen.

1.3.3 Vollbeschäftigung: Sie ist erreicht, wenn die Arbeitslosenquote 2 % nicht übersteigt.
Außenwirtschaftliches Gleichgewicht: Export und Import sollten sich die Waage halten.

1.3.4 Diese Behauptung stimmt:
Wirtschaftswachstum entsteht z. B. durch die Zunahme der Produktion. Dies ist untrennbar verbunden mit einer zunehmenden Belastung für die Umwelt durch Verkehr, Flächenverbrauch, Schadstoffemission. Günstige Effekte für die Umwelt ergeben sich in den speziellen Wachstumsbereichen der Solartechnik, erneuerbaren Energien, Hybridtechnik usw.

Prüfungsaufgaben 2008 (Aufgabe 2, teilweise)

2.5.1
- stetiges und angemessenes Wirtschaftswachstum
- hoher Beschäftigungsstand

2.5.2
- außenwirtschaftliches Gleichgewicht
- stabiles Preisniveau

2.5.3 Schülerabhängige Antwort, z. B. Rückgang der Arbeitslosigkeit durch
- Wirtschaftswachstum
- verbesserte Auftragslage (Export)
- optimistische Zukunftserwartungen der Unternehmen

Prüfungsaufgaben 2012 (Aufgabe 2, teilweise)

2.6

Vorteile	Nachteile
• große Warenvielfalt • Angebot an Waren, die im eigenen Land (z. B. wegen klimatischer Bedingungen) nicht angebaut werden können • Trotz Transportkosten können Waren aus anderen Ländern günstiger bezogen werden. Die höheren Herstellkosten im eigenen Land müssen daher nicht bezahlt werden und bedeuten Ersparnisse.	• Die langen Transportwege belasten die Umwelt und verbrauchen fossile Brennstoffe. • weniger Arbeitsplätze im eigenen Land • Abhängigkeit von Lieferländern • evtl. geringere Qualität

2.7.1 Nachhaltiges Wirtschaften bedeutet so zu handeln, dass auch die nachfolgenden Generationen eine lebenswerte Umwelt vorfinden (ökologisches Gleichgewicht, ökonomische Sicherheit und soziale Gerechtigkeit).

2.7.2 Möglichkeiten zum nachhaltigen Handeln:

- Verringerung der Transportkosten
- Berücksichtigung ethischer Standards bei der Herstellung (z. B. keine Kinderarbeit) seiner Produkte
- Vermeidung von überflüssigem Verpackungsmaterial
- sozialverträgliche Arbeitszeiten
- Aussonderung von recycelfähigen Abfällen
- Einsparung von Energie (z. B. bei Beleuchtung, Wahl des Firmenfahrzeugs)

Prüfungsaufgaben 2013 (Aufgabe 2, teilweise)

2.6.1 Von links nach rechts: Hochkonjunktur (Boom), Abschwung (Rezession), Tiefstand (Konjunkturtief und Depression), Aufschwung

2.6.2

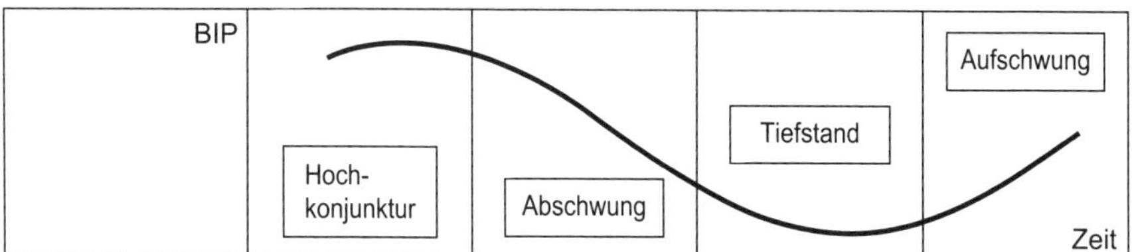

Indikatoren	Konjunkturphasen			
Arbeitsmarkt		11; 7		
Industrie			3; 6	
Konsumgüter				5
Kapitalmarkt		9; 14		
Staat	1			

Prüfungsaufgaben 2014 (Aufgabe 2, teilweise)

2.5
1. richtig, Grundsatz der Vertragsfreiheit
2. falsch, Grundsatz des Privateigentums an Produktionsmitteln
3. falsch, Grundsatz der Berufsfreiheit
4. richtig, Grundsatz der freien Preisbildung

Prüfungsaufgaben 2015 (Aufgabe 2, teilweise)

2.8.1
- schneller und kostengünstiger weltweiter Transport der Waren
- Nachfrage nach ausländischen Produkten, die aus klimatischen Gründen bei uns nicht wachsen (z. B. Bananen)
- einfache, kostengünstige Kommunikation über Internet und Handys

2.8.2 Erweiterung des Sortiments, saisonunabhängiges Angebot und dadurch Chance auf mehr Kunden und Steigerung des Umsatzes

2.8.3
- Die Produzenten von Fair-Trade-Produkten erhalten einen angemessenen Preis → Sicherung des Einkommens und Chance auf Erhöhung des Lebensstandards, Bildung
- umweltschonende Produktion

1 Kapitelübergreifende Prüfungsaufgaben

Prüfungsaufgaben 2013 (Aufgabe 1)

1.1 Schülerabhängige Lösung, z. B.
Geschlossene Frage: „Würden Sie Ihr Fitnessstudio wechseln, wenn es näher am Arbeitsplatz läge?“;
Offene Fragen: „Welche Öffnungszeiten würden Sie sich wünschen?“;
„Welche Dienstleistungen erwarten Sie in einem guten Fitnessstudio?“

1.2.1 Schülerabhängige Lösung, z. B.
- Geschäftsidee (Besonderheiten, Kundenbedürfnisse, Produkt usw.)
- Rechtsform
- Markt (Zielgruppe, Konkurrenz, Standort, Chancen)
- Marketing (Maßnahmen, Marketingplan)
- Finanzierung (Kapitalbeschaffung, Investitionsplan)
- Prognose (Kosten, Umsätze, Wachstum, Gewinn)
- Organisation (Mitarbeiter, Geschäftsführung)

1.2.2 Überblick für den Existenzgründer und für andere (z. B. Kapitalgeber), strukturierte Informationen, Planung der Betriebsgründung, Abwägen von Chancen und Risiken

1.3 Meike Bender kann ihre Entscheidungen allein treffen;
kann über Gewinn allein verfügen/muss Gewinn nicht teilen;
kein Mindestkapital erforderlich

1.4.1 Vorteile Leasing
- Anschaffung kann ohne größere eigene Mittel erfolgen.
- Sicherheiten sind nicht notwendig, da Leasinggeber Eigentümer des Geräts bleibt.
- Teilnahme am technischen Fortschritt

1.4.2 Die Fitnessgeräte bleiben im Eigentum der Bank, bis der Kredit zurückgezahlt ist;
SevenEleven e. K. ist Besitzer und kann sie nutzen.

1.5.1

Kto.-Nr.	Kto.-Bez.	Soll (+)	Haben (–)
2000/6000	Waren bzw. AfW	840,00 EUR	
2600	Vorsteuer	159,60 EUR	
4400	Verbindlichkeiten		999,60 EUR

1.5.2 Gesetzl. Regelung: Eigentumsübertragung durch Einigung und Übergabe
Hier: Einigung + Übergabe + vollständige Bezahlung

1.5.3 Skonto brutto = 2 % vom Rechnungsbetrag = 19,99 EUR
Kapital = Rechnungsbetrag – Skonto = 999,60 – 19,99 EUR = 979,61 EUR
Zeit = Zahlungsziel – Skontofrist = 16 Tage
Zinsen = 5,66 EUR

1.5.4

Kto.-Nr.	Kto.-Bez.	Soll (+)	Haben (–)
4400	Verbindlichkeiten	999,60 EUR	
2000/6000 oder 2003	Waren bzw. AfW oder Liefererskonti		16,80 EUR
2600	Vorsteuer		3,19 EUR
2800	Bank		979,61 EUR

1.6.1

Kalkulationsschema	%-Sätze	Pulsmesser
Einstandspreis + Handlungskostenzuschlag	**60 % (v. H.)**	589,60 EUR **353,76 EUR**
= Selbstkosten + Gewinnzuschlag	(20 %) (v. H.)	943,36 EUR 188,67 EUR
= Barverkaufspreis + Kundenskonto	**2 % (v. H.)**	**1.132,03 EUR** 23,10 EUR
= Zielverkaufspreis		1.155,13 EUR

1.6.2
- Miete/Pacht für die Räume
- Abschreibungen/Leasingrate für die Geräte
- Personalaufwendungen
- Energiekosten

Prüfungsaufgaben 2013 (Aufgabe 2, teilweise)

2.1

1. Jahr	40.278,00 EUR
+ 50 % v. H.	20.139,00 EUR
2. Jahr	60.417,00 EUR
+ 20 % v. H.	12.083,40 EUR
3. Jahr	72.500,40 EUR

Der Umsatz im Gründungsjahr betrug 40.278,00 EUR.

2.2.1

Kto.-Nr.	Kto.-Bez.	Soll (+)	Haben (–)
2400	Forderungen	1.344,70 EUR	
5000	Umsatzerlöse		1.130,00 EUR
4800	Umsatzsteuer		214,70 EUR

2.2.2 Schülerabhängige Antwort, z. B. mit folgenden Elementen:
- Entschuldigung
- Einverstanden erklären mit dem Vorschlag
- Ankündigung der Rücknahme und Rückerstattung

2.2.3

Kto.-Nr.	Kto.-Bez.	Soll (+)	Haben (–)
2400	Forderungen		1.344,70 EUR
5000	Umsatzerlöse	1.130,00 EUR	
4800	Umsatzsteuer	214,70 EUR	

2.3.1 Auszahlung 1.236,18 EUR (1.940,00 EUR – 426,80 EUR – 277,02 EUR)

2.3.2 Lohnsteuer, evtl. Kirchensteuer, evtl. Solidaritätszuschlag

2.3.3 Krankenversicherung: AN zahlt einen Sonderbeitrag.
Pflegeversicherung: AN zahlt einen Sonderbeitrag für kinderlose AN.

2.3.4 Schülerabhängige Antwort, z. B.
- Riester-Rente (Wertpapieranlagen, Immobilien, Bausparen) mit staatlicher Zulage
- private Rentenversicherung (Aktien oder Rentenpapiere, Edelmetalle ...)
- Immobilie (Mieteinnahmen oder Eigennutzung)

2.4 Nettogehalt – Lebenshaltungskosten = 1.236,18 EUR – 900,00 EUR = 336,18 EUR freier Betrag
Berechnung der Kreditkosten:
Kapital + Zinsen für 3 Jahre + Gebühren =
15.000,00 EUR + 2.700,00 EUR + 100,00 EUR = 17.800,00 EUR
Monatlich: 17.800,00 EUR : 36 = 494,44 EUR
Antwort: Nein, er könnte sich diese Küche nicht leisten, es fehlen fast 200,00 EUR im Monat.

2.5
- Beschäftigungsverbot in den letzten sechs Wochen vor dem Entbindungstermin (also ab 01.09.2013), § 3 MuSchG
- keine schweren körperlichen Arbeiten wie Lasten anheben, beim exzessiven Training mitmachen usw. (§ 4 MuSchG)
- keine Arbeit am Abend nach 20:00 Uhr und nicht an Sonn- und Feiertagen (§ 8 MuSchG)

Prüfungsaufgaben 2014 (Aufgabe 1)

1.1.1
- hoher Verwaltungsaufwand
- viele Preisverhandlungen
- schlechter Überblick bei vielen Lieferanten

1.1.2 Schülerabhängige Lösung, z. B.

Kriterien	Gewichtung der Kriterien	Haircare GmbH		Powerbrush KG	
		Punkte	Gewichtete Punkte	Punkte	Gewichtete Punkte
Qualität	40	4	160	5	200
Lieferfähigkeit	30	4	120	2	60
Reklamations-bearbeitung	10	1	10	4	40
Service	20	2	40	5	100
Summe	100		330		400

Entscheidung für Powerbrush KG, da sie insgesamt mehr Punkte erreicht (u. a. aufgrund des besseren Service und der höheren Qualität).

1.2 Schülerabhängige Lösung, z. B.

[...] Bitte entschuldigen Sie die verzögerte Lieferung. Leider können wir auf Ihre Forderungen nicht eingehen. Ansprüche am Lieferungsverzug können nicht geltend gemacht werden, da bis jetzt kein Lieferungsverzug vorliegt. Der Liefertermin ist kalendermäßig weder direkt noch indirekt genau bestimmt („sofortige Lieferung"). Daher hätte es zunächst einer Mahnung bedurft, damit Lieferungsverzug eintritt und die Rechte hieraus geltend gemacht werden können.

1.3.1
- neuer Absatzweg, dadurch mehr Umsatz bei bestehenden und neuen Kunden
- weniger Personal im Onlineshop (keine Beratung, kein Telefon)

1.3.2
- Für Endverbraucher gilt das Fernabsatzgesetz: Rückgabemöglichkeit der Waren innerhalb von 14 Tagen; Widerruf und Rücktritt.
- mehr Kleinstmengen, dadurch höherer Arbeitsaufwand in der Verwaltung und im Lager
- evtl. höhere Transportkosten

1.4.1

	e. Kfm.	GmbH
Haftung	unbeschränkt, persönlich	nur mit Gesellschaftsvermögen
Kapitalaufbringung	durch den Unternehmer allein, evtl. Kreditaufnahme, beschränkte Möglichkeiten	Mindeststammkapital 25.000,00 EUR, evtl. Kreditaufnahme, neue Gesellschafter möglich
Geschäftsführung/ Vertretung	allein durch den Einzelunternehmer	Gesamtvertretung durch die/ den Geschäftsführer
Gewinn-/ Verlustverteilung	alleiniger Gewinnanspruch, vollständiges Verlustrisiko	anteilig nach Satzung, i. d. R. im Verhältnis der Stammeinlagen

1.4.2 Empfehlung: GmbH
Begründung:
- höheres Risiko durch neue Vertriebsform
- Kapitalbeschaffung einfacher durch Aufnahme neuer Gesellschafter

1.5.1 durchschnittlicher Lagerbestand in Stück =
(AB + 12 Monats-EB in Stück) : 13 = (85 + 75 + 105 + 105 + 75 + 115 + 90 + 60 + 145 + 105 + 100 + 60 + 115) : 13 = 95 Stück
(Hinweis: Februar-EB doppelt, da keine Lagerbewegung im März)

Durchschnittlicher Lagerbestand in Euro: 95 Stück · 6,50 EUR = 617,50 EUR

1.5.2 Jahresumschlagshäufigkeit = Absatz in Stück : durchschnittlicher Lagerbestand in Stück = 225 Stück : 95 Stück = 2,37

1.5.3 durchschnittliche Lagerdauer = 360 Tage : Jahresumschlagshäufigkeit = 360 : 2,37 = 151,9 Tage

1.5.4 Die Jahresumschlagshäufigkeit ist in der Branche fast doppelt so hoch, entsprechend ist die durchschnittliche Lagerdauer in der Branche nur halb so lang. Empfehlung: Die BeautyHairExpress e. K. sollte durch gezielte Marketingmaßnahmen versuchen, den Absatz zu erhöhen. Alternative: Sie sollte den durchschnittlichen Lagerbestand senken (durch Senkung der Bestellmenge und Verringerung des Mindestbestandes).

1.5.5 Durch die Erhöhung des Absatzes sinken der durchschnittliche Lagerbestand und die durchschnittliche Lagerdauer. Die Jahresumschlagshäufigkeit erhöht sich.

Prüfungsaufgaben 2014 (Aufgabe 2, teilweise)

2.1 Auf dem Kontokorrentkonto werden tägliche Ein- und Auszahlungen eines Unternehmens gebucht. Das Konto kann sowohl im Haben (Guthaben) als auch im Soll (Kredit) stehen. Die Bank legt ein Kreditlimit fest, bis zu dem der Betrieb das Konto überziehen darf.

2.2.1

Datum	Text	Betrag	Saldo/Tagesendbestand
01.04.	Kontostand		2.400,00 EUR
02.04.	Lastschrift des Lieferanten Schmidt	3.000,00 EUR	–600,00 EUR
04.04.	Gutschrift des Kunden Maier	1.000,00 EUR	400,00 EUR
08.04.	Umsatzsteuervorauszahlung	500,00 EUR	–100,00 EUR
10.04.	Gutschrift des Friseurs Braun	980,00 EUR	880,00 EUR
14.04.	Lastschrift des Lieferanten Weise	1.500,00 EUR	–620,00 EUR
16.04.	Lastschrift des Lieferanten Schmidt	880,00 EUR	–1.500,00 EUR
17.04.	Gutschrift des Kunden Haar-Werk	2.000,00 EUR	500,00 EUR
20.04.	Abbuchung der Gebäudebrandversicherung	1.000,00 EUR	–500,00 EUR
26.04.	Gutschrift des Friseurs Braun	200,00 EUR	–300,00 EUR
29.04.	Gehaltszahlung an Mitarbeiter	2.400,00 EUR	–2.700,00 EUR

2.2.2

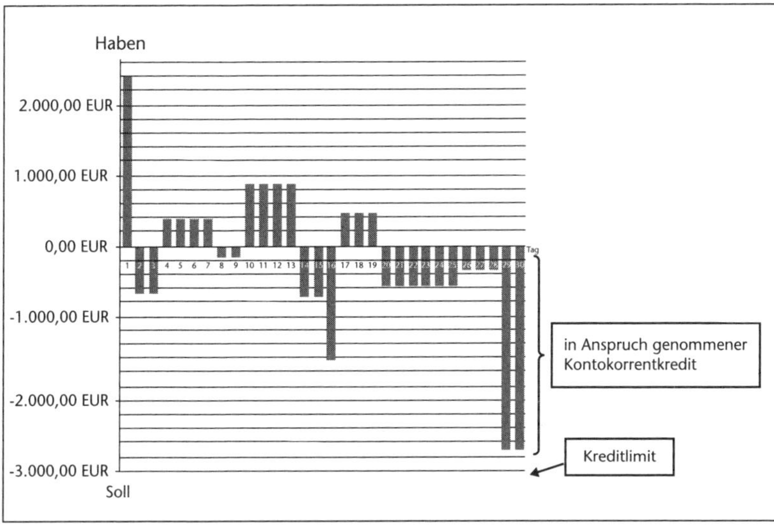

2.2.3 $z = \frac{k \cdot p \cdot t}{100 \cdot 360} = \frac{2.700,00 \cdot 12 \cdot 1}{36.500} = 0,89$ EUR

2.3.1

Kto.-Nr.	Kto.-Bez.	Soll (+)	Haben (–)
2400	Forderungen	2.700,60 EUR	
5000	Umsatzerlöse		1.740,00 EUR
4800	Umsatzsteuer		330,60 EUR

2.3.2

Kto.-Nr.	Kto.-Bez.	Soll (+)	Haben (–)
2800	Bank	932,96 EUR	
5000	Umsatzerlöse	16,00 EUR	
4800	Umsatzsteuer	3,04 EUR	
2400	Forderungen		952,00 EUR

2.3.3

Kto.-Nr.	Kto.-Bez.	Soll (+)	Haben (–)
6710	Leasing	50,00 EUR	
2600	Vorsteuer	9,50 EUR	
2800	Bank		59,50 EUR

2.3.4

Kto.-Nr.	Kto.-Bez.	Soll (+)	Haben (–)
2000	Waren	223,00 EUR	
2600	Vorsteuer	42,37 EUR	
4400	Verbindlichkeiten		265,37 EUR

2.4.1 Besitzer ist Haar2oh!, Eigentümer bleibt die BeautyHairExpress, weil ein Eigentumsvorbehalt vereinbart wurde.

2.4.2
- jeweils neuestes Modell
- keine hohen Anschaffungskosten zu Beginn
- evtl. Wartung inbegriffen

Prüfungsaufgaben 2015 (Aufgabe 1)

1.1.1 Schülerabhängige Lösung, z. B.

- ordentliche und vollständige Bewerbungsunterlagen
- Zeugnisnoten
- guter sprachlicher Ausdruck in Bewerbungsschreiben und Lebenslauf

1.1.2 Eignungstest, Vorstellungsgespräch, Gesprächsrunde mit mehreren Bewerbern

1.1.3

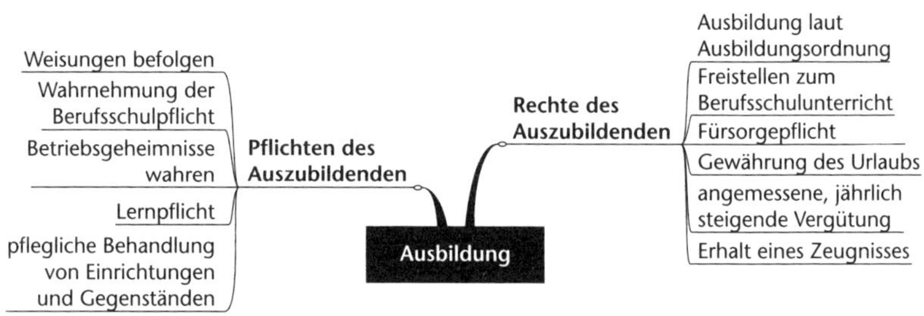

1.2.1 Ein junger Mann schlachtet sein Altersvorsorge-Sparschwein. Als gealterte Person wärmt sich derselbe Mann seine Hände an einem Lagerfeuer im Wohnzimmer. Der Mann möchte das Leben jetzt genießen und dafür sein ganzes Geld ausgeben. Dadurch besteht die Gefahr der Altersarmut.

1.2.2 ergänzende Altersvorsorge durch Aufbau privaten Vermögens, zum Beispiel private Kapital- und Rentenversicherungen, Wertpapierdepots, Riester-Rente und Immobilienbesitz

1.3.1

Listeneinkaufspreis	7.500,00 EUR
– Liefererrabatt	750,00 EUR
= Zieleinkaufspreis	6.750,00 EUR
– Liefererskonto	202,50 EUR
= Einstandspreis	6.547,50 EUR

1.3.2

106 %	1.500,00 EUR
100 %	1.415,09 EUR

Der Preis für einen Gleitschirm betrug im Vorjahr 1.415,09 EUR.

1.3.3 Es kommt ein Kaufvertrag zustande, wenn innerhalb von zehn Tagen nach Angebotsstellung gemäß den Bedingungen im Angebot bestellt wird (Angebot = Antrag, Bestellung = Annahme des Antrags).

1.3.4 Es liegt ein Irrtum in der Erklärung vor (§ 119 BGB); unverzügliche Anfechtung wegen Irrtums; nach erfolgreicher Anfechtung wird der Kaufvertrag rückwirkend nichtig (§§ 119, 121, 142 BGB).

1.4.1

100 %	6.750,00 EUR	
19 %	1.282,50 EUR	← Steueranteil
119 %	8.032,50 EUR	

1.4.2

Kontonr.	Kontobezeichnung	Soll Wertezufluss (+)	Haben Werteabfluss (–)
6000 oder 2000	AfW oder Waren	6.750,00 EUR	
2600	Vorsteuer	1.282,50 EUR	
4400	Verbindlichkeiten		8.032,50 EUR

1.4.3 Skonto: 3 % von 8.032,50 EUR = 240,98 EUR
Kreditbetrag: 8.032,50 EUR – 240,98 EUR = 7.791,52 EUR
Zinsen: z = 7.791,52 EUR · 12 · 20 : (100 · 360) = 51,94 EUR
Ersparnis/finanzieller Vorteil: 240,98 EUR – 51,94 EUR = 189,04 EUR

1.4.4

Kontonr.	Kontobezeichnung	Soll Wertezufluss (+)	Haben Werteabfluss (–)
4400	Verbindlichkeiten	8.032,50 EUR	
2800	Bank		7.791,52 EUR
6000 oder 2000	AfW oder Waren		202,50 EUR
2600	Vorsteuer		38,48 EUR

Prüfungsaufgaben 2015 (Aufgabe 2, teilweise)

2.1.1

	BGB-Gesellschaft	GmbH
Mindestkapital	kein Mindestkapital vorgeschrieben	25.000,00 EUR
Haftung	Gemeinschaftlich: unbeschränkt, unmittelbar, solidarisch	beschränkt auf Geschäftsvermögen
Formvorschriften	nicht vorgeschrieben, üblich schriftlicher Vertrag	notariell beurkundeter Vertrag

2.1.2 Schülerabhängige Lösung mit passender Begründung, z. B.

GbR: z. B. unkomplizierte Gründung, kein Handelsregister-Eintrag nötig, kein Mindestkapital vorgeschrieben

GmbH: z. B. Beschränkung der Haftung, Mindestkapital ist vorhanden

2.2 Firmierung nicht möglich

- weil der Rechtsformzusatz fehlt und
- weil ein Verstoß gegen den Grundsatz der Firmenwahrheit vorliegt (Irreführung der Kunden bezüglich Größe).

2.3 Schülerindividuelle Lösung, z. B.

- Befragung von Passanten in der Fußgängerzone
- Untersuchung der Konkurrenzsituation
- Fragebögen in Briefkästen
- vorhandene Statistiken heranziehen (z. B. Handels- und Gewerbeverein)

2.4 Z. B. Direktsaft/aus Konzentrat; naturtrüb/klar; Apfelschorle; verschiedene Flaschengrößen; Kunststoff-/Glasflaschen

2.5.1 Schülerindividuelle Lösung, z. B.

Werbemittel: Plakat, passender Werbeträger: Litfaßsäule oder Aufsteller vor dem Geschäft

Werbemittel: Anzeige, passender Werbeträger: Zeitung

2.5.2 AIDA = attention/interest/desire/action

Schülerindividuelle Lösung, z. B. A = auffällige Farben oder Großaufnahme,
I = Interesse wird geweckt, D = Wunsch, dieses Produkt zu kaufen,
A = Kunde kauft das Produkt

2.5.3 Z. B. Produktproben, Gewinnspiele

2.6 Drei Helfer brauchen nun jeweils zehn Stunden (4 : 3 · 7,5 Std.).

2.7.1

Kontonr.	Kontobezeichnung	Soll Wertezufluss (+)	Haben Werteabfluss (–)
0870	BGA	7.218,05 EUR	
2600	Vorsteuer	1.371,43 EUR	
4400	Verbindlichkeiten		8.589,48 EUR

2.7.2

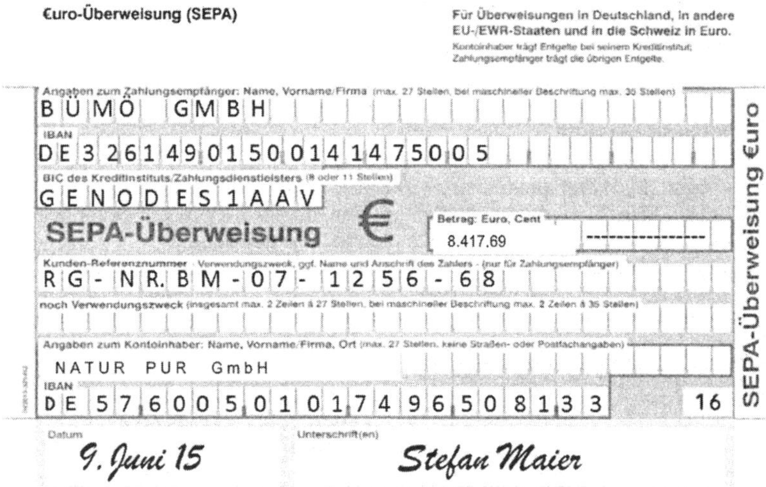
€uro-Überweisung (SEPA)

Für Überweisungen in Deutschland, in andere EU-/EWR-Staaten und in die Schweiz in Euro.
Kontoinhaber trägt Entgelte bei seinem Kreditinstitut; Zahlungsempfänger trägt die übrigen Entgelte.

Angaben zum Zahlungsempfänger: Name, Vorname/Firma (max. 27 Stellen, bei maschineller Beschriftung max. 35 Stellen)
BÜMÖ GMBH
IBAN
DE32 6149 0150 0014 1475 0005
BIC des Kreditinstituts/Zahlungsdienstleisters (8 oder 11 Stellen)
GENODES1AAV
SEPA-Überweisung €
Betrag: Euro, Cent
8.417,69
Kunden-Referenznummer - Verwendungszweck, ggf. Name und Anschrift des Zahlers - (nur für Zahlungsempfänger)
RG-NR. BM-07-1256-68
noch Verwendungszweck (insgesamt max. 2 Zeilen à 27 Stellen, bei maschineller Beschriftung max. 2 Zeilen à 35 Stellen)
Angaben zum Kontoinhaber: Name, Vorname/Firma, Ort (max. 27 Stellen, keine Straßen- oder Postfachangaben)
NATUR PUR GmbH
IBAN
DE57 6000 5010 1749 6508 133
16
SEPA-Überweisung €uro
Datum
9. Juni 15
Unterschrift(en)
Stefan Maier

2.7.3

Kontonr.	Kontobezeichnung	Soll Wertezufluss (+)	Haben Werteabfluss (–)
6500	Abschreibung auf Sachanlagen	370,00 EUR	
0870	BGA		370,00 EUR

Prüfungsaufgaben 2016 (Aufgabe 1)

1.1 Schülerabhängige Lösung, z. B.:

Anmeldepflichten:
Finanzamt, Berufsgenossenschaft, IHK, Gewerbeaufsichtsamt, Krankenkasse, …

Sachliche Voraussetzungen:

Räume, Personal, Firma, Rechtsform, Finanzierung, Werbung, …

Persönliche Voraussetzungen:
Leistungsbereitschaft, Motivation, Durchhaltevermögen, Zuverlässigkeit, Führungsqualitäten, …

1.2.1 Schülerabhängige Lösung, z. B.:
Angaben zum Unternehmen (Name, Gegenstand, Geschäftsbeginn, …); Marktanalyse (Absatzgebiet, Konkurrenz, Zielgruppe, …); Kapitalbedarfs- und Finanzierungsplan; Umsatz- und Gewinnerwartungen; …

1.2.2

Jahre	Darlehen (Jahresanfang)	Zins	Tilgung	Gesamtzahlung Annuität	Darlehen (Jahresende)
1	5.000,00 EUR	140,00 EUR	1.250,00 EUR	1.390,00 EUR	3.750,00 EUR
2	3.750,00 EUR	105,00 EUR	1.250,00 EUR	1.355,00 EUR	2.500,00 EUR
3	2.500,00 EUR	70,00 EUR	1.250,00 EUR	1.320,00 EUR	1.250,00 EUR
4	1.250,00 EUR	35,00 EUR	1.250,00 EUR	1.285,00 EUR	– EUR

1.3.1 Vorteile durch die Aufnahme von Tanja Stadtmüller:

- zusätzliches Fachwissen
- Arbeitsteilung
- Risikoteilung
- höhere Kreditwürdigkeit
- mehr Eigenkapital

Nachteile durch die Aufnahme von Tanja Stadtmüller:

- Gewinn teilen
- verzögerte Entscheidungsfindung
- Gefahr von Konflikten

1.3.2 Schülerabhängige Lösung, z. B.:

Geschäftsführung (und Vertretung):

Bei der GmbH kann die Geschäftsführung auch auf Dritte übertragen werden. Bei der GbR können nur die Gesellschafter Geschäftsführer sein.

Haftung:
Bei der GmbH haften die Gesellschafter (nach Eintragung ins HR) nur mit ihren Geschäftsanteilen. Ein GbR-Gesellschafter haftet zudem mit seinem Privatvermögen.

1.4.1 2.284,10 EUR

1.4.2

Kontonr.	Kontobezeichnung	Soll Wertezufluss (+)	Haben Werteabfluss (–)
0870	BGA	2.284,10 EUR	
2600	Vorsteuer	433,98 EUR	
4400	Verbindlichkeiten		2.718,08 EUR

1.4.3 228,41 EUR (Anschaffungskosten: 10 Jahre)

1.4.4

Kontonr.	Kontobezeichnung	Soll Wertezufluss (+)	Haben Werteabfluss (–)
6500	Abschreibungen auf Sachanlagen	228,41 EUR	
0870	BGA		228,41 EUR

1.5.1
- zukünftige Anschaffungen (z. B. Auto)
- Reserve für Notsituationen
- Zukunftssicherung/Altersvorsorge

1.5.2
- Bausparverträge – Wohnungsbauprämie
- Riester-Verträge (verschiedene Anlageprodukte) – staatliche Zulage
- vermögenswirksame Leistungen (vL) – AN-Sparzulage

Prüfungsaufgaben 2016 (Aufgabe 2)

2.1

Pflichten des Auszubildenden	Pflichten des Ausbilders
• Weisungsgebundenheit • Treuepflicht • Geheimhaltungspflicht • Lernpflicht • Führen des Berichtsheftes • Besuch der Berufsschule • Einhalten der Betriebsordnung	• Zeugnispflicht • Urlaubsgewährung • Bereitstellung der Ausbildungsmittel • Freistellung für Berufsschule • Zahlung der Ausbildungsvergütung

2.2 Vergütung im 1. Ausbildungsjahr: 840,00 EUR
Vergütung im 2. Ausbildungsjahr: 880,00 EUR
40 · 100 % : 840,00 = 4,76 %
Die prozentuale Gehaltssteigerung beträgt 4,76 %.

2.3 Das Sportgeschäft muss das Fitnessgerät zurücknehmen und den Kaufpreis erstatten. Begründung: Peter ist 17 Jahre alt und damit beschränkt geschäftsfähig. Seine Rechtsgeschäfte sind zunächst schwebend unwirksam. Sie werden nur rechtsgültig, wenn ein Erziehungsberechtigter diese genehmigt (liegt hier nicht vor) oder wenn eingesetzte Mittel zur freien Verfügung überlassen worden sind (Taschengeld; hier nicht der Fall, nur ca. 200,00 EUR von seiner Ausbildungsvergütung zur freien Verfügung; andere Quellen unbekannt).

2.4

	Angebot 1 Philipp Mack KG	Angebot 2 Max Fux OHG
Listeneinkaufspreis	12.000,00	13.200,00
– Liefererrabatt	–	660,00
= Zieleinkaufspreis	12.000,00	12.540,00
– Liefererskonto	240,00	376,20
= Bareinkaufspreis	11.760,00	12.163,80
+ Bezugskosten	150,00	
= Bezugspreis	11.910,00	12.163,80

2.5.1

Kontonr.	Kontobezeichnung	Soll Wertezufluss (+)	Haben Werteabfluss (–)
6000/2000	AfW/Waren	845,50 EUR	
2600	Vorsteuer	160,65 EUR	
4400	Verbindlichkeiten		1.006,15 EUR

2.5.2 Die Reaktion von Peters Kollegen ist zwar verständlich, allerdings ist es rechtlich nicht möglich, sofort eine Minderung zu verlangen.

Zunächst müssen die vorrangigen Rechte eingefordert werden:
- Nacherfüllung (hier: Neulieferung, da an der Färbung nichts verändert werden kann)
- ggf. Schadenersatz neben der Leistung

Erst wenn die Nacherfüllung zweimal fehlgeschlagen ist, kommen die nachrangigen Rechte in Betracht:

- Rücktritt vom Kaufvertrag
- Minderung des Kaufpreises
- Schadenersatz statt der Leistung
- Ersatz vergeblicher Aufwendungen

2.5.3

Kontonr.	Kontobezeichnung	Soll Wertezufluss (+)	Haben Werteabfluss (–)
4400	Verbindlichkeiten	251,54 EUR	
6000/2000/2002	AfW/Waren/PuR		211,38 EUR
2600	Vorsteuer		40,16 EUR

2.6.1 Umschlagshäufigkeit = Die Umschlagshäufigkeit zeigt, wie oft sich der durchschnittliche Lagerbestand in einer Rechnungsperiode verkauft hat.

2.6.2 Paul Pfeiffer reagiert deshalb so, weil dies bedeutet, dass die Konkurrenten der Branche – unter der Voraussetzung der gleichen Absatzmenge – durchschnittlich weniger Artikel lagern und somit geringere Lagerkosten haben.

2.7

Bestellmenge	Anzahl Bestellungen pro Jahr	Ø Lagerbestand in Stück	Lagerhaltungskosten in EUR	Bestellkosten in EUR	Gesamtkosten in EUR
100	10	50	150,00	600,00	750,00
125	8	62,5	187,50	480,00	667,50
200	**5**	**100**	**300,00**	**300,00**	**600,00**
250	4	125	375,00	240,00	615,00
500	2	250	750,00	120,00	870,00

Optimale Bestellmenge: 200 Stück

2 Prüfungsaufgaben Aufgabe 3 – Wahlaufgaben

Prüfungsaufgaben Sommer 2013 (Aufgabe 3)

Wahlaufgabe 1

3.1.1

Artikelnummer	200040	
Lagerbestand	25 Paar	
Einstandspreis laut IUS	160,00 EUR	
Verkaufspreis laut IUS	240,00 EUR	
Lieferant	Geiger Sportartikel	
Beschaffungszeit	15 Tage	
Kunden-Nr.	240005	240008
Kundenname	Sportbörse	Sport Krüger
Auftragsmenge	20 Paar	10 Paar
Gewünschter Preis	228,00 EUR	240,00 EUR
Gewünschtes Lieferdatum	11.06.13	15.06.13
Kundenskontosatz	2 %	2 %
Bisheriger Kundenumsatz nach der TOP-10-Liste	58.928,00 EUR	1.800,00 EUR

3.1.2 Beide Aufträge können nicht sofort problemlos zusammen erfüllt werden.

- Die beiden Auftragsmengen betragen zusammen 30 Paar, die Lagermenge hingegen nur 25 Paar.
- Eine Nachbestellung (15 Tage Beschaffungszeit) ist in der gewünschten Lieferzeit nicht möglich.
- Der von Sportbörse gewünschte Preis liegt unter unserem Listenverkaufspreis. Kann dieser akzeptiert werden?

3.1.3

Kundenauftrag		**Sportbörse**	**Krüger Sport**
Einstandspreis		**160,00 EUR**	**160,00 EUR**
Handlungskosten	30 %	**48,00 EUR**	**48,00 EUR**
Selbstkosten		**208,00 EUR**	**208,00 EUR**
Gewinn		**15,44 EUR**	**27,20 EUR**
Barverkaufspreis		**223,44 EUR**	**235,20 EUR**
Skonto	2 %	**4,56 EUR**	**4,80 EUR**
Zielverkaufspreis		**228,00 EUR**	**240,00 EUR**
Auftragsmenge		**20**	**10**
Auftragsgewinn		**308,80 EUR**	**272,00 EUR**

3.1.4 Kundenauftrag Sportbörse zuerst erfüllen, denn
- der Auftragsgewinn ist höher;
- der Verkaufsumsatz mit der Sportbörse war in der Vergangenheit entscheidend größer;
- Sportbörse benötigt den Artikel früher;
- der spätere gewünschte Liefertermin von Krüger Sport erhöht die Verhandlungschancen auf einen Kompromiss.

3.1.5 Berechnung des Kundenrabatts: (240,00 – 228,00) · 100 : 240 = 5 %

Limes Sport

LIMES Sport GmbH
Sportgroßhandel

LIMES Sport GmbH * Im Industriegebiet 11 * 70173 Stuttgart

Name: Schülername
Telefon: 0711 2334-25
Telefax: 0711 2334-26
E-Mail: service@limes-sport.de
Internet: www.limes-sport.de

Sportbörse GmbH
Frau Braun
Sportausstatter Nr. 1
Ernst-Abbe-Str. 62a
75217 Birkenfeld

Bank: Baden-Württemberg Bank
BLZ: 600 500 00
Konto: 2 100 011
IBAN: DE97 6005 0000 0002 1000 11
BIC: BAWUDEST

Kunden-Nr.: 240005
Bestell-Nr.: SB-2215-6
Datum: 04.06.2013

Auftragsbestätigung Nr. 22013

Sehr geehrte Damen und Herren,

wir bestätigen Ihren Auftrag über folgende Artikel:

Artikel-Nr.	Bezeichnung	Menge	Einheit	Preis	Rabatt %	MwSt. %	Betrag
200040	Race-Carver 165	20	Paar	240,00	5	19	4.580,00
				Netto-Betrag			**4.560,00**
				19 % MwSt.			888,40
				Brutto-Betrag			**5.426,40**

Zahlungsbedingungen: 2 % Skonto innerhalb 10 Tage oder 30 Tage Ziel
Lieferbedingung: frei Haus
Liefertermin: 11.06.2013

Ihren Auftrag werden wir sorgfältig ausführen.

Mit freundlichen Grüßen

LIMES Sport GmbH

i. A. Schüler

Gerichtsstand: Amtsgericht Stuttgart
Handelsregister: HR-B 234
Geschäftszeiten: Mo–Fr 8:00–20:00 Sa 8:00–14:00 Uhr

Geschäftsleitung:
Herr Karl Schwarz
Frau Michaela Maier

Finanzamt Stuttgart
Steuer-Nr.: 53050/00954
USt-IdNr.: DE456123789

3.2.1	Auftragsmenge Sportbörse	20 St.
	+ Auftragsmenge Krüger Sport	10 St.
	+ Lagerendbestand	15 St.
	– Lagerbestand	25 St.
	= Bestellmenge	20 St.

3.2.2 Liefertermin: 04.06. + 15 Tage = 19.06.

Limes Sport

LIMES Sport GmbH
Sportgroßhandel

LIMES Sport GmbH * Im Industriegebiet 11 * 70173 Stuttgart

Name: Schülername
Telefon: 0711 2334-25
Telefax: 0711 2334-26
E-Mail: service@limes-sport.de
Internet: www.limes-sport.de

Geiger Sportartikel GmbH
Postfach 23 76
40699 Erkrath

Bank: Baden-Württemberg Bank
BLZ: 600 500 00
Konto: 2 100 011
IBAN: DE97 6005 0000 0002 1000 11
BIC: BAWUDEST

Datum: 04.06.2013

Auftragsbestätigung Nr. 22013

Sehr geehrte Damen und Herren,

aus Ihrem Sortiment bestellen wir folgende Artikel:

Artikel-Nr.	Unsere Art.-Nr.	Bezeichnung	Menge	Einheit	Preis	Rabatt %	MwSt. %	Betrag
G5001	200040	Race-Carver 165	20	Paar	160,00		19	3.200,00

Netto-Betrag EUR	**3.200,00**
19 % MwSt.	608,00
Brutto-Betrag EUR	**3.808,00**

Zahlungsbedingungen: 30 Tage Zahlungsziel
Lieferbedingung: frei Haus
Liefertermin: 19.06.2013

Für eine rasche Lieferung der bestellten Artikel bedanken wir uns.

Mit freundlichen Grüßen

LIMES Sport GmbH

i. A. Schüler

Gerichtsstand:	Amtsgericht Stuttgart	Geschäftsleitung:	Finanzamt Stuttgart
Handelsregister:	HR-B 234	Herr Karl Schwarz	Steuer-Nr.: 53050/00954
Geschäftszeiten:	Mo–Fr 8:00–20:00 Sa 8:00–14:00 Uhr	Frau Michaela Maier	USt-IdNr.: DE456123789

3.3

Gegebene Merkmale	Beleg
Prozessart	Einkauf
Rechtliche Wirkung	nein
Lagerbuchhaltung	nicht gebucht
Finanzbuchhaltung	nicht gebucht
Gesuchter Beleg	**Anfrage**

Wahlaufgabe 2

3.1.1 tabAuftrag: AuftragsNr
tabMitarbeiter: PersonalNr
Die Primärschlüssel ermöglichen, jedes Tupel in den Tabellen eindeutig zu identifizieren.

3.1.2 tabAuftrag: DebitorenNr, PersonalNr
tabMitarbeiter: GehaltsgruppeNr, AbteilungsNr

3.1.3 Attribut und Primärschlüssel „PersonalNr" aus der „tabMitarbeiter" ist auch als Attribut (und Fremdschlüssel) in „tabAuftrag" aufgenommen. Über das Attribut „PersonalNr" sind folglich die beiden Tabellen miteinander verknüpft.

3.2 Hinweis: Die Abfragen im Abschnitt 3.2 sind in gleicher Weise mit MS-Access oder Open Base durch QBE lösbar.

3.2.1

Feld	PersonalNr	Name	Bruttogehalt
Tabelle	tabMitarbeiter	tabMitarbeiter	tabMitarbeiter
Kriterium			<3000

PersonalNr	Name	Bruttogehalt
P009	Erikson	2.980,00 EUR
P011	Dengler	2.640,00 EUR
P017	Hörmann	2.789,00 EUR
P034	Tovornik	1.200,00 EUR

3.2.2

Feld	Name	Vorname	Straße	PLZ	Ort
Tabelle	tabMitarbeiter	tabMitarbeiter	tabMitarbeiter	tabMitarbeiter	tabOrt
Sortierung	absteigend				
Kriterium					Ludwigsburg

Name	Vorname	Straße	PLZ	Ort
Kolar	Pavel	Geranienstraße 76	71634	Ludwigsburg
Dengler	Manfred	Marktplatz 3	71634	Ludwigsburg

3.2.3

Feld	Warengruppe	ArtikelNr	Lagerbestand	Sicherheitsbestand
Tabelle	tabArtikel	tabArtikel	tabArtikel	tabArtikel
Kriterium	Wintersport		> 10 * [Sicherheitsbestand]	

Warengruppe	ArtikelNr	Lagerbestand	Sicherheitsbestand
Wintersport	200035	300	20
Wintersport	200036	300	20

3.2.4

Feld	KreditorenNr	Kreditorenname	Name
Tabelle	tabKreditor	tabKreditor	tabMitarbeiter
Kriterium			Pessoa

KreditorenNr	Kreditorenname	Name
440006	Andrea Wintersport	Pessoa
440009	Maier & Koch KG	Pessoa
440010	Achterberg e. K.	Pessoa

3.2.5

Feld	Meldebestand
Tabelle	tabArtikel
Funktion	Min
Kriterium	

Ergebnis: 2

3.2.6

Feld	PersonalNr	Steuerklasse
Tabelle	tabMitarbeiter	tabMitarbeiter
Funktion	Anzahl	Gruppierung
Kriterium		3

PersonalNr	Steuerklasse
9	3

3.2.7

Feld	Kapital: Summe([Sicherheitsbestand] * [Einstandspreis])
Tabelle	tabArtikel
Funktion	
Kriterium	

Alternativer Lösungsansatz:

Feld	[Sicherheitsbestand] * [Einstandspreis]
Tabelle	tabArtikel
Funktion	Summe
Kriterium	

Ergebnis: 12.356,00 EUR

3.3.1 Das Intranet ist ein unternehmensinternes Informations- und Kommunikationsnetz, das wie das Internet aufgebaut ist.

3.3.2 Schülerindividuelle Antworten, z. B.
- gemeinsame Nutzung von Geräten (Drucker)
- gemeinsame Nutzung von Programmen
- zentrale Speicherung von Daten (Sicherheit)
- Kommunikation zwischen den Mitarbeitern (Datenaustausch)

3.3.3
- eine längere Zeichenkette (mindestens 8 Zeichen)
- eine zufällige Kombination aus Buchstaben, Ziffern und Sonderzeichen
- keine Eigennamen, kein Geburtsdatum, nicht 1234

Prüfungsaufgaben 2014 (Aufgabe 3)

Wahlaufgabe 1

3.1.1 Modul: Lager → Artikel → Cursor in Nr. setzen → Suchfunktion aufrufen

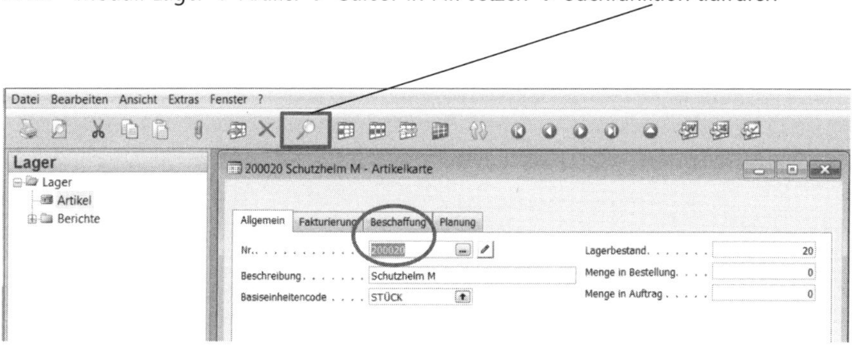

Artikelnummer 200008 eingeben und bestätigen.

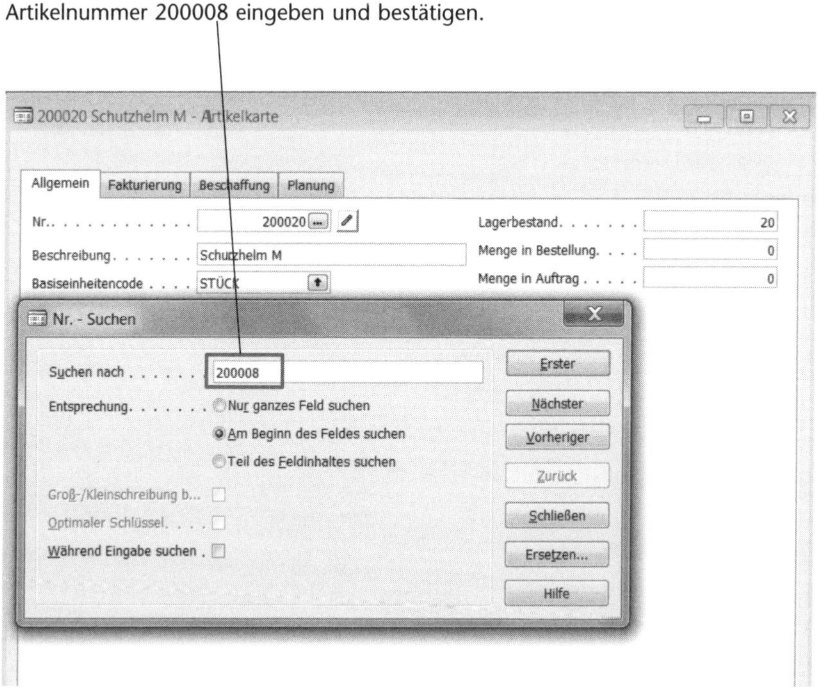

In der Registerkarte → Planung ist der Meldebestand von 10 Stück hinterlegt.

In der Registerkarte → Allgemein sind „Menge in Auftrag: 45 Stück" und „Menge in Bestellung: 50 Stück" zu entnehmen.

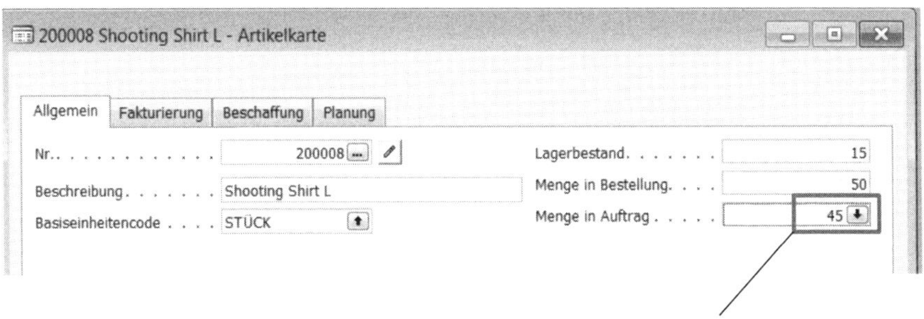

Über den Pfeil in „Menge in Auftrag" kann der Kunde ermittelt werden. In „Auftrag – Verkaufsübersicht" finden Sie die Information über den Kunden.

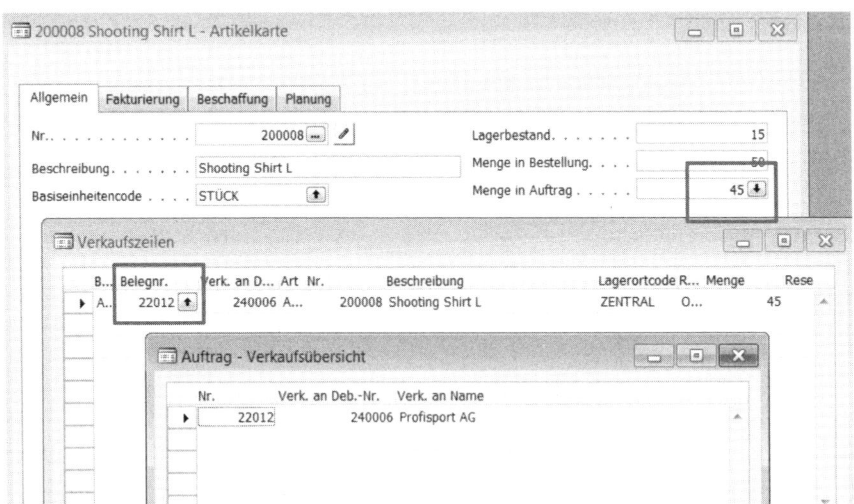

Gleiches Vorgehen bei der Ermittlung des Lieferanten.

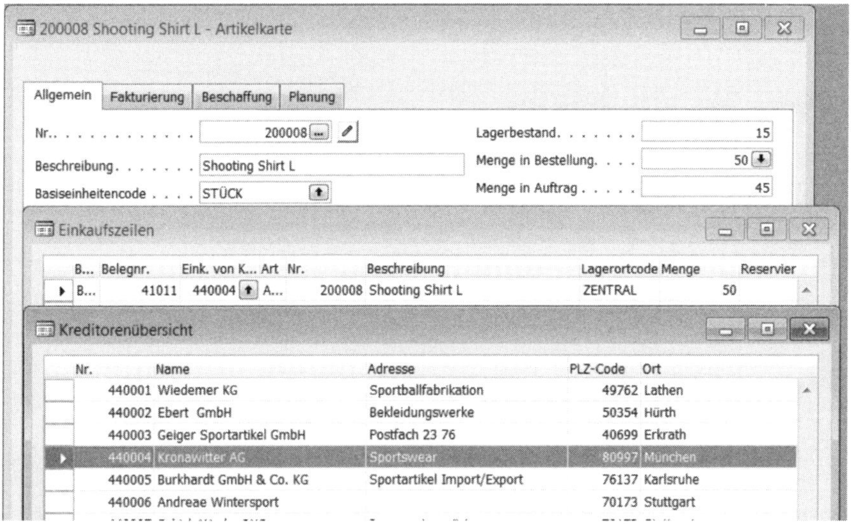

Artikelnummer	200008	
Meldebestand	10 Stück	
	Menge in Auftrag	**Menge in Bestellung**
Anzahl	45	50
Belegart	Auftragsbestätigung	Bestellung
Belegadressat	Kunde: Profisport AG	Lieferant: Kronawitter AG
Prozessart	Verkaufsprozess	Einkaufsprozess

Prozesskette:

3.1.2

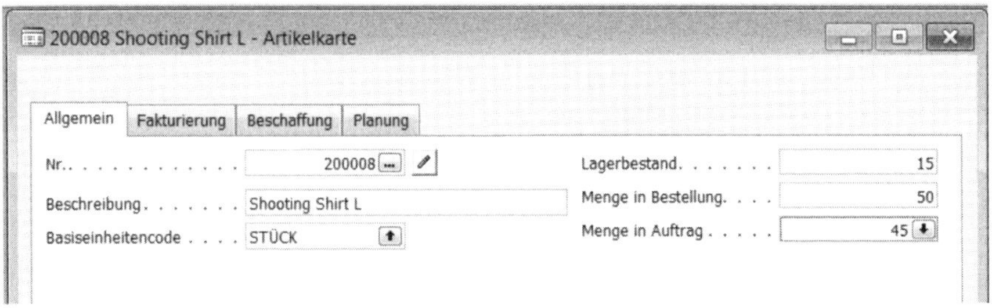

Lagerbestand (alt)	15	
+ Menge in Bestellung	50	(Lagerabgang)
– Menge in Auftrag	45	(Lagerzugang)
= Lagerbestand (neu)	20	

3.2.1 Ein Kaufvertrag kommt mit zwei übereinstimmenden Willenserklärungen (WE) zustande.

Beleg 1 ist eine Bestellung. → In der Regel ist der Bestellung ein Angebot an den Kunden vorausgegangen.

Inhalt des Angebots = Inhalt der Bestellung?

Die Inhalte des Angebots 21008 aus der IUS wichen von der E-Mail-Bestellung in Menge (20 Stück statt 45 Stück) und im Preis (48,00 EUR/St. statt 40,00 EUR/St.) ab.

Es ist kein Kaufvertrag zustande gekommen → keine deckungsgleichen WE.

Modul → Verkauf → Auftragsabwicklung → Angebote

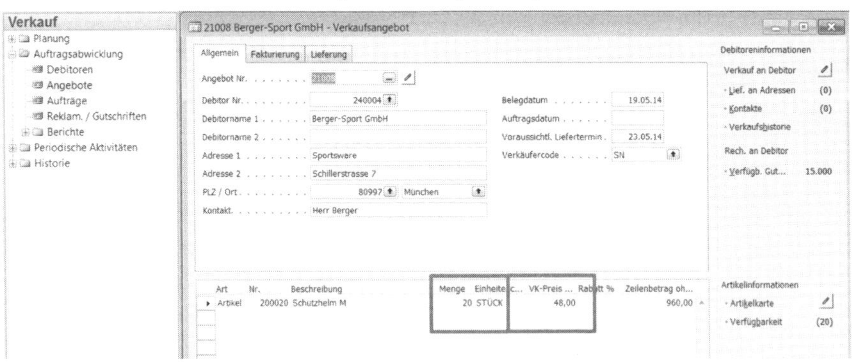

3.2.2 Über Artikelnummer im Angebot → Artikelübersicht

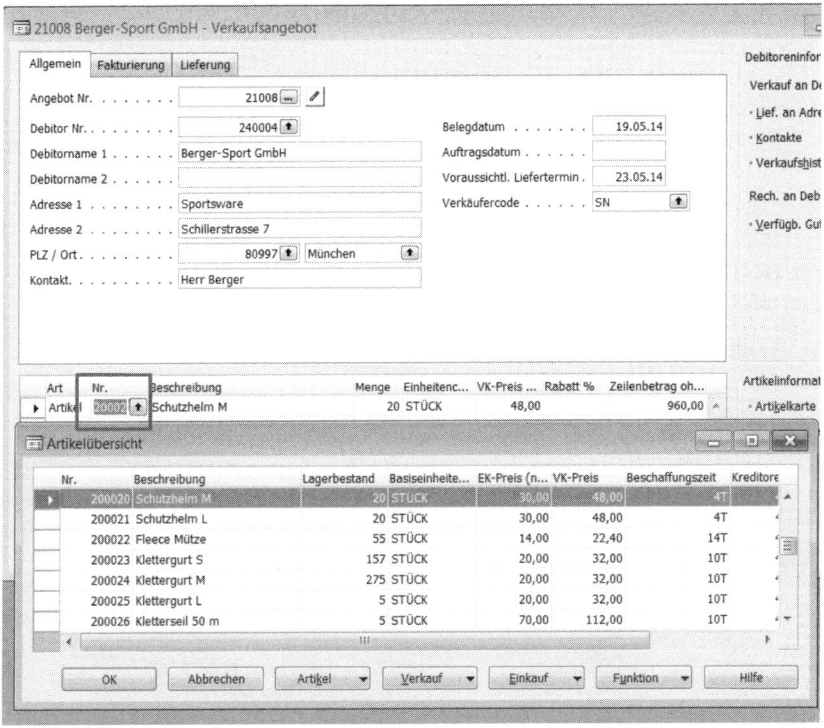

Der Lagerbestand mit 20 Stück reicht nicht. Es muss noch Ware beschafft werden. Die Wiederbeschaffungszeit der fehlenden Menge beträgt 4 Tage. Laut E-Mail-Bestellung ist der späteste Liefertermin der 30.05.2014, also haben wir noch 8 Tage Zeit. Wir können liefern.

3.2.3 In der Artikelübersicht (siehe 3.2.2) ist der Einstandspreis von 30,00 EUR/St. hinterlegt. Laut E-Mail-Bestellung ist der Zielverkaufspreis 40,00 EUR/St.

Differenzkalkulation		
Einstandspreis		30,00 EUR
+ Handlungskostenzuschlag	32,50 %	9,75 EUR
= Selbstkosten		39,75 EUR
+ Gewinn/Verlust		– 0,55 EUR
= Barverkaufspreis		39,20 EUR
+ Kundenskonto	2 %	0,80 EUR
= Zielverkaufspreis		40,00 EUR

Mit diesem Auftrag würden wir einen Verlust von 0,55 EUR/St. machen, d.h., der Handlungskostenzuschlag ist zu niedrig oder der Zielverkaufspreis ist zu niedrig.

3.3.1 Gesucht: Lieferantenrabatt?
Listeneinkaufspreis normal = 30,00 EUR/St.
Listeneinkaufspreis bei einer Abnahme von mindestens 30 Stück = 28,00 EUR/St.
Rabatt in EUR/St. = 30,00 – 28,00 = 2,00
30,00 EUR/St. = 100 %
2,00 EUR/St. = x %
2,00 · 100 : 30 = 6,7 %

Der Lieferant gewährt der Limes Sport GmbH einen Lieferantenrabatt in Höhe von 6,7 %.

3.3.2 Modul Lager → Artikel → Artikel suchen

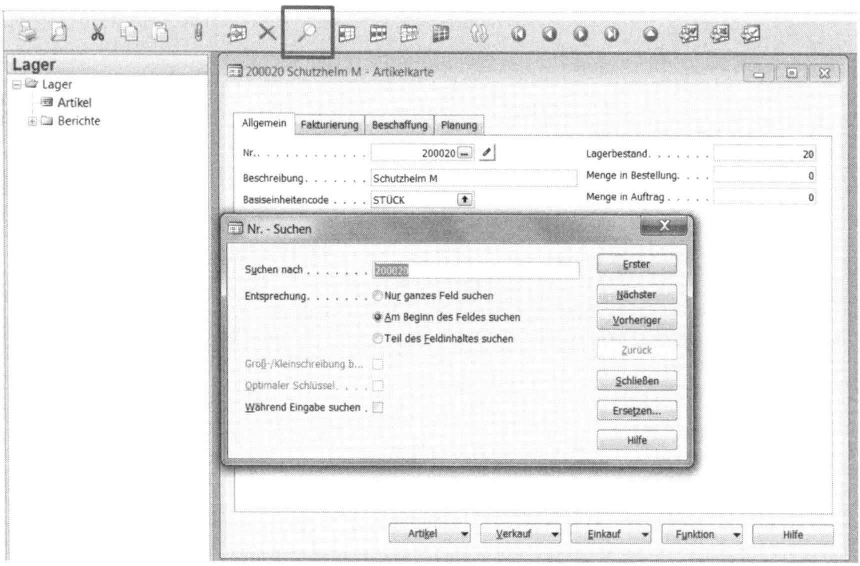

Registerkarte Planung → Sicherheitsbestand → 10 Stück

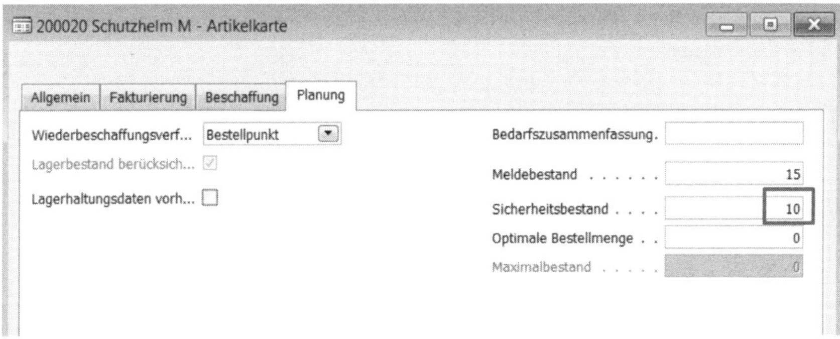

Registerkarte → Allgemein → Lagerbestand → 20 Stück

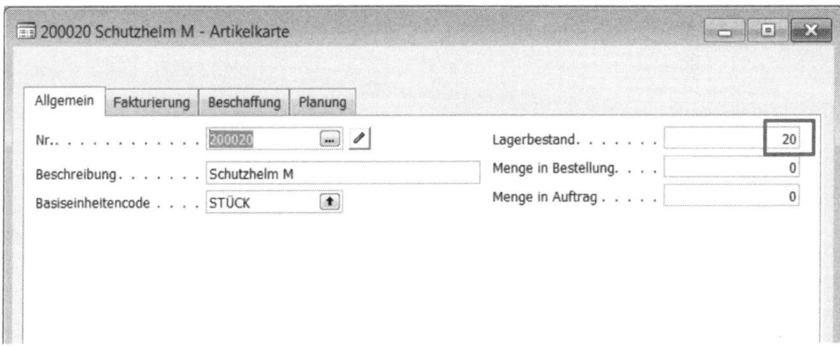

Artikel: 200020		
	Stück	
Sicherheitsbestand	10	
+ Auftragsmenge lt. E-Mail	45	
– Lagerbestand	20	
= Bestellmenge	35	> Mindestbestellmenge von 30

3.3.3 Modul Lager → Artikel → Registerkarte → Beschaffung → Kreditorennr. → Maier & Koch KG sind die Lieferanten für den Artikel 200020.

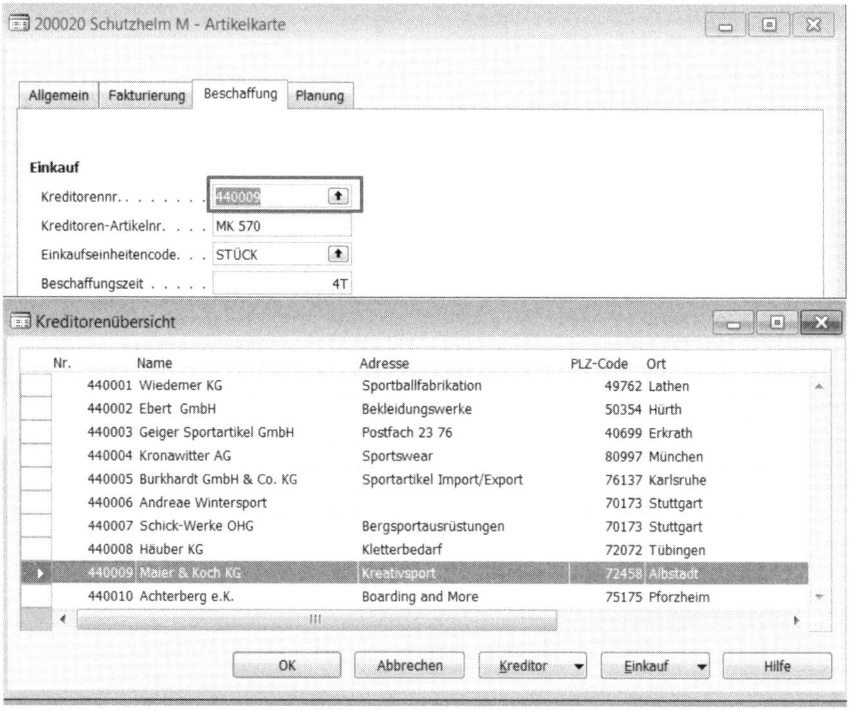

Erstellung einer Bestellung für den Stammlieferanten Maier & Koch KG

Modul → Einkauf → Bestellungen

Die letzte Bestellnummer ist die 41011. → Wir wollen eine neue Bestellung auslösen. → Bestellnummer 41012 →

→

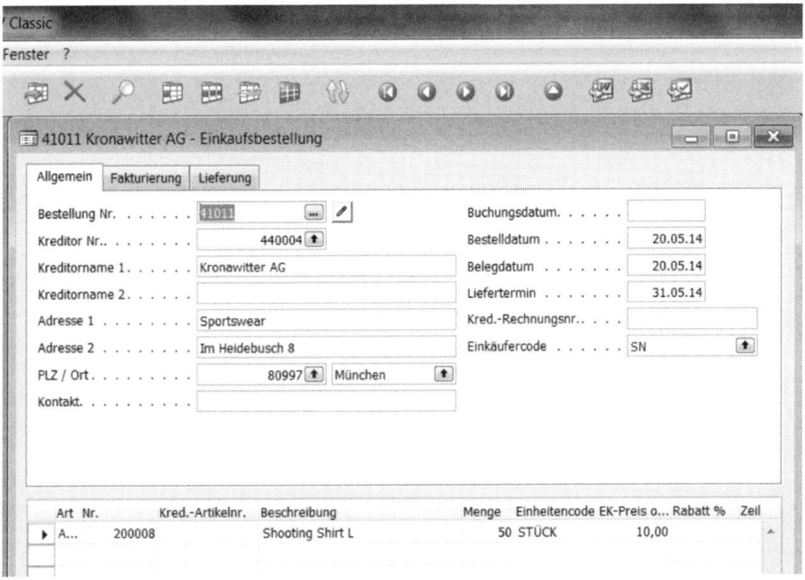

Kreditor zuweisen → Maier & Koch KG

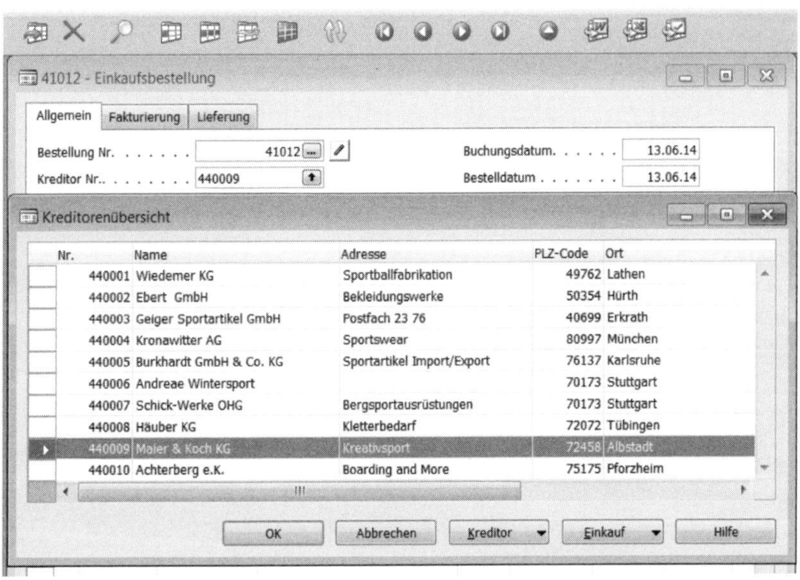

Füllen Sie die Bestellmaske entsprechend aus.

- gewünschter Liefertermin → 4 Tage Wiederbeschaffungszeit, siehe Modul Lager → Beschaffungszeit → 22.05.14 + 4 Tage = 26.05.14
- gewünschter Artikel = 200020
- Menge: siehe Aufgabe 3.3.2 = 35 Stück
- Rabatt: siehe Aufgabe 3.3.1 = 6,7 %

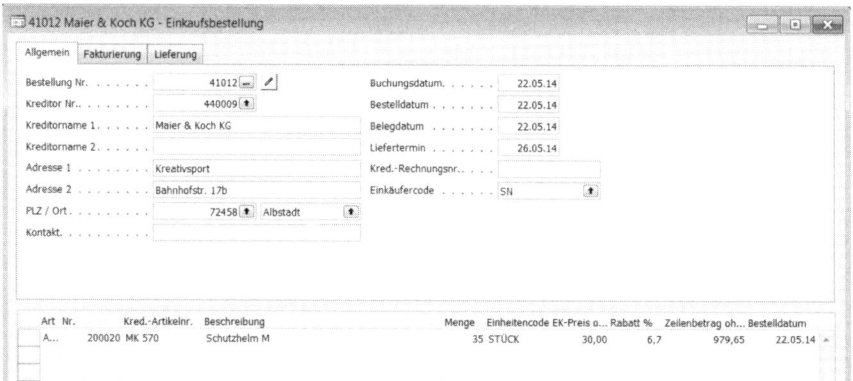

Drucken → Drucken

Limes Sport

LIMES Sport GmbH
Sportgroßhandel

LIMES Sport GmbH * Im Industriegebiet 11 * 70173 Stuttgart

Name: Schülername
Telefon: 0711 2334-25
Telefax: 0711 2334-26
E-Mail: service@limes-sport.de
Internet: www.limes-sport.de

Maier & Koch KG
Kreativsport
Bahnhofstr. 17b
72458 Albstadt

Bank: Baden-Württemberg Bank
BLZ: 600 500 00
Konto: 2 100 011
IBAN: DE97 6005 0000 0002 1000 11
BIC: BAWUDEST

Datum: 22.05.2014

Bestellung Nr. 41012

Sehr geehrte Damen und Herren,

aus Ihrem Sortiment bestellen wir folgende Artikel:

Artikel-Nr.	Unsere Art.-Nr.	Bezeichnung	Menge	Einheit	Preis	Rabatt %	MwSt. %	Betrag
MK 570	200010	Schutzhelm M	35	Stück	30,00	6,7	19	979,65

Netto-Betrag EUR	**979,65**
19 % MwSt.	186,13
Brutto-Betrag EUR	**1.165,78**

Zahlungsbedingungen: 30 Tage Zahlungsziel
Lieferbedingung: frei Haus
Liefertermin: 26.05.2014

Für eine rasche Lieferung der bestellten Artikel bedanken wir uns.

Mit freundlichen Grüßen

LIMES Sport GmbH

i. A. Schülername

Gerichtsstand: Amtsgericht Stuttgart
Handelsregister: HR-B 234
Geschäftszeiten: Mo–Fr 8:00–20:00 Sa 8:00–14:00 Uh

Geschäftsleitung:
Herr Karl Schwarz
Frau Michaela Maier

Finanzamt Stuttgart
Steuer-Nr.: 53050/00954
USt-IdNr.: DE456123789

3.3.4 Modul Verkauf → Auftragsabwicklung → Angebote → Das Angebot mit der Nr. 21008 ist schon in der IUS. → Belegdatum auf den 22.05.14 ändern. → voraussichtlicher Liefertermin lt. Beleg 1 siehe Aufgabenstellung → 30.05.14

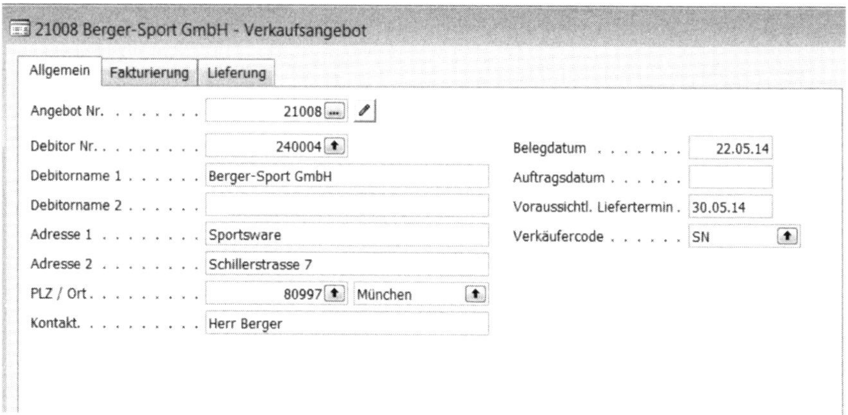

Artikel ist schon in der IUS ausgewählt. → Menge auf 45 Stück ändern (siehe Beleg 1). → Rabattsatz ändern.

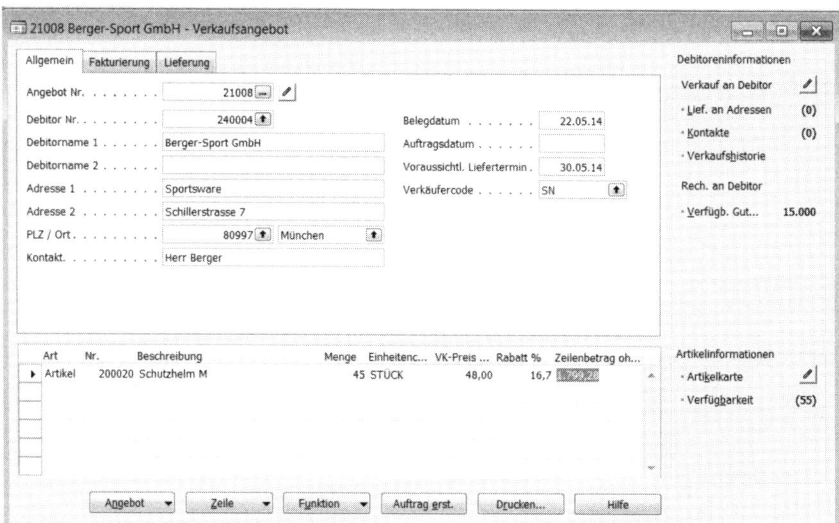

Auftrag erstellen. → Es kommt folgende Meldung. → Diese trotzdem mit Ja bestätigen. → Angebot wird in Auftrag umgewandelt.

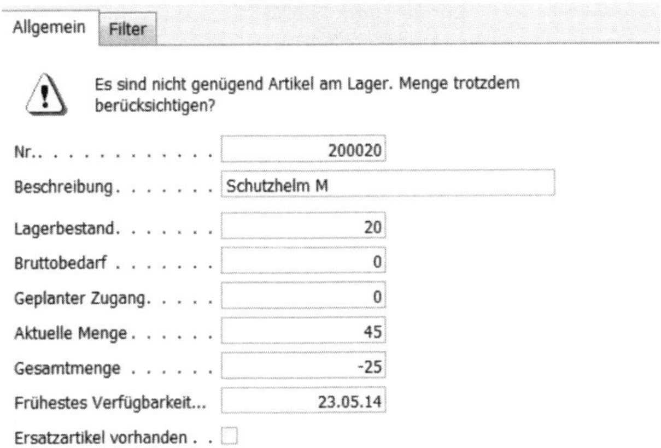

Modul Verkauf → Auftragsabwicklung → Aufträge

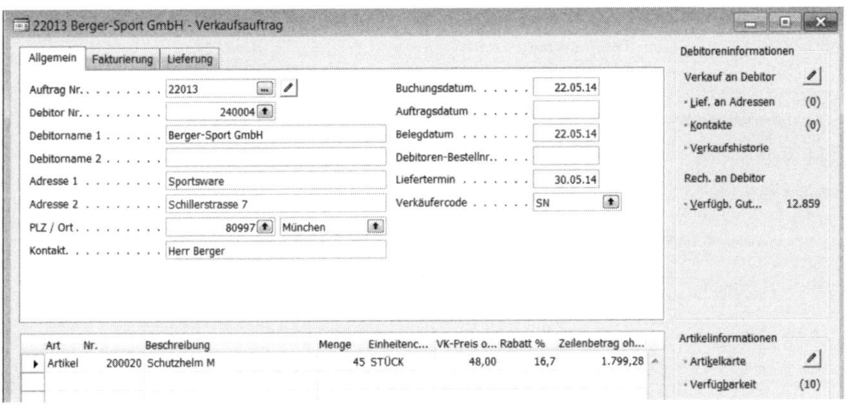

Auftragsbestätigung ausdrucken. → Drucken → Drucken

Limes Sport

LIMES Sport GmbH
Sportgroßhandel

LIMES Sport GmbH * Im Industriegebiet 11 * 70173 Stuttgart

Name: Schülername
Telefon: 0711 2334-25
Telefax: 0711 2334-26
E-Mail: service@limes-sport.de
Internet: www.limes-sport.de

Berger-Sport GmbH
Herr Berger
Sportsware
Schillerstraße 7
80997 München

Bank: Baden-Württemberg Bank
BLZ: 600 500 00
Konto: 2 100 011
IBAN: DE97 6005 0000 0002 1000 11
BIC: BAWUDEST

Kunden-Nr.: 240004
Besteller-Nr.:
Datum: 22.05.2014

Auftragsbestätigung Nr. 22013

Sehr geehrte Damen und Herren,

wir bestätigen Ihren Auftrag über folgende Artikel:

Artikel-Nr.	**Bezeichnung**	**Menge**	**Einheit**	**Preis**	**Rabatt %**	**MwSt. %**	**Betrag**
200020	Schutzhelm M	45	Stück	48,00	16,7	19	1.799.28

Netto-Betrag	**1.799,28**
19 % MwSt.	341,86
Brutto-Betrag	**2.141,14**

Zahlungsbedingungen: 2 % Skonto innerhalb 10 Tage oder 30 Tage Ziel
Lieferbedingung: frei Haus
Liefertermin: 30.05.2014

Ihren Auftrag werden wir sorgfältig ausführen.

Mit freundlichen Grüßen

LIMES Sport GmbH

i. A. Schülername

Gerichtsstand:	Amtsgericht Stuttgart	Geschäftsleitung:		Finanzamt Stuttgart	
Handelsregister:	HR-B 234	Herr Karl Schwarz		Steuer-Nr.:	53050/00954
Geschäftszeiten:	Mo–Fr 8:00–20:00 Sa 8:00–14:00 Uh	Frau Michaela Maier		USt-IdNr.:	DE456123789

Wahlaufgabe 2

3.1 Hinweis: Die Abfragen im Abschnitt 3.2 sind in gleicher Weise mit MS-Access oder Open Base durch QBE lösbar.

3.1.1

Feld	PersonalNr	Name	GehaltsgruppeNr
Tabelle	tabMitarbeiter	tabMitarbeiter	tabMitarbeiter
Kriterium			TG3

PersonalNr	Name	GehaltsgruppeNr
P020	Dettinger	TG3
P024	Delfini	TG3

3.1.2

Feld	PersonalNr	Name	Geburtsdatum	Bezeichnung
Tabelle	tabMitarbeiter	tabMitarbeiter	tabMitarbeiter	tabAbteilungen
Sortierung			absteigend	
Kriterium				EDV

PersonalNr	Name	Geburtsdatum	Bezeichnung
P020	Lutz	19.04.1968	EDV
P018	Landenberger	15.11.1962	EDV

3.1.3

Feld	PersonalNr	Name	Zulage	Tarifgehalt	Bruttogehalt: [Zulage] + [Tarifgehalt]
Tabelle	tabMitarbeiter	tabMitarbeiter	tabMitar-beiter	tabTarifge-hälter	
Kriterium		Dettinger			

PersonalNr	Name	Zulage	Tarifgehalt	Bruttogehalt
P020	Dettinger	100,00 EUR	3.596,00 EUR	3.696,00 EUR

3.1.4

Feld	PersonalNr	Zulage
Tabelle	tabMitarbeiter	tabMitarbeiter
Funktion	Anzahl	Gruppierung
Kriterium		0

Anzahl von PersonalNr	Zulage
12	0,00 EUR

3.1.5

Feld	Bezeichnung	Bruttogehalt: [Zulage] + [Tarifgehalt]
Tabelle	tabAbteilungen	
Funktion	Gruppierung	Summe
Kriterium	Verkauf	

Bezeichnung	Bruttogehalt
Verkauf	20.458,00 EUR

3.2.1 tabMitarbeiter: PersonalNr
tabBank: BIC

3.2.2 tabMitarbeiter, GehaltsgruppeNr, AbteilungsNr, BIC, IBAN
Das Attribut, das zugleich Fremdschlüssel in einer Tabelle ist, ist auch Bestandteil in einer oder mehreren anderen Tabellen. In einer dieser anderen Tabellen ist das Attribut auch Primärschlüssel.

3.3.1 Durch das regelmäßige Ändern des Passwortes wird der Zugriff von Unberechtigten auf die Daten erheblich erschwert.

3.3.2 Die Inhalte von unverschlüsselten E-Mails können im Internet sehr leicht und einfach von Dritten mitgelesen werden.

3.3.3 Schülerabhängige Antworten
Quelle: http://suite101.de/article/so-funktioniert-eine-sichere-internetverbindung-a65499

Merkmale einer sicheren SSL-Verbindung beim Internet Explorer:
- Am Anfang der Adresszeile steht https://.
- Am Ende der Adresszeile ist ein Schloss sichtbar.
- Die Adresszeile ist abhängig vom verwendeten Zertifikatstyp grün oder weiß hinterlegt (grün bei Extended-Validation-Zertifikaten). Bei grün hinterlegter Adresszeile erscheint rechts neben dem Schloss der Name des Finanzinstituts alternierend mit dem Namen der Zertifizierungsstelle.

Merkmale einer korrekt aufgebauten SSL-Verbindung bei Mozilla Firefox:
- Am Anfang der Adresszeile steht https://.
- In der Fußzeile ist ein Schloss sichtbar.
- Links neben der Adresse kann in Abhängigkeit des verwendeten Zertifikatstyps auf grünem Hintergrund der Name des Finanzinstituts stehen (bei Extended-Validation-Zertifikaten).

Prüfungsaufgaben 2015 (Aufgabe 3)

Wahlaufgabe 1

3.1.1 Ein Kaufvertrag kommt durch zwei übereinstimmende Willenserklärungen zustande.

Der Bestellung durch die Sportbörse GmbH müsste ein Angebot seitens der Limes Sport GmbH vorausgegangen sein.

Modul → Verkauf → Auftragsabwicklung → Angebote

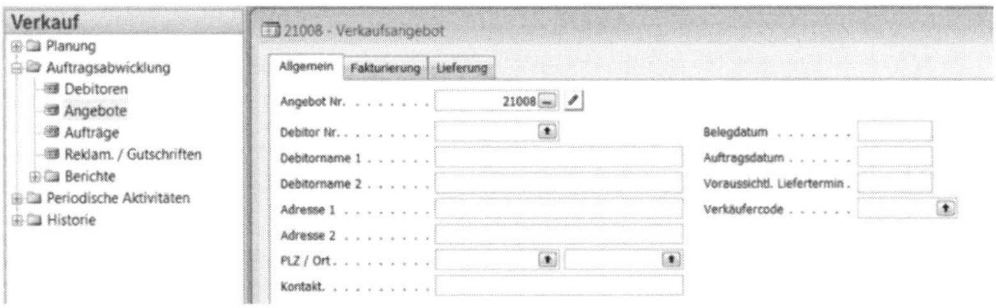

Es liegen keine aktuellen Angebote vor. Somit ist kein Kaufvertrag zustande gekommen. Die Bestellung stellt die erste Willenserklärung dar.

Wie würde ein Kaufvertrag zustande kommen?

Schreibt die Limes Sport GmbH eine Auftragsbestätigung oder liefert die bestellten Artikel, würde ein rechtswirksamer Kaufvertrag zustande kommen.

3.1.2
- Prüfung der Lieferfähigkeit
  Haben wir genügend Ware auf Lager? Wenn nein – können wir die Ware in der gewünschten Zeit bestellen?
  Ist eventuell eine Teillieferung möglich?
- Prüfung der Lieferwilligkeit
  Wollen wir an den Kunden liefern? Gab es öfter Probleme mit dem Kunden, z. B. unberechtigte Reklamationen? Wie hoch ist sein Saldo/Kreditlimit?

3.1.3 Um fristgerecht liefern zu können, sollten die entsprechenden Mengen der Artikel auf Lager bzw. rechtzeitig bestellbar sein.

Artikel 200013: Bestellung über 20 Stück

Modul → Lager → Artikel → in Nr. → Suche aufrufen und die Artikelnummer eingeben:

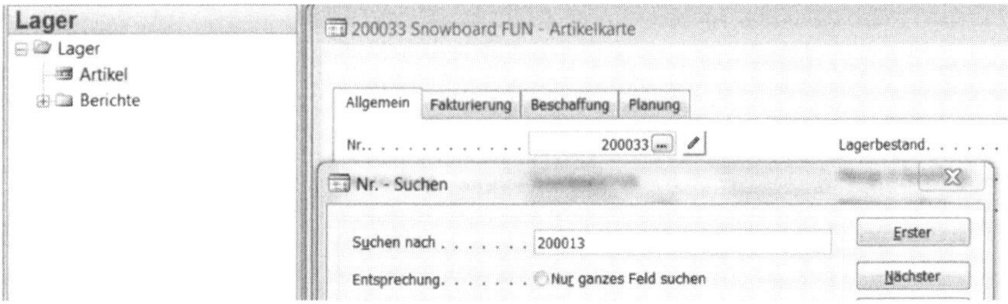

Der aktuelle Lagerbestand beträgt 7 Stück. → Dies reicht nicht aus. → Es muss nachbestellt werden.

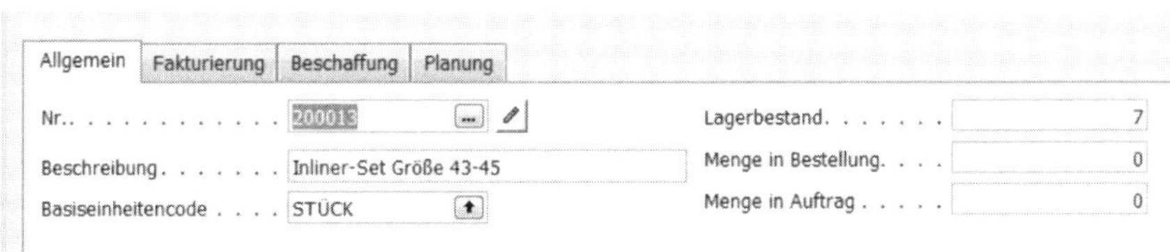

Wie lang ist die Wiederbeschaffungszeit des Artikels?

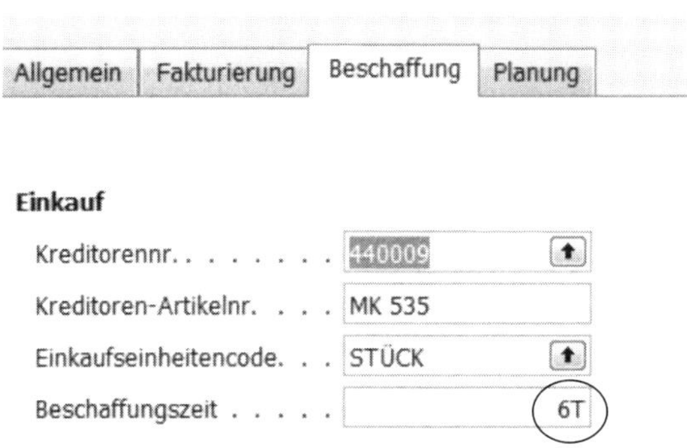

09.06.2015 + 6 Tage Wiederbeschaffung + 2 Tage Bearbeitungszeit → frühstmöglicher Liefertermin: 17.06.2015

Artikel 200017: Bestellung über 20 Stück

Über den Button „Nächster" bis zum Artikel vorklicken.

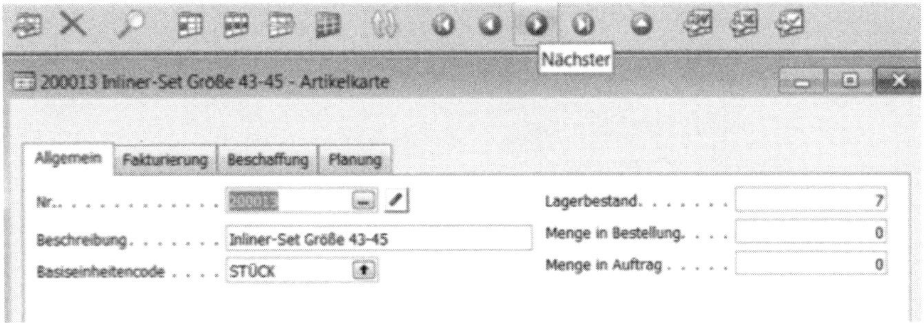

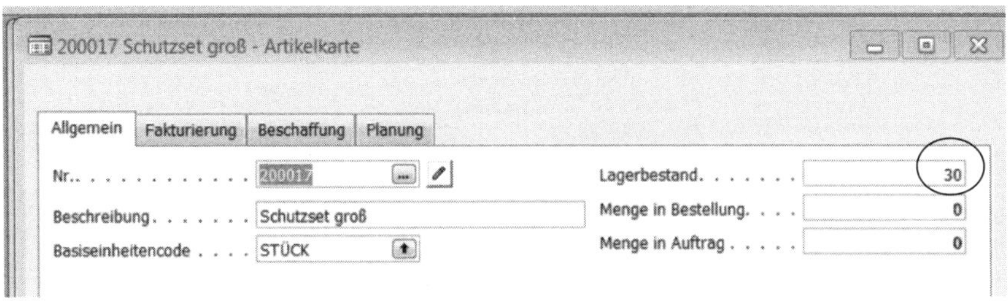

Der Lagerbestand ist mit 30 Stück ausreichend groß.
→ Die Bestellung könnte rechtzeitig bis zum 20.06.2015 geliefert werden.

3.1.4 Bestellmenge für Artikel 200013:

	20 Stk. Auftragsmenge
–	7 Stk. Ist-Lagerbestand
+	10 Stk. Soll-Lagerbestand
	23 Stk. Bestellmenge

3.1.5 Modul → Lager → Artikel → In der Registerkarte Beschaffung sehen wir die Kreditorennummer des Stammlieferanten. → Über [↑] können wir diesen aufrufen (s. u.).

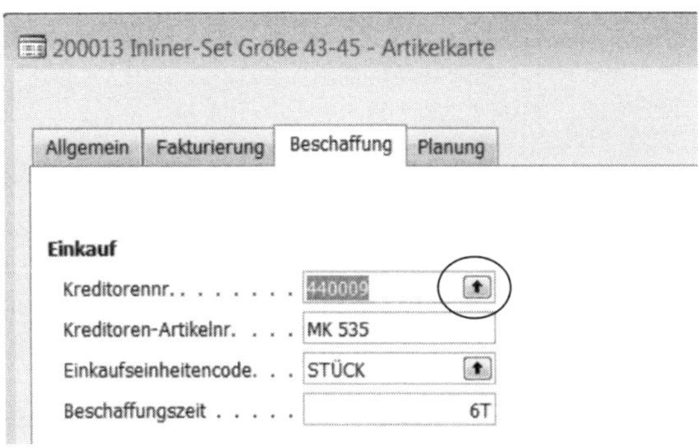

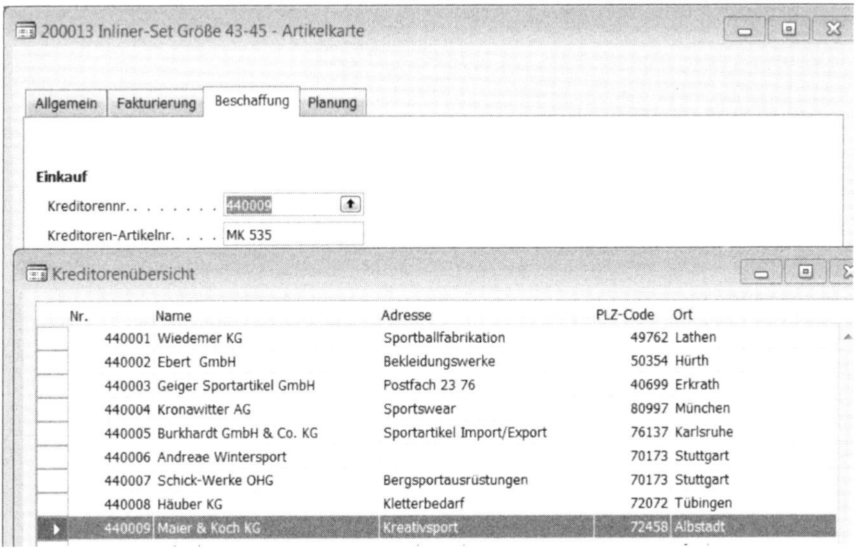

Anlegen der Bestellung:
Module → Einkauf → Bestellabwicklungen → Bestellungen
Die Bestellnummer ergibt sich als fortlaufende Nr. automatisch.

Eingabe des Liefertermins aus Aufgabe 3.1.3:

aktuelles Datum	+ Wiederbeschaffungszeit	= Lieferdatum
09.06.2015	+ 6 Tage	= 15.06.2015

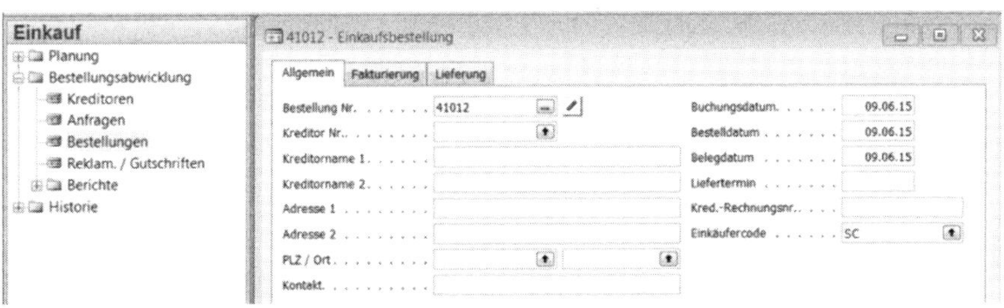

Kreditor auswählen :

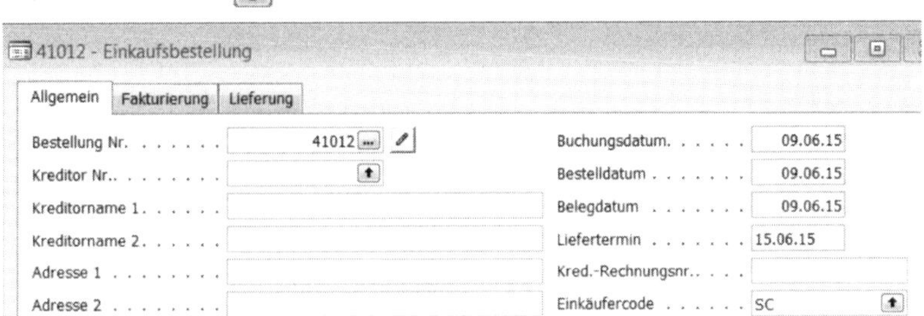

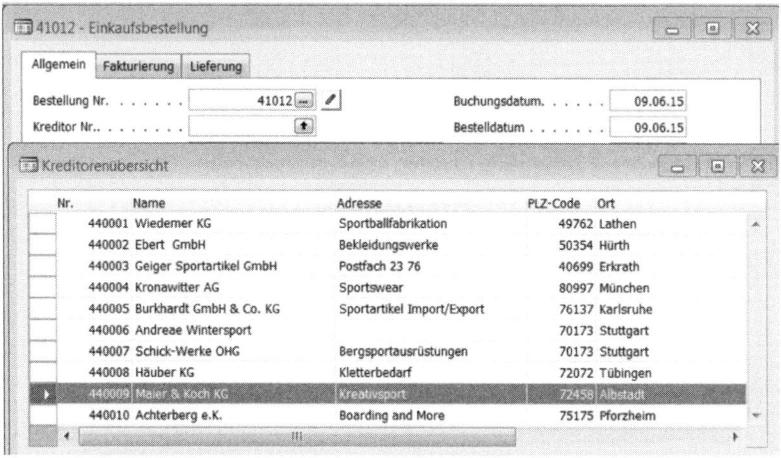

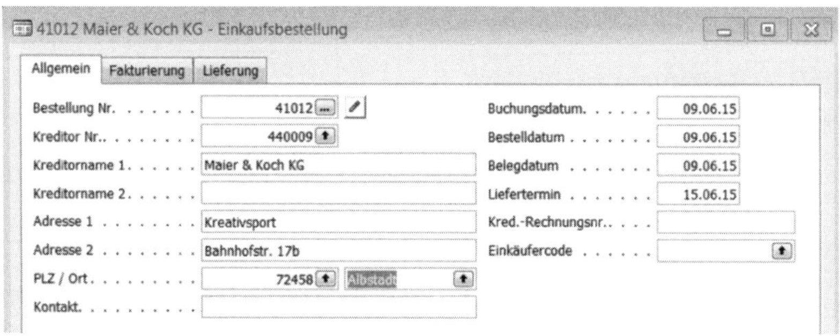

Artikel auswählen über [↑]:

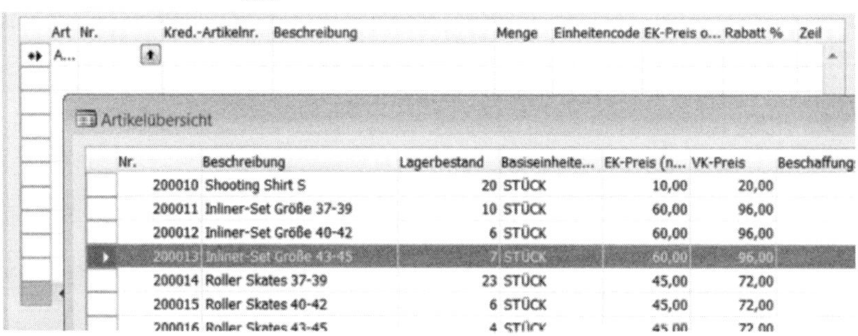

Bestellmenge von 23 Stück ergänzen:

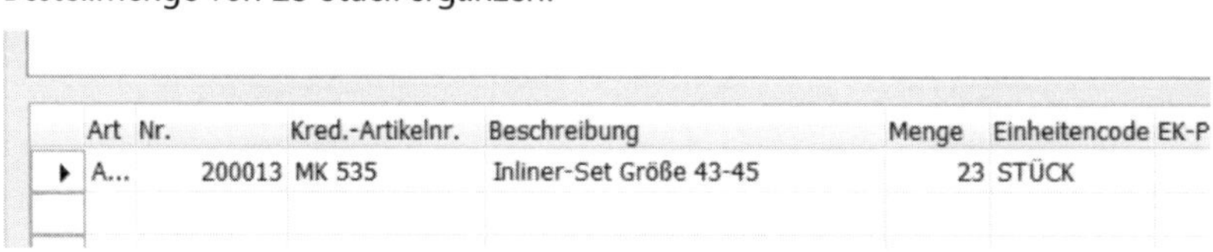

Drucken → In der Seitenansicht kann die Bestellung kontrolliert werden. → Anschließend auf Drucken:

Limes Sport

LIMES Sport GmbH
Sportgroßhandel

LIMES Sport GmbH * Im Industriegebiet 11 * 70173 Stuttgart

Name:	Schüler
Telefon:	0711 2334-25
Telefax:	0711 2334-26
E-Mail:	service@limes-sport.de
Internet:	www.limes-sport.de
Bank:	Baden-Württemberg Bank
BLZ:	600 500 00
Konto:	2100011
IBAN:	DE97 6005 0000 0002 1000 11
BIC:	BAWUDEST
Datum:	09.06.2015

Maier & Koch KG
Kreativsport
Bahnhofstr. 17b
72458 Albstadt

Bestellung Nr. 41012

Sehr geehrte Damen und Herren,
aus Ihrem Sortiment bestellen wir folgende Artikel:

Artikel-Nr.	Unsere Art.-Nr.	Bezeichnung	Menge	Einheit	Preis	Rabatt %	MwSt. %	Betrag
MK 535	200013	Inliner-Set Größe 43–45	23	Stück	60,00		19	1.380,00

Netto-Betrag EUR	**1.380,00**
19 % MwSt.	262,20
Brutto-Betrag EUR	**1.642,20**

Zahlungsbedingungen:	2 % Skonto innerhalb 10 Tage oder 30 Tage Ziel
Lieferbedingung:	frei Haus
Liefertermin:	15.06.2015

Für eine rasche Lieferung der bestellten Artikel bedanken wir uns.

Mit freundlichen Grüßen

LIMES Sport GmbH

i. A. Schüler

Gerichtsstand:	Amtsgericht Stuttgart	Geschäftsleitung:	Finanzamt Stuttgart
Handelsregister:	HR-B 234	Herr Karl Schwarz	Steuer-Nr.: 53050/00954
Geschäftszeiten:	Mo–Fr 8:00–20:00 Sa 8:00–14:00 Uhr	Frau Michaela Maier	USt-IdNr.: DE456123789

3.1.6 Vom Kunden ist laut Bestellung ein Preis von 92,00 EUR gewünscht.
Der Listenverkaufspreis des Artikels 200013 beträgt 96,00 EUR.
Modul Lager → Artikel → Artikel 200013 auswählen. →

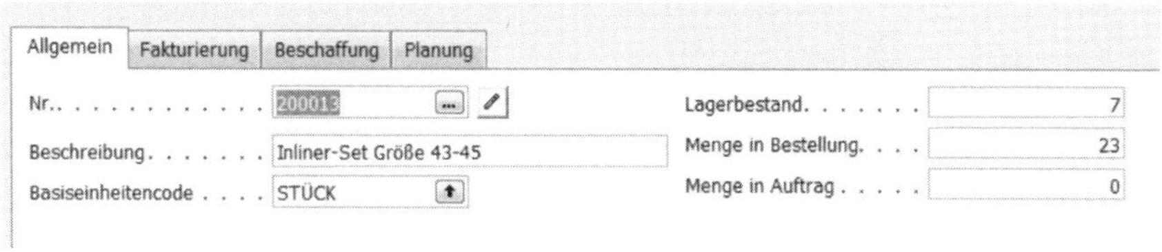

Registerkarte → Fakturierung

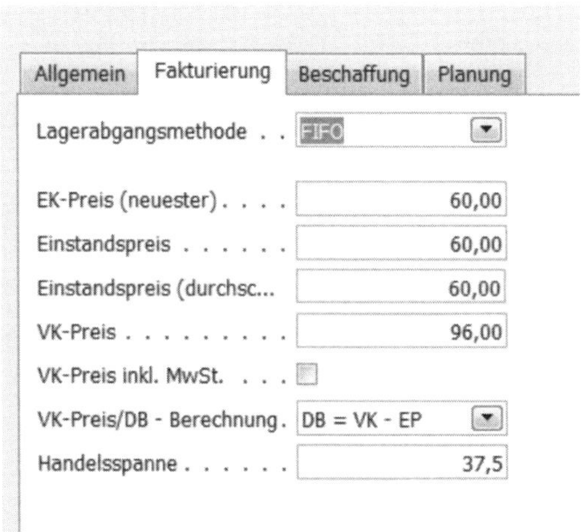

Um dem Kundenwunsch zu entsprechen, müsste ein Rabatt in Höhe von 4,167 % gewährt werden.

Rechenweg: (96,00 EUR – 92,00 EUR) : 96,00 EUR · 100 = 4,167 %

Den Rabatt kann der Sachbearbeiter im Rahmen seiner Entscheidungskompetenz (bis zu 5 % Kundenrabatt lt. Stellenbeschreibung) ohne Rückfragen gewähren.

3.1.7 Auftragsbestätigung erstellen:
Rabattsatz: 4,167 %
Frühestmöglicher Liefertermin: 17.06.2015
Heutiges Datum: 09.06.2015
Kunde (Debitor) laut vorliegender Bestellung: Sportbörse GmbH in (Birkenfeld)

Auftragsbestätigung erstellen:

Modul → Verkauf → Auftragsabwicklung → Aufträge

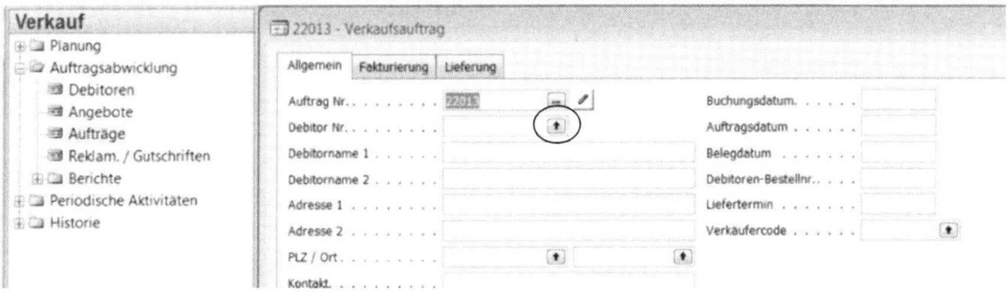

Debitor einfügen über [↑]:

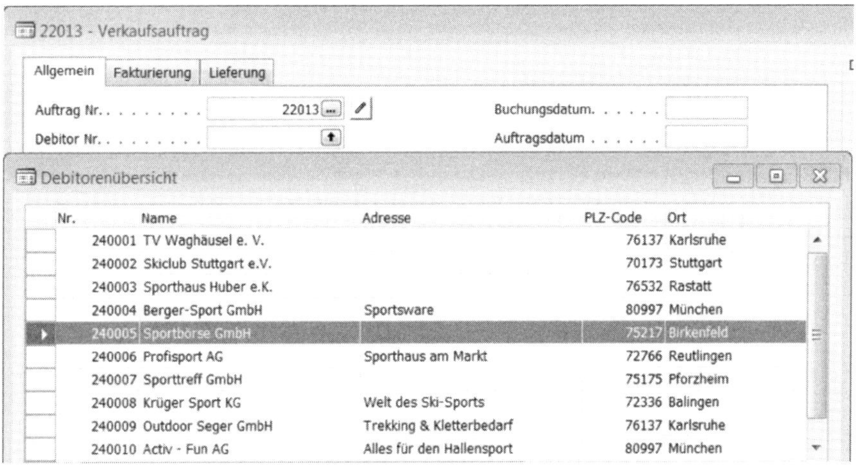

Belegdatum: 09.06.2015, Liefertermin: 17.06.2015, Debitoren-Bestellnr. (laut Bestellung): SB-1501-1 und Verkäufercode eingeben:

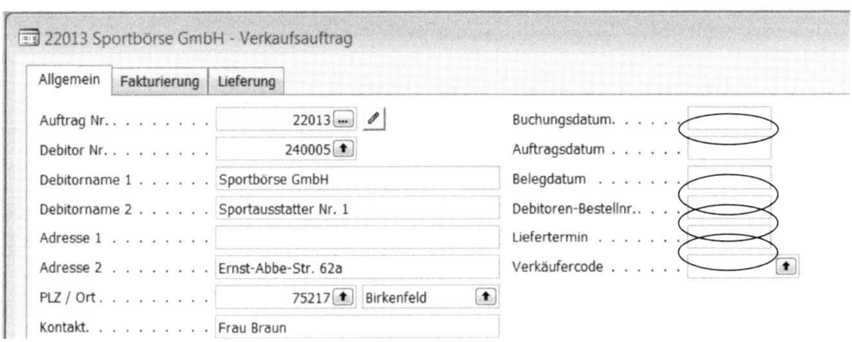

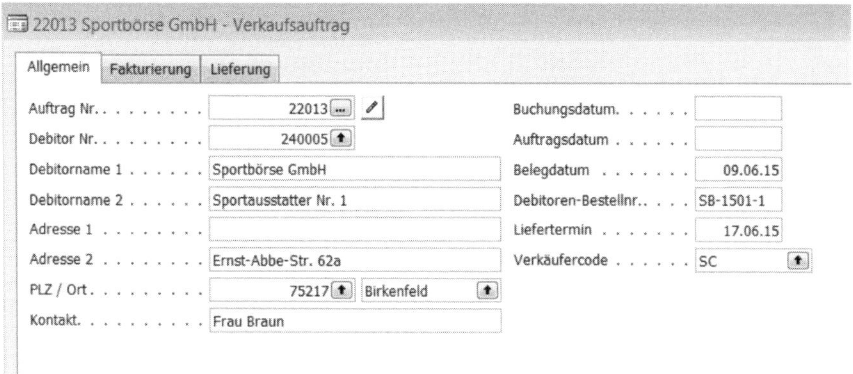

Artikel 20013 einfügen: Menge: 20 Stück; Rabattsatz: 4,167

Artikel 20017 eine Zeile tiefer einfügen: Menge 20 Stück

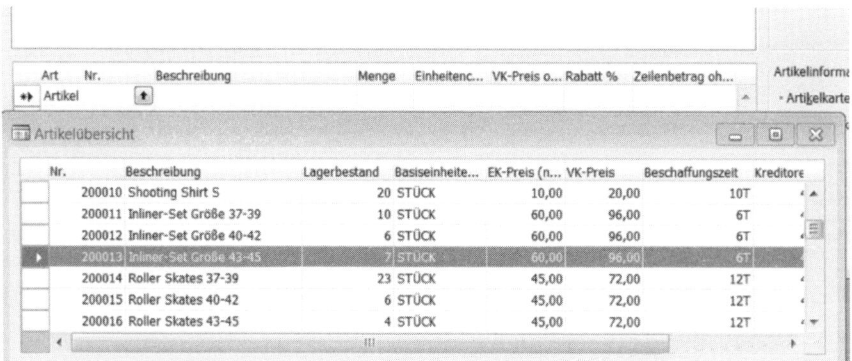

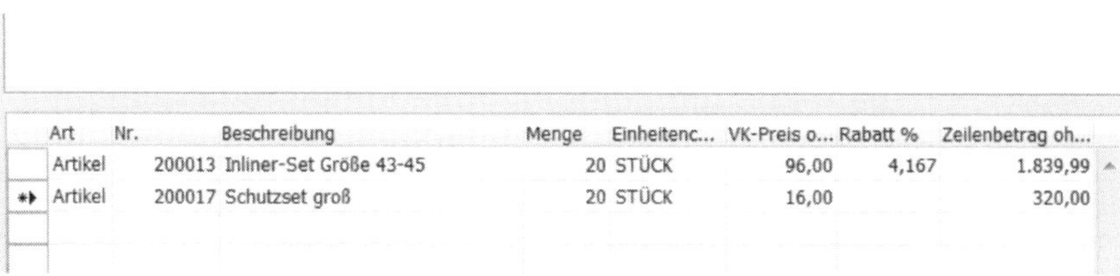

Drucken – Seitenansicht bzw. Drucken

LIMES Sport GmbH
Sportgroßhandel

LIMES Sport GmbH * Im Industriegebiet 11 * 70173 Stuttgart

Name: Schüler
Telefon: 0711 2334-25
Telefax: 0711 2334-26
E-Mail: service@limes-sport.de
Internet: www.limes-sport.de

Sportbörse GmbH
Sportausstatter Nr. 1
Frau Braun
Ernst-Abbe-Str. 62a
75217 Birkenfeld

Bank: Baden-Württemberg Bank
BLZ: 600 500 00
Konto: 2100011
IBAN: DE97 6005 0000 0002 1000 11
BIC: BAWUDEST

Kunden-Nr.: 240005
Bestell-Nr.: SB-1501-1
Datum: 09.06.2015

Auftragsbestätigung Nr. 22013

Sehr geehrte Damen und Herren,
wir bestätigen Ihren Auftrag über folgende Artikel:

Artikel-Nr.	Bezeichnung	Menge	Einheit	Preis	Rabatt %	MwSt. %	Betrag
200013	Inliner-Set Größe 43–45	20	Stück	96,00	4,167	19	1.839,99
200017	Schutzset groß	20	Stück	16,00		19	320,00
				Netto-Betrag			**2.159,99**
				19 % MwSt.			410,40
				Brutto-Betrag			**2.570,39**

Zahlungsbedingungen: 2 % Skonto innerhalb 10 Tage oder 30 Tage Ziel
Lieferbedingung: frei Haus
Liefertermin: 17.06.2015

Ihren Auftrag werden wir sorgfältig ausführen.

Mit freundlichen Grüßen

LIMES Sport GmbH

i. A. Schüler

Gerichtsstand: Amtsgericht Stuttgart
Handelsregister: HR-B 234
Geschäftszeiten: Mo–Fr 8:00–20:00 Sa 8:00–14:00 Uhr

Geschäftsleitung:
Herr Karl Schwarz
Frau Michaela Maier

Finanzamt Stuttgart
Steuer-Nr.: 53050/00954
USt-IdNr.: DE456123789

3.2.1 Ausgangsrechnung: 26011

Modul Verkauf → Historie → Gebuchte Rechnungen →

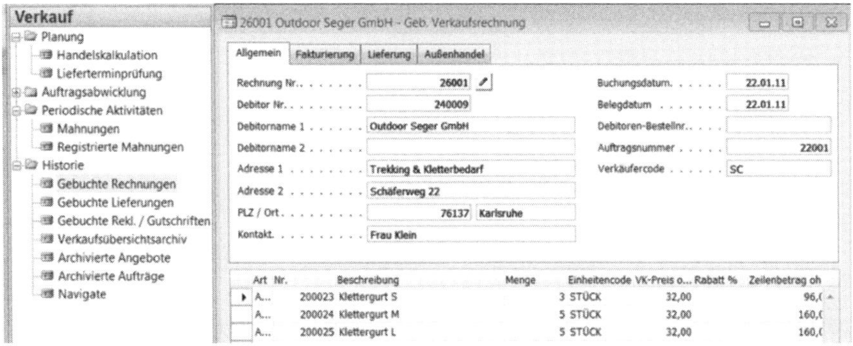

Suchen nach der Rechnungsnummer.

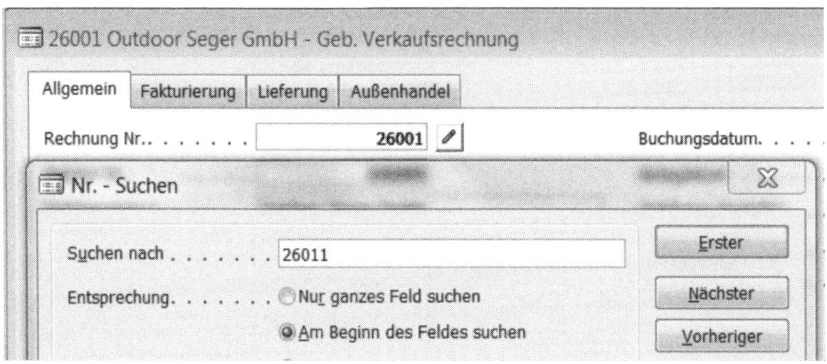

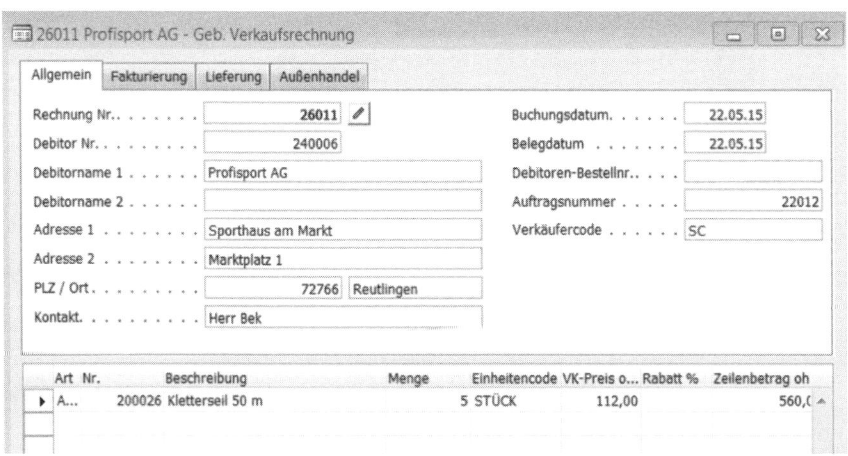

Drucken → Seitenansicht →

Kunden-Nr.: 240006
Bestell-Nr.:
Auftrag Nr.: 22012
Rechn.-Datum: 22.05.2015
Lieferdatum: 22.05.2015

Rechnung Nr. 26011

Sehr geehrte Damen und Herren,

aufgrund Ihres Auftrages stellen wir Ihnen folgende Artikel in Rechnung:

Artikel-Nr.	Bezeichnung	Menge	Einheit	Preis	Rabatt %	MwSt. %	Betrag
200026	Kletterseil 50 m	5	Stück	112,00		19	560,00

Warenwert	**560,00**
19 % MwSt.	106,40
Rechnungsbetrag	**666,40**

Zahlungsbedingungen: 2 % Skonto innerhalb 10 Tage oder 30 Tage Ziel
Lieferbedingung: frei Haus

Wir bedanken uns für Ihren Auftrag.

Mit freundlichen Grüßen

LIMES Sport GmbH

Registerkarte Fakturierung → Zahlungsbedingungscode:

Aufrufen des Zahlungsbedingungscodes 10230 über [↑]:

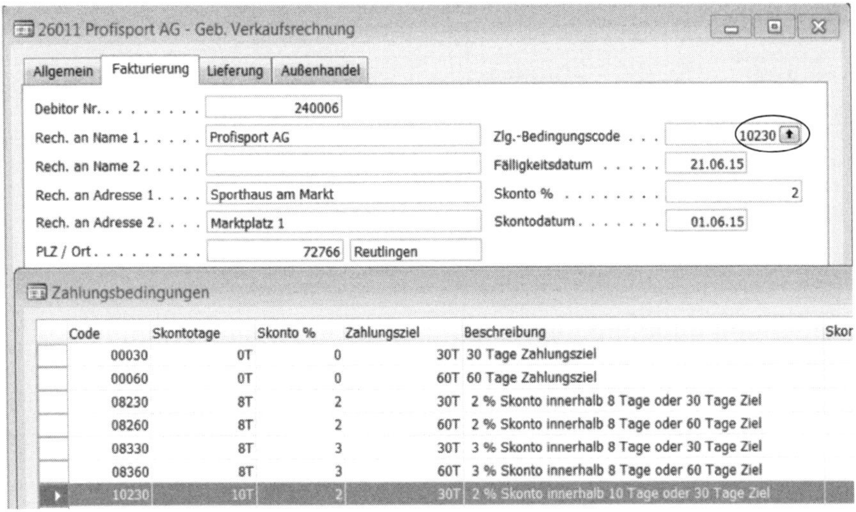

Rechnungsdatum: 22.05.2015
Eingang des fälligen Betrags laut Beleg 2: 01.06.2015

Die Zahlung ist genau innerhalb der zehn Tage erfolgt. Der Abzug von 2 % Skonto ist somit möglich.

Überweisungsbetrag laut Beleg 2: 653,07 EUR

Skontobetrag = 666,40 EUR · 2 : 100 = 13,33 EUR

Rechnungsbetrag – Skontobetrag = Überweisungsbetrag laut Beleg 2
666,40 EUR – 13,33 EUR = 653,07 EUR

3.2.2

Feld 1	01.06.2015	
Feld 2	Zahlung	Modul → Finanzmanagement → Fibu-Buch-Blätter → Zahlung
Feld 3	10037	
Feld 4	KA6/1	
Feld 5	2800/28001	Unser Bankauszug → Konto Bank
Feld 6	240006	Kreditorennummer
Feld 7	26011	Rechnungsnummer
Feld 8	653,07	Überweisungsbetrag laut Beleg 2

Zu Feld 2

Zu Feld 6

Wahlaufgabe 2

3.1.1 Vorlage in der Prüfungsarbeitsmappe:

	A	B	C	D	E	F
1	**Fahrradlädele - Auswertung 2014**					
2						
3	**Modell**	**Jahresabsatz**	**Durchschnittliche Verkaufspreise**			
4	Kinderfahrräder					
5	Mountainbikes					
6	Trekkingfahrräder					
7	**Summe**					
8						
9						

Daten aus der Prüfungsaufgabe eintragen. Es müssen keine Formatierungen (z. B. EUR) vorgenommen werden.

Fahrradlädele - Auswertung 2014

Modell	Jahresabsatz	Durchschnittliche Verkaufspreise		
Kinderfahrräder	900	200,00 €		
Mountainbikes	1.200	950,00 €		
Trekkingfahrräder	1.200	800,00 €		
Summe				

3.1.2

Fahrradlädele - Auswertung 2014

Modell	Jahresabsatz	Durchschnittliche Verkaufspreise	Jahresumsatz der Modelle	
Kinderfahrräder	900	200,00 €	180000	
Mountainbikes	1.200	950,00 €	1140000	
Trekkingfahrräder	1.200	800,00 €	960000	
Summe			2280000	

Formatierungen der Zellen D4:D7 auf EUR. Zellbereich markieren. EUR zuweisen.

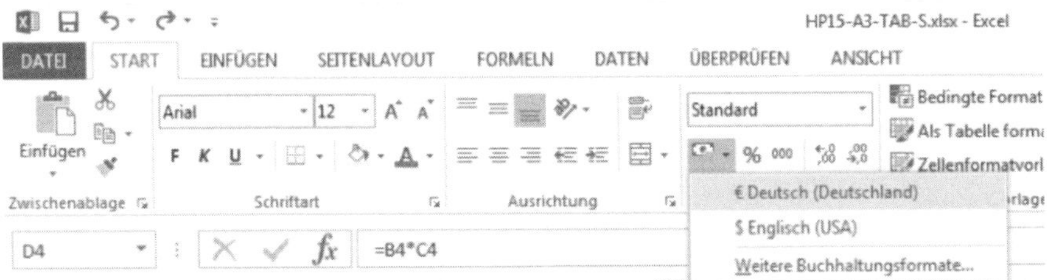

Fahrradlädele - Auswertung 2014

Modell	Jahresabsatz	Durchschnittliche Verkaufspreise	Jahresumsatz der Modelle	
Kinderfahrräder	900	200,00 €	180000	
Mountainbikes	1.200	950,00 €	1140000	
Trekkingfahrräder	1.200	800,00 €	960000	
Summe			2280000	

	A	B	C	D	E
1	**Fahrradlädele - Auswertung 2014**				
2					
3	**Modell**	**Jahresabsatz**	**Durchschnittliche Verkaufspreise**	**Jahresumsatz der Modelle**	
4	Kinderfahrräder	900	200,00 €	180.000,00 €	
5	Mountainbikes	1.200	950,00 €	1.140.000,00 €	
6	Trekkingfahrräder	1.200	800,00 €	960.000,00 €	
7	**Summe**			2.280.000,00 €	
8					

Formel für den Jahresumsatz der Kinderfahrräder	=B4*C4
Formel für den gesamten Jahresumsatz	=Summe(D4:D6)

3.1.3

Formel für den Anteil der Kinderfahrräder am gesamten Jahresumsatz in %.	=D4*100/$D$7 oder Zellbereich E4:E7 auf Prozent formatieren; zwei Nachkommastellen =D4/$D$7

E4 =D4*100/$D$7

	A	B	C	D	E
1	**Fahrradlädele - Auswertung 2014**				
2					
3	**Modell**	**Jahresabsatz**	**Durchschnittliche Verkaufspreise**	**Jahresumsatz der Modelle**	**Anteil des Jahresumsatz in %**
4	Kinderfahrräder	900	200,00 €	180.000,00 €	7,894736842
5	Mountainbikes	1.200	950,00 €	1.140.000,00 €	50
6	Trekkingfahrräder	1.200	800,00 €	960.000,00 €	42,10526316
7	**Summe**			2.280.000,00 €	100

Zelle auf zwei Nachkommastellen formatieren: Zellbereich E4:E7 markieren → Rechte Maustaste (RMT) Zellen formatieren auswählen.

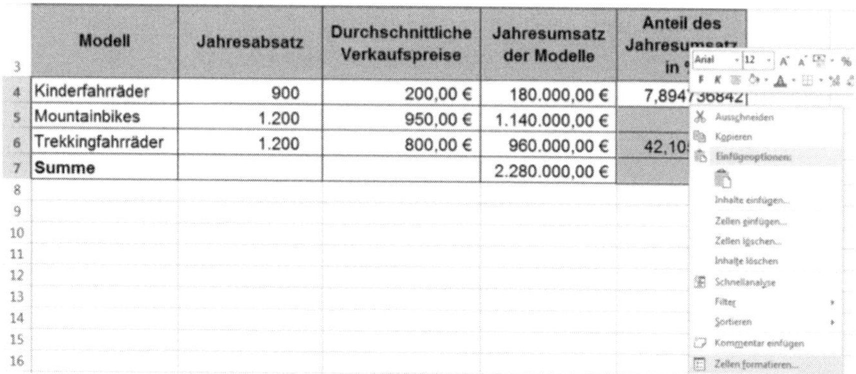

	Modell	Jahresabsatz	Durchschnittliche Verkaufspreise	Jahresumsatz der Modelle	Anteil des Jahresumsatz in %
4	Kinderfahrräder	900	200,00 €	180.000,00 €	7,894736842
5	Mountainbikes	1.200	950,00 €	1.140.000,00 €	
6	Trekkingfahrräder	1.200	800,00 €	960.000,00 €	42,10
7	Summe			2.280.000,00 €	

Zahl auswählen und Dezimale 2 auswählen:

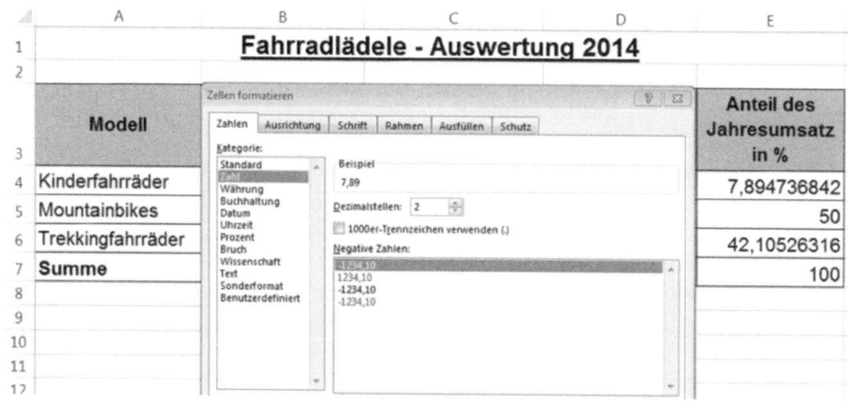

Fahrradlädele - Auswertung 2014

	A	E
3	Modell	Anteil des Jahresumsatz in %
4	Kinderfahrräder	7,894736842
5	Mountainbikes	50
6	Trekkingfahrräder	42,10526316
7	Summe	100

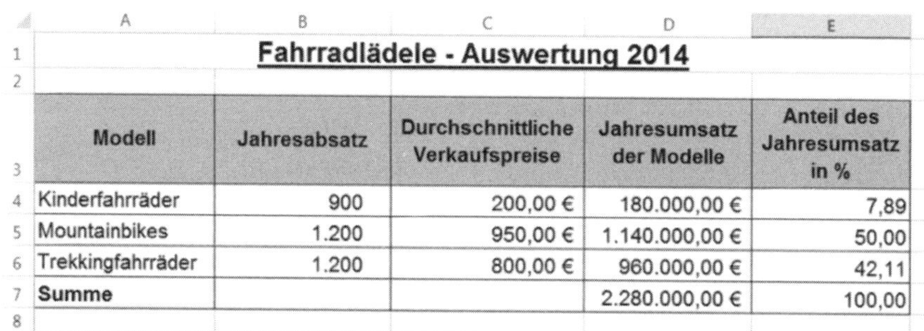

Fahrradlädele - Auswertung 2014

	Modell	Jahresabsatz	Durchschnittliche Verkaufspreise	Jahresumsatz der Modelle	Anteil des Jahresumsatz in %
4	Kinderfahrräder	900	200,00 €	180.000,00 €	7,89
5	Mountainbikes	1.200	950,00 €	1.140.000,00 €	50,00
6	Trekkingfahrräder	1.200	800,00 €	960.000,00 €	42,11
7	Summe			2.280.000,00 €	100,00

3.1.4 Diagrammerstellung → ein geeignetes Diagramm → Diagrammtyp? → Anteile bzw. Prozentanteile werden in der Regel in Kreisdiagrammen dargestellt.

Zellbereich E4:E6 markieren. → Registerkarte „Einfügen“ → 2D-Kreis auswählen.

	A	B	C	D	E
1	**Fahrradlädele - Auswertung 2014**				
2					
3	**Modell**	**Jahresabsatz**	**Durchschnittliche Verkaufspreise**	**Jahresumsatz der Modelle**	**Anteil des Jahresumsatz in %**
4	Kinderfahrräder	900	200,00 €	180.000,00 €	7,89
5	Mountainbikes	1.200	950,00 €	1.140.000,00 €	50,00
6	Trekkingfahrräder	1.200	800,00 €	960.000,00 €	42,11
7	**Summe**			2.280.000,00 €	100,00
8					

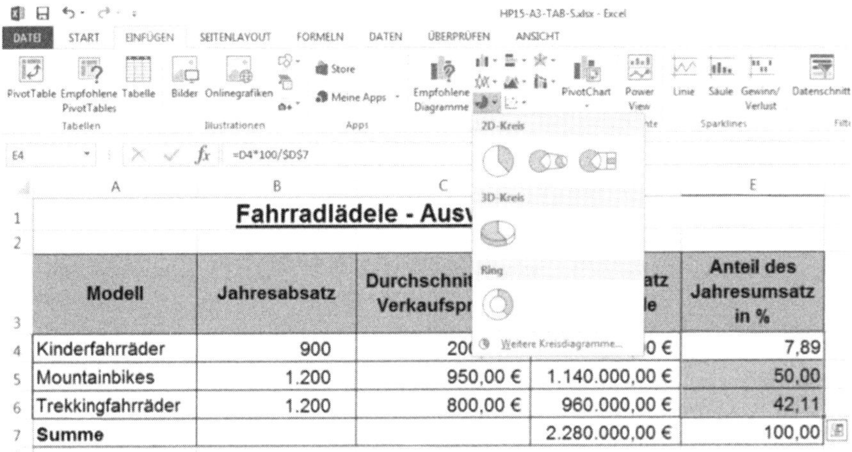

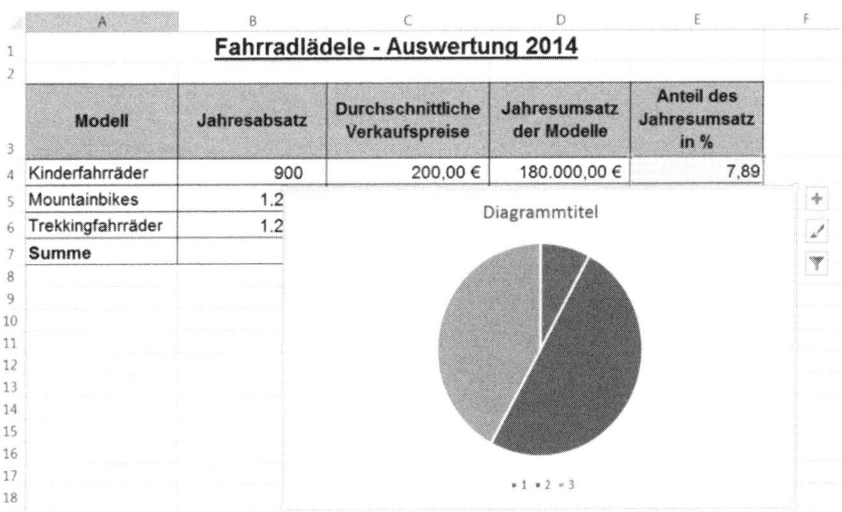

Jetzt fehlen noch die Beschriftungen:

Diagrammtitel hinzufügen: In das Textfeld Diagrammtitel klicken und einfügen.

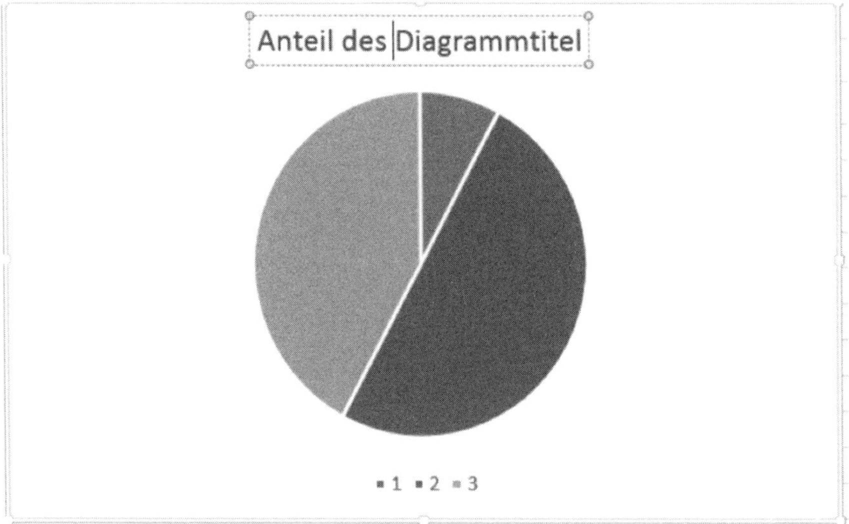

Legende hinzufügen:

Diagramm markieren. → Registerkarte „Entwurf" → Daten auswählen.

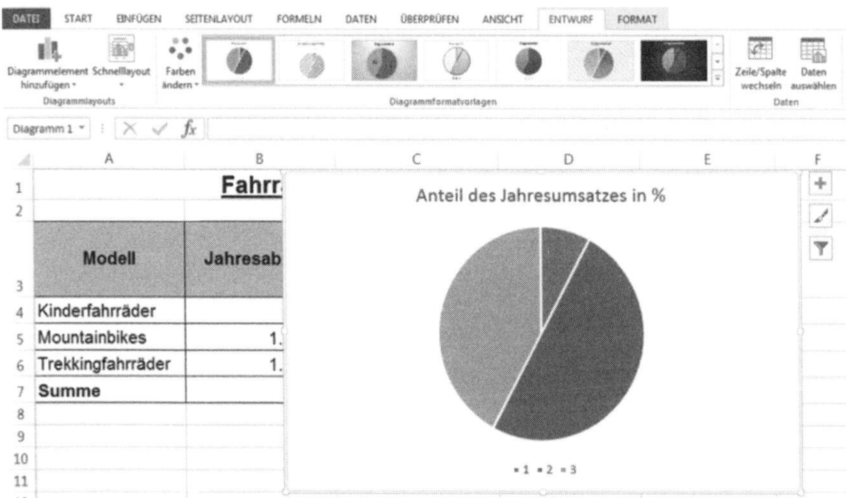

Horizontale Achsenbeschriftung auswählen. → Bearbeiten

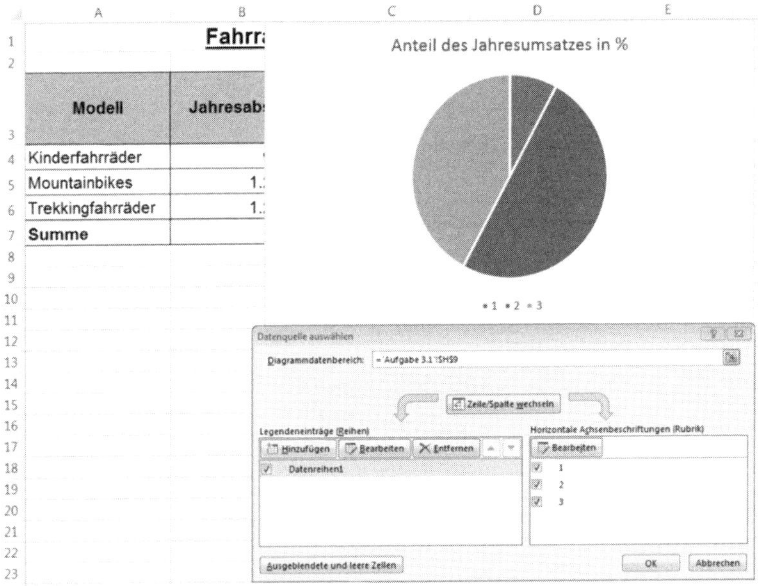

Roten Pfeil im Achsenbeschriftungsbereich auswählen:

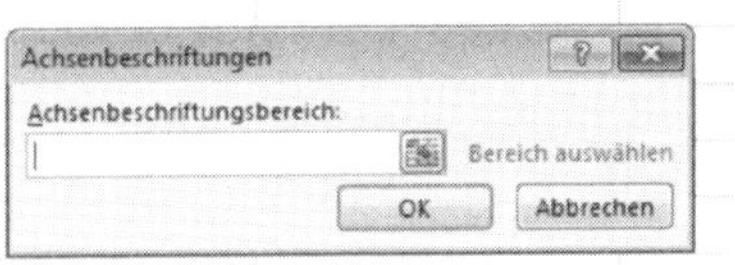

Zellbereich A4:A6 markieren. → Die Daten werden in den Achsenbeschriftungsbereich übernommen.

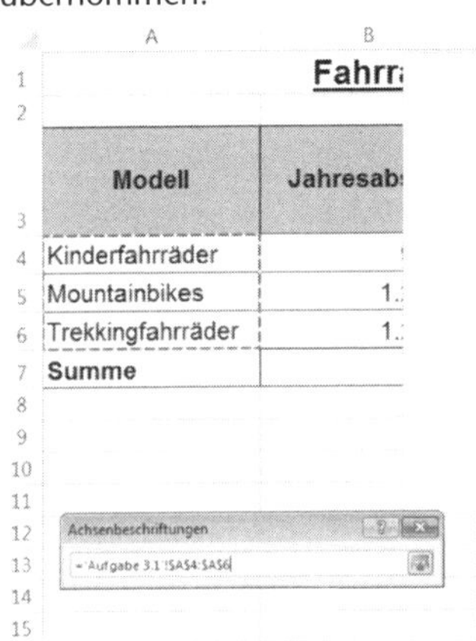

Bestätigung: Werte werden übernommen.

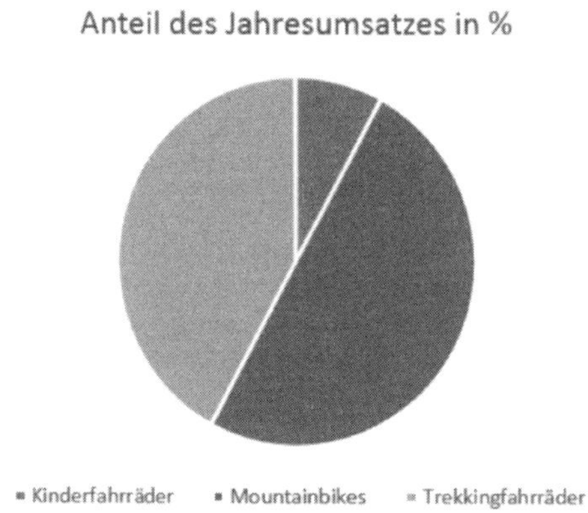

Andere Position der Legende → Diagramm markieren. → Entwicklungstools → Entwurf → Diagrammelement hinzufügen. → Legende → Position auswählen.

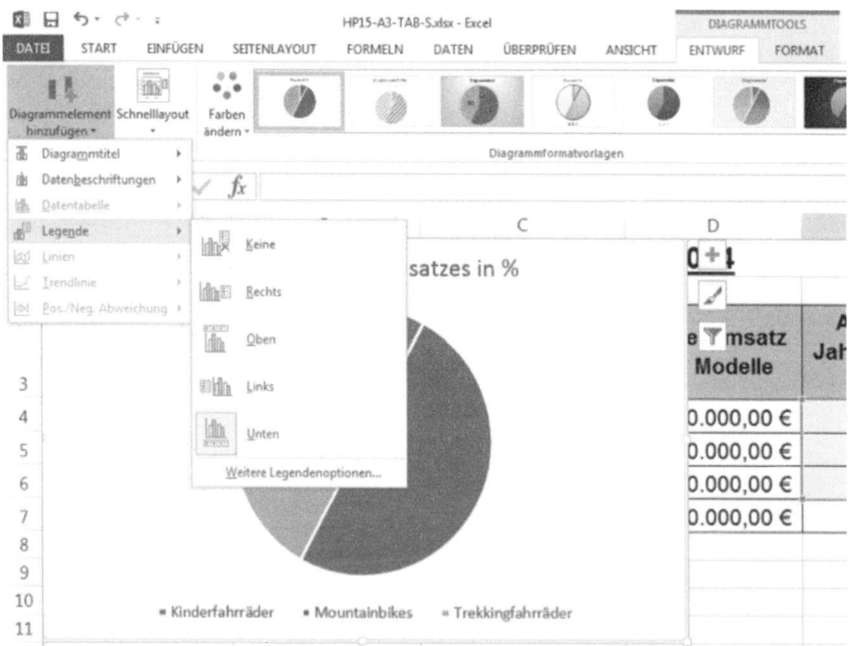

Werte im Kreisdiagramm einblenden:

RMT auf den Kreis →

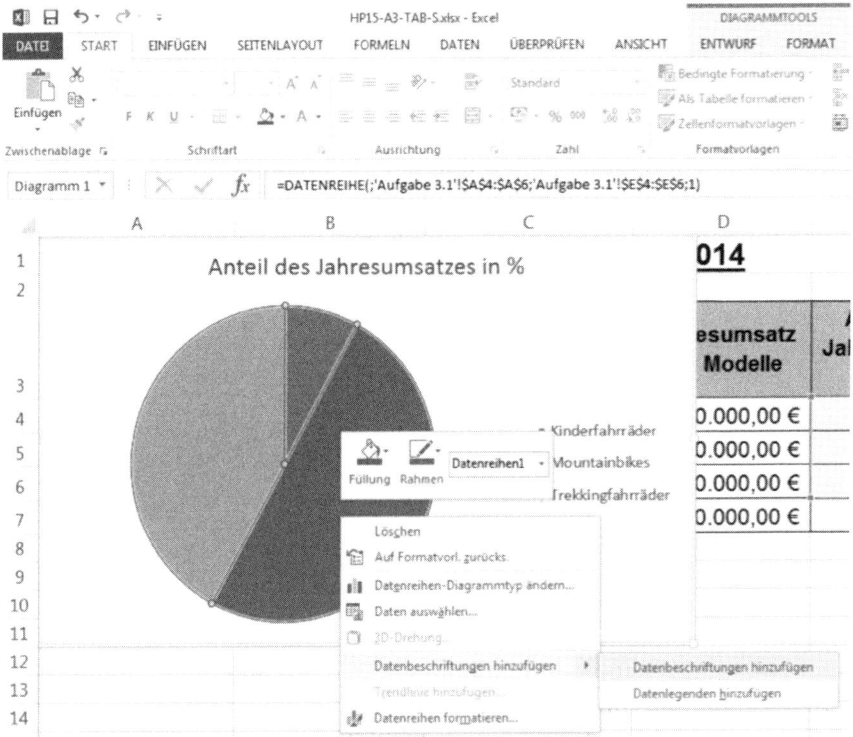

Fertiges Diagramm:

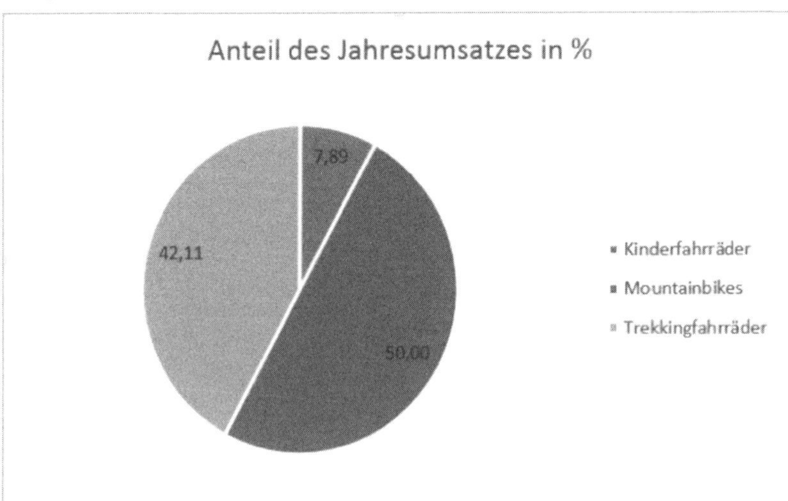

3.1.5 Ausdrucken des Diagramms in einem eigenen Tabellenblatt.

Diagramm markieren. → RMT → Diagramm verschieben.

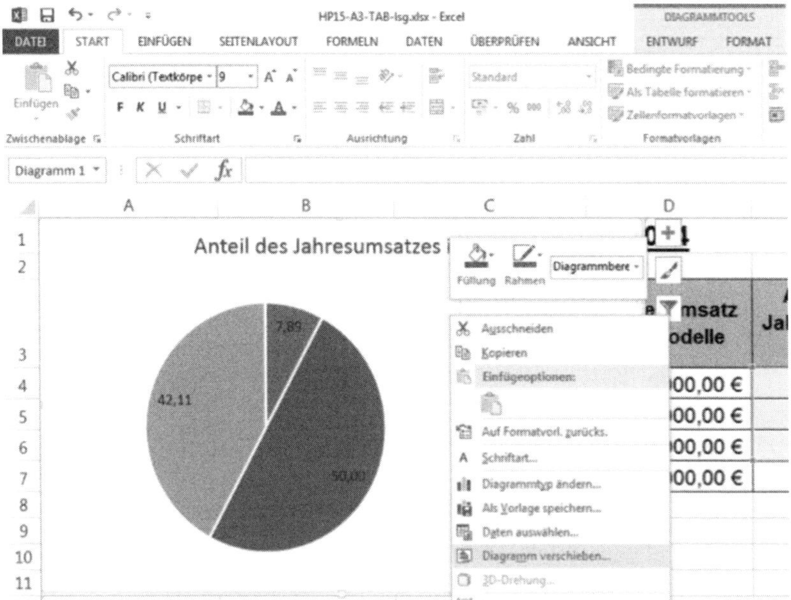

Diagramm in neues Blatt verschieben.

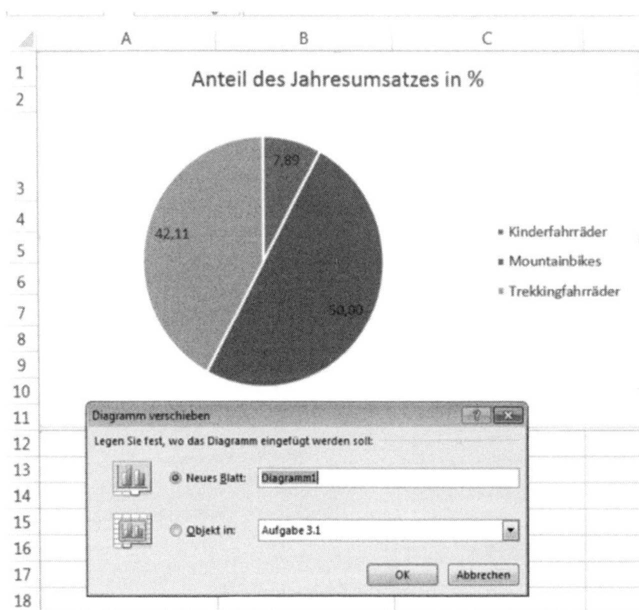

Diagramm ist in ein eigenes Tabellenblatt eingefügt.

Namen ergänzen. → Registerkarte „Einfügen" → Text → Textfeld

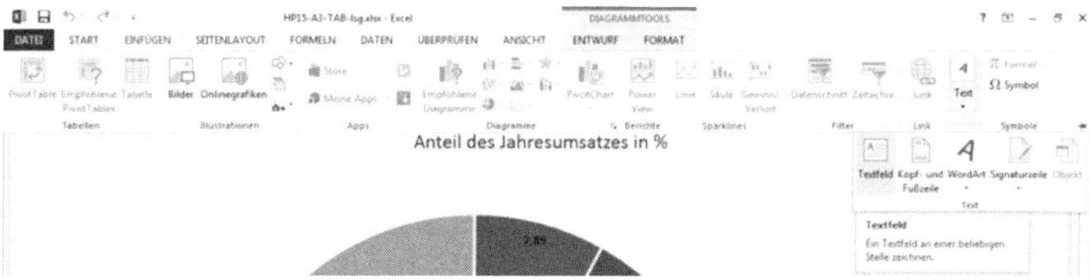

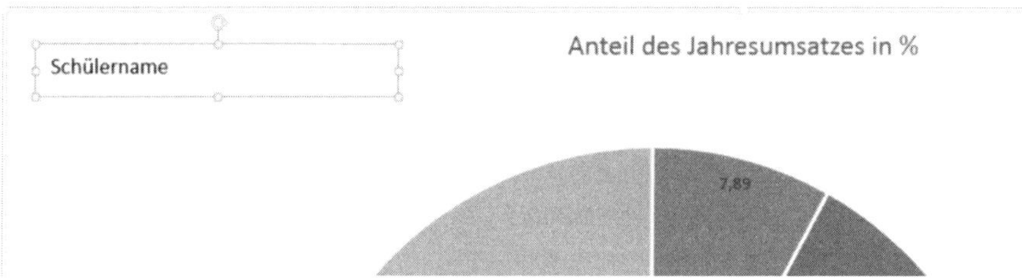

Drucken → Datei → Drucken

3.2.1 Tabellenvorlage ist zu ergänzen um die Angaben aus der Aufgabenstellung und der Sachverhaltsbeschreibung.

	A	B	C	D	E	F	G
1							
2							
3					Einstandspreis pro Stück:		
4			10				
5							
6							**Gesamtkosten in €**
7	**1**						
8	**2**						
9	**4**						
10	**12**						
11							

Fehlende Angaben werden eingegeben:

	A	B	C	D	E	F	G
1	Optimale Bestellmenge für Fahrradmantel Zollgröße 28						
2							
3	Jahresbedarf in Stück:		2.400		Einstandspreis pro Stück:		10,00 €
4	Lagerkostensatz in %:		10				50,00 €
5							
6	Bestellhäufigkeit je	Bestellmenge in Stü	Durchschnittlicher L	Durchschnittlicher L	Lagerhaltungskoste	Bestellkosten in €	Gesamtkosten in €
7	1				1200	50	
8	2				600	100	
9	4				300	200	
10	12				100	600	

Formatierung der entsprechenden Tabellenbereiche:

Überschrift zentrieren und Zellen verbinden. → Zellbereich A1:G1 markieren. → s. u.

Gleiches Vorgehen für Jahresbedarf in Stück, Lagerkostensatz in % usw. Inhalte anschließend nach links ausrichten.

Zelle G6 markieren. → auswählen. → Mit über den Zellbereich A6:F6 fahren.

	A	B	C	D	E	F	G
1	**Optimale Bestellmenge für Fahrradmantel Zollgröße 28**						
2							
3	**Jahresbedarf in Stück:**		2.400		**Einstandspreis pro Stück:**		10,00 €
4	**Lagerkostensatz in %:**		10		**Bestellkosten je Bestellung:**		50,00 €
5							
6	Bestellhäufigkeit je	Bestellmenge in Stü	Durchschnittlicher L	Durchschnittlicher L	Lagerhaltungskoste	Bestellkosten in €	**Gesamtkosten in €**
7	1				1200	50	
8	2				600	100	
9	4				300	200	
10	12				100	600	
11							

Anschließend noch die Silbentrennung manuell durchführen und Zahlen ausrichten.

Zellformat für die Lagerhaltungskosten und die Bestellkosten zuweisen. → Zellbereich E7:F10 markieren. → „Zellen formatieren" aufrufen und Einstellung vornehmen.

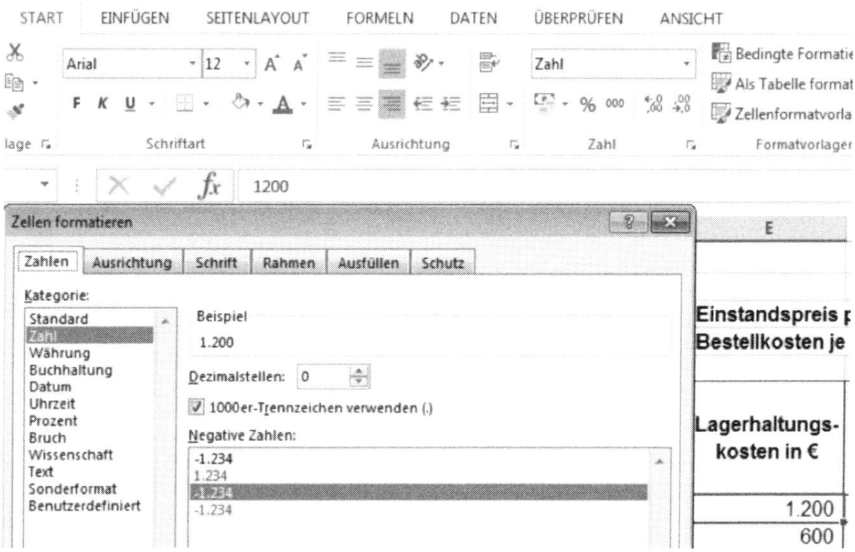

	A	B	C	D	E	F	G
1	**Optimale Bestellmenge für Fahrradmantel Zollgröße 28**						
2							
3	**Jahresbedarf in Stück:**		2.400		**Einstandspreis pro Stück:**		10,00 €
4	**Lagerkostensatz in %:**		10		**Bestellkosten je Bestellung:**		50,00 €
5							
6	**Bestellhäufigkeit je Jahr**	**Bestellmenge in Stück**	**Durchschnittlicher Lagerbestand in Stück**	**Durchschnitt-licher Lager-bestand in €**	**Lagerhaltungs-kosten in €**	**Bestellkosten in €**	**Gesamtkosten in €**
7	1				1.200	50	
8	2				600	100	
9	4				300	200	
10	12				100	600	
11							

3.2.2

Optimale Bestellmenge für Fahrradmantel Zollgröße 28

Jahresbedarf in Stück:	2 400	Einstandspreis pro Stück:	10,00 €
Lagerkostensatz in %:	10	Bestellkosten je Bestellung:	50,00 €

Bestellhäufigkeit je Jahr	Bestellmenge in Stück	Durchschnittlicher Lagerbestand in Stück	Durchschnittlicher Lagerbestand in €	Lagerhaltungskosten in €	Bestellkosten in €	Gesamtkosten in €
1	2 400	1 200	12 000	1 200	50	1 250
2	1 200	600	6 000	600	100	700
4	600	300	3 000	300	200	500
12	200	100	1 000	100	600	700

Formel für die Bestellmenge in Stück (bei einer Bestellhäufigkeit im Jahr von 4)	=$C$3/A9
Formel für den durchschnittlichen Lagerbestand in Stück (bei einer Bestellhäufigkeit im Jahr von 4)	=B9/2
Formel für den durchschnittlichen Lagerbestand in Euro (bei einer Bestellhäufigkeit im Jahr von 4)	=C9*$G$3
Formel für die Gesamtkosten in Euro (bei einer Bestellhäufigkeit im Jahr von 4)	=E9+F9

3.2.3 Die optimale Bestellmenge liegt bei 600 Stück, da die Gesamtkosten dabei am geringsten sind. Herr Schnell muss vierteljährlich bestellen.

3.3 Schülerabhängige Lösungen, z. B.

- Datenprostitution in sozialen Netzwerken: unbewusste und kostenlose Preisgabe von persönlichen Daten an Dritte zur Weitergabe
- Sexting: Versenden von erotischen Selbstaufnahmen, die später missbräuchlich verwendet werden können.
- Begehen von Straftaten durch illegale Downloads
- Smartphone als elektronische „Fußfessel", ungewollte Ortung des Handys
- Besuch von Internetseiten mit zweifelhaftem/illegalem Inhalt
- Konzentrationsfähigkeit sinkt durch permanenten Gebrauch.
- Kopf ist voll durch das Konsumieren von Nullnachrichten.

Prüfungsaufgaben 2016 (Aufgabe 3)

Wahlaufgabe 1

3.1.1

Der Kundenauftrag mit der Nr. 22012 ist lt. Beleg 2 versandfertig.

In IUS → Modul → Verkauf → Auftrag Nr. 22012

Lieferschein und Ausgangsrechnung sind zu erstellen. Über Menü → Buchen und Drucken werden die Dokumente erstellt.

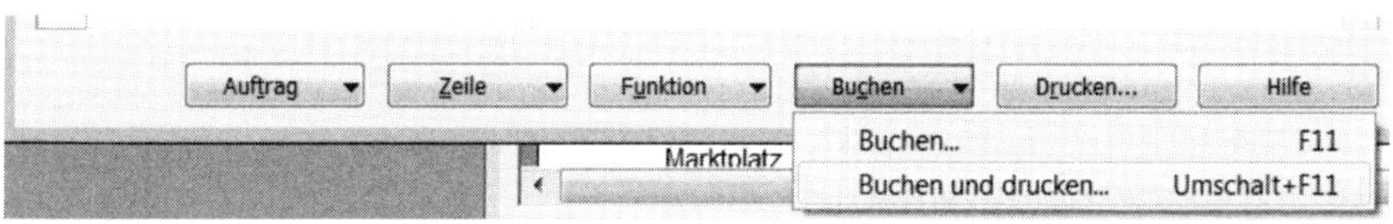

Limes Sport

LIMES Sport GmbH
Sportgroßhandel

LIMES Sport GmbH * Im Industriegebiet 11 * 70173 Stuttgart

Name:	Schüler
Telefon:	0711 2334-25
Telefax:	0711 2334-26
E-Mail:	service@limes-sport.de
Internet:	www.limes-sport.de

Profisport AG
Herrn Bek
Sporthaus am Markt
Marktplatz 1
72766 Reutlingen

Baden-Württemberg Bank

IBAN:	DE97 6005 0000 0002 1000 11
BIC:	BAWUDEST
Kunden-Nr.:	240006
Bestell-Nr.:	
Auftrag Nr.:	22012
Datum:	31.05.2016

Lieferschein **Nr. 23011**

Artikel-Nr.	Bezeichnung	Menge	Einheit
200013	Inliner Größe 43–45	7	Stück

Ware ordnungsgemäß erhalten:

____
Datum, Unterschrift

Gerichtsstand:	Amtsgericht Stuttgart	Geschäftsleitung:	Finanzamt Stuttgart
Handelsregister:	HR-B 234	Herr Karl Schwarz	Steuer-Nr.: 53050/00954
Geschäftszeiten:	Mo–Fr 8:00–20:00 Sa 8:00–14:00 Uhr	Frau Michaela Maier	USt-IdNr.: DE456123789

Limes Sport

LIMES Sport GmbH
Sportgroßhandel

LIMES Sport GmbH * Im Industriegebiet 11 * 70173 Stuttgart

Name:	Schüler
Telefon:	0711 2334-25
Telefax:	0711 2334-26
E-Mail:	service@limes-sport.de
Internet:	www.limes-sport.de

Profisport AG
Herrn Bek
Sporthaus am Markt
Marktplatz 1
72766 Reutlingen

Baden-Württemberg Bank	
IBAN:	DE97 6005 0000 0002 1000 11
BIC:	BAWUDEST
Kunden-Nr.:	240006
Bestell-Nr.:	
Auftrag Nr.:	22012
Rechn.-Datum:	31.05.2016
Lieferdatum:	31.05.2016

Rechnung Nr. 26011

Sehr geehrte Damen und Herren,

aufgrund Ihres Auftrages stellen wir Ihnen folgende Artikel in Rechnung:

Artikel-Nr.	**Bezeichnung**	**Menge**	**Einheit**	**Preis**	**Rabatt %**	**MwSt. %**	**Betrag**
200013	Inliner Größe 43–45	7	Stück	83,50		19	584,50

Warenwert	**584,50**
19 % MwSt.	111,06
Rechnungsbetrag	**695,56**

Zahlungsbedingungen:	2 % Skonto innerhalb 10 Tage oder 30 Tage Ziel
Lieferbedingung:	frei Haus

Ware ordnungsgemäß erhalten:

Mit freundlichen Grüßen

LIMES Sport GmbH

i. A. Schüler

Gerichtsstand:	Amtsgericht Stuttgart	Geschäftsleitung:	Finanzamt Stuttgart
Handelsregister:	HR-B 234	Herr Karl Schwarz	Steuer-Nr.: 53050/00954
Geschäftszeiten:	Mo–Fr 8:00–20:00 Sa 8:00–14:00 Uhr	Frau Michaela Maier	USt-IdNr.: DE456123789

3.1.2

Beleg für Willenserklärung 1	Beleg für Willenserklärung 2
Auftrag der Profisport AG	Auftragsbestätigung der Limes Sport GmbH

3.1.3 Zur Ermittlung des Gewinns kann das in der IUS zur Verfügung stehende Kalkulationsmodul genutzt werden. Modul → Verkauf → Planung → Handelskalkulation → Differenzkalkulation

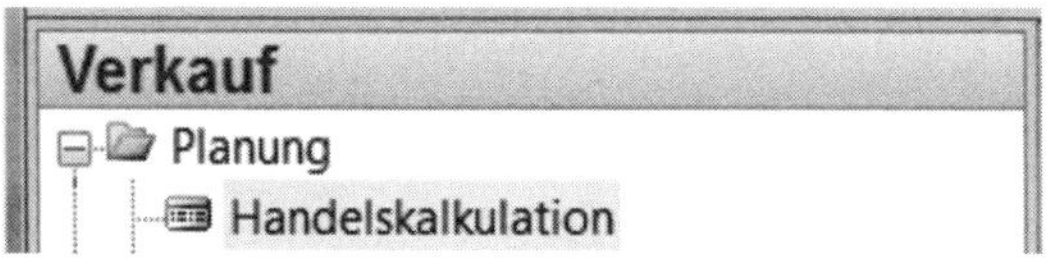

Der entsprechende Artikel mit der Artikelnummer 200013 ist einzustellen.

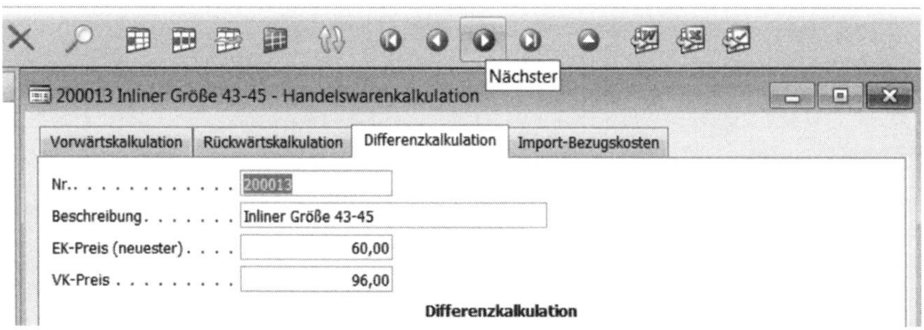

	Daten aus der IUS für Artikel 200013
Listeneinkaufspreis	60,00 EUR
Liefererskontosatz	
Kundenskontosatz	
Verkaufspreis	96,00 EUR
Verkaufspreis aus Kundenauftrag	83,50 EUR

Für die Kalkulation müssen noch die Skontosätze aus der IUS ausgelesen werden.

Liefererskontosatz: ?

Modul Lager → Artikel → Entsprechend Artikelnummer 200012 einstellen. →

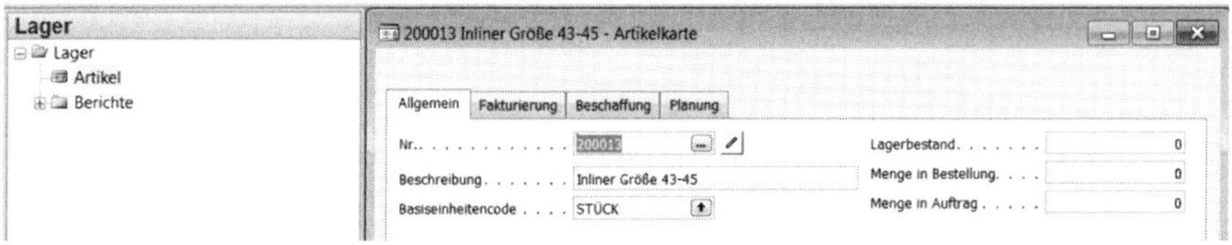

Registerkarte Beschaffung → Kreditor auswählen. → 440009

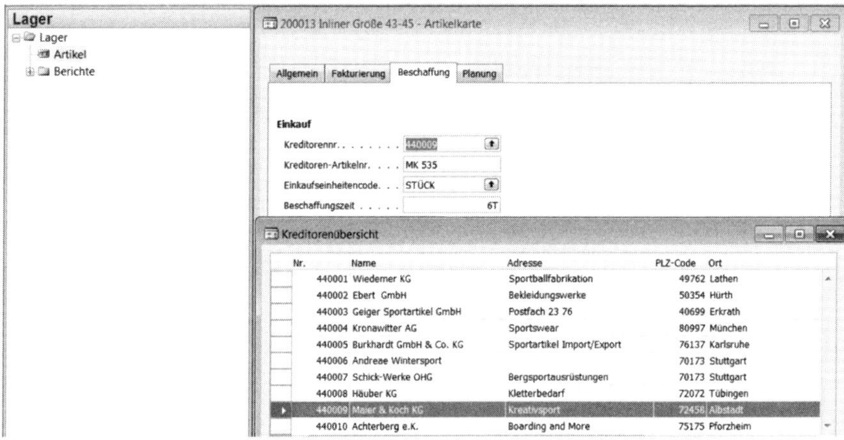

Modul → Einkauf → Kreditor 44009 auswählen.

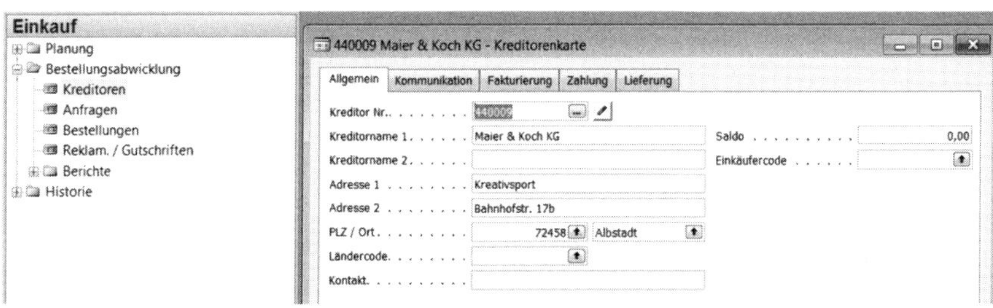

Registerkarte Zahlung → Zahlungsbedingungscode → Skontosatz = 2 %

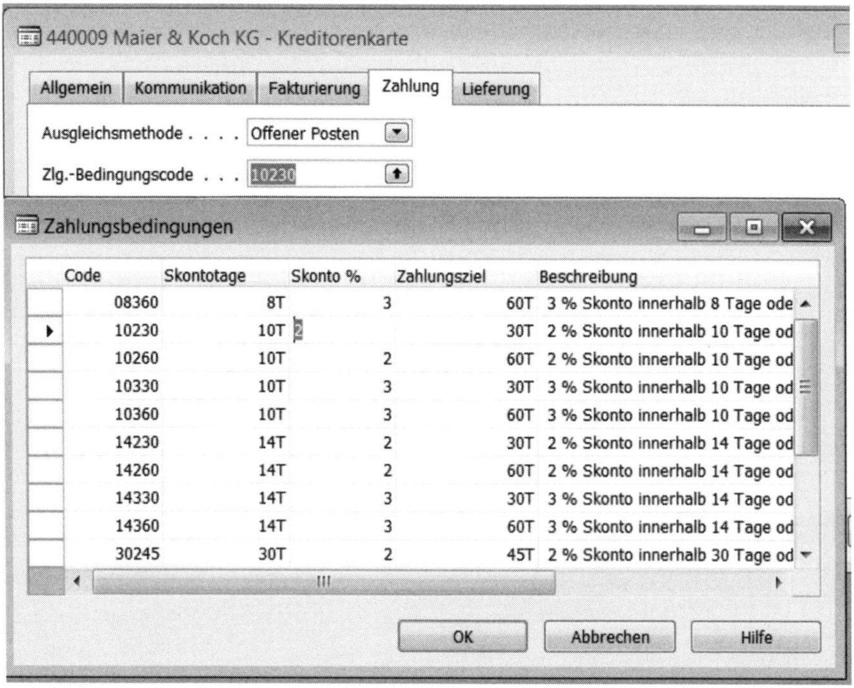

Kundenskontosatz: ?

Modul → Verkauf → Debitoren → 240006 Profisport AG suchen. → Registerkarte Zahlung → Zlg. Bedingungscode aufrufen. → Kundenskontosatz = 2 %

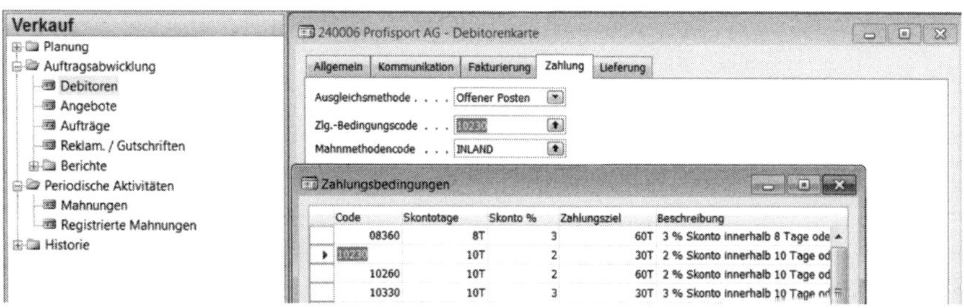

	Daten aus der IUS für Artikel 200013
Listeneinkaufspreis	60,00 EUR
Liefererskontosatz	2 %
Kundenskontosatz	2 %
Verkaufspreis	96,00 EUR
Verkaufspreis aus Kundenauftrag	83,50 EUR

Daten in Kalkulationsschema eingeben: Handlungskostenzuschlag lt. Aufgabenstellung 33 %

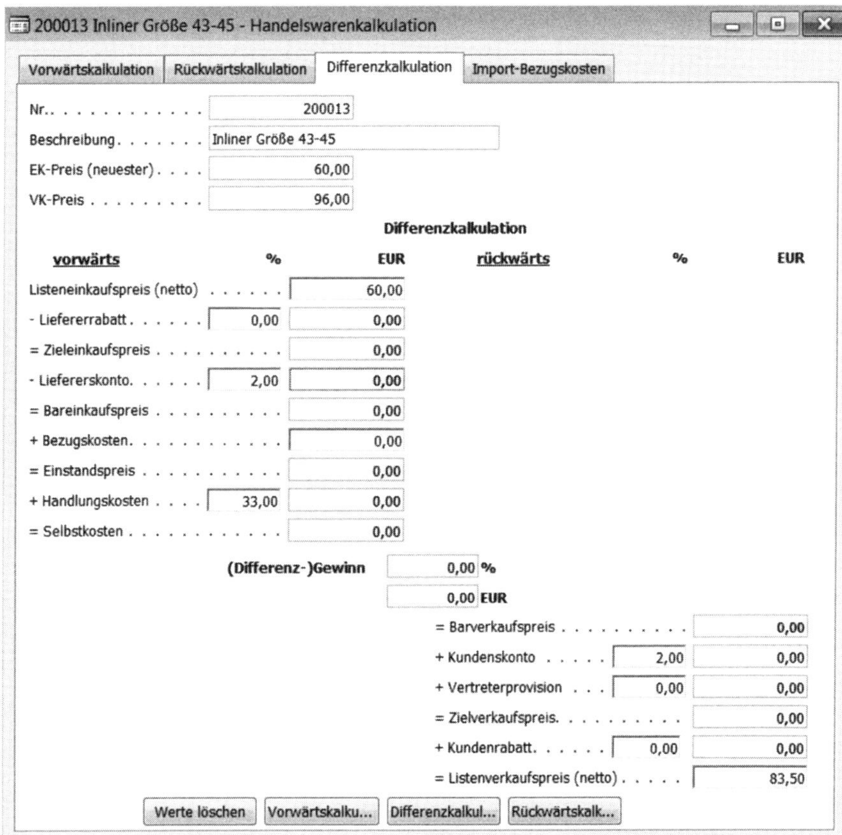

Vorwärtskalkulation und dann Rückwärtskalkulation durchführen.

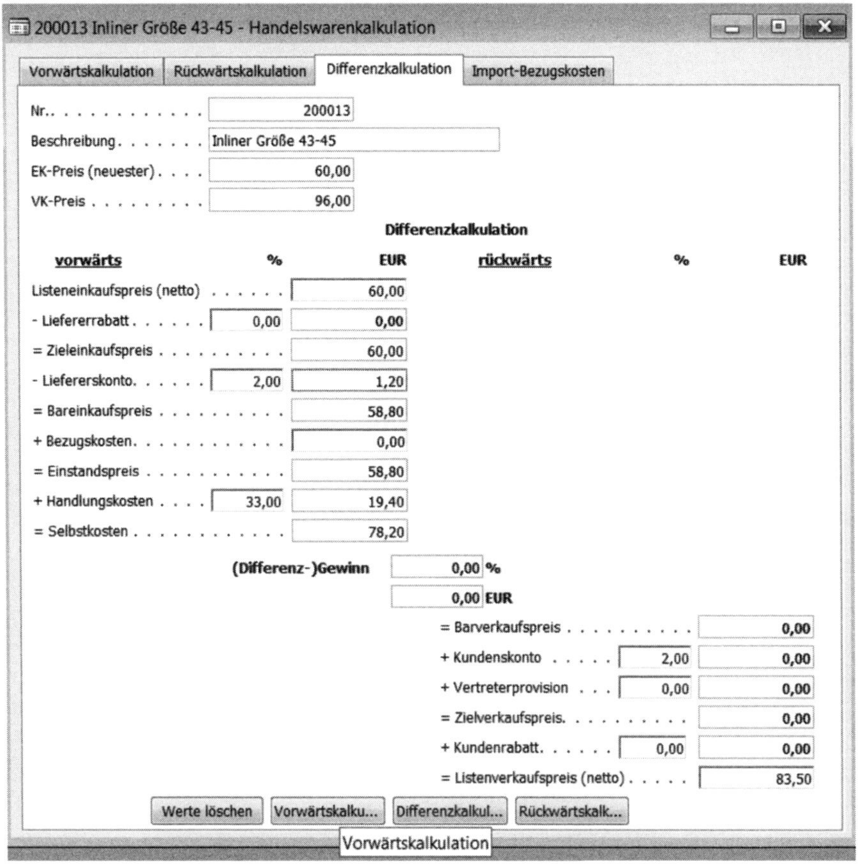

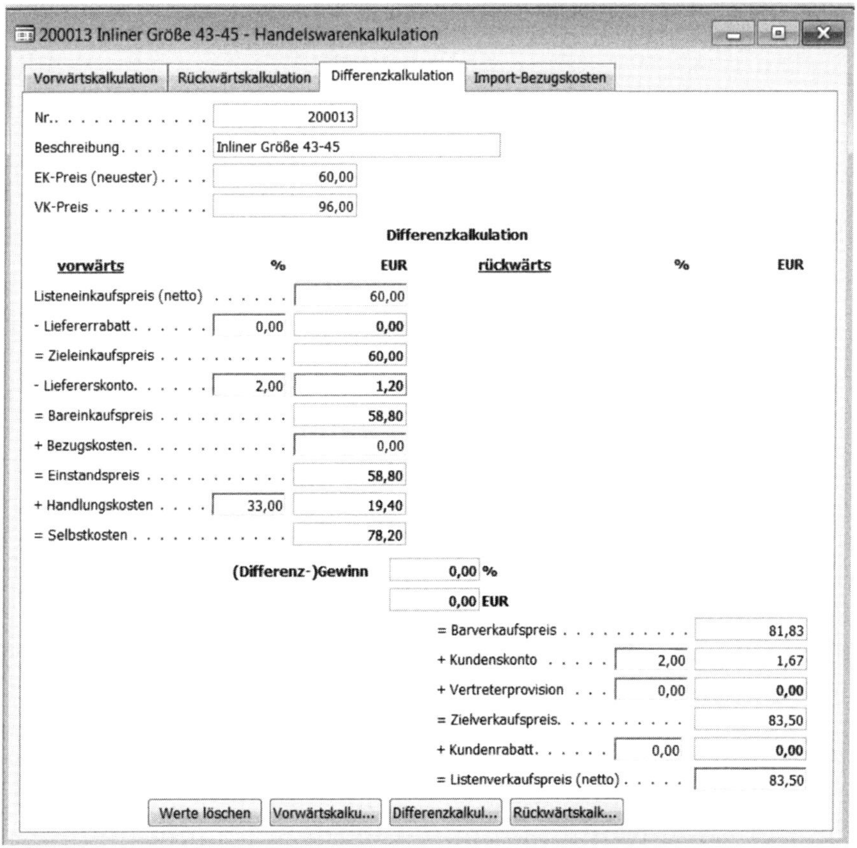

200013 Inliner Größe 43-45 - Handelswarenkalkulation

Vorwärtskalkulation | Rückwärtskalkulation | Differenzkalkulation | Import-Bezugskosten

Nr.: 200013
Beschreibung: Inliner Größe 43-45
EK-Preis (neuester): 60,00
VK-Preis: 96,00

Differenzkalkulation

vorwärts	%	EUR
Listeneinkaufspreis (netto)		60,00
- Liefererrabatt	0,00	0,00
= Zieleinkaufspreis		60,00
- Liefererskonto	2,00	1,20
= Bareinkaufspreis		58,80
+ Bezugskosten		0,00
= Einstandspreis		58,80
+ Handlungskosten	33,00	19,40
= Selbstkosten		78,20

(Differenz-)Gewinn: 0,00 % / 0,00 EUR

rückwärts	%	EUR
= Barverkaufspreis		81,83
+ Kundenskonto	2,00	1,67
+ Vertreterprovision	0,00	0,00
= Zielverkaufspreis		83,50
+ Kundenrabatt	0,00	0,00
= Listenverkaufspreis (netto)		83,50

Werte löschen | Vorwärtskalku... | Differenzkalkul... | Rückwärtskalk...

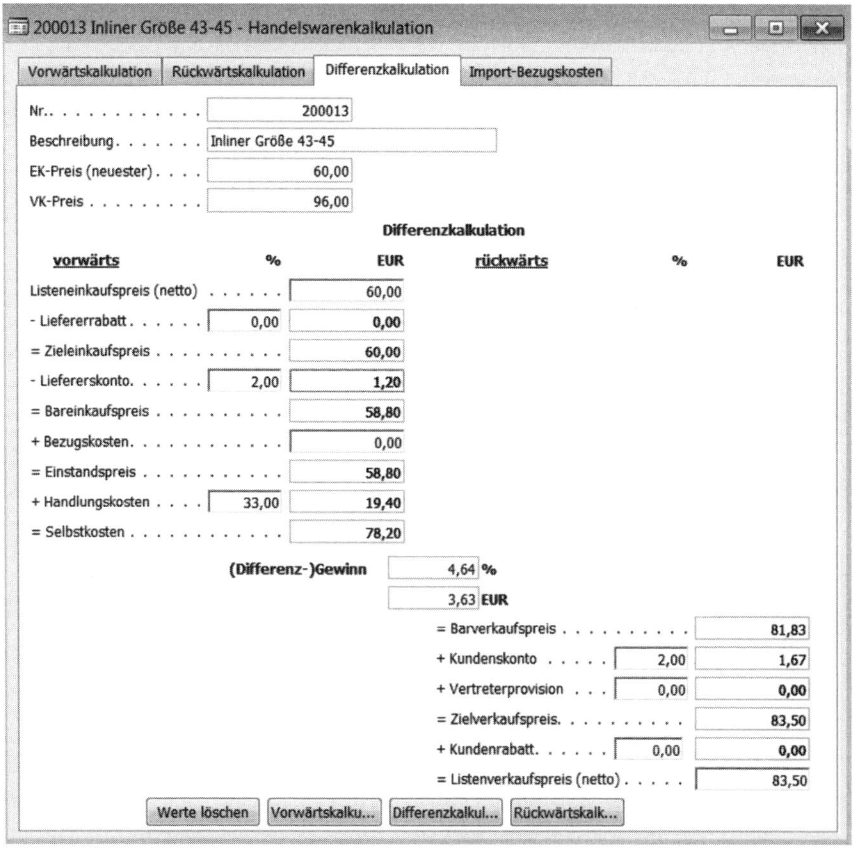

Stückgewinn = 3,63 EUR · 7 Stück (Auftragsmenge) = 25,41 EUR Auftragsgewinn

3.1.4

Umsatz lt. Rechnung	584,50 EUR
Auftragsgewinn lt. 3.1.3	25,41 EUR
Gewinnanteil am Umsatz in %	4,3
	= 25,41 · 100/584,50

3.2

3.2.1 Der Auftrag kann nicht ausgeführt werden, da der aktuelle Lagerbestand des Artikels = 0 ist; d. h., es muss erst neue Ware bestellt werden.

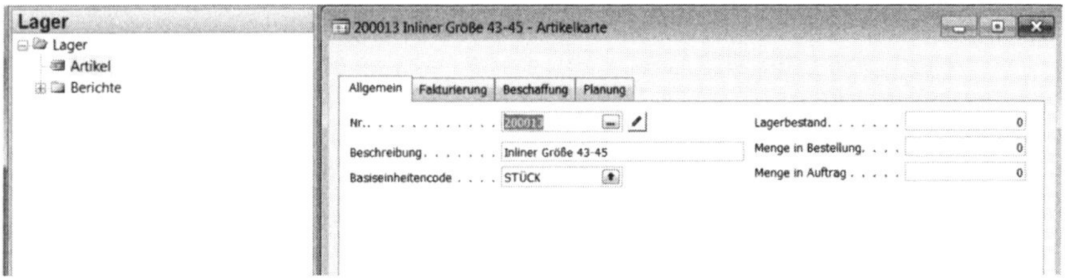

3.2.2 Laut Beleg 1 soll die Lieferung bis spätestens 09.06.2016 erfolgen. → Für die Lieferung stehen 9 Tage zur Verfügung.

Wie lang ist die Beschaffungszeit des Artikels?

Modul Lager → Artikel → 200013 → Registerkarte Beschaffung

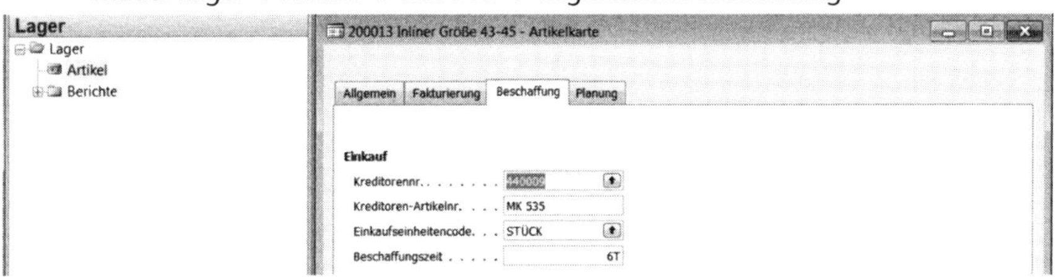

Beschaffungszeit + interne Bearbeitungszeit

6 Tage + 2 Tage = 8 Tage

Damit könnte die Ware am 08.06.2016 versandt werden. Unter der Voraussetzung, dass der Versand nur einen Tag dauert, wäre die Ware fristgerecht am 09.06.2016 beim Kunden.

3.2.3 Der Tippfehler auf Beleg 3 ist der Handlungskostenzuschlag; dieser lautet auf dem Beleg 35 %, in der Aufgabenstellung 3.2.3 wird der Handlungskostenzuschlag mit 33 % angegeben. Dieser Prozentsatz ist auch zu verwenden.
Modul Verkauf → Planung → Handelskalkulation → Registerkarte Differenzkalkulation → Artikel 200013 auswählen.

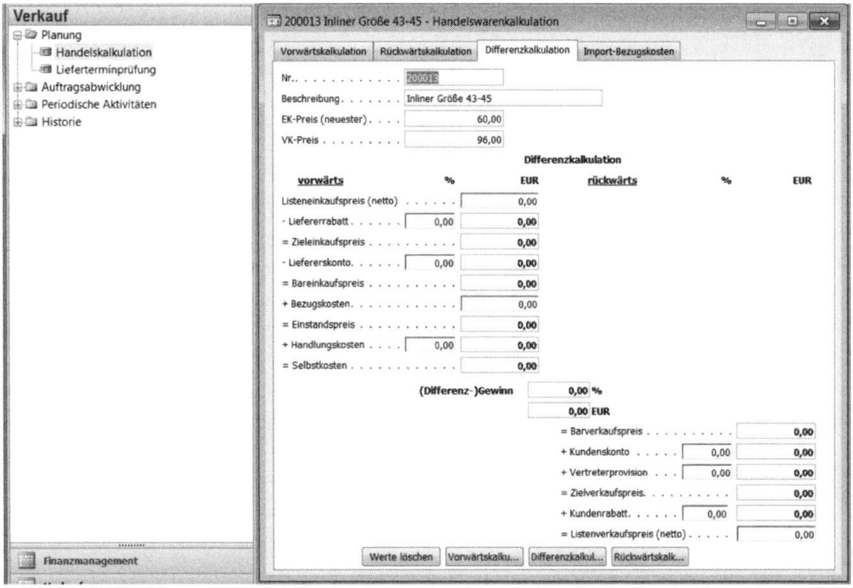

Die notwendigen Informationen aus den Aufgabedaten (3.2.3) und aus der Bestellung (Beleg 1) werden in das Planungsmodul Differenzkalkulation der IUS eingegeben.

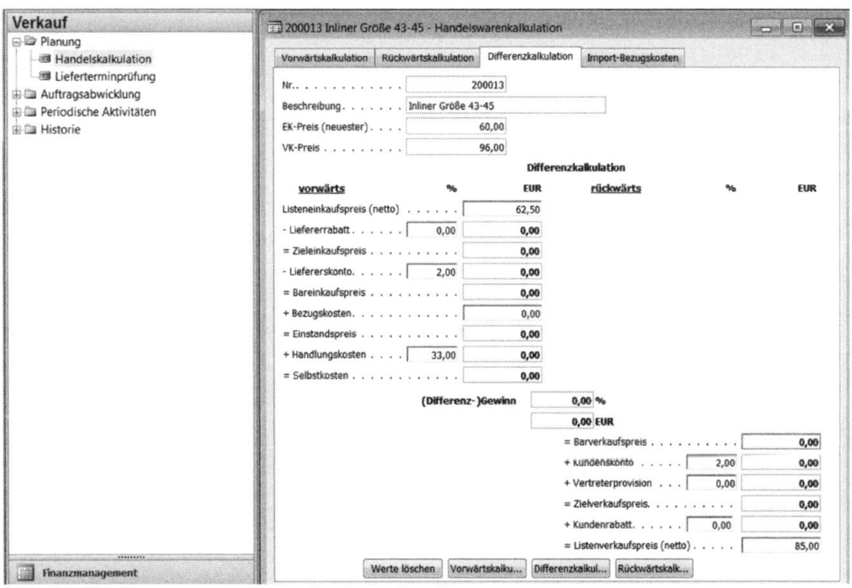

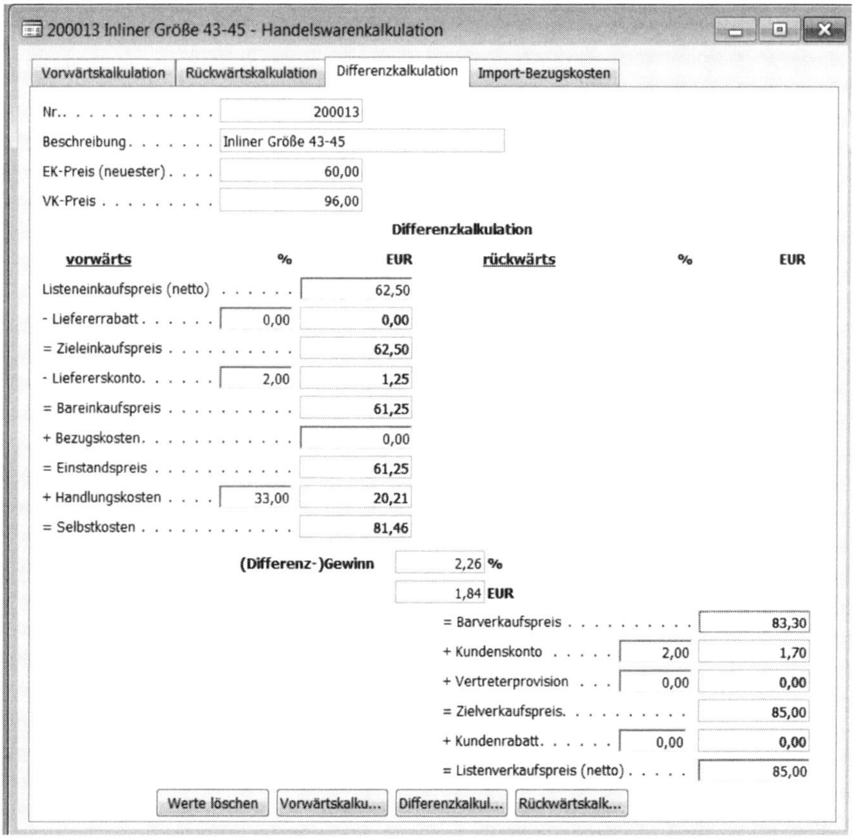

Stückgewinn: 1,84 EUR
Bestellmenge: 15 Stück lt. Beleg 1
Auftragsgewinn: 15 Stück · 1,84 EUR = 27,60 EUR

3.2.4 Listenverkaufspreis: 96,00 EUR
Zielverkaufspreis lt. Auftrag: 85,00 EUR
Rabatt in EUR: 96,00 EUR – 85,00 EUR = 11,00 EUR
Rabattsatz in %: 11 · 100/96 = 11,458 %

3.2.5 Modul Verkauf → Aufträge → Debitor Sportbörse auswählen.

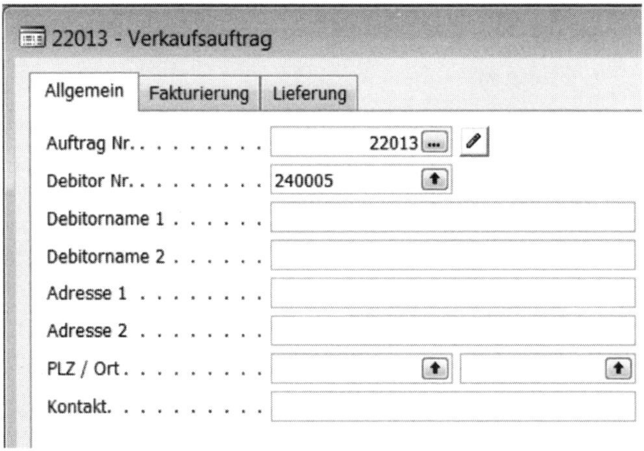

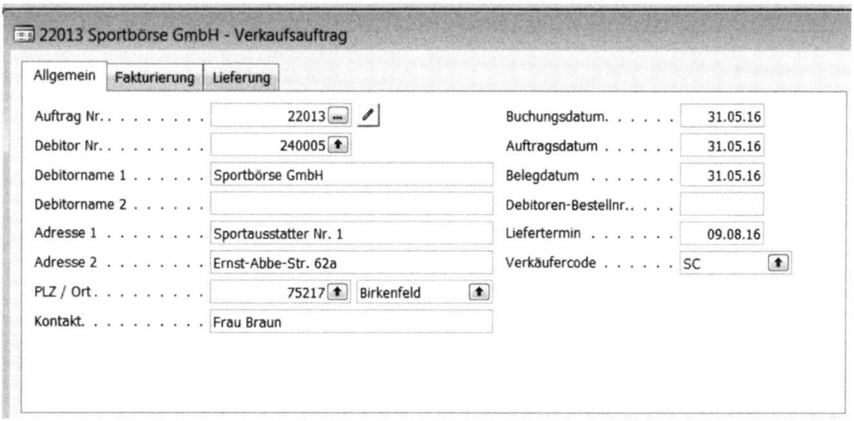

Artikel auswählen und entsprechende Informationen (Menge lt. Beleg 1 = 15 Stück; Rabattsatz lt. Aufgabe 3.2.4: 11,458 %) eingeben.

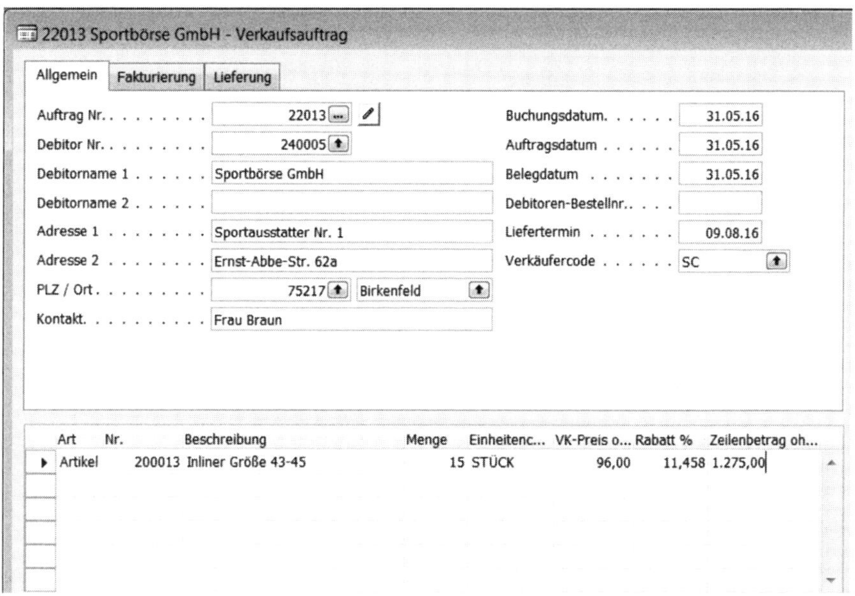

Drucken → Seitenansicht → Kontrolle des Belegs → Drucken

Limes Sport

LIMES Sport GmbH
Sportgroßhandel

LIMES Sport GmbH * Im Industriegebiet 11 * 70173 Stuttgart

Name:	Schüler
Telefon:	0711 2334-25
Telefax:	0711 2334-26
E-Mail:	service@limes-sport.de
Internet:	www.limes-sport.de

Sportbörse GmbH
Frau Braun
Sportausstatter Nr. 1
Ernst-Abbe-Str. 62a
75217 Birkenfeld

Baden-Württemberg Bank

IBAN:	DE97 6005 0000 0002 1000 11
BIC:	BAWUDEST
Kunden-Nr.:	240005
Bestell-Nr.:	
Datum:	31.05.2016

Auftragsbestätigung Nr. 22013

Sehr geehrte Damen und Herren,

wir bestätigen Ihren Auftrag über folgende Artikel:

Artikel-Nr.	Bezeichnung	Menge	Einheit	Preis	Rabatt %	MwSt. %	Betrag
200013	Inliner Größe 43–45	15	Stück	96,00	11,458	19	1.275,00

Netto-Betrag	**1.275,50**
19 % MwSt.	242,25
Brutto-Betrag	**1.517,25**

Zahlungsbedingungen:	2 % Skonto innerhalb 10 Tage oder 30 Tage Ziel
Lieferbedingung:	frei Haus
Liefertermin:	09.08.2016

Ihren Auftrag werden wir sorgfältig ausführen.

Mit freundlichen Grüßen

LIMES Sport GmbH

i. A. Schüler

Gerichtsstand:	Amtsgericht Stuttgart	Geschäftsleitung:	Finanzamt Stuttgart
Handelsregister:	HR-B 234	Herr Karl Schwarz	Steuer-Nr.: 53050/00954
Geschäftszeiten:	Mo–Fr 8:00–20:00 Sa 8:00–14:00 Uhr	Frau Michaela Maier	USt-IdNr.: DE456123789

3.3 Es gibt zwei Möglichkeiten des Vergleichs der zwei Aufträge: Stückgewinn oder Auftragsgewinn. → Je nachdem, welcher Erfolgsmaßstab zugrunde gelegt wird, ist Auftrag 1 oder Auftrag 2 erfolgreicher.

	Stückgewinn	Auftragsgewinn
Auftrag von Beleg 1	1,84 EUR (schlechter)	27,60 EUR (besser)
Auftrag von Beleg 2	3,63 EUR (besser)	25,41 EUR (schlechter)

3.4
- wegen der Dringlichkeit, damit die Ware sofort versandt werden kann
- wegen der Einfachheit, der Vorgang kann problemlos und zügig bearbeitet werden
- Die Ware ist auf Lager, bei Beleg 1 muss sie erst bestellt werden.

3.5

Reihenfolge	Belegname
1	Bedarfsmeldung
2	**Anfrage**
3	**Angebot**
4	**Bestellung**
5	**Auftragsbestätigung**
6	**Lieferschein**
7	**Eingangsrechnung**
8	**Kontoauszüge**

Wahlaufgabe 2

3.1.1 Attribut: Kennzeichen
Aufgabe: Ein Primärschlüssel identifiziert einen Datensatz (Tupel) eindeutig.

3.1.2 Attribute: Versicherungstarifgruppe und PersonalNr
Zweck: Tabellen werden mithilfe von Fremdschlüsseln verknüpft.

3.2.1 Abfrageentwurf:

Feld	Name	Vorname	AbteilungsNr
Tabelle	tabMitarbeiter	tabMitarbeiter	tabMitarbeiter
Kriterien			100

Ergebnisliste:

Name	Vorname	AbteilungsNr
König	Jürgen	100
Kolar	Pavel	100

3.2.2 Abfrageentwurf:

Feld	Name	AbteilungsNr	GehaltsgruppeNr
Tabelle	tabMitarbeiter	tabMitarbeiter	tabMitarbeiter
Kriterien		200	TG6

Ergebnisliste:

Name	AbteilungsNr	GehaltsgruppeNr
Steinhuber	200	TG6

3.2.3 Abfrageentwurf:

Feld	Kennzeichen	Kaufdatum
Tabelle	tabPKW	tabPKW
Kriterien		*2013

Ergebnisliste:

Kennzeichen	Kaufdatum
S-AA 345	12.12.2013

3.2.4 Abfrageentwurf:

Feld	Name	Modell
Tabelle	tabMitarbeiter	tabPKW
Kriterien		

Ergebnisliste:

Name	Modell
Günana	BMW Mini
König	Audi A4
Kolar	BMW X3
Wagner	VW Golf
Kienle	VW Golf
Mielnik	VW Golf

3.2.5 Abfrageentwurf:

Feld	Bezeichnung	Anschaffungskosten
Tabelle	tabAbteilungen	tabPKW
Funktion	Gruppierung	Mittelwert
Kriterien	Geschäftsleitung	

Ergebnisliste:

Bezeichnung	Mittelwert von Anschaffungskosten
Geschäftsleitung	49.055,00 EUR

3.2.6 Abfrageentwurf:

Feld	Jahresprämie 100 %
Tabelle	tabVersicherung
Funktion	Summe
Kriterien	

Ergebnisliste:

Summe von Jahresprämie 100 %
4.100,00 EUR

3.3.1 Schülerabhängige Lösung, z. B.
- preiswerter als herkömmliche Überweisung
- bequemer, direkt vom Schreibtisch aus
- Vielzahl von zusätzlichen Funktionen

3.3.2 Schülerabhängige Lösung, z. B.
- Antiviren- und Banksoftware sollten ständig aktualisiert werden, um neu auftretende Sicherheitslücken zu schließen.
- Geheimhaltung von PIN, TAN etc., damit Dritten der Zugang zu den Bankverbindungen erschwert wird
- auf sichere, verschlüsselte Internetverbindung achten, um Zugriff auf Datenübermittlung zu verhindern

3 Prüfungsaufgaben Englisch

Prüfungsaufgaben 2010: Alternative 1

Special wing takes pilot to new heights

1. Text-based tasks

1.1 Finish the sentences.
a) ... tried to fly across the Alps came from Switzerland.
b) ... will report about Yves Rossy because of this experiment.

1.2 Questions on the text
a) Rossy verwendete einen circa 2,40 m großen Flügel, der von vier kleinen Düsentriebwerken angetrieben wurde, und einen speziellen Schutzanzug.
b) Er sprang in circa 2.600 m aus einem Flugzeug, vollführte einen fünfminütigen Schauflug, indem er den umgeschnallten Flügel durch Körperbewegungen steuerte, und landete schließlich mit einem Fallschirm.
c) Sie mussten den Flügel und den Anzug bauen und Sponsoren finden für die Entwicklungskosten. Rossy brauchte fünf Jahre Training, um mit dem Flügel fliegen zu können.
d) Rossy ist ein ausgebildeter Pilot und macht Gleitschirmfliegen und Fallschirmspringen in seiner Freizeit.
e) Rossy plant, nach England zu fliegen und wenn das klappt, möchte er über den Grand Canyon fliegen.

1.3 Give your opinion.
Individual answers

2. Use of language

2.1 Asking questions
Were you afraid when you started on your first flight? Is your suit comfortable or rather uncomfortable? Are you proud of what you did? How do you feel when you are flying through the air? How does your family feel about your experiment? How do you feel about your popularity? Do a lot of people watch you when you take off or when you land? Do you enjoy newspaper reports about your flight?

2.2 Fill in the correct form of the verbs in brackets.
a) crashed, was hurt b) has seen c) will not forget/won't forget

2.3 Fill in the correct form of the words in brackets.
a) more dangerous than b) heavier c) one of the most famous

2.4 Fill in some, any or one of their compounds.
a) someone/somebody b) anything

2.5 Fill in a suitable pronoun.
a) who b) which

2.6 Work with the dictionary.
a) Mein Freund wurde zu einer Wohltätigkeitsveranstaltung eingeladen.
b) Mein Freund hat unsere Party vermasselt.
c) I can't buy a ticket. I'm hard up.
d) The government should spend more money on charity.

3. **Creative writing**
   Individual answers

4. **Managing situations**
   a) I come from the south of Germany/southern Germany. We are 25 pupils/students and two teachers from a vocational college.
   b) Yes, we got up very early, spent 8 hours on the bus/coach to Dunkerque, then we took the ferry to Dover and then again a bus/coach to Bristol.
   c) Not really. I had two hours sleep/slept (for) two hours on the bus from Dover to Bristol.
   d) We're staying (going to stay) in Bristol for four days, and then we're staying (going to stay) in London for two days.
   e) Well, the bedrooms are a bit small, but it's (good) fun to share a room with your (class) mates.
   f) We are going to see/to look at some sights/to do some sightseeing in the morning and (in the afternoon) relax/chill out in the park in the afternoon.
   g) I'm not sure. We're visiting (going to visit) Clifton Suspension Bridge on Wednesday.
   h) Are there any pubs or bars/clubs around here/near here, maybe with live music?
   i) Oh yes! I'd love to. Would you mind if I bring three friends from my class?
   j) See you then/Bye for now. I'm looking forward to (seeing you) tonight/this evening.

5. **Mediation Englisch – Deutsch**

   Checkliste für den Inhalt
   - Millionen von Bloggern weltweit, vier Millionen allein im Vereinigten Königreich
   - Mehrzahl der Blogger ist weiblich, in allen Altersklassen wird gebloggt
   - unterschiedliche Nutzung der Blogs; Mitteilungen über Hobbys und Interessen, um andere auf dem Laufenden zu halten
   - beliebte Blogs, Tausende von Besuchern, Nutzung als Informationsquellen
   - können Fotos, Videos und Hördateien enthalten
   - berühmtes Onlinetagebuch des Briten Paul Staines: schreibt politische Klatschgeschichten
   - Clevere Politiker nutzen Blogging zum Kontakthalten mit Wählern.
   - Blogging als Kommunikationsmittel, auch Nichtjournalisten können Meinungen und Informationen publizieren
   - 2004: Blogs mit Videos über die Zerstörung durch den Tsunami von asiatischen Bloggern
   - Blogging-Anbieter vereinfachen das Bloggen/geringe technische Hilfsmittel nötig

Prüfungsaufgaben 2010: Alternative 2

Youth gangs shock Britain

1. **Text-based tasks**

1.1 **Finish the sentences.**
   a) ... he was shot by a teenager.
   b) ... they have problems with gangs and violence among teenagers.

1.2 Questions on the text

a) Viele Jugendliche haben kein richtiges Zuhause, erleben Missbrauch und Gewalt. Die mangelnde Unterstützung durch die Eltern wird durch ein Zugehörigkeitsgefühl zu einer Gang, von der man auch Schutz und Respekt bekommt, kompensiert.
b) Sie werden vielleicht von anderen Gangmitgliedern angegriffen.
c) Bessere Bildung, Unterstützung für Familien und Bekämpfung der Armut, aber auch härtere, abschreckende Strafen für kleinere Delikte könnten eine Lösung sein.

1.3 Give your opinion.

Individual answers

2. Use of language

2.1 Asking questions

Why did you become a gang member? What was the worst experience you had with your gang? Have you ever committed a crime? Don't you think it's dangerous to be a member of a youth gang? How did you feel as a member of a gang? Have you ever felt sorry for a person that you attacked?

2.2 Fill in the correct form of the verbs in brackets.

a) were b) have died c) was shot d) wouldn't look

2.3 Fill in the correct form of the words.

a) more easily b) as bad as c) one of the strictest

2.4 Fill in a suitable pronoun.

a) who, their b) themselves/each other

2.5 Fill in some, any or one of their compounds.

anybody

2.6 Work with the dictionary.

a) Als er das Blut sah, fiel er in Ohnmacht.
b) Das Parlament verabschiedete ein Gesetz gegen das Rauchen in Kneipen.
c) The lady/woman lost her life yesterday.
d) I can't think who this man is.

3. Creative writing

Individual answers

4. Managing situations

a) Hello, (to) Heathrow Airport please. How long will it take to get there at this time of the day?
b) It's about 15 minutes if there is not too much traffic.
c) Did you have a good time in London and what did you do?
d) Yes, it was great and we did a lot. We went shopping, we saw a musical and we visited Westminster.
e) We met a nice Australian in a bar downtown/in the city centre yesterday. We all went on a boat trip yesterday.
f) That's great! I've been living in London for twenty years and I've never seen the city from the Thames.

g) We hope to come back again soon because there's a lot we haven't seen yet.
h) When does your plane take off and which terminal do you have to go (to)?
i) It takes off/will take off at half past eleven at/from Terminal 3.
j) Terminal 3 is right over there. Goodbye and have a good/pleasant flight.

5. Mediation Englisch – Deutsch

Checkliste für den Inhalt
Änderungen bei der Haustierhaltung:
- mehr Reptilien (8 Mio.) als Hunde (6,5 Mio.) in GB
- Haltung von Reptilien leichter, da ...
- geänderte Lebensgewohnheiten (Berufstätigkeit beider Eltern, Ganztagesschule für Kinder)
- geringerer Zeitaufwand als bei Hunden, da Spielen, Ausführen etc. entfällt
- Hunde- und Katzenhaltung schwierig bei beengtem Wohnraum in Städten

Regeln für Pflege:
- richtige Ernährung (Obst, Gemüse, Lebendfutter)
- geeigneter Lebensraum (ausreichend Licht und Wärme)

Sorgen der RSPCA:
- mangelnde Pflege der Haustiere
- Aussetzen der Tiere, wenn zu groß oder langweilig
- Tiere nur Statussymbol

Prüfungsaufgaben 2011: Alternative 1

The reality of being a teenage mum

1. Text-based tasks

1.1 Finishing sentences

a) ... because there are more teenage pregnancies than anywhere else in Europe.
... because the number of teenage mothers is higher than in any other European country.
b) ... a lot of girls who think that it's better to have a child than to work for little money in bad jobs.

1.2 Questions on the text

a) Es ist für junge Mütter oft schwierig, die Schule zu besuchen und einen Schulabschluss zu bekommen.
b) Die Mädchen kommen schon vor der Geburt an die Schule und setzen schon zwei Wochen nach der Geburt ihre Schulausbildung fort. Bei der Schule gibt es eine Kinderkrippe. Nach drei Monaten kehren sie an ihre alte Schule zurück.
c) Gemma, Zoes eineiige Zwillingsschwester, half ihr, ihre Schwangerschaft bis zwei Wochen vor der Geburt zu verbergen.
d) Im Urlaub konnte Zoe ihre Schwangerschaft nicht länger unter weiter Kleidung verbergen.

1.3 Give your opinion.
Individual answers

2. Use of language

2.1 Asking questions

How did you feel when you first came home with the baby? Do you often have to get up at night? Who gets up when the baby cries at night? Are you very tired in the mornings then? How often do you take your baby for a walk? What is the biggest problem for you and your boyfriend?

2.2 Fill in the correct form of the verbs in brackets.

was – will celebrate – broke up – sees – would spend

2.3 Find a proper translation for the words in brackets.

a) more difficult than b) not as easy as/not so easy as

2.4 Fill in some, any or one of their compounds.

a) any b) anybody/anyone

2.5 Work with the dictionary.

a) Gute Freunde sollten sich umeinander kümmern.
b) Sag ihm nicht, was er tun soll. Es ist seine eigene Sache.
c) The band got the party going.
d) The band played with great enthusiasm.

3. Creative writing

Individual answers

4. Managing situations

1) Hotel reservation
   a) Have you got/Do you have a room for a family of four? Can we get a family room for four (people)? How much is it? How much does it cost?
   b) What time do you serve breakfast?/When can we get breakfast? Can we have cooked/English breakfast with ham and eggs?
   c) Can we change money at your hotel and can I also pay by credit card? Do you accept credit cards?
   d) Is the hotel very far from the city centre? Is it a very long way to the city centre and is there an underground station nearby/near here?
2) This is my first stay in England and I'm looking forward to visiting/seeing London.
3) How long have you lived/have you been living in Britain and do you still have any relatives in India?
4) First I would like/want to do an apprenticeship/a traineeship/training and then I will perhaps do some volunteer work/work as a volunteer abroad I in a foreign country.
5) What's your mobile phone/cell phone number? I'd like to call you/give you a ring tomorrow.
6) I'd like (to have)/could I have a large portion of chips/French fries, a small coke, a mixed salad and an ice-cream, please?
7) I've been/I was on a great/supe awesome sightseeing tour by bus/bus tour of the city and I've taken/took lots of photos.

5. **Mediation Englisch – Deutsch**

Checkliste für den Inhalt:

Wirtschaftliche Bedeutung von Amazon
- weltweit größtes Interneteinkaufszentrum
- Umsatzsteigerung um 20 % im letzten Jahr
- gefährlicher Konkurrent großer Supermärkte

Gründe für den Erfolg von Internetkaufhäusern
- gutes Preis-Leistungs-Verhältnis, günstige Preise
- weltweiter Verkauf, keine Mietkosten
- wenig Risiko, da Kundenwünsche bekannt sind
- massenhafte Vorbestellungen ermöglichen bessere Rabatte bei den Herstellern; diese werden an die Kunden weitergegeben
- großes (konkurrenzloses) Produktangebot
- Sofortlieferungen innerhalb eines Tages möglich

Negative Seiten von Amazon
- ständiger Zeitdruck für Arbeitnehmer
- körperliche Arbeitsbelastung, lange Arbeitszeiten
- Billiglöhne, Ausbeutung

Prüfungsaufgaben 2011: Alternative 2

Six hours a day in front of a screen

1. Text-based tasks

1.1 Finishing sentences

a) ... every child is alone in his/her room in front of a computer or TV screen.
... the children sit in front of a computer or TV screen.
... the children do not spend the evening together but sit in their rooms in front of a computer, TV, DVD-player.

b) ... don't play an important role in young people's lives.
... don't attract young people as much as they did in the past.
... aren't as interesting for young people as they were in the past.

1.2 Questions on the text

a) Nona und ihre Brüder nutzen alle zwei Medien gleichzeitig: Nona surft im Internet und schaut fern. Ian recherchiert im Internet und chattet mit Freunden. Owen schaut Videoclips und einen Actionfilm.

b) Viele junge Leute benutzen den ganzen Tag verschiedene Medien: Fernsehen beim Frühstück, Musik hören über MP3-Player auf dem Schulweg, Computerspiele, Surfen im Internet, Videos anschauen am Nachmittag und schlafen schließlich mit der Spielekonsole ein.

c) Sie hoffen, dass ihre Kinder das Internet für die Hausaufgaben nutzen.

1.3 Give your opinion

Individual answers

2. Use of language

2.1 Asking questions

How often do you use your computer? How many hours a day do you spend in front of a screen? Which is your favourite computer game? Have you ever tried to find your friends on the Internet? What websites do you like most? Do you often visit chatrooms? Is it expensive to watch films on the Internet? Can you use computers at school? What kind of online games do you play?

2.2 Fill in the correct form of the verbs.

a) didn't have b) have been c) be found d) would/could work

2.3 Find a proper translation for the words in brackets.

a) faster than b) less important

2.4 Find a suitable pronoun.

a) their b) who/that

2.5 Fill in some, any or one of their compounds.

a) somewhere/somehow b) anybody/anyone

2.6 Fill in the correct preposition.

a) in b) about

2.7 Work with the dictionary.

a) Meine Freunde eröffnen/eröffneten/haben eröffnet ein Computergeschäft in London.
b) Es ist Zeit, mit dem Unterricht zu beginnen. Ruhe bitte!
c) Next week we have/are having/will have a day off.
d) Our company has a vacancy.

3. Creative writing

Individual answers

4. Managing situations

a) What was your journey like? Are you very tired?
b) Have you been to Germany before and do you learn German at school?
c) Could you speak a bit more slowly, please? My English isn't perfect.
d) School starts at 8 o'clock on Monday morning. We've got six lessons/periods. School lasts till 1 o'clock.
e) What would you like for breakfast and do you know typical German food? Have you ever had typical German food?
f) I usually get to school by bus, but next week my father is going to take us by car/drive us to school.
g) What about meeting some of my friends tomorrow and going on a sightseeing tour? Would you like to meet … ?
h) What do you usually do in your free time and are there many activities to do/ and is there much to do in your hometown?
i) What kind of films do you like? Who are your favourite actors?
j) Let's go to the cinema on Friday night. Afterwards we could go for a drink/we could have a drink together/we could go to a pub.

5. Mediation Englisch – Deutsch

Checkliste für den Inhalt:

Hintergründe für den Titel
- als Motorradfahrer an Wettervorhersage im Radio interessiert
- Glatteis ist gefährlich und nicht sichtbar/geheimnisvoll.

Kritik am Stil
- immer ähnlich klingende Lieder

Reaktion des Sängers
- Band will nur spielen, was sie beherrscht.
- kein Interesse, den ständig wechselnden Musikgeschmack der Menschen zu bedienen/nur treue Fans wichtig

Onlinedownloads, Best-of-Alben
- kein Interesse/Leute sollen echte CDs kaufen.
- Best-of-Alben nur Geldmacherei/nicht nötig, solange Band noch im Geschäft

Welttournee
- wird auch dieses Jahr etwas Besonderes/mit Spannung zu erwarten

Texte und Melodien
- Hauptarbeit bei Texten und Melodie durch Gitarristen der Band
- Johnson hilft lediglich aus beim Komponieren und Texten.

Prüfungsaufgaben 2012

Teil I: Leseverstehen

Text 1: Log In to Online Learning

1. a) Falsch. Ihre Mutter hilft ihr manchmal.
   b) Falsch. Sie hat auch tagsüber Kontakt zu ihren Klassenkameraden über Chatrooms und SMS.
   c) Richtig. Vor 5 Jahren gab es in den USA nur in wenigen Staaten Onlineschulen/Internetschulen, jetzt in 27.
   d) Falsch. Normale Unterrichtsformen wird es weiterhin geben, auch wenn Onlinelernen zunehmen wird.
   e) Richtig. Deshalb muss jeder selbst für sich entscheiden, ob die Onlineschule/Internetschule das Richtige ist.

2. a) Befürworter:
   - kein Schulweg
   - flexible Lernzeiten
   - eigenes Lerntempo
   - Kontakt zu Lehrern immer möglich

   b) Kritiker:
   - fehlender direkter Umgang mit anderen
   - mangelnde Erfahrung mit Gruppenarbeit
   - verzögerte Beantwortung von Fragen durch Lehrer

Text 2: Sport cuts crime

1. • Peer pressure bedeutet Gruppendruck, d. h., man macht oft etwas Dummes, weil es die Freunde tun.
   • Besonders junge Menschen sind davon beeinflusst.
   • Peer pressure führt zu vielen der heutigen Probleme, wie z. B. Drogenkonsum und Kriminalität.

2. • Einführung einer Fußballliga für Jugendliche in einem armen Stadtviertel Bristols durch zwei Polizisten.
   • Grundgedanke: Fußballergebnisse stehen in Zusammenhang mit allgemeinem Verhalten der Jugendlichen.
   • Vergabe von Strafpunkten für Fehlverhalten:
   Punktesystem. 10 Punkte bei Sieg und 5 bei einem Unentschieden,
   Punktabzug je nach Fehlverhalten der Spieler im Alltag, z. B. Festnahme durch die Polizei 10 Punkte, Vandalismus wie z. B. Graffiti 5 Punkte, kleinere kriminelle Handlungen 3 Punkte,
   Punktabzug auch bei schlechtem Verhalten während eines Spiels.

3. • drastischer Rückgang von Kriminalität und Vandalismus in diesem Viertel (20 %)
   • keinerlei Festnahmen bei den Projektteilnehmern
   • gegenseitige Ermutigung zu sozialem Verhalten bei den Jugendlichen
   • Vermeidung von Problemen durch alle beteiligten Jugendlichen
   • Interesse am Projekt bereits in anderen Regionen Großbritanniens
   • ähnliche Projekte in anderen Städten geplant

Teil II: Sprache und Kommunikation

1. Sprachliche Mittel im Kontext

1) • You shouldn't phone while/when you're driving./You shouldn't phone and drive.
   • You needn't/don't have to pay here for parking./You can park here without paying/for free.
   • You mustn't use your camera./You are not allowed to use your camera/to take pictures.
   /Cameras are not allowed./Taking pictures is not allowed./It's not allowed to take pictures.
   • You can/may cross the street now/go/walk now./You don't have to wait here.

2) • The Tokita 3500 is the cheapest mobile phone of the three. The Tokita 3500 is cheaper than the two other phones. The Berry u-phone is the most expensive phone.
   • The Berry u-phone is more difficult/more complicated to use/to handle than the Tokita 3500.The Sumata Milkyway is the most difficult phone to use. Handling/Using the Tokita 3500 is easier than handling/using the other two phones.
   • The Tokita 3500 is as light as the Berry u-phone. The Sumata Milkyway is heavier than the two other phones. The Sumata Milkyway is not as light as the other two.

3) • She wrote her first songs when she was fourteen/at the age of fourteen.
   • She was treated because she had alcohol problems.
   • She had to cancel a lot of concerts.
   • Her music will always be popular.
   • Some people are writing a book about Amy Winehouse.

4) • How much money did Amy get for one concert?

2. Managing Situations

1) Excuse me, we would like to take part in/go on the whale-watching-tour. We need some more information about it.
2) When and where does the tour start?
3) Die Tour beginnt morgens um Viertel nach sieben. Wir werden vor dem Hotel mit einem Bus abgeholt.
4) That's very early. Can we have breakfast in the hotel before we leave?
5) Das ist kein Problem. Frühstück gibt es ab halb sieben.
6) Do we need any special equipment or clothes?
7) Wir sollten Sonnenschutz, also Sonnenbrille, Sonnencreme und einen Hut mitnehmen.
8) Is a family ticket cheaper than three single tickets? And is lunch included?
9) Diese Woche gibt es ein Sonderangebot für die Hotelgäste: 280,00 USD für drei Personen mit Mittagessen und alkoholfreien Getränken.
10) That sounds great, so we'd like to book the tour for tomorrow. We are looking forward to it.

Teil III: Schreiben

Individuelle Lösungen

Prüfungsaufgaben 2013

Teil I: Leseverstehen

Text 1: What about working for Google?

1. Entscheiden Sie, ob die vorliegenden Aussagen zum Text richtig oder falsch sind. Begründen Sie Ihre Entscheidung auf Deutsch in ganzen Sätzen.

1) Falsch, da sich die Zahl der Angestellten in den letzten drei Jahren jährlich verdoppelt hat.
2) Falsch, die Firma wird weiterhin in Bezug auf die Zahl der Angestellten wachsen.
3) Richtig, denn Google stellt wöchentlich etwa 100 neue Leute ein.
4) Falsch, denn man wird bis zu sechsmal zum Vorstellungsgespräch eingeladen. Es dauert zwei Monate, bevor eine Entscheidung getroffen wird.
5) Falsch, Noten und Abschlüsse sind weiterhin Auswahlkriterien, aber nicht die einzigen.
6) Falsch, denn Google hat bereits einen Onlinefragebogen entwickelt.

2. Beantworten Sie folgende Frage <u>auf Deutsch</u> in ganzen Sätzen.

What are the four advantages that employees have when they work for Google? List them.

1) Man kann für eine Firma arbeiten, die ein weltweit bekanntes/eingesetztes Produkt verkauft.
2) Angestellte können firmeneigene Ärzte aufsuchen.
3) Die Firma ist familienfreundlich, denn es gibt eine Krippe/Kita für die Kinder der Mitarbeiter.
4) Für Eltern von Neugeborenen gibt es vier Wochen lang die Möglichkeit, bis zu 500,00 USD für Mahlzeiten, die man mitnehmen kann, zu erhalten.

Text 2: Mediation

- Vater Stahlarbeiter, Mutter Putzfrau
- Hat schon mit fünf Jahren angefangen, im Verein Fußball zu spielen.
- Im Alter von elf Jahren wurden Wachstumsstörung festgestellt.
- Kam mit 13 nach Europa, weil Barcelonas Fußballverein bereit war, seine medizinische Behandlung zu bezahlen und ihn in seine Jugendmannschaft aufzunehmen.
- Hatte Heimweh, war schüchtern, ruhig und schweigsam, rasche Entwicklung zum herausragenden Fußballer (mit 16 erstes Spiel in der 1. Mannschaft).
- Trainer versuchte ihn zu schonen, Mannschaftskameraden bewunderten ihn für seine Schnelligkeit.
- Pele hält sich selbst für besser als Messi, weil Messi noch keinen Weltmeistertitel errungen und noch nicht so viele Tore wie er selbst geschossen hat.

Teil II: Sprache und Kommunikation

1. Sprachliche Mittel im Kontext

1) **Schreiben Sie, was die Leute früher tun mussten, was Sie jetzt nicht tun dürfen und was in der Zukunft möglich sein wird.**
   - They had to walk a lot.
   - They aren't allowed to/mustn't smoke in public buildings.
   - People/You will be able to travel to the moon.
2) **Finden Sie Antworten auf folgende Fragen. Beginnen Sie beide Antworten mit „If ...".**
   - If I lose my mobile/cell phone, I will be very unhappy;
     If I lost my mobile/cell phone, I would be very unhappy.
   - If I had seen the accident, I would have called the police/taken a picture etc.
3) **Fragen Sie einen Klassenkameraden, ...**
   - Have you received/got your driving/driver's licence yet?
   - How many sports clubs are there in your town?
4) **Vergleichen Sie die unten abgebildeten Sportarten, Mahlzeiten, Personen. Schreiben Sie drei Sätze und verwenden Sie dabei unterschiedliche Satzformen und unterschiedliche Adjektive oder Adverbien.**
   - Surfing is more dangerous than jogging/less/more interesting than
   - Eating vegetables (and/or fruit) is not as unhealthy as fast food/Eating fast food makes fatter than...
   - Justin Bieber is not as sportive as Dirk Nowitzki and Sebastian Vettel./Vettel and Nowitzki are wealthier than Justin Bieber/have earned more money than .../is less famous than ...

2. Managing Situations/Eine Unterhaltung führen

Korrektur nicht pro Satz, sondern ganzheitlich entsprechend der Deskriptorentabelle

1) I'm .../And my name is ... Nice to meet you.
2) Yes, it is. I'm so excited/It's so exciting! I've always dreamed of flying/going to America.
3) No, I won't travel a lot. I'm meeting/will meet/am going to meet my cousins. They moved to Chicago two years ago. My uncle is working/works for an American car company there.
4) Well, for about seven years. In Germany everybody has to learn a foreign language at school, (you know,) and normally it's English.
5) Yes, I'm in my second year at a vocational school and will take my exam in a couple of weeks.
   That's why/Therefore a vacation in America gives me a good chance to improve my English. Do you live in the US?
6) I've never been to New York, but of course, I've already seen a lot of pictures. I would love to walk along 5th Avenue or go jogging in Central Park.
7) Oh, (that's) great! I'll do that/I will certainly do that. Well, I'm getting hungry/I'm very hungry now, I hope we'll get something to eat soon. I got up very early this morning and didn't have much time for breakfast.
8) Yes, great, thank you very much/Thanks a lot. What about watching a film together before lunch?

Teil III: Schreiben

Individuelle Lösungen
Keywords

1)
   - Where I went and what I did
   - First impressions/difficulties
   - What I liked/didn't like
   - What I learnt
   - Would I recommend it?
2)
   - Description of the picture
   - What happened before the picture was taken?
   - What will happen next?
   - Why do the people in the picture act in the way they do?
   - Happy ending?

Prüfungsaufgaben 2014

Teil I: Leseverstehen

Text 1: Malala Yousafzai – youngest candidate for the Nobel Peace Prize ever

1. Entscheiden Sie ...

1) Falsch. Sie kämpfte für das Recht der Mädchen, in die Schule gehen zu dürfen.
2) Falsch. Der Anschlag auf sie erzeugte nicht nur in Pakistan, sondern überall auf der Welt Protest.

3) Falsch. Sie lebt heute noch in Birmingham/England und möchte gern nach Pakistan zurück.

4) Richtig. Im Islam sind Töten und Verletzen von Menschen verboten.

5) Falsch. Sie möchte Schulbildung für alle verpflichtend machen. Oder: Sie will, dass alle zur Schule gehen. Oder: Alle Kinder sollen/sollten zur Schule gehen. Oder: Alle Kinder werden zur Schule gehen.

6) Richtig. Lesen und Schreiben/Bücher und Stifte, also Bildung, sind die mächtigsten Waffen zur Veränderung der Welt.

Oder: ... können die Welt verändern.

Oder: ... können dazu führen, dass die Menschen in Pakistan frei sein werden, ihre Rechte wahrnehmen können und in Frieden leben.

7) Richtig. Malala lehnt den Einsatz von Waffen ab und hätte niemals auf einen Menschen geschossen. Oder: Sie hat gelernt zu vergeben und friedlich miteinander umzugehen.

8) Richtig. Sie hat den Sacharow Preis (Sakharov Prize) der EU und den Friedenspreis für Kinder (Children's Peace Prize) erhalten.

2. Beantworten Sie ...

Nennung von vier der folgenden Werte:
Freiheit, Gewaltlosigkeit, Frieden, Bildung, Vergebung, Dialogfähigkeit, Menschenrechte, Gleichberechtigung, Gleichheit, Gerechtigkeit.

Text 2: Mediation

Maßnahme:

Verbot von zuckerhaltigen XXL-Limonadengetränken mit mehr als 0,5 l Inhalt (in Restaurants und Kinos durch die Gesundheitsbehörde) der Stadt New York.

Begründung:
- zuckerhaltige Getränke als Ursache für Fettleibigkeit
- Fettleibigkeit eines der größten Gesundheitsprobleme der USA
- Folgekrankheiten Diabetes und Herzkrankheiten
- Anteil von 10 % der Gesamtausgaben im Gesundheitswesen

Gegenposition:
- Ursache der Fettleibigkeit nicht nur XXL-Getränke, sondern vielfältige Gründe
- Die Gesamtkalorienaufnahme zählt.
- (Limonadenumsatz zwischen 1999 und 2010 gefallen, während Amerikaner übergewichtiger wurden.)
- Verbot als alleinige Maßnahme ungeeignet

- Veränderung nur durch Kombination aus Information, Änderung der Essgewohnheiten und Sport/Diät und Bewegung möglich
- Entmündigung der Verbraucher/Einschränkung der Entscheidungsfreiheit. Es sollte den Leuten selbst überlassen bleiben, was sie kaufen.
- Smoothies und Milkshakes noch kalorienreicher

Teil II: Sprache und Kommunikation

1. Sprachliche Mittel im Kontext

1) Schreiben Sie ...

Travelling by car is as expensive as travelling by train.
A car is more comfortable than a bike.
Trains are less environmentally friendly than bikes.
Travelling by bike is the most environmentally friendly/eco-friendly means of transport.
Travelling by bike is less comfortable/convenient than travelling by train/car.
Travelling by bike takes the longest time.

2) Schreiben Sie ...

1. If he spent more time with his girlfriend/had/got more time for his girlfriend, she would stay (together) with him/would still be together with him/would not leave him.
2. If he hadn't spent all his money on football shoes, he could have bought/would have been able to buy (her) a birthday present (for her).
3. If he doesn't change, she will look for/search/have another/a new boyfriend.

3) Übertragen Sie ...

1. Adele has lived in London most of her life.
2. Her father left the family, when she was three.
3. Adele does not only sing, but she also writes her own songs.
4. Many people think that Adele will still be successful in (the) future.

2. Managing Situations/Eine Unterhaltung führen

Korrektur nicht pro Satz, sondern ganzheitlich entsprechend der Deskriptorentabelle

1) She wants to know if someone could help her./Could anyone help her? She is very worried. Her friend upstairs in room 305 is (feeling) sick/ill/unwell.
2) Das tut ihr sehr leid. Hoffentlich ist es nichts Ernstes.
3) (She hopes so, too.) Yesterday they were on a hiking tour in the Grand Canyon. It was really hot there. Today they would like to continue their trip. There are friends waiting for them in Las Vegas./Friends are waiting for them in Las Vegas./They've got friends in Las Vegas who are waiting for them.
4) Sie meint, dass das (aber) eine lange Fahrt ist, fast 470 Meilen. Mehr als 7 Stunden mit dem Auto, und das ist zu lange für jemanden, dem es nicht gut geht. Beschreiben Sie doch mal, was Ihre Freundin hat.
5) She's got a terrible headache and she is too weak to get up.

6) Das klingt, als ob Ihre Freundin zu lange in der Sonne war.
7) (Right.) She wants to know what to do now.
8) Wenn Ihre Freundin einen kleinen Sonnenstich hat, sollte sie heute (besser) im Bett bleiben. Sie muss unbedingt viel Wasser trinken und sich ausruhen. Wenn Sie möchten, schaut sie nach, ob Sie eine weitere Nacht bleiben können.
9) (That sounds good.) Yes, she would like to book the room for another night and she also wants you to call a doctor or a nurse.

Teil III: Schreiben

1. Fortsetzung der Geschichte: Individuelle Lösungen
2. Stellungnahme – Aspekte, die genannt werden könnten:

Advantages:
For young people:
- gain experience and self-confidence
- get in touch with the world of work
- chance to discover talents, skills, likes and dislikes
- find satisfaction or be proud of oneself
- chance to find a job or training afterwards
- get to know people/meet new people

For society:
- provide help for people in need
- fill gap in the staff of the caring industry
- save money by employing young volunteers
- give young people something useful to do instead of leaving them behind

Disadvantages:
For young people:
- loss of life time
- little money
- too much responsibility for people in need of help
- not enough qualification for the job
- exploitation of cheap labour

For society:
- too little qualification for demanding jobs
- increasing competition for fully qualified people

Prüfungsaufgaben 2015

Teil I: Leseverstehen

Text 1: Your smartphone is watching you

1. **Entscheiden Sie, ob die vorliegenden Aussagen zum Text richtig oder falsch sind. Begründen Sie Ihre Entscheidung auf Deutsch.**
   a) Falsch, es war Edward Snowden, der die Aktivitäten der NSA publik machte/ Google und Facebook boten der NSA die Möglichkeit, auf die auf ihren Servern gespeicherte Informationen zurückzugreifen.
   b) Falsch, die USA haben Millionen von Telefonaten aufgezeichnet./Sie haben Telefonate von 35 führenden Persönlichkeiten inklusive Angela Merkel aufgezeichnet.
   c) Richtig. Laut dem Chef der NSA wurden mehr als 50 geplante Anschläge mithilfe der NSA verhindert.
   d) Richtig, eine Familie hatte nach Schnellkochtöpfen und Rucksäcken gesucht und wurde von der Polizei verdächtigt, eine Bombe bauen zu wollen.

e) Falsch, auch Firmen sind an den Informationen über Internetnutzer interessiert.
f) Richtig. Mithilfe von Cookies und Apps sammeln Firmen Informationen über Interessen und Kaufverhalten ihrer Kunden.

2. **Beantworten Sie folgende Fragen auf Deutsch.**
   a) Die persönliche Freiheit ist gefährdet, wenn Daten und Technologie benutzt werden, um Informationen über sexuelle Vorlieben oder politische Ansichten zu bekommen.
   b) Solche Suchmaschinen verhindern weitere Werbung und den Missbrauch privater Daten/ermöglichen die Geheimhaltung privater Daten.

Text 2: Mediation

Christophs Mitbewohner
- Gastfamilie/Gasteltern
- Vetter der Familie
- Lehrer aus Nachbargemeinde und dessen Familie (Frau und zwei Kinder)

Wohnverhältnisse/Ausstattung
- wenig Komfort
- eigenes Zimmer
- kein fließendes Wasser (nur Kübeldusche)
- regelmäßige Stromausfälle
- Kochen auf offenem Feuer

Christophs anfängliche Tätigkeit und Gründe für den Wechsel in die Schule
- Anfängliche Tätigkeit:
  - Arbeit im Naturschutzprojekt (Affenaufzuchtstation)
  - Eintrittsgelder kassieren
  - Besucher herumführen
- Gründe für den Wechsel: zu wenig Besucher/Langeweile/Lehrermangel

Probleme am Anfang seiner Unterrichtstätigkeit
- Unsicherheit/keine Unterrichtserfahrung
- Sprachprobleme: Kommunikation mit Schülern, Unterrichtsmaterial

Schwierigkeiten der Kinder im Schulalltag
- Ausstattung (Klassenzimmer offene Hütten, Mobiliar, Material)
- kein Frühstück
- nachmittags Feldarbeit

Teil II: Sprache und Kommunikation

1. **Sprachliche Mittel im Kontext**

   1) **Geben Sie Ihrer Freundin Tipps, ...**
      - You mustn't bully anybody/other people./You are not allowed to bully anybody.
      - You needn't pay anything./You don't have to pay anything/any money.

   2) **Fragen Sie einen Freund ...**
      - Have you ever met a celebrity/a famous person/a VIP?
      - When did you go home yesterday?

3) Übertragen Sie folgende Informationen über Johnny Depp ins Englische:
- Johnny Depp is one of the most popular actors of our time/age/at the moment/ these days.
- He played in several bands as a teenager and at that time wanted to become a rock musician.
- He has (already) won numerous awards/prizes so far, e.g./for example the „Golden Globe Award".
- He doesn't live together with his family anymore.

4) Sagen Sie, dass …
- In Africa, clothes are often more colourful than in Europe.
- TV is not as important as the Internet.

2. Managing Situations/Eine Unterhaltung führen

1) Hello/Good afternoon/Excuse me, Sir, could you help me, please?
2) My smartphone is broken and I can't use it anymore. Do you think you could repair it?
3) Well, I wasn't careful enough. It fell into the water when I was brushing my teeth.
4) Oh no! Do you have any special offers at the moment?
5) I've never spent that much money on a smartphone. Can't you recommend a cheaper one?
6) Well, I need a smartphone urgently, so I will have to buy this one. I don't have enough money with me. Can I pay with my credit card?
7) Okay. I'll be back as soon as possible. I hope the phone will still be there.
8) Thanks. That's very kind of you. See you in a minute.

Teil III: Schreiben

1. Early school start in the morning/no all-day school/„Sie" when talking to teachers driving on the right/shaking hands when meeting people/different meal times/different food Speak German as much as possible/join a club/make friends/meet as many people as possible/take part in family activities

2. Individuelle Lösungen

Prüfungsaufgaben 2016

Teil I: Leseverstehen
Diese Aufgabe ist auf Deutsch zu erledigen.

Text 1: True/False und Fragen

1. Entscheiden Sie, …

1) Falsch: Er hat bereits 10.000 Leute mit 20 Tonnen Lebensmitteln versorgt.
2) Richtig: Während des 2. Weltkriegs, als die Leute hungerten, wurde mit Lebensmitteln liebe- und respektvoll umgegangen.
3) Falsch: Freegans sind Menschen, die die Lebensmittel, die sie brauchen, aus den Abfallcontainern von Supermärkten herausnehmen/holen.

4) Falsch: Die meisten Lebensmittel sind noch Tage oder sogar Monate nach dem Ablauf des Mindesthaltbarkeitsdatums essbar/genießbar.
5) Falsch: In den Restaurants entscheidet jeder Gast selbst, wie viel er für sein Essen bezahlen möchte.
6) Falsch: Bisher hat noch nie jemand nach einem Essen dort eine Lebensmittelvergiftung gehabt.
7) Richtig: Einige Supermarktgruppen/-ketten lehnen das Konzept ab/sind gegen das Konzept.

2. **Beantworten Sie ...**

a) 3,5 Millionen Briten haben nicht genug zu essen.
b) Seit 2003 sind die Lebensmittelpreise im Vereinigten Königreich um 47 % gestiegen.
c) Jährlich werden weltweit 1,3 Milliarden Tonnen Nahrungsmittel weggeworfen.

Text 2: Mediation

Anzahl, Alter, familiärer und sozialer Hintergrund

550 junge Briten, davon 50 junge Frauen, teilweise erst 15 Jahre alt; aus fürsorglichen Familien, gebildet, eine davon sogar mit Privatschulbildung und Universitätsabschluss

Zweck der Videos

Ermutigung und Anwerbung junger Leute für ISIS

Auswirkungen der Videos

- können den eigentlichen Zweck verfehlen
- schrecken durch Gewalt und Brutalität ab
- führen zu mehr Verbrechen an unschuldigen Muslimen
- schädigen die Atmosphäre im Land
- rufen Abneigung gegen und Angst vor dem Islam und Muslimen hervor

Haltung der Muslime zu den Videos und Reaktionen des IS darauf

- weltweite Kritik der Muslime an ISIS
- ISIS zeigt neue Videos, die Sympathie bewirken und die „Wahrheit" über die Organisation zeigen sollen.

Teil II: Sprache und Kommunikation

1. Sprachliche Mittel im Kontext

1) Schreiben Sie je einen vollständigen Satz.

a) If my friend lied to me, I would be absolutely sad/disappointed/upset.
b) If I had seen an accident, I would have called the police/ambulance/fire brigade/...

2) Sagen Sie, ...

a) There are several vocational schools in my home town.
b) Everybody works/is working hard to get good marks/grades.

3) Sagen Sie einem Austauschschüler, ...

a) You should learn your words regularly./You should prepare for exams in time.
b) You mustn't use your mobile phone in class./You aren't allowed to eat and drink during lessons.
c) You don't have to clean the floor/You need not go to school on Saturdays.

4) Vergleichen Sie ...

a) The laptop is the heaviest device./The smartphone is not as heavy as the tablet.
b) The tablet is cheaper than the smartphone and the laptop./The laptop is the most expensive device.
c) More people have bought a laptop than a tablet./Fewer people have bought a smartphone than a laptop.

2. Managing Situations/Eine Unterhaltung führen

Korrektur nicht pro Satz, sondern ganzheitlich entsprechend der Deskriptorentabelle

1. It was ok, but I missed the/my bus this morning, therefore/that is why I was late for school/arrived late at school. So my teacher was very upset/angry (with me).
2. I'm also very hungry. I haven't eaten much since breakfast./I haven't had much to eat ...
3. Yes, I do. But today I don't feel like having/I don't want to have fish and vegetables. I prefer/I'd rather have something completely different.
4. I'll have a steak with French fries/chips and (a glass of) orange juice, please.
5. Yes, I have. Three years ago, I was in York with my family to visit my mother's aunt, but this is the first time that I'm abroad/in a foreign country without my parents.
6. I've already seen London Eye and Big Ben. Yesterday my host family invited me to Madame Tussaud's.
7. Oh, they are both very polite and friendly, but my host father can also be rather strict with his son Tim, who is a little bit crazy.
8. On Saturday we are going on a trip to Brighton. (...) Enjoy your meal, Alice.

Teil III: Schreiben

1. Was jeder Einzelne tun kann, um Energie zu sparen:

petrol:
use your own bike or public transport when going to school or on holiday, avoid travelling to far-away destinations

electricity:
turn off lights when leaving a room, put the computer in energy saving mode when not using it, don't use stand-by mode of electronic devices

water:
take only short showers, shut the water tap while brushing your teeth, wear your clothes more than once before you wash them

food:
buy food from local farmers, don't eat food that comes from far away/that has traveled very far, only buy the food that you will eat, don't throw so much food away (food is often eatable even after its sell-by date)

waste:
reduce personal waste, use reusable bags instead of plastic bags for shopping, separate household waste, put biological waste on the compost in the garden

2. **Eine Geschichte fortführen**
individuelle Lösungen

4 Prüfungsaufgaben Mathematik

Prüfungsaufgaben 2008

Aufgabe 1

a. 1. Die Gerade g schneidet die y-Achse im Punkt $(0 \mid 1)$, deshalb ist $b = 1$. Die Steigung $m = \frac{1-0}{0-(-2)} = \frac{1}{2}$, da g zudem durch den Punkt $(-2 \mid 0)$ geht.

Die Punkte, die auf der Geraden h liegen, haben alle den x-Wert 1, deshalb lautet die Geradengleichung $x = 1$.

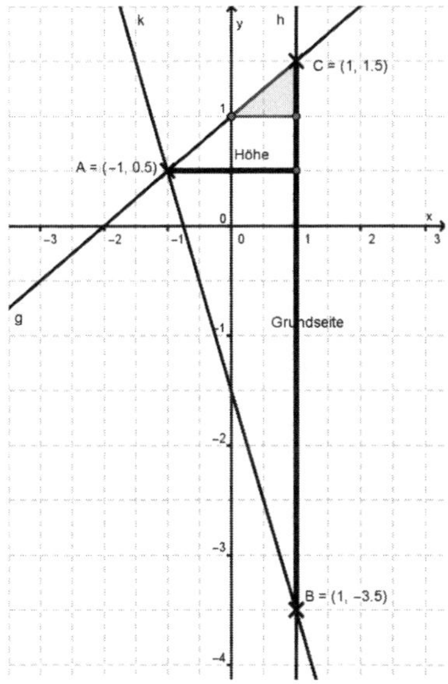

2. $A(-1 \mid 0{,}5)$, $B(1 \mid -3{,}5)$ und $C(1 \mid 1{,}5)$ Grundseite = Differenz der y-Werte von C und B

$\overline{CB} = 1{,}5 - (-3{,}5) = 5$

Höhe ist der Abstand von A zur Geraden

$h = 1 - (-1) = 2$

$\text{Dreiecksfläche} = \frac{1}{2} \cdot 5 \cdot 2 = 5\,[\text{FE}]$

3. Berechnung des Winkels γ mithilfe des Tangens

$= \frac{\text{Gegenkathete G}}{\text{Ankathete A}}$

im kleinen Dreieck

$\tan(\gamma) = \frac{1}{0{,}5} = 2 \Rightarrow \gamma = 63{,}43°$

b. $$\sqrt{\frac{3a^5}{2b^4}} \cdot \sqrt{\frac{32b^6}{27a^7}} = \sqrt{\frac{3a^5 \cdot 32b^6}{2b^4 \cdot 27a^7}} = \sqrt{\frac{16b^2}{9a^2}} = \frac{\sqrt{16b^2}}{\sqrt{9a^2}} = \frac{\sqrt{16} \cdot \sqrt{b^2}}{\sqrt{9} \cdot \sqrt{a^2}} = \frac{4b}{3a}$$

c. 1. $V_{Kegel} = \frac{1}{3}\pi \cdot \left(\frac{\text{Durchmesser}}{2}\right)^2 \cdot h_k = \frac{1}{3}\pi \cdot (0{,}8\,\text{m})^2 \cdot 1{,}5\,\text{m} = 1{,}005\,\text{m}^3 = 1.005\,\text{Liter}$

2. Fassungsvermögen des Zylinders = 8.000 Liter – 1.005 Liter = 6.995 Liter

$V_{Zylinder} = \pi \cdot \left(\frac{\text{Durchmesser}}{2}\right)^2 \cdot h_z = \pi \cdot (0{,}8\,\text{m})^2 \cdot h_z = 6.995\ \text{Liter} = 6{,}995\,\text{m}^3$

Auflösen nach $h_z = \frac{6{,}995\,\text{m}^3}{(0{,}8\,\text{m})^2} \cdot \pi = 3{,}48\,\text{m}$

3. Diagramm 2 ist richtig. Weil der Querschnitt unten kleiner wird, nimmt die Füllhöhe beim Kegel schneller ab.

Aufgabe 2

a. 1. g_1: $y = -\frac{1}{6}x + 3$

g_2: $4x - 3y - 4{,}5 = 0$

auflösen nach y:

$y = \frac{4}{3}x - \frac{3}{2}$

g_3: $x = -\frac{3}{2}$

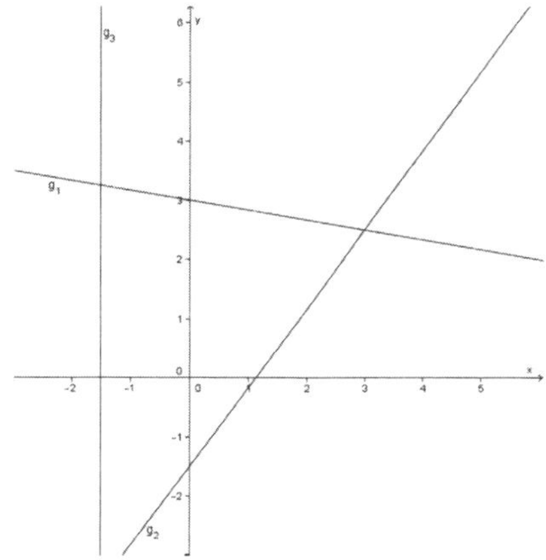

2. $g_1 \cap g_3$

Einsetzen von $x = -\frac{3}{2}$ in $y = -\frac{1}{6}x + 3$

ergibt $y = -\frac{1}{6}x\left(-\frac{3}{2}\right) + 3 = 3{,}25$

Schnittpunkt S (–1,5 | 3,25)

b. 1. Beim Punkt N ist –2 der x-Wert und 0 der y-Wert. Diese Werte eingesetzt in die Parabelgleichung $y = ax^2 + x - 6$ ergeben:

$0 = a \cdot (-2)^2 + (-2) - 6 \Leftrightarrow 0 = 4a - 2 - 6 \Leftrightarrow 8 = 4a \Leftrightarrow a = 2$

Also schneidet die Parabel $y = 2x^2 + x - 6$ die x-Achse im Punkt N (–2 | 0).

2. Eine Parabel ist immer dann nach unten geöffnet, wenn der Wert vor x^2 negativ ist, also muss $a < 0$ sein. Zum Beispiel ist $y = -\frac{1}{2}x^2 + x - 6$ nach unten geöffnet. Für a wurde die Zahl $-\frac{1}{2}$ gewählt.

c. 1. Ausgaben:

$y = 1{,}8x + 320 + 400 = 1{,}8x + 720$

Einnahmen:

$y = 5x$

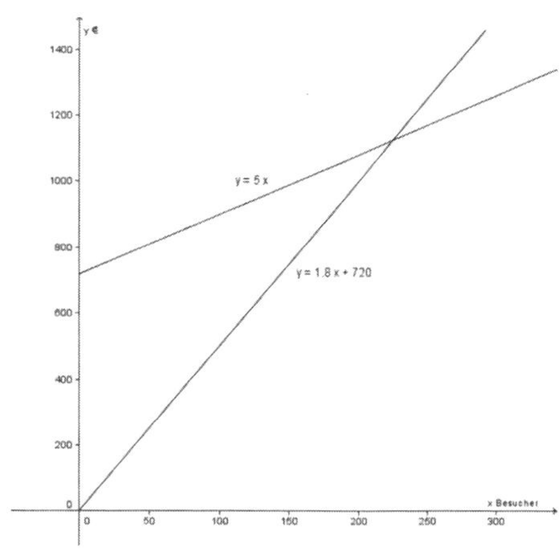

2. Bei 275 Besuchern erzielt der Veranstalter Einnahmen von

$$y = 5\,\frac{\text{EUR}}{\text{Besucher}} \cdot 275\text{ Besucher} \;=\; 1.375{,}00\text{ EUR}.$$

Die Ausgaben des Vereins an Herrn Hasemey (und damit Einnahmen von Herrn Hasemey) belaufen sich auf

$$y = 1{,}8\,\frac{\text{EUR}}{\text{Besucher}} \cdot 275\text{ Besucher} \;+\; 400{,}00\text{ EUR} = 895{,}00\text{ EUR}.$$

(Die Ausgaben des Vereins für Hallenmiete und Werbung bekommt Herr Hasemey nicht.)

→ 1.375,00 EUR = 100 %
895,00 EUR = x %

$$\frac{x}{895{,}00\text{ EUR}} = \frac{100}{1.375{,}00\text{ EUR}} \Leftrightarrow x = \frac{100}{1.375{,}00\text{ EUR}} \cdot 895{,}00\text{ EUR} \;=\; 66{,}1\%$$

Der Höhlenforscher Hasemey erhält 66,1 % der Einnahmen, wenn 275 Besucher die Veranstaltung besuchen.

Aufgabe 3

a. 1. Schnittpunkte mit der x-Achse erhält man mit der Bedingung $y = 0$
$-x^2 + 5x = 0 \Leftrightarrow -x(x-5) = 0 \Leftrightarrow x_1 = 0$ und $x_2 = 5$
Damit sind die gemeinsamen Schnittpunkte von p mit der x-Achse $N_1(0 \mid 0)$ und $N_2(5 \mid 0)$.

2. Skizze:

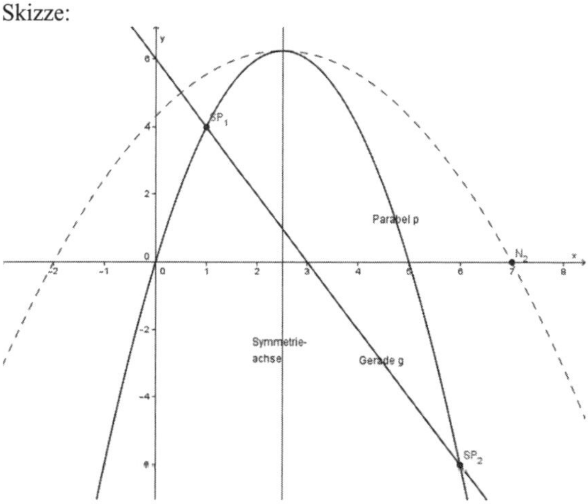

3. Berechnung der Koordination der Schnittpunkte von p mit g durch Gleichsetzen der beiden Funktionsterme.

$-x^2 + 5x = -2x + 6 \mid + 2x - 6$

$-x^2 + 7x - 6 = 0 \mid$ Mitternachtsformel, da eine quadratische Gleichung = 0 vorliegt

$$x_{1/2} = \frac{-7 \pm \sqrt{7^2 - 4 \cdot (-1) \cdot (-6)}}{2 \cdot (-12)} = \frac{-7 \pm \sqrt{49 - 24}}{-2} = \frac{-7 \pm \sqrt{25}}{-2} = \frac{-7 \pm 5}{-2}$$

$x_1 = \frac{-7 + 5}{-2} = \frac{-2}{-2} = 1$; y-Wert berechnen mit g ergibt $y = -2 \cdot 1 + 6 = 4 \rightarrow SP_1(1 \mid 4)$

$x_2 = \frac{-7 - 5}{-2} = \frac{-12}{-2} = 6$; y-Wert berechnen mit g ergibt $y = -2 \cdot 6 + 6 = -6 \rightarrow SP_2(6 \mid -6)$

4. Da die neue Parabel denselben Scheitel wie p hat, hat sie auch dieselbe Symmetrieachse. Die Schnittpunkte dieser Parabel mit der x-Achse müssen also gleich weit von dieser Symmetrieachse – mit der Gleichung x = 2,5 – entfernt sein. Der linke Schnittpunkt dieser Parabel mit der x-Achse $N_1(-2 \mid 0)$ ist von der Symmetrieachse 4,5 LE entfernt. Damit hat der rechts von dieser Symmetrieachse liegende Schnittpunkt mit der x-Achse die Koordination $N_2(7 \mid 0)$. Siehe auch Skizze gestrichelte Parabel.

b.

1. Wegen der quadratischen Grundfläche gilt: $a^2 = 6.400\ m^2 \rightarrow a = \sqrt{6.400\ m^2} = 80$ m.
2. Die eine Seite des Grundstücks ist 80 m abzüglich der 25 m für die Straße, also 55 m breit. Die andere Seite ist unbekannt, da das neue Grundstück nicht mehr quadratisch sein muss. Diese Seite nennen wir x. Die Fläche des neuen Grundstücks soll gleich groß bleiben, also gilt:

   $$55\ m \cdot x = 6.400\ m^2 \Leftrightarrow x = \frac{6.400\ m^2}{55\ m} \approx 116{,}36\ m$$

   Die Entschädigungsfläche ist 55 m breit und ca. 116,36 m lang.

c.

1. Setzt man a = 20, c = 150 und d = 10 in die Formel $c = \frac{2}{3} \cdot \frac{a - b}{d}$ ein, so erhält man

   $150 = \frac{2}{3} \cdot \frac{20 - b}{10} = 2 \cdot \frac{(20 - b)}{30} \mid \cdot 30$ (Auflösen nach b)

   $4.500 = 2 \cdot (20 - b) \mid : 2$
   $2.250 = 20 - b \mid - 20$
   $2.230 = -b \mid \cdot (-1)$
   $b = -2.230$

2. $c = \frac{2}{3} \cdot \frac{a - b}{d} = 2 \cdot \frac{(a - b)}{3d} \mid \cdot 3d$ (Auflösen nach a)

   $3cd = 2 \cdot (a - b) \mid : 2$

   $\frac{3}{2} cd = (a - b) \mid + b$

   $\frac{3}{2} cd + b = a$

   Damit ist das vom Schüler berechnete Ergebnis falsch.

Aufgabe 4

a. Im linearen Gleichungssystem

$8x + 3y = 0$

$2y = 40x - 34$

wird die zweite Gleichung nach y aufgelöst: $y = 20x - 17$ (*)

und in die erste Gleichung eingesetzt:

$8x + 3 \cdot (20x - 17) = 0$

$\Leftrightarrow 8x + 60x - 51 = 0$

$\Leftrightarrow 68x = 51$

Diese Gleichung nach x aufgelöst ergibt: $x = \frac{51}{68} = \frac{3}{4}$

Zur Berechnung des y-Wertes wird dieser x-Wert in die Gleichung (*) eingesetzt und man erhält:

$y = 20 \cdot \frac{3}{4} - 17 = 15 - 17 = -2$

b. 1. Formel zur Berechnung des Volumens eines Zylinders $V_{Zylinder} = \pi r^2 h$

Der Innendurchmesser ist 7 cm und damit der Radius r = 3,5 cm, die Höhe h = 8,5 cm $V_{Zylinder}$ $\approx 3{,}14 \cdot (3{,}5\text{ cm})^2 \cdot 8{,}5\text{ cm} = 327{,}12\text{ cm}^3 = 0{,}327\text{ dm}^3 = 0{,}327\text{ l}$

2. $\frac{1}{4}\text{ l} = \frac{1}{4}\text{ dm}^3 = 250\text{ cm}^3$

eingesetzt in $V_{Zylinder}$ erhält man:

$250\text{ cm}^3 = \pi \cdot (3{,}5\text{ cm})^2 \cdot h \Leftrightarrow h = \frac{250\text{ cm}^3}{\pi \cdot (3{,}5\text{ cm})^2} = 6{,}5\text{ cm}$

c. 1. Symmetrieachsen und Symmetriezentrum:

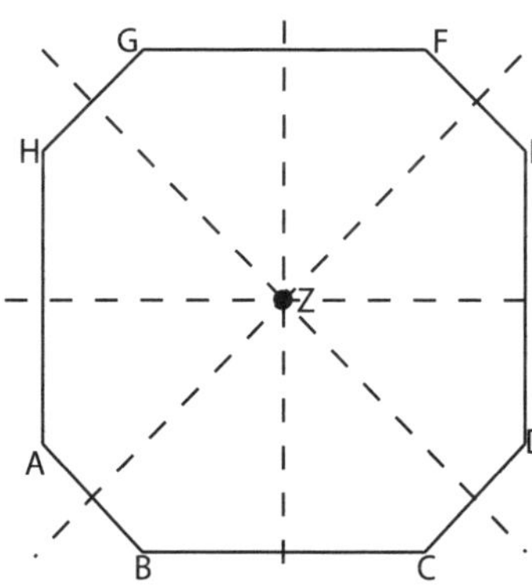

2.

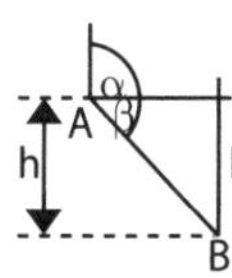

Zur Berechnung der Höhe betrachtet man obiges Dreieck:

Da der Winkel $\alpha = 135^\circ$ beträgt, muss der Winkel $\beta = 180^\circ - 135^\circ = 45^\circ$ betragen.

Die Gegenkathete zum Winkel β ist die gesuchte Höhe h, die Hypotenuse des Dreiecks die Strecke $\overline{AB} = 4$ cm.

Anwendung des Kosinus

$= \frac{\text{Gegenkathete}}{\text{Hypotenuse}} = \frac{h}{\overline{AB}}$ ergibt:

$\cos(45^\circ) = \frac{h}{4\text{ cm}}$

$\rightarrow h = 4\text{ cm} \cdot \cos(45^\circ) = 4\text{ cm} \cdot \frac{1}{2}\sqrt{2}$

$= 2\sqrt{2}\text{ cm} \approx 2{,}83\text{ cm}$

d. Die dargestellte Gerade fällt, hat also eine negative Steigung. Somit kommt nur $y = -3x + 4$ in Betracht. Der y-Achsenabschnitt ist laut Gleichung $+4$, die Steigung -3. Beide Eigenschaften treffen auf die gezeichnete Gerade zu (siehe Skizze). Da die dargestellte Parabel nach unten geöffnet ist, kann nur $y = -2x^2 + 8x$ als gesuchte Parabel infrage kommen. Berechnet man die Nullstellen mit $-2x^2 + 8x = 0$, dann erhält man $x_1 = 0$ und $x_2 = 4$, was der gesuchten Parabel entspricht (siehe Skizze).

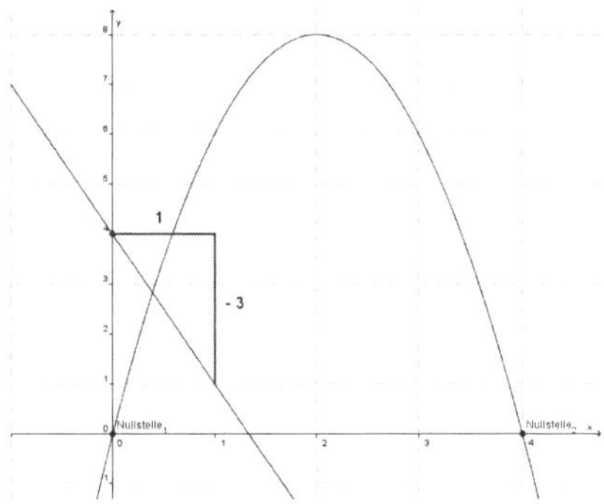

Aufgabe 5

a. $(2x + 7)(x + 2) = 1.652$

$$2x^2 + 11x + 14 = 1.652 \quad | -1.652$$
$$2x^2 + 11x - 1.638 = 0 \quad | :2$$
$$x^2 + 5{,}5x - 819 = 0 \quad | \text{ p-q-Formel}$$

$$x_{1:2} = -2{,}75 \pm \sqrt{2{,}75^2 - (-819)} = -2{,}75 \pm \sqrt{7{,}5625 + 819}$$
$$= -2{,}75 \pm \sqrt{826{,}5625} = -2{,}75 \pm 28{,}75$$

$x_1 = -2{,}75 + 28{,}75 = 26$ und $x_2 = -2{,}75 - 28{,}75 = -31{,}5$

b. $h = 115{,}2$ und $D = 201{,}3$ und $d = 99{,}75$ eingesetzt in die Formel

$$F = \sqrt{h^2 - \left(\frac{D - d}{2}\right)^2} \text{ ergibt}$$

$$F = \sqrt{115{,}2^2 - \left(\frac{201{,}3 - 99{,}75}{2}\right)^2} = \sqrt{13.271{,}04 - \left(\frac{101{,}55}{2}\right)^2} = \sqrt{13.271{,}04 - 50{,}775^2}$$
$$= \sqrt{13.271{,}04 - 2.578{,}100625} = \sqrt{10.692{,}93938} \approx 103{,}41$$

c. 1. Der Körper besteht aus sechs Würfeln, die alle die Kantenlänge a und deshalb ein Volumen von a^3 haben. Für das Volumen des Körpers gilt also $V_{Körper} = 6a^3$. Setzt man für $a = 7$ cm, dann erhält man $V_{Körper} = 6 \cdot (7\text{ cm})^3 = 2.058\text{ cm}^3$.

2. Die Oberfläche des Körpers besteht aus 26 Flächen (man sieht 13 Flächen, die „unsichtbaren" liegen hinter und unter dem Körper), jede mit dem Flächeninhalt $A = a^2$. Deshalb: $O_{Körper} = 26a^2$

3. Mit dem Ergebnis aus 2. gilt:

   $2.106\ cm^2 = 26a^2 \mid : 26$

   $81\ cm^2 = a^2 \mid$ Quadratwurzel ziehen

   $a = \sqrt{81\ cm^2} = 9\,cm$

d. 1.

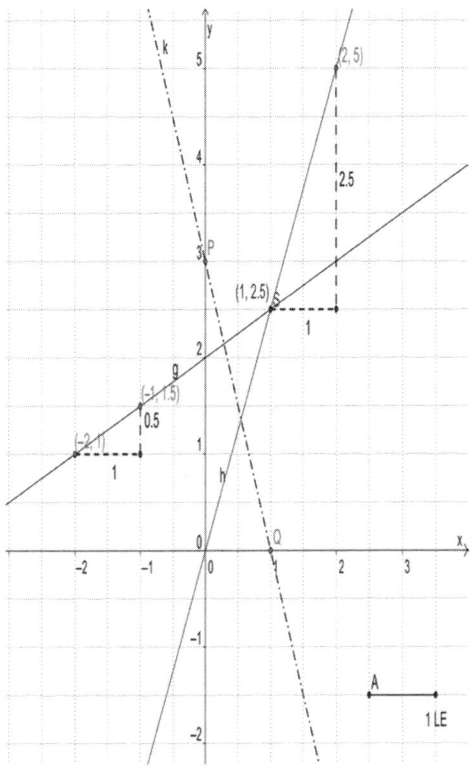

2. Zur Berechnung der Steigung der Gerade g wählt man je zwei beliebige Punkte auf dieser Geraden, z. B. $(-2 \mid 1)$ und $(-1 \mid 1{,}5)$, und berechnet damit die Steigung $m = \frac{1{,}5 - 1}{-1 - (-2)} = \frac{0{,}5}{1} = 0{,}5$. Jetzt kann man mit dieser Steigung $m = 0{,}5$ und z. B. dem Punkt $(-2 \mid 1)$ und der Punkt-Steigungs-Form die Gleichung der Geraden g bestimmen: $g : y = 0{,}5 \cdot (x - (-2)) + 1 = 0{,}5\,(x + 2) + 1 = 0{,}5 \cdot x + 2$. Die Gerade h ist eine Ursprungsgerade, deshalb ist in der Form $y = mx + b$ der y-Achsenabschnitt $b = 0$. Man benötigt also nur noch die Steigung dieser Geraden. Mit den Punkten $(1 \mid 2{,}5)$ und $(2 \mid 5)$, die beide auf der Geraden h liegen, ergibt sich $m = \frac{5 - 2{,}5}{2 - 1} = 2{,}5$.
   Damit h: $y = 2{,}5x$

3. Im dritten Quadranten sind die x- und die y-Werte negativ. Solche Punkte dürfen also nicht auf der Geraden k liegen. In der Skizze hat k die Gleichung k: $y = -3x + 3$

Prüfungsaufgaben 2009

Aufgabe 1

a. 1. Zeichnung:

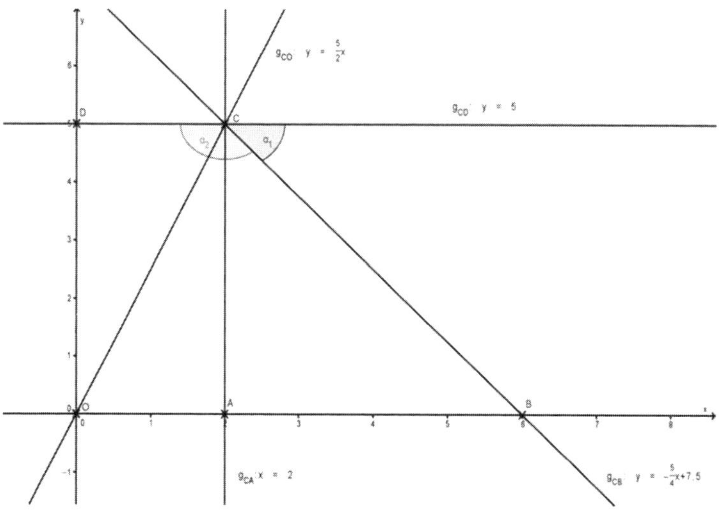

2. Die Gerade durch die Punkte C(2 | 5) und O(0 | 0) hat die Steigung $m = \frac{5-0}{2-0} = \frac{5}{2}$.
Da sie eine Ursprungsgerade ist, ist der y-Achsenabschnitt b = 0,
also g_{CO}: $y = \frac{5}{2}x$.
Für die Gerade durch die Punkte C und A(2 | 0) kann die Steigung $m = \frac{0-5}{2-2}$ nicht berechnet werden, da der Nenner 0 wird. Diese Gerade ist parallel zur y-Achse. Für alle Punkte, die auf dieser Geraden liegen, ist der x-Wert 2. Die Geradengleichung lautet deshalb x = 2.
Die Gerade durch die Punkte C und B(6 | 0) hat die Steigung $m = \frac{0-5}{6-2} = -\frac{5}{4}$. Damit gilt für diese Gerade bis jetzt $y = -\frac{5}{4}x + b$. Um b zu berechnen, wird in diese Gleichung ein Punkt, der auf dieser Geraden liegt, eingesetzt (sogenannte Punktprobe). Mit z. B. dem Punkt B erhält man $0 = -\frac{5}{4} \cdot 6 + b$ und nach b aufgelöst b = 7,5.

Also ist g_{CB}: $y = -\frac{5}{4}x + 7{,}5$.

Die Gerade durch die Punkte C und D(0 | 5) ist parallel zur x-Achse. Für alle Punkte auf dieser Geraden ist der y-Wert gleich 5 und damit ergibt sich die Geradengleichung g_{CD}: y = 5.

3. Diese Aufgabe lässt zwei mögliche Lösungen zu. Die Berechnung von α_1 oder α_2. Zur Berechnung von α_1 mithilfe des Tangens: $\tan \alpha_1 = \frac{5}{4} \rightarrow \alpha_1 \approx 51{,}34°$. Damit ergibt sich für $\alpha_2 = 180° - 51{,}34° = 128{,}66°$.

4. Die Länge der Grundseite des gesuchten Dreiecks ist die Länge der Strecke, die zwischen den Schnittpunkten der beiden Geraden g_{CB} und g_{CO} mit der y-Achse liegt. g_{CB} schneidet die y-Achse im Punkt (0 | 7,5), g_{CO} schneidet sie im Ursprung, die Grundseite des Dreiecks beträgt demnach g = 7,5 LE.
   Die Höhe des gesuchten Dreiecks ist die Länge der Strecke vom Schnittpunkt C(2 | 5) bis zur y-Achse (die Höhe muss senkrecht zur Grundseite stehen), hat also h = 2 LE.
   Für den Flächeninhalt erhält man also:
   $$A_{\text{Dreieck}} = \frac{1}{2} \cdot g \cdot h = \frac{1}{2} \cdot 7{,}5\,\text{LE} \cdot 2\,\text{LE} = 7{,}5\,\text{LE}^2$$
   $$= 7{,}5\ \text{FE}$$

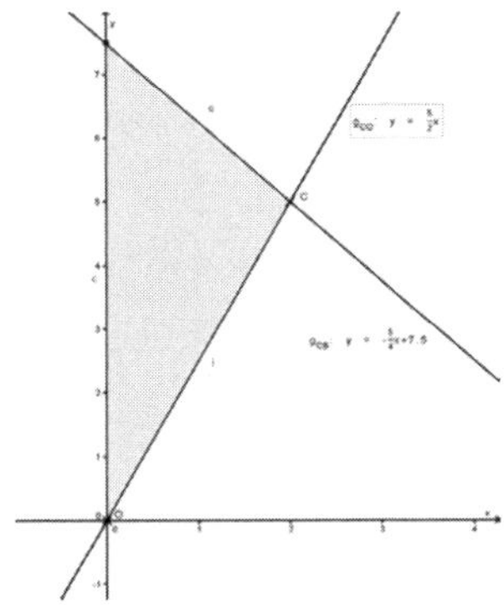

b.
$$5x - 3(x^2 + 2x - 4) - 3 = (x - 5)(2 - 3x) - 89 \qquad |\ \text{ausmultiplizieren}$$
$$\Leftrightarrow \quad 5x - 3x^2 - 6x + 12 - 3 = 2x - 3x^2 - 10 + 15x - 89 \qquad |\ \text{zusammenfassen und sortieren}$$
$$\Leftrightarrow \quad -3x^2 - x + 9 = -3x^2 + 17x - 99 \qquad |\ + 3x^2 - 17x - 9$$
$$\Leftrightarrow \quad -18x = -108 \qquad |\ : (-18)$$
$$\Leftrightarrow \quad x = 6$$

Probe, d. h., für x die Zahl 6 in die Ausgangsgleichung einsetzen, ergibt:
$$5 \cdot 6 - 3 \cdot (6^2 + 2 \cdot 6 - 4) - 3 = (6 - 5)(2 - 3 \cdot 6) - 89$$
$$\Leftrightarrow \quad 30 - 3 \cdot (36 + 12 - 4) - 3 = 1 \cdot (2 - 18) - 89$$
$$\Leftrightarrow \quad 30 - 3 \cdot 44 - 3 = 1 \cdot (-16) - 89$$
$$\Leftrightarrow \quad 30 - 132 - 3 = -16 - 89$$
$$\Leftrightarrow \quad -105 = -105$$

c. Angenommen, B erhält x EUR, dann ergibt sich folgende Verteilung für A, B, C und D:

A erhält:	(x – 20.000,00) EUR	
B erhält:	x EUR	
C erhält:	2 · (x – 20.000,00) EUR	= (2x – 40.000,00) EUR
D erhält:	(x – 20.000,00 + 10.000,00) EUR	= (x – 10.000,00) EUR

Für die Verteilung der 200.000,00 EUR an die vier Erben gilt dann:

A erhält (54.000,00 – 20.000,00) EUR = 34.000,00 EUR

B erhält 54.000,00 EUR

C erhält 2 · (54.000,00 – 20.000,00) EUR = 68.000,00 EUR

D erhält (54.000,00 – 20.000,00 + 10.000,00) EUR = 44.000,00 EUR

Aufgabe 2

a. 1. Zeichnung:

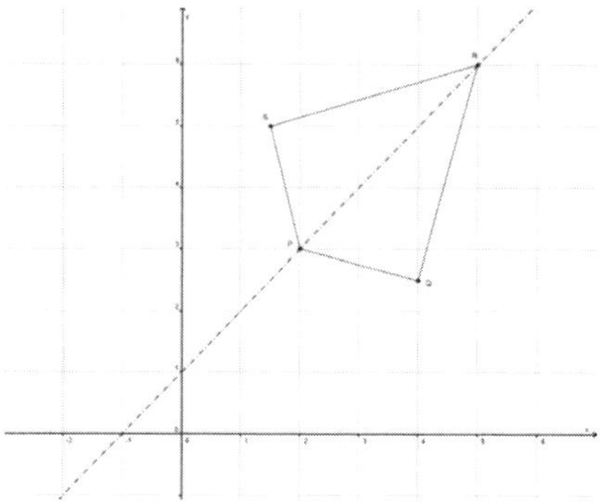

2. Die Symmetrieachse geht durch die Punkte P(2 | 3) und R(5 | 6).

Für die Steigung m gilt dann:

$$m = \frac{y_2 - y_1}{x_2 - x_1} = \frac{6 - 3}{5 - 2} = \frac{3}{3} = 1$$

und somit bis jetzt $y = x + b$.

Punktprobe mit z. B. dem Punkt P führt zu $3 = 2 + b$ und schließlich $b = 1$. Die Gleichung der Symmetrieachse lautet also $y = x + 1$.

b. 1. Das Fünfeck setzt sich aus den drei Teilflächen A_1(Rechteck), A_2 (Rechteck) und A_3 (Dreieck) zusammen.

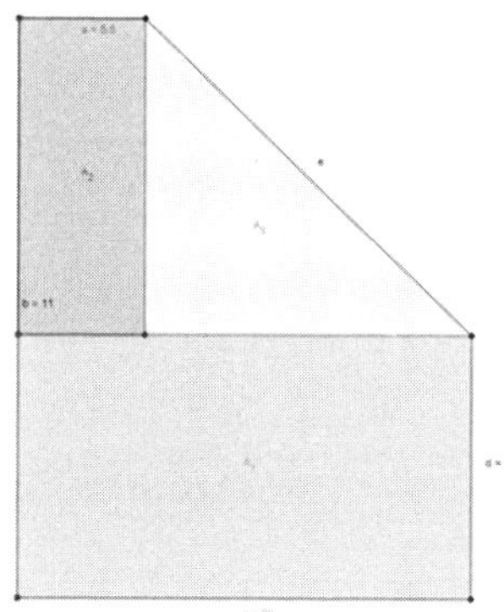

Fläche $A_1 = c \cdot d = 20\text{ m} \cdot 5\text{ m} = 100\text{ m}^2$

Fläche $A_2 = a \cdot (b - d) = 5{,}6\text{ m} \cdot (11\text{ m} - 5\text{ m})$
$= 33{,}6\text{ m}^2$

Fläche $A_3 = \frac{1}{2} \cdot (c - a) \cdot (b - d)$
$= \frac{1}{2} \cdot (20\text{ m} - 5{,}6\text{ m}) \cdot (11\text{ m} - 5\text{ m})$
$= 43{,}2\text{ m}^2$

$A_{Fünfeck} = 100\text{ m}^2 + 33{,}6\text{ m}^2 + 43{,}2\text{ m}^2$
$= 176{,}8\text{ m}^2$

Für das Volumen des Pools gilt dann:

$V = 176{,}8\text{ m}^2 \cdot 1{,}35\text{ m} = 238{,}68\text{ m}^3$

Der Pool fasst $238{,}38\text{ m}^3$.

2. Um den Umfang des Fünfecks berechnen zu können, braucht man noch die Länge der Seite e (siehe Skizze). Diese ist die Hypotenuse des rechtwinkligen Dreiecks A_3 und kann mit dem Satz des Pythagoras berechnet werden:

$e^2 = (c - a)^2 + (b - d)^2 = (20\text{ m} - 5{,}6\text{ m})^2 + (11\text{ m} - 5\text{ m})^2 = (14{,}4\text{ m})^2 + (6\text{ m})^2$
$= 207{,}36\text{ m}^2 + 36\text{ m}^2 = 243{,}36\text{ m}^2$

$\rightarrow e = \sqrt{243{,}36\text{ m}^2} = 15{,}6\text{ m}$

Für den Umfang U des Fünfecks erhält man jetzt:

$U = 5{,}6\text{ m} + 11\text{ m} + 20\text{ m} + 5\text{ m} + 15{,}6\text{ m} = 57{,}2\text{ m}.$

3. Fläche der Fliesen, die direkt an den Seiten a, b, c und d anliegen:
   $(5{,}5\text{ m} + 11\text{ m} + 20\text{ m} + 5\text{ m}) \cdot 2{,}1\text{ m} = 87{,}36\text{ m}^2$
   Fläche der Fliesen in den drei Ecken (in der Skizze grau): $3 \cdot 2{,}1\text{ m} \cdot 2{,}1\text{ m} = 13{,}23\text{ m}^2$
   $\text{Fliesenfläche}_{\text{Gesamt}} = 87{,}36\text{ m}^2 + 13{,}23\text{ m}^2 = 100{,}59\text{ m}^2$
   Berechnung des 4 %igen Verschnitts V:
   $$V = \frac{100{,}59\text{ m}^2}{100} \cdot 4 = 4{,}02\text{ m}^2$$
   Somit muss man $100{,}59\text{ m}^2 + 4{,}02\text{ m}^2 = 104{,}61\text{ m}^2$ Fliesen bestellen.

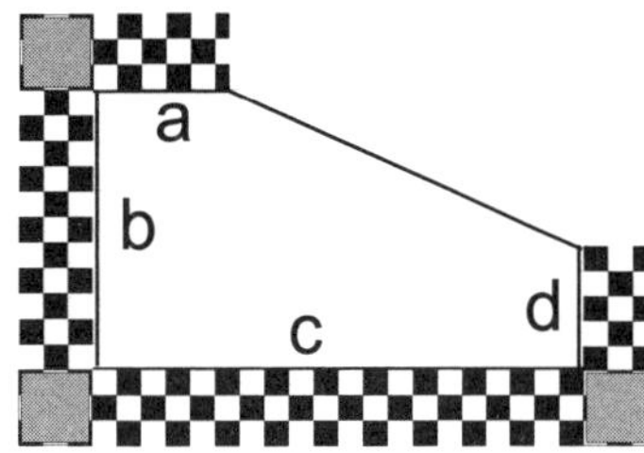

c. 1. Skizze mithilfe einer Wertetabelle:

x	0	1	2	3	4	5	6	7	8
y	0	1,75	3	3,75	4	3,75	3	1,75	0

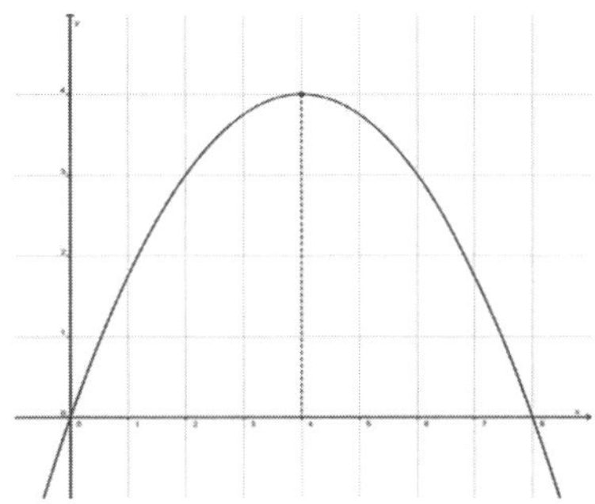

2. Der höchste Punkt befindet sich auf der Symmetrieachse dieser Parabel, also an der Stelle x = 4.
   Berechnung des y-Wertes an dieser Stelle:
   $$y = -\frac{1}{4} \cdot 4^2 + 2 \cdot 4 = -\frac{1}{4} \cdot 16 + 8 = -4 + 8 = 4$$
   Der höchste Punkt ist demnach 4 m über dem Boden.

Aufgabe 3

a. 1. $9a \cdot a^6 - 2a^4\left(a^3 - \frac{3}{a^2}\right) + 3a^2 = 9a^7 - 2a^7 + \frac{6a^4}{a^2} + 3a^2 = 7a^7 + 6a^2 + 3a^2 = 7a^7 + 9a^2$

2. Einsetzen von a = –1 in den vereinfachten Term ergibt:
   $7 \cdot (-1)^7 + 9 \cdot (-1)^2 = 7 \cdot (-1) + 9 \cdot 1 = -7 + 9 = 2$

3. Im ursprünglichen Term würde sich für a = 0 beim Ausdruck $\frac{3}{a^2}$ ergeben $\frac{3}{0^2} = \frac{3}{0}$ und man würde durch null dividieren, was nicht (erlaubt) definiert ist.

b. 1. Für die Werbefläche dieses Zylinders gilt mit der Formel für den Mantel:
   $$M_{\text{Zylinder}} = \text{Umfang} \cdot h = 2 \cdot \pi \cdot r \cdot h = 2 \cdot \pi \cdot \frac{d}{2} \cdot h = 2 \cdot \pi \cdot \frac{1{,}5\text{ m}}{2} \cdot 2\text{ m} \approx 9{,}425\text{ m}^2$$
   Um zu wissen, ob dieses Plakat auf der Werbesäule Platz hat, muss man dessen Höhe h_{Plakat} kennen:
   $$h_{\text{Plakat}} = \frac{\text{Fläche}_{\text{Plakat}}}{\text{Länge}_{\text{Plakat}}} = \frac{8{,}25\text{ m}^2}{4{,}5\text{ m}} \approx 1{,}83\text{ m}$$

Damit passt das Plakat aufgrund seiner Höhe mit 1,83 m schon mal auf den Zylinder, der eine Höhe von 2 m hat. Geprüft werden muss noch, ob das Plakat auch wegen seiner Länge von 4,5 m auf diesen Zylinder geklebt werden kann. Für diese Prüfung wird der Umfang des Zylinders benötigt: $U_{Zylinder} = 2 \cdot \pi \cdot r = d \cdot \pi = 1{,}5\ m \cdot \pi \approx 4{,}71\ m.$
Also passt das Werbeplakat auch der Länge nach auf den Zylinder.

2. $\tan \alpha = \frac{\text{Gegenkathete}}{\text{Ankathete}} = \frac{h_2}{\frac{d}{2}} = \frac{1\ m}{\frac{1{,}5\ m}{2}} = \frac{1\ m}{0{,}75\ m} = \frac{4}{3}$

   → $\alpha \approx 53{,}13°$ und die Dachneigung liegt innerhalb der geforderten Grenzen von 50° bis 60°.

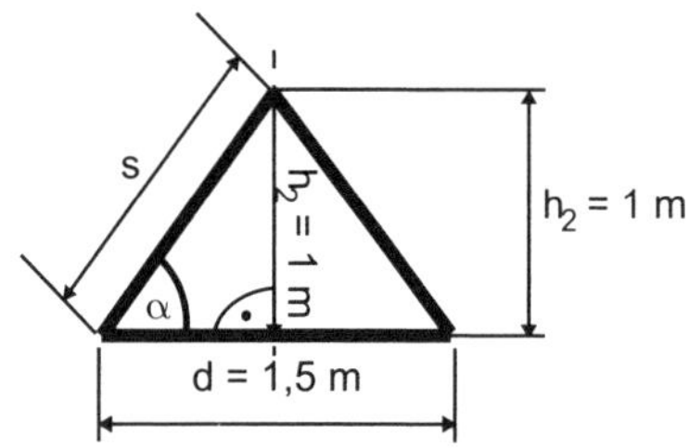

3. Mit dem Satz des Pythagoras gilt:

   $s^2 = \left(\frac{d}{2}\right)^2 + h_2^2 = \left(\frac{1{,}5\ m}{2}\right)^2 + (1\ m)^2$

   $= 1{,}5625\ m^2$

   → $s = \sqrt{1{,}5625\ m^2} = 1{,}25\ m$

c. Die Kerzenhöhe der **Stumpenkerze** in Abhängigkeit von der Zeit wird von **Schaubild (III)** dargestellt, da sie gleichmäßig verbrennt, die Höhe der Kerze deshalb gleichmäßig abnimmt. Der entstehende Graph ist eine Gerade.

   Die **Kegelkerze** verbrennt am Anfang schneller und dann immer langsamer, weil sie nach unten immer dicker wird, d. h., die Höhe dieses Kerzentyps nimmt am Anfang schnell ab, dann immer langsamer. Deshalb gehört das **Schaubild (I)** zu dieser Kerze.

   Die **Kugelkerze** verbrennt bis zur Hälfte (ihrem „Bauch") immer langsamer, dann wieder schneller, da sie nach unten hin wieder dünner wird. Die Höhe der Kugelkerze nimmt also bis zur Hälfte immer langsamer ab, dann aber wieder schneller. Somit gehört **Schaubild (II)** zu dieser Kerzenart.

Aufgabe 4

a. 1. Für den Umfang U des Pfeils gilt: $U = a + 2b + 2c + 2d$

   2. Pfeilfläche $A_{Pfeil} = A_{Rechteck} + A_{Dreieck}$

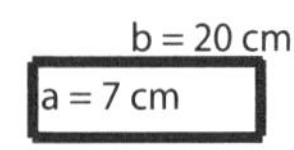

   Berechnung: $A_{Rechteck} = a \cdot b = 7\ cm \cdot 20\ cm = 140\ cm^2$

   Das Dreieck ist rechtwinklig, d. h., es gilt:

   $A_{Dreieck} = \frac{1}{2} \cdot g \cdot h = \frac{1}{2} \cdot d \cdot d = \frac{1}{2} \cdot 7{,}8\ cm \cdot 7{,}8\ cm = 30{,}42\ cm^2$

   Damit $A_{Pfeil} = 140\ cm^2 + 30{,}42\ cm^2 = 170{,}42\ cm^2$

3. Breite der Pfeilspitze mithilfe des Satzes von Pythagoras:
   $\text{Breite}^2 = d^2 + d^2 = 2d^2 => \text{Breite} = \sqrt{2d^2} = d\sqrt{2}$

   → $\text{Breite} = 7{,}8\text{ cm} \cdot \sqrt{2} \approx 11{,}03\text{ cm}$

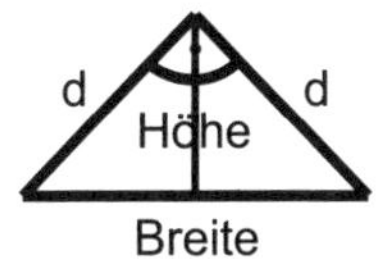

   Für die Länge des Pfeils gilt: $\text{Länge}_{\text{Pfeil}} = b + \text{Höhe}_{\text{Pfeilspitze}}$
   Wieder mit Pythagoras gilt für die Höhe der Pfeilspitze:
   $$\left(\frac{\text{Breite}}{2}\right)^2 + \text{Höhe}^2 = d^2 \Leftrightarrow \text{Höhe}^2 = d^2 - \left(\frac{\text{Breite}}{2}\right)^2 = d^2 - \left(\frac{d\sqrt{2}}{2}\right)^2 = d^2 - \frac{2d^2}{4} = \frac{d^2}{2}$$
   und deshalb $\text{Höhe} = \sqrt{\frac{d^2}{2}} = \frac{d}{\sqrt{2}} = \frac{7{,}8\text{ cm}}{\sqrt{2}} \approx 5{,}52\text{ cm}$
   Also $\text{Länge}_{\text{Pfeil}} = 20\text{ cm} + 5{,}52\text{ cm} = 25{,}52\text{ cm}$

b. $27x + 8y = 51$

$$-\frac{1}{2}x + \frac{2}{5}y = \frac{7}{10} \qquad | \cdot (-20)$$

$$(*) 27x + 8y = 51$$
$$10x - 8y = -14$$
$$37x = 37 \qquad |:37$$
$$x = 1 \qquad \text{einsetzen in z. B. } (*)$$
$$27 \cdot 1 + 8y = 51 \qquad |-27$$
$$8y = 24 \qquad |:8$$
$$y = 3$$
→ $x = 1 \wedge y = 3$

c. 1. $p_1\colon y = \frac{3}{8}x^2 - 3$, da diese Parabel die y-Achse im Punkt $(0 \mid -3)$ schneidet.

   $p_2\colon y = -\frac{1}{2}x^2 + 2x + 3$, da diese Parabel die y-Achse im Punkt $(0 \mid 3)$ schneidet und sie gegenüber der Normalparabel gestaucht ist ($\frac{1}{2}$ vor dem x^2).

2. $$p_1 = p_2$$
$$\frac{3}{8}x^2 - 3 = -\frac{1}{2}x^2 + 2x + 3 \qquad |:8$$
$$3x^2 - 24 = -4x^2 + 16x + 24 \qquad | + 4x^2 - 16x - 24$$
$$7x^2 - 16x - 48 = 0$$
$$x_{1/2} = \frac{16 \pm \sqrt{16^2 - 4 \cdot 7 \cdot (-48)}}{2 \cdot 7}$$

$$= \frac{16 \pm \sqrt{256 + 1.344}}{14}$$

$$= \frac{16 \pm \sqrt{1.600}}{14}$$

$$= \frac{16 \pm 40}{14}$$

$$x_1 = \frac{16 + 40}{14} = 4 \qquad y_1 = \frac{3}{8} \cdot 4^2 - 3 = \frac{3}{8} \cdot 16 - 3 = 3$$

$$x_2 = \frac{16 - 40}{14} = -\frac{12}{7} \cong -1{,}71 \qquad y_2 = \frac{3}{8} \cdot \left(-\frac{12}{7}\right)^2 - 3 = \frac{3}{8} \cdot \frac{144}{49} - 3$$

$$= \frac{432}{392} - \frac{1.176}{392} = -\frac{744}{392} = -\frac{93}{49}$$

Die Koordinaten der Schnittpunkte sind also $SP_1(4 \mid 3)$ und $SP_2\left(-\frac{12}{7} \mid -\frac{93}{49}\right)$

$\approx SP_2(-1{,}71 \mid -1{,}9)$.

3. $S_1(0 \mid -3)$ und $S_2(2 \mid 5)$

4. Nach dem Satz des Pythagoras gilt für die Strecke

   $\overline{S_1S_2}$ (siehe Skizze):

   $\overline{S_1S_2} = \sqrt{(5 - (-3))^2 + (2 - 0)^2}$ LE

   $\approx 8{,}25$ LE.

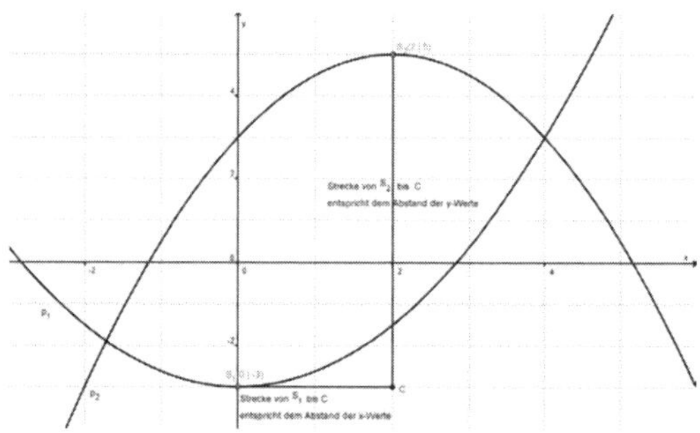

Aufgabe 5

a. 1. Bedingung zur Berechnung des Schnittpunktes mit der y-Achse: $x = 0$
   also: $y = 0^2 + 6 \cdot 0 + 5 = 5 \Rightarrow SP_y(0 \mid 5)$.

   Bedingung für die Berechnung der Schnittpunkte mit der x-Achse: $y = 0$

   $$x^2 + 6x + 5 = 0$$

   $$x_{1/2} = \frac{-6 \pm \sqrt{6^2 - 4 \cdot 1 \cdot 5}}{2 \cdot 1} = \frac{-6 \pm \sqrt{16}}{2} = \frac{-6 \pm 4}{2}$$

   $$x_1 = \frac{-6 + 4}{2} = -1 \rightarrow N_1(-1 \mid 0)$$

   $$x_2 = \frac{-6 - 4}{2} = -5 \rightarrow N_2(-5 \mid 0)$$

2. Skizze der Parabel im Bereich $-6 \leq x \leq 0$:

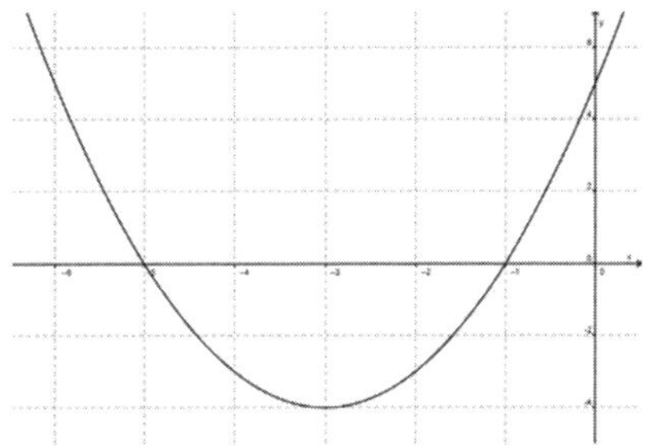

b. 1. Kosten nach einer Stunde (= 60 Minuten) bzw. nach zwei Stunden (= 120 Minuten): 10,00 EUR;
Kosten nach vier Stunden (= 240 Minuten): 17,20 EUR;
Kosten nach fünf Stunden (= 300 Minuten): ca. 35,00 EUR (siehe jeweils Skizze).

2. Skizze Graph SPARMEHR-Tarif:

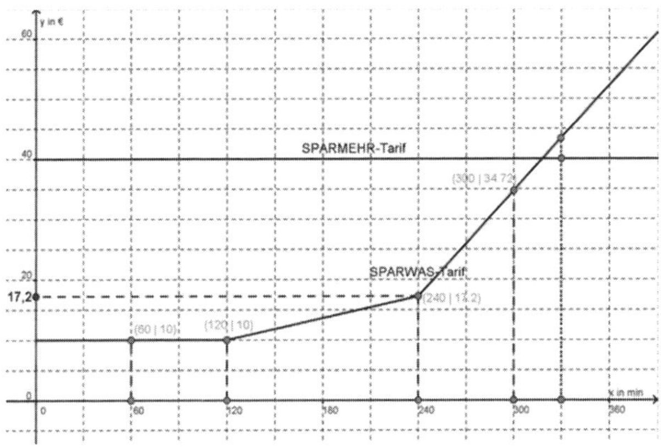

3. Vor dem Schnittpunkt der beiden Tarife bei ungefähr (319 | 40) verläuft der Graph von SPARMEHR oberhalb dem des Graphen von SPARWAS, SPARMEHR ist also teurer; danach ist es umgekehrt. Der Graph von SPARMEHR verläuft jetzt unterhalb dem des Graphen von SPARWAS. Bei einer Gesprächsdauer von 330 Minuten ist demnach der Tarif SPARMEHR günstiger.

c. 1. $u = 2a + 2b \Leftrightarrow 2b = u - 2a \Leftrightarrow b = \dfrac{u - 2a}{2}$

2. $A = \dfrac{e \cdot f}{2} \Leftrightarrow 2A = e \cdot f \Leftrightarrow e = \dfrac{2A}{f} = \dfrac{2 \cdot 1.500\ \text{cm}^2}{30\ \text{cm}} = \dfrac{3.000\ \text{cm}^2}{30\ \text{cm}} = 100\ \text{cm}$

d. 1. $\sqrt{81} = 9$, denn $81 = 9^2$

2. $\sqrt{25} \cdot \sqrt{121} = 55$, denn $\sqrt{25} \cdot 11 = 55 \,|\, : 11$ und damit $\sqrt{25} = 5$

Prüfungsaufgaben 2010

Aufgabe 1

a. 1. Die Schaubilder haben verschiedene y-Achsenabschnitte.
Diese sind in der allgemeinen Form $y = ax^2 + bx + c$ an der Stelle von c ablesbar.
Abb. 1 schneidet die y-Achse im Punkt $(0 \mid 1)$, hat also den y-Achsenabschnitt 1; somit gehört Gleichung (3) $y = x^2 - 4x + 1$ zu Abb. 1.
Da $a = 1$ ist, handelt es sich um eine verschobene Normalparabel.
Abb. 2 schneidet die y-Achse im Punkt $(0 \mid -3)$, hat also den y-Achsenabschnitt –3; deshalb ist Gleichung (2) $y = 3x^2 + 6x - 3$ der Abb. 2 zuzuordnen.
Weil $a = 3$ ist, ist diese Parabel gegenüber der Normalparabel gestreckt.
Abb. 3 schneidet die y-Achse im Punkt $(0 \mid 2)$, besitzt demnach den y-Achsenabschnitt 2; Gleichung (1) mit $y = -2x^2 - 6x + 2$ und Abb. 3 gehören deswegen zusammen. Zudem ist diese Parabel nach unten geöffnet, was sich am negativen Wert vor x^2 ablesen lässt.

2. Für Schnittpunkte mit der x-Achse gilt die Bedingung: $y = 0$

$$-2x^2 - 6x + 2 = 0 \qquad | : (-2)$$

$$x^2 + 3x - 1 = 0 \qquad | \text{ Mitternachtsformel}$$

$$x_{1/2} = -\frac{3}{2} \pm \sqrt{\frac{3^2}{4} - (-1)} = -1{,}5 \pm \sqrt{2{,}25 + 1}$$

$x_1 \approx 0{,}3$ also $N_1\,(0{,}3 \mid 0)$

$x_2 \approx -3{,}3$ damit $N_2\,(-3{,}3 \mid 0)$

3. Die Gerade g mit $y = x - 6$ schneidet die y-Achse im Punkt $(0 \mid -6)$ und hat die Steigung +1.
Die Gerade g schneidet nur die Parabel 3, da der Scheitel dieser Parabel oberhalb dieser Geraden liegt und die Parabel nach unten geöffnet ist.
Die Scheitelpunkte der Parabeln (1) und (2) liegen zwar auch oberhalb der Geraden g, aber diese Parabeln sind nach oben geöffnet und somit verläuft die Gerade g immer unterhalb dieser Parabeln.

b. Beide Gleichungen nach z. B. y auflösen und dann gleichsetzen (andere Verfahren, um lineare Gleichungssysteme zu lösen, sind das Additionsverfahren und das Einsetzungsverfahren):

$$\frac{2}{5}x - \frac{3}{4}y = 12 \qquad | \cdot 20$$

$$8x - 15y = 240 \qquad | -8x$$

$$-15y = 240 - 8x \qquad | : (-15)$$

$$y_1 = -\frac{240}{15} + \frac{8}{15}x$$

$$4x + 6y = 12 \qquad | -4x$$

$$6y = 12 - 4x \qquad | : 6$$

$$y_2 = 2 - \frac{2}{3}x$$

y_1 und y_2 gleichsetzen

$$-\frac{240}{15} + \frac{8}{15}x = 2 - \frac{2}{3}x \qquad | \cdot 15$$

$$-240 + 8x = 30 - 10x \qquad | + 240 + 10x$$

$$18x = 270 \qquad | \cdot 18$$

$$x = 15$$

$x = 15$ einsetzen in z. B. y_2

$$y = 2 - \frac{2}{3} \cdot 15 = 2 - 10 = -8$$

Das lineare Gleichungssystem hat die Lösung $x = 15$ und $y = -8$.

c. 1. **Schaubild**

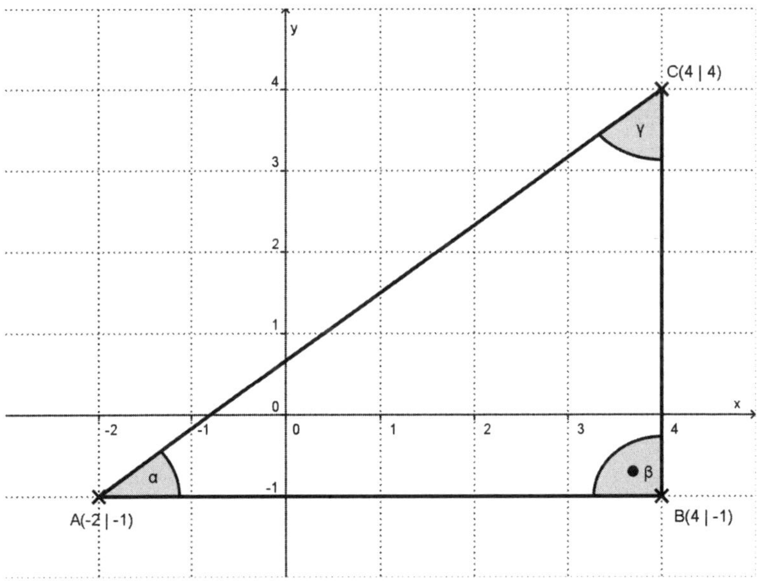

2. Um den Umfang $U = \overline{AB} + \overline{BC} + \overline{CA}$ berechnen zu können, brauchen wir die Längen der Strecken $\overline{AB}$, $\overline{BC}$ und $\overline{CA}$.
   Da die y-Werte der Punkte A und B gleich sind, errechnet sich $\overline{AB}$ aus der Differenz der x-Werte (immer größerer Wert – kleinerer Wert) dieser Punkte: $\overline{AB} = 4 - (-2) = 6$.
   Die x-Werte der Punkte B und C sind gleich. Damit ist die Strecke $\overline{BC}$ die Differenz der y-Werte (wieder größerer Wert – kleinerer Wert): $\overline{BC} = 4 - (-1) = 5$.
   Da die Strecke $\overline{CA}$ weder horizontal noch vertikal im Achsenkreuz liegt, muss sie mithilfe des Satzes des Pythagoras berechnet werden.

Da die Strecken $\overline{AB}$ und $\overline{BC}$ senkrecht aufeinanderstehen, gilt: $\overline{AB}^2 + \overline{BC}^2 = \overline{CA}^2$ mit den oben errechneten Längen: $6^2 + 5^2 = \overline{CA}^2$, also CA $\approx$ 7,81.
Somit beträgt der Umfang U $\approx 5 + 6 + 7{,}81 = 18{,}81$ LE.

3. Das Dreieck ABC ist rechtwinklig.

$$\tan\alpha = \frac{\text{Gegenkathete } \overline{BC}}{\text{Ankathete } \overline{AB}} = \frac{5}{6}, \text{ damit } \alpha \approx 39{,}81°$$

$\beta = 90°$

$\gamma = 180° - 90° - 39{,}81° = 50{,}19°$

d.

$$4a + \frac{b}{2} : \frac{c}{8} = 8 \qquad \Big| : \frac{c}{8} \text{ ist zu berechnen mit} \cdot \text{Kehrwert} \cdot \left(\frac{8}{c}\right)$$

$$4a + \frac{b}{2} \cdot \frac{8}{c} = 8 \qquad \Big| \text{ Kürzen } \frac{b}{2} \cdot \frac{8}{c}$$

$$4a + \frac{4b}{c} = 8 \qquad | \cdot c$$

$$4ac + 4b = 8c \qquad | - 4ac$$

$$4b = 8c - 4ac \qquad | : 4$$

$$b = 2c - ac$$

Aufgabe 2

a. 1. Alter Kühlschrank: Die Reparaturkosten von 200,00 EUR sind fest, während die Stromkosten in Höhe von 65,00 EUR jedes Jahr anfallen, also nach x Jahren 65 · x EUR betragen. Damit lautet die Vorschrift, die die Gesamtkosten y_{alt} für das alte Gerät nach x Jahren angibt:
$y_{alt} = 65x + 200$
Die Gesamtkosten für das neue Gerät y_{neu} lassen sich darstellen mit:
$y_{neu} = 25x + 400$

2.

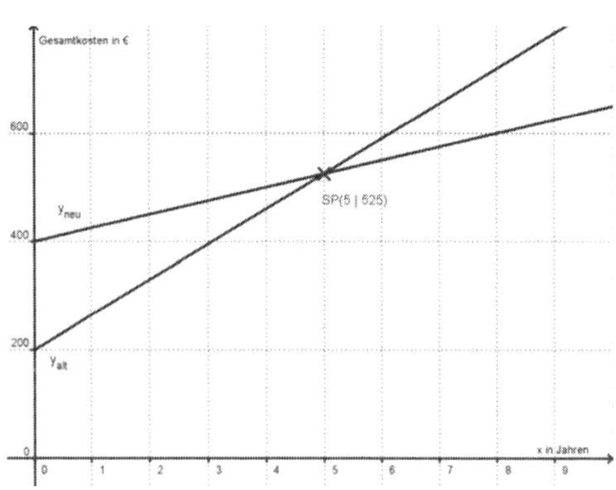

3. Die Kosten sind gleich hoch, wenn sich die beiden Geraden schneiden. Aus dem Schaubild lassen sich die Koordinaten des Schnittpunktes ablesen: SP(5 | 525).
Das bedeutet, dass die Kosten nach 5 Jahren mit jeweils insgesamt 525,00 EUR gleich sind.

b. 1. Berechnen der Schnittpunktkoordinaten durch Gleichsetzen der beiden Funktionsterme:

$(x - 3)^2 - 1 = x - 3$ | linke Seite ausmultiplizieren

$x^2 - 6x + 9 - 1 = x - 3$ | linke Seite zusammenfassen

$x^2 - 6x + 8 = x - 3$ | $-x + 3$

$x^2 - 7x + 11 = 0$ | quadratische Gleichung mit der Mitternachtsformel lösen

$$x_{1/2} = -\frac{-7}{2} \pm \sqrt{\frac{(-7)^2}{4} - 11} = 3{,}5 \pm \sqrt{1{,}25} \approx 3{,}5 \pm 1{,}12$$

Parabel und Gerade schneiden sich zwei Mal, da die Diskriminante > 0 ist. Berechnen der Koordinaten:

$x_1 = 3{,}5 + 1{,}12 = 4{,}62$

dazu gehörender y-Wert mit z. B. $y = x - 3$

$y = 4{,}62 - 3 = 1{,}62$ also $SP_1\,(4{,}62 \mid 1{,}62)$

$x_2 = 3{,}5 - 1{,}12 = 2{,}38$

dazu gehörender y-Wert $y = 2{,}38 - 3 = -0{,}62$ damit $SP_2(2{,}38 \mid -0{,}62)$

2. Bedingung für die Berechnung von Schnittpunkten mit der y-Achse: $x = 0$
Einsetzen in die Vorschrift für p: $y = (0 - 3)^2 - 1 = (-3)^2 - 1 = 9 - 1 = 8$ und $SP_y(0 \mid 8)$

c. Zu Beginn der Aufzeichnung (Zeit = 0) steht der Lastwagen. Dann fährt er los und beschleunigt in den ersten 40 Sekunden gleichmäßig bis auf 60 km/h. Dann fährt er die nächsten 30 Sekunden (ab der 40. bis zur 70. Sekunde) konstant 60 km/h. Ab der 70. Sekunde wird die Geschwindigkeit 10 Sekunden lang gleichmäßig bis auf 40 km/h verringert (heruntergebremst).

d. Formel für die Kreisfläche $A = \pi \cdot r^2$
Die Bank soll einen Durchmesser von 1,80 m, d. h. einen Radius $r_{Bank} = 90$ cm haben.
$A_{Bank} = \pi \cdot (90\text{ cm})^2 \approx 25.446{,}9\text{ cm}^2 \approx 2{,}55\text{ m}^2$
Davon muss die Fläche der beiden inneren Kreise abgezogen werden.
Der Baumstamm hat einen Durchmesser von 80 cm, also beträgt der Radius r = 40 cm, dazu kommen noch 5 cm Abstand vom Baum zur Bank, also:
$A_{innen} = \pi \cdot (45\text{ cm})^2 \approx 6.361{,}73\text{ cm}^2 \approx 0{,}64\text{ m}^2$
Die Kosten K für die Sitzfläche betragen also:

$$K = (2{,}55\text{ m}^2 - 0{,}64\text{ m}^2) \cdot 8\,\frac{\text{EUR}}{\text{m}^2} = 15{,}28\text{ EUR}$$

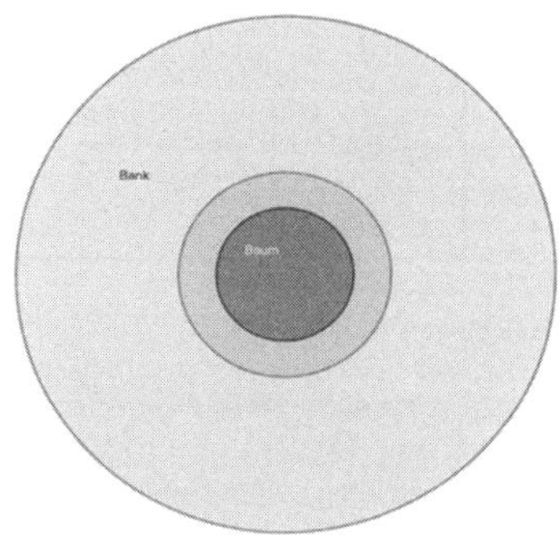

Aufgabe 3

a. 1. Berechnung der Steigung m_g der Geraden g durch die Punkte P(−2 | −6) und Q(3 | 9) ergibt:

$$m_g = \frac{y_2 - y_1}{x_2 - x_1} = \frac{9 - (-6)}{3 - (-2)} = \frac{15}{5} = 3$$

Einsetzen dieser Steigung und der Koordinaten eines der beiden Punkte (hier Q) in die allgemeine Geradengleichung $y = mx + b$

$9 = 3 \cdot 3 + b \mid -9 \Leftrightarrow b = 0$

und die gesuchte Gerade g hat die Gleichung $y = 3x$.

2. Die Gerade h ist parallel zu g, d. h., die Steigungen sind gleich: $m_g = m_h = 3$.
Der Punkt R(0 | −3) ist der Schnittpunkt von h mit der y-Achse, damit ist der y-Wert dieses Punktes der y-Achsenabschnitt $b = -3$.
Gleichung von h: $y = 3x - 3$

b. **Skizze**

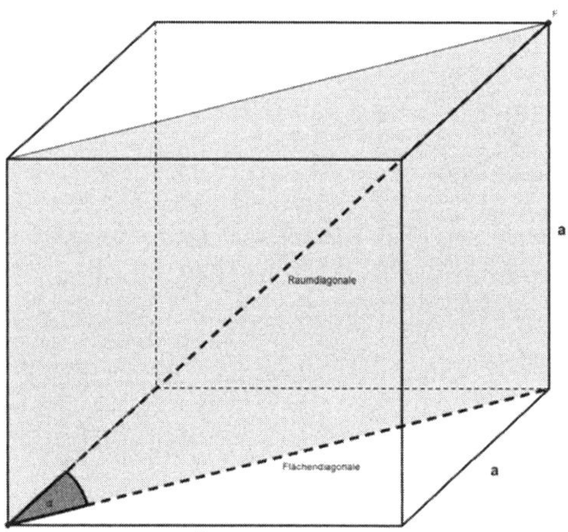

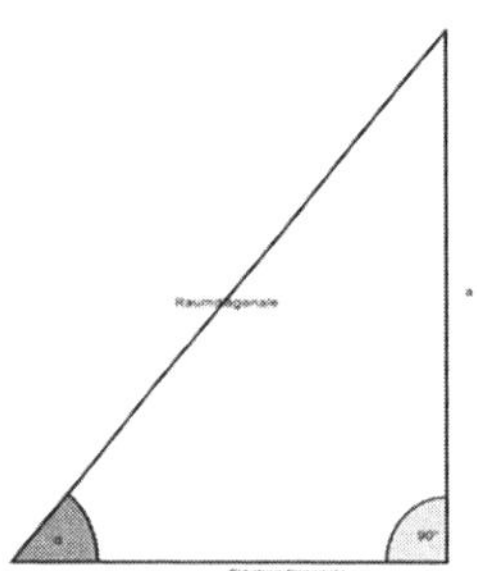

1. Berechnen der Länge der Flächendiagonalen mithilfe des Satzes des Pythagoras (die Seiten der Grundfläche sind senkrecht zueinander) für $a = 8$:
Flächendiagonale$^2 = 8^2 + 8^2 = 128$
damit Flächendiagonale $\approx 11{,}31$

Umfang U der grauen Fläche:
$U = 2 \cdot \text{Flächendiagonale} + 2 \cdot a$
$= 2 \cdot 11{,}31\text{ cm} + 2 \cdot 8\text{ cm}$
$= 38{,}62\text{ cm}$

Für den Flächeninhalt gilt:
$A_{\text{Fläche}} = \text{Flächendiagonale} \cdot a =$
$11{,}31\text{ cm} \cdot 8\text{ cm} = 90{,}48\text{ cm}^2$

2. Berechnung des Winkels α, da es sich um ein rechtwinkliges Dreieck handelt und die Flächendiagonale bezüglich α die Ankathete darstellt, die Seite a in Bezug auf α die Gegenkathete ist, gilt:

$$\tan\alpha = \frac{\text{Gegenkathete}}{\text{Ankathete}} = \frac{8}{11{,}31}$$

$\approx 0{,}707$

damit $\alpha \approx 35{,}26°$

c. $$\frac{12x(2x^2 - 2y^2)}{8(x^3 - y^2x)} = \frac{12x \cdot 2 \cdot (x^2 - y^2)}{8x(x^2 - y^2)} = \frac{24x}{8x} = 3$$

d. 1. x = Alter von Bernd, y = Alter von Sabine;
zusammen sind sie jetzt 30 Jahre alt, also $x + y = 30$;
vor 6 Jahren war Sabine $y - 6$ Jahre alt und Bernd $x - 6$;
würde man das Alter von Bernd zu diesem Zeitpunkt verdoppeln, dann wäre er damals gleich alt wie Sabine gewesen; es gilt also: $2 \cdot (x - 6) = y - 6$.
Damit können die Gleichungen (2) und (5) zur Berechnung des Alters benutzt werden.

2. Gleichung (2) $x + y = 30$ nach y auflösen ergibt $y = 30 - x$
und einsetzen in Gleichung (5) $2 \cdot (x - 6) = y - 6$ liefert $2 \cdot (x - 6) = 30 - x - 6$
also $2x - 12 = 24 - x \mid + x + 12$
$3x = 36 \Leftrightarrow x = 12$
Demnach ist Bernd jetzt 12 Jahre alt und Sabine $y = 30 - x = 30 - 12 = 18$ Jahre alt.

Aufgabe 4

a. 1.

x	−1	0	1	4
y	−6	−4	−2	4

(Werte aus der Skizze entnommen)

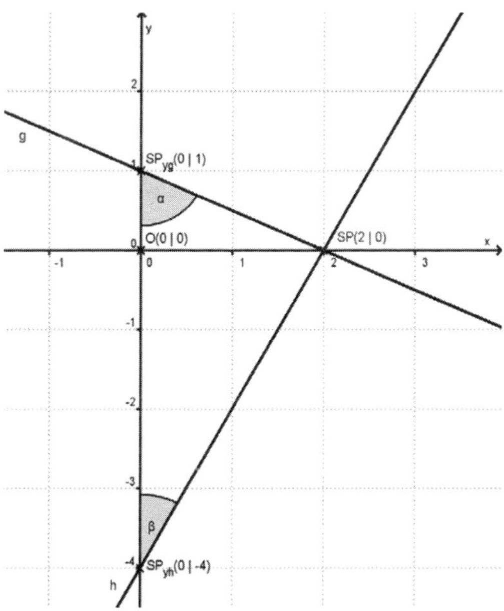

2. Steigung von h mit den in der Wertetabelle gegebenen Werten:
$$m_h = \frac{4 - (-6)}{4 - (-1)} = \frac{10}{5} = 2$$
Punktprobe mit z. B. (4 | 4)
in $y = mx + b$ ergibt
$4 = 2 \cdot 4 + b \mid - 8$
$b = -4$
damit die Gleichung von h
$y = 2x - 4$

3. g und h gleichsetzen
$$-\frac{1}{2}x + 1 = 2x - 4 \quad | \cdot 2$$
$$-x + 2 = 4x - 8 \quad | + x + 8$$
$$10 = 5x \quad | : 5$$
$$x = 2$$
y-Wert des Schnittpunktes
$y = 2 \cdot 2 - 4 = 0$
also SP(2 | 0)

4. Berechnen des Winkels α im rechtwinkligen Dreieck mit den Punkten SP(2 | 0), $SP_{yg}(0 \mid 1)$ und O(0 | 0):
   Dabei ist die Strecke $\overline{O(SP_{yg})} = 1$ die Ankathete von α und die Strecke $\overline{O(SP)} = 2$ die Gegenkathete bezüglich α.
   Mit $\tan(\alpha) = \frac{\text{Gegenkathete}}{\text{Ankathete}} = \frac{2}{1} = 2$ und somit $\alpha \approx 63{,}43^\circ$.
   Berechnen des Winkels β im rechtwinkligen Dreieck mit den Punkten SP(2 | 0), $SP_{yh}(0 \mid -4)$ und O(0 | 0):
   Dabei ist die Strecke $\overline{SP_{yh}O} = 4$ die Ankathete von β und die Strecke $\overline{O(SP)} = 2$ die Gegenkathete in Bezug auf β.
   $\tan(\beta) = \frac{2}{4} = 0{,}5$ und damit $\beta \approx 26{,}57^\circ$.
   Für den Winkel γ ergibt sich nun $\gamma = 180^\circ - 63{,}43^\circ - 26{,}57^\circ = 90^\circ$.
   (Dass die beiden Geraden g und h mit den Steigungen $m_g = -\frac{1}{2}$ und $m_h = 2$ senkrecht aufeinanderstehen, d. h. im SP einen Winkel von 90° einschließen, sieht man auch daran, dass gilt:
   $m_g \cdot m_h = -\frac{1}{2} \cdot 2 = -1$.)

b. **Skizze**

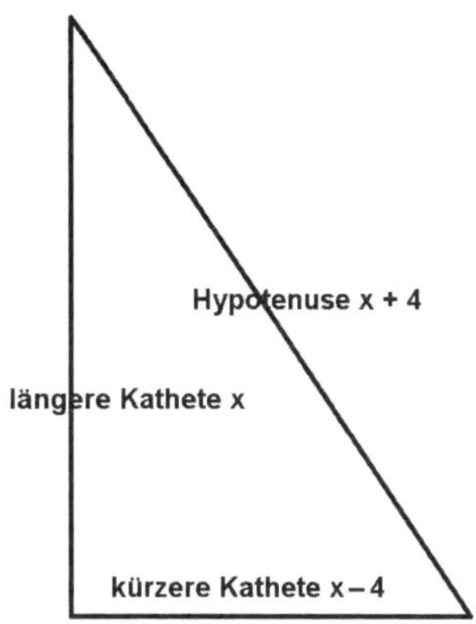

x = Länge der längeren Kathete
x − 4 = Länge der kleineren Kathete
x + 4 = Länge der Hypotenuse
Mithilfe des Satzes des Pythagoras gilt:
$x^2 + (x-4)^2 = (x+4)^2$
$x^2 + x^2 - 8x + 16 = x^2 + 8x + 16$
$2x^2 - 8x + 16 = x^2 + 8x + 16 \mid -x^2 - 8x - 16$
$x^2 - 16x = 0$
$x \cdot (x - 16) = 0$ | Satz vom Nullprodukt
$x_1 = 0$ (unbrauchbare Lösung)
$x_2 = 16$
Somit ergibt sich für die Seiten dieses Dreiecks:
16 = Länge der längeren Kathete
12 = Länge der kleineren Kathete
20 = Länge der Hypotenuse

c. Für die Grundfläche $G_{Pyramide}$ einer Pyramide gilt mit a = 6 cm:
   $G_{Pyramide} = a\text{ cm} \cdot a\text{ cm} = a^2\text{ cm}^2$.
   Das Volumen $V_{Pyramide}$ einer Pyramide mit h = a cm ist
   $V_{Pyramide} = \frac{1}{3} \cdot G_{Pyramide} \cdot h = \frac{1}{3} a^2\text{ cm}^2 \cdot a\text{ cm} = \frac{1}{3} a^3\text{ cm}^3$.
   Ein Würfel hat 6 Seiten und damit hat auch die Figur 6 Pyramiden. Für deren Gesamtvolumen gilt:
   $V_{6\text{ Pyramiden}} = 6 \cdot \frac{1}{3} \cdot a^3\text{ cm}^3 = 2a^3\text{ cm}^3$

Dazu kommt noch das Volumen des Würfels mit $V_{Würfel} = a\text{ cm} \cdot a\text{ cm} \cdot a\text{ cm} = a^3\text{ cm}^3$ und deshalb

$V_{Figur} = 2a^3\text{ cm}^3 + a^3\text{ cm}^3 = 3a^3\text{ cm}^3$ und somit ist Formel (4) richtig.

Für $a = 6$ cm eingesetzt in Formel (4) ergibt sich: $V_{Figur} = 3 \cdot 6^3\text{ cm}^3 = 648\text{ cm}^3$.

Aufgabe 5

a. 1. Da die Scheitelpunkte symmetrisch zum Ursprung liegen, muss der Ursprung sowohl in der Mitte der x-Werte der Scheitelpunkte als auch in der Mitte der y-Werte der Scheitelpunktkoordinaten liegen.

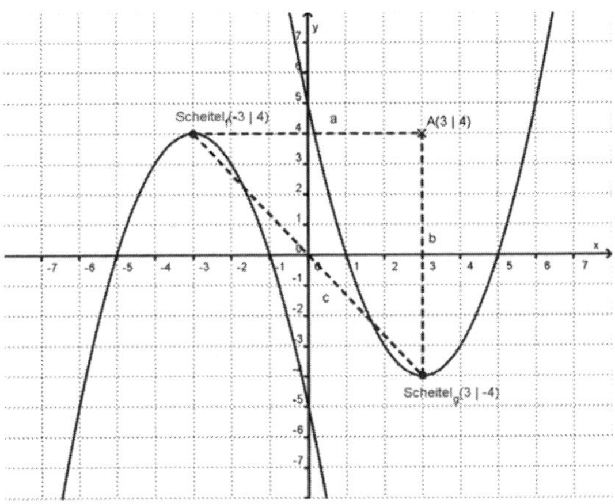

2. Koordinaten der Scheitelpunkte: $(-3 \mid 4)$ und $(3 \mid -4)$
3. Abstand der Scheitelpunkte mithilfe des Satzes des Pythagoras (siehe Skizze)
   a = Abstand der y-Werte
   $= 4 - (-4) = 8$
   b = Abstand der x-Werte
   $= 3 - (-3) = 6$
   Mit $c^2 = a^2 + b^2$ gilt:
   $c^2 = 8^2 + 6^2 = 100$
   $c = 10$
   Der Abstand zwischen den beiden Scheitelpunkten beträgt 10 LE.

b. 1.

$$(x + 3)^2 + (x + 5)(x - 3) = (x - 5)(x + 3) \quad | \text{ beide Seiten ausmultiplizieren}$$
$$x^2 + 6x + 9 + x^2 - 3x + 5x - 15 = x^2 + 3x - 5x - 15 \quad | \text{ zusammenfassen}$$
$$2x^2 + 8x - 6 = x^2 - 2x - 15 \quad | -x^2 + 2x + 15$$
$$x^2 + 10x + 9 = 0 \quad | \text{ Mitternachtsformel}$$
$$x_{1/2} = \frac{-10}{2} \pm \sqrt{\frac{10^2}{4} - 9} = -5 \pm \sqrt{16} = -5 \pm 4$$
$$x_1 = -9$$
$$x_2 = -1$$

2. Probe mit $x_1 = 9$

$$(-9+3)^2 + (-9+5)(-9-3) = (-9-5)(-9+3)$$
$$(-6)^2 + (-4)\cdot(-12) = (-14) - (-6)$$
$$36 + 48 = 84$$
$$84 = 84$$

w. A. $x = -9$ ist eine Lösung der Gleichung.

Probe für $x_2 = -1$

$$(-1+3)^2 + (-1+5)(-1-3) = (-1-5)(-1+3)$$
$$2^2 + 4\cdot(-4) = -6\cdot 2$$
$$4 - 16 = -12$$
$$-12 = -12$$

w. A. $x = -1$ ist eine Lösung der Gleichung.

c. 1. Für die Fläche eines gleichseitigen Dreiecks gilt die Formel:

$$A = \frac{a^2}{4}\cdot\sqrt{3} = \frac{(6\text{ cm})^2}{4}\cdot\sqrt{3} \approx 15{,}59\text{ cm}^2$$

Damit gilt für die Mantelfläche M dieser Pyramide, bestehend aus vier gleichseitigen Dreiecken: $M = 4\cdot 15{,}59\text{ cm}^2 = 62{,}36\text{ cm}^2$

2.

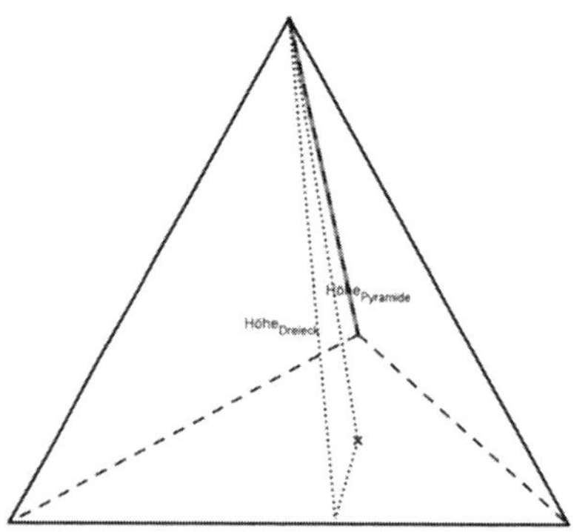

Die Höhe der Pyramide berechnet sich mit dem Satz des Pythagoras:

$$(\text{Höhe}_{\text{Pyramide}})^2 + \left(\frac{\text{Höhe}_{\text{Dreieck}}}{2}\right)^2 = (\text{Höhe}_{\text{Dreieck}})^2$$

Für die Höhe im gleichseitigen Dreieck gilt:

$$h = \frac{a}{2}\sqrt{3} = \frac{6\text{ cm}}{2}\cdot\sqrt{3} \approx 5{,}2\text{ cm}$$

Also

$$(\text{Höhe}_{\text{Pyramide}})^2 + \left(\frac{5{,}2\text{ cm}}{2}\right)^2 = (5{,}2\text{ cm})^2$$

$$\text{Höhe}_{\text{Pyramide}}$$
$$= 27{,}04\text{ cm}^2 - 6{,}76\text{ cm}^2$$
$$= 20{,}28\text{ cm}^2$$

und somit $\text{Höhe}_{\text{Pyramide}} \approx 4{,}50\text{ cm}$

d. $$\frac{\sqrt{8y^4}\cdot\sqrt{18y^3}}{\sqrt{4y^3}\cdot\sqrt{9y^2}} + \frac{\sqrt{144y^7}}{\sqrt{36y^5}} = \sqrt{\frac{8y^4\cdot 18y^3}{4y^3\cdot 9y^2}} + \sqrt{\frac{144y^7}{36y^5}} = \sqrt{\frac{144y^7}{36y^5}} + \sqrt{4y^2} = \sqrt{4y^2} + 2y$$

$$= 2y + 2y = 4y$$

Prüfungsaufgaben 2011 (Juni)

Aufgabe 1

a. Gleichsetzen der beiden Terme und nach x auflösen:

$$-\frac{1}{4}x^2 - \frac{1}{2}x + 6 = -\frac{3}{2}x + 3 \qquad | \cdot \text{HN } 4$$

$$-x^2 - 2x + 24 = -6x + 12 \qquad | + 6x - 12$$ (da quadratische Gleichung: eine Seite zu null machen)

$$-x^2 + 4x + 12 = 0$$ Mitternachtsformel

$$x_{1:2} = \frac{-4 \pm \sqrt{4^2 - 4 \cdot (-1) \cdot 12}}{2 \cdot (-1)} = \frac{-4 \pm \sqrt{16 + 48}}{-2} = \frac{-4 \pm \sqrt{64}}{-2} = \frac{-4 \pm 8}{-2}$$

$$x_1 = \frac{-4 + 8}{-2} = \frac{4}{-2} = -2$$

$$x_2 = \frac{-4 - 8}{-2} = \frac{-12}{-2} = 6$$

Berechnen der dazugehörenden y-Werte mithilfe der Vorschrift der Geraden g:

$x_1 = -2$ g: $y = -\frac{3}{2} \cdot (-2) + 3 = 3 + 3 = 6$, also $SP_1\,(-2 \mid 6)$

$x_2 = 6$ g: $y = -\frac{3}{2} \cdot 6 + 3 = -9 + 3 = -6$, also $SP_2\,(6 \mid -6)$

b. 1.

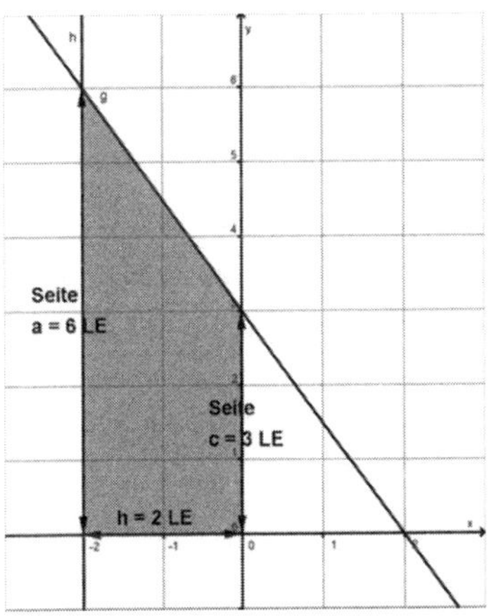

2. Da zwei Seiten zueinander parallel sind, handelt es sich um ein Trapez, das die Höhe h = 2 LE und die beiden parallelen Seiten a und c mit den Längen a = 6 LE und c = 3 LE besitzt.

Formel zur Berechnung des Flächeninhalts eines Trapezes:

$$A = \frac{1}{2}(a + c) \cdot h$$

$$= \frac{1}{2}(6 \text{ LE} + 3 \text{ LE}) = 2 \text{ LE}$$

$$= \frac{1}{2} \cdot 9 \text{ LE} \cdot 2 \text{ LE} = 9 \text{ LE}^2 = 9 \text{ FE}$$

LE = Längeneinheiten

FE = Flächeneinheiten

c. 1.

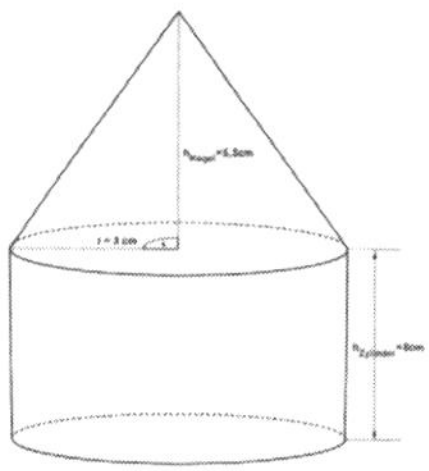

Formel zur Berechnung des Zylindervolumens:

$V_{Zylinder} = \pi r^2 \cdot h = \pi \cdot (3\text{ cm})^2 \cdot 8\text{ cm} \cong 226{,}2\text{ cm}^3$

Formel zur Berechnung des Kegelvolumens:

$V_{Kegel} = \frac{1}{3}\pi r^2 \cdot h = \frac{1}{3}\pi\,(3\text{ cm})^2 \cdot 5{,}5\text{ cm} \cong 51{,}8\text{ cm}^3$

Damit ergibt sich für das Volumen des Körpers:

$V_{Körper} = 226{,}2\text{ cm}^3 + 51{,}8\text{ cm}^3 = 278{,}0\text{ cm}^3$

2. Der neue Kegel muss ein Volumen von
$V_{Kegelneu} = V_{Körper} - V_{Zylinder} = 295\text{ cm}^3 - 226{,}2\text{ cm}^3 = 68{,}8\text{ cm}^3$ haben.

Der Radius des neuen Kegels beträgt immer noch 3 cm, da der Zylinder in seiner Form gleich bleibt. Unbekannt ist die Höhe h_{neu} des neuen Kegels.

Somit gilt:

$$68{,}8\text{ cm}^3 = \frac{1}{3} \cdot (3\text{ cm})^2 \cdot \pi \cdot h_{Kegel\ neu}$$

$$68{,}8\text{ cm}^3 = 3\text{ cm}^2 \cdot \pi \cdot h_{Kegel\ neu} \qquad |:3\text{ cm}^2\,|:\pi$$

$$\frac{68{,}8\text{ cm}^3}{3\text{ cm}^2 \cdot \pi} = h_{Kegel\ neu}$$

$$h_{Kegel\ neu} \cong 7{,}3\text{ cm}$$

d. Die unbekannte Höhe des Geldpreises für Alexander sei x EUR.
Dann gilt für die Höhe des Preises für Sabine, die 200,00 EUR mehr gewonnen hat:
x + 200,00 EUR,
und für Florian, der doppelt so viel wie Sabine gewonnen hat, gilt: 2 · (x + 200) EUR. Zusammen haben sie 1.320,00 EUR gewonnen, also ist:

x EUR + (x + 200) EUR + 2 · (x + 200) EUR= 1.320,00 EUR | : EUR und Klammer ausmultiplizieren

$x + x + 200 + 2x + 400 = 1.320$ | linke Seite zusammenfassen

$4x + 600 = 1.320$ | -600

$4x = 720$ | $:4$

$x = 180$

Somit gewinnen

Alexander: x = 180,00 EUR

Sabine: x + 200 = 180 + 200 = 380,00 EUR

Florian: 2 · (x + 200) = 2 · (180 + 200) = 2 · 380 = 760,00 EUR

Aufgabe 2

a.

$$\begin{array}{lrcll} I_1 & 5x - 2y & = & 0 & \\ II_1 & -3y & = & \frac{1}{2}(2 - 14x) & |\text{ Klammer ausmultiplizieren} \end{array}$$

$$\begin{array}{lrcll} I_2 & 5x - 2y & = & 0 & \\ II_2 & -3y & = & 1 - 7x & | + 7x \end{array}$$

$$\begin{array}{lrcll} I_3 & 5x - 2y & = & 0 & | \cdot 3 \\ II_3 & 7x - 3y & = & 1 & | \cdot (-2) \end{array}$$

$$\begin{array}{lrcl} I_4 & 15x - 6y & = & 0 \\ II_4 & -14x + 6y & = & -2 \end{array}$$

Gleichung I_4 + Gleichung II_4 ergibt

$$\begin{array}{rcll} x & = & -2 & |\text{ eingesetzt in } 15x - 6y = 0 \text{ ergibt} \\ 15 \cdot (-2) - 6y & = & 0 & | + 6y \\ -30 & = & 6y & | : 6 \\ y & = & -5 & \end{array}$$

Antwort: Für $x = -2$ und $y = -5$ ist das lineare Gleichungssystem lösbar.

b. 1. a: $y = x^2 + 4x + 3$ — a ist eine nach oben geöffnete Normalparabel.

b: $y = x^2 + 3$ — b ist eine nach unten geöffnete Parabel, da vor dem x^2 ein Minuszeichen steht, also kann nur die Parabel a zum Schaubild passen.

c: $y = -\frac{1}{4}x + 4$ — c ist eine Gerade mit der negativen Steigung $\frac{1}{4}$ und dem y-Achsenabschnitt +4. Die gezeichnete Gerade ist allerdings steiler, also kann c nicht die gesuchte Gerade sein.

d: $y = -4x + 4$ — d ist die gesuchte Gerade, da ihr y-Achsenabschnitt +4 ist sowie die Steigung −4 beträgt.

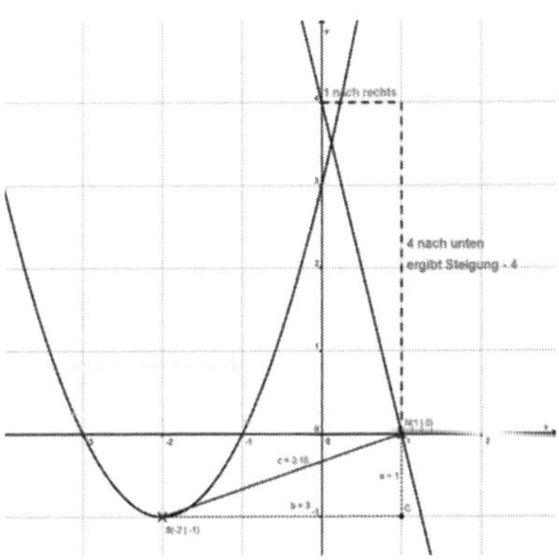

2. Das Dreieck SBN ist rechtwinklig. Mithilfe des Satzes des Pythagoras

$a^2 + b^2 = c^2$

sowie a = 1 LE und b = 3 LE gilt deshalb:

$c = \sqrt{1^2 + 3^2} = \sqrt{1 + 9} = \sqrt{10} \cong 3{,}16$

Antwort: Der Abstand beträgt 3,16 LE.

c.

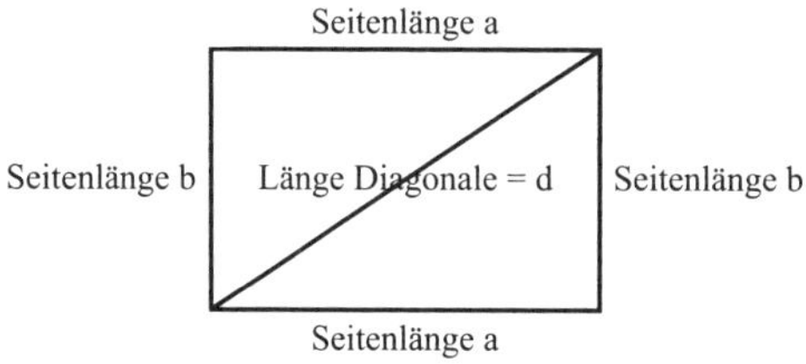

Satz des Pythagoras $a^2 + b^2 = d^2$ liefert für das Dreieck, bestehend aus zwei Seiten und der Diagonale mit Länge 53 cm:

$a^2 + b^2 = (53\text{ cm})^2 = 2.809\text{ cm}^2$ (I)

Für den Umfang U mit einer Länge von 146 cm gilt:

$2a + 2b = 146$ cm und daraus

$a = 73\text{ cm} - b$ (II)

Gleichung (II) eingesetzt in Gleichung (I):

$$(73\text{ cm} - b)^2 + b^2 = 2.809\text{ cm}^2 \quad | \text{ Klammer auflösen}$$

$$5.329\text{ cm}^2 - 146b\text{ cm} + b^2 + b^2 = 2.809\text{ cm}^2 \quad | - 2.809\text{ cm}^2 \text{ und linke Seite sortieren}$$

$$2b^2 - 146b\text{ cm} + 2.520\text{ cm}^2 = 0 \quad | : 2$$

$$b^2 - 73b\text{ cm} + 1.260\text{ cm}^2 = 0 \quad \text{Mitternachtsformel}$$

$$b_{1/2} = \frac{73\text{ cm} \pm \sqrt{(73\text{ cm})^2 - 4 \cdot 1 \cdot 1.260\text{ cm}^2}}{2 \cdot 1}$$

$$= \frac{73\text{ cm} \pm \sqrt{5.329\text{ cm}^2 - 5.040\text{ cm}^2}}{2}$$

$$= \frac{73\text{ cm} + \sqrt{289\text{ cm}^2}}{2} = \frac{73\text{ cm} \pm 17\text{ cm}}{2}$$

$$b_1 = \frac{73\text{ cm} \pm 17\text{ cm}}{2} = 45\text{ cm}$$

$$b_2 = \frac{73\text{ cm} - 17\text{ cm}}{2} = 28\text{ cm}$$

$b_1 = 45$ cm eingesetzt in Gleichung (II) ergibt: $a_1 = 73\text{ cm} - 45\text{ cm} = 28\text{ cm}$

$b_2 = 28$ cm eingesetzt in Gleichung (II) liefert: $a_2 = 73\text{ cm} - 28\text{ cm} = 45\text{ cm}$

Antwort: Die Rechteckseiten sind 28 cm und 45 cm lang.

d. 1. Gesucht ist eine Zahl x.

Das Doppelte dieser Zahl x ist 2x und ein Drittel dieser Zahl ist $\frac{1}{3}x = \frac{x}{3}$.

Möglicher Text: „Addiert man zum Doppelten einer Zahl ihren dritten Teil, so erhält man 14.“

2.

$$2x + \frac{x}{3} = 14 \quad | \cdot 3 \text{ (HN)}$$

$$6x + x = 42 \quad | \text{ linke Seite zusammenfassen}$$

$$7x = 42 \quad | : 7$$

$$x = 6 \quad \text{Antwort: Die gesuchte Zahl lautet 6.}$$

Aufgabe 3

a. 1.

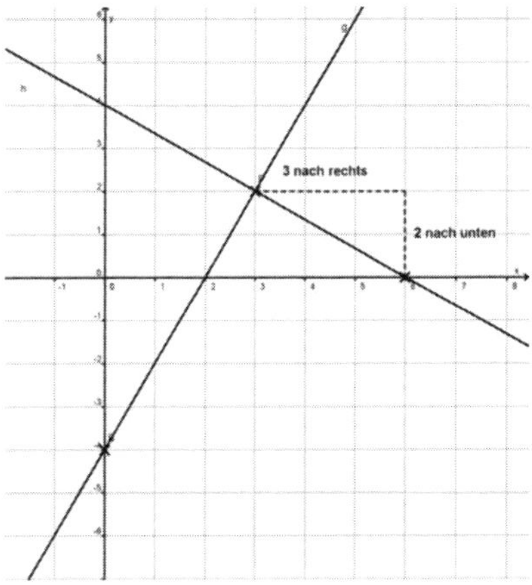

Geraden zeichnen

Da der Schnittpunkt (3 | 2) bekannt ist, müssen beide Geraden durch diesen Punkt verlaufen.
Von der Geraden g ist der y-Achsenabschnitt bekannt, d. h., diese Gerade verläuft zudem durch den Punkt (0 | −4).

Von der Geraden g ist die Steigung $-\frac{2}{3}$ bekannt.

Geht man also vom auf g liegenden Punkt (2 | 3) 1 Einheit nach rechts, dann muss man $\frac{2}{3}$ Einheiten nach unten (wegen des Minus), um einen weiteren Punkt auf dieser Geraden zu erhalten.

Allerdings kann die Steigung $-\frac{2}{3}$ auf diese Weise nicht exakt abgetragen werden. Statt 1 Einheit geht man $3 \cdot 1$ Einheit nach rechts und geht dann $3 \cdot \frac{2}{3} = 2$ Einheiten nach unten.

2. Berechnen der Geradengleichung mithilfe der Hauptform $y = mx + b$, wobei m die Steigung der Geraden angibt und b den y-Achsenabschnitt.
   Die Gerade g geht durch den Punkt (3 | 2), also ist $x = 3$ und $y = 2$; zudem ist $b = -4$, da der y-Achsenabschnitt bekannt ist. Diese Werte in die Hauptform einsetzen, um die noch unbekannte Steigung zu berechnen:
   $2 = m \cdot 3 + (-4)$ liefert $m = 2$ und damit
   g: $y = 2x - 4$.

   Die Gerade h geht durch den Punkt (3 | 2) und hat die Steigung $-\frac{2}{3}$. Um den unbekannten y-Achsenabschnitt zu berechnen, diese Werte wiederum in die Hauptform einsetzen:

   $2 = -\frac{2}{3} \cdot 3 + b$ ergibt $b = 4$ und somit

   h: $y = -\frac{2}{3}x + 4$.

b.

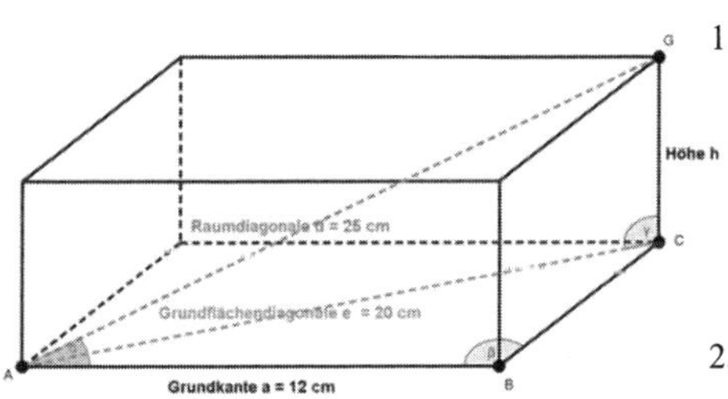

1. Das Dreieck ABC ist im Winkel β rechtwinklig. Deshalb gilt mithilfe des Satzes von Pythagoras
   $(12\text{ cm})^2 + b^2 = (20\text{ cm})^2$,
   damit $b^2 = (20\text{ cm})^2 - (12\text{ cm})^2$
   und $b = \sqrt{400\text{ cm}^2 - 144\text{ cm}^2}$
   $= \sqrt{256\text{ cm}} = 16\text{ cm}$.
2. Das Dreieck ACG hat bei γ einen rechten Winkel. Wiederum mit Pythagoras gilt:
   $(20\text{ cm})^2 + h^2 = (25\text{ cm})^2$, also $h = 15\text{ cm}$

3. Im rechtwinkligen Dreieck ACG gilt:

$$\cos\alpha = \frac{\text{Ankathete}}{\text{Hypotenuse}} = \frac{\text{Grundflächendiagonale d}}{\text{Raumdiagonale e}} = \frac{20\text{ cm}}{25\text{ cm}} = 0{,}8 \text{ und deshalb } \alpha \cong 36{,}87°$$

c. 1. Der Preis für ein Brötchen betrage x EUR, der für eine Brezel y EUR.
Dann gilt:

$$(I_1)\quad 6x + 3y = 5{,}10\text{ EUR} \quad |\cdot 2$$
$$(II_1)\quad 4x + 2y = 3{,}20\text{ EUR} \quad |\cdot(-3)$$

$$(I_2)\quad 12x + 6y = 10{,}20\text{ EUR}$$
$$(II_2)\quad -12x - 6y = -9{,}60\text{ EUR}$$

Gleichung I_2 zu Gleichung II_2 addieren

$$0 = 0{,}60\text{ EUR} \quad |\text{ das ist eine falsche Aussage.}$$

Das heißt, dass das lineare Gleichungssystem keine Lösung hat, und damit können keine Preise x für ein Brötchen und y für eine Brezel so ermittelt werden, dass die vom Bäcker verlangten Beträge (5,10 EUR von Tim und 3,20 EUR von Xenia) stimmen können.

2. Wieder sei der Preis für ein Brötchen x EUR, der für eine Brezel y EUR.

$$(I_1)\quad 6x + 3y = 5{,}10\text{ EUR} \quad |\cdot 1$$
$$(II_1)\quad 2x + 2y = 2{,}50\text{ EUR} \quad |\cdot(-3)$$

$$(I_2)\quad 6x + 3y = 5{,}10\text{ EUR}$$
$$(II_2)\quad -6x - 6y = -7{,}50\text{ EUR}$$

Gleichung I_2 zu Gleichung II_2 addieren

$$-3y = -2{,}40\text{ EUR} \quad |:(-3)$$
$$y = 0{,}80\text{ EUR}$$ Damit beträgt der Preis für eine Brezel 0,80 EUR.

Berechnung des Preises für ein Brötchen. y = 0,80 EUR einsetzen in z. B. Gleichung II_1:

$$2x + 2\cdot 0{,}80\text{ EUR} = 2{,}50\text{ EUR} \quad |-1{,}60\text{ EUR}$$
$$2x = 0{,}90\text{ EUR} \quad |:2$$
$$x = 0{,}45\text{ EUR}$$ Also kostet ein Brötchen 0,45 EUR.

Aufgabe 4

a. 1. Berechnen der sogenannten Nullstellen von p_1 mithilfe der Bedingung y = 0.

$$x^2 - 4x - \frac{9}{4} = 0 \quad |\text{ Mitternachtsformel}$$

$$x_{1:2} = \frac{-(-4) \pm \sqrt{(-4)^2 - 4\cdot 1\cdot\left(-\frac{9}{4}\right)}}{2\cdot 1}$$
$$= \frac{4 \pm \sqrt{16+9}}{2} = \frac{4 \pm \sqrt{25}}{2} = \frac{4 \pm 5}{2}$$

$$x_1 = \frac{4+5}{2} = \frac{9}{2} = 4{,}5$$

$$x_2 = \frac{4-5}{2} = -\frac{1}{2} = -0{,}5$$

Berechnen des Scheitelpunktes von p_1.

Der x-Wert des Scheitelpunktes liegt immer genau in der Mitte der beiden Nullstellen.

$$x_{\text{ScheitelMitte}} = \frac{x_1 + x_2}{2} = \frac{4{,}5 + (-0{,}5)}{2} = 2$$

Bestimmen des y-Wertes des Scheitels mithilfe der Vorschrift $y = x^2 - 4x - \frac{9}{4}$

$y = 2^2 - 4 \cdot 2 - \frac{9}{4} = 4 - 8 - \frac{9}{4} = -6{,}25$ und damit Scheitelkoordinaten von p_1 $(2 \mid -6{,}25)$

2. Zeichnen von p_2 mithilfe einer Wertetabelle. Zu den selbstständig gewählten x-Werten werden die y-Werte mit der Vorschrift von p_2 berechnet (gezeigt am Beispiel $x = -4$) $y = -\frac{1}{4} \cdot (-4)^2 + 1{,}75 = -0{,}25 \cdot 16 + 1{,}75 = -4 + 1{,}75 = -2{,}25$; also liegt der Punkt $(-4 \mid -2{,}25)$ auf der Parabel p_2.

x	−4	−3	−2	−1	0	1	2	3	4	5
y	−2,25	−0,5	0,75	1,5	1,75	1,5	0,75	−0,5	−2,25	−4,5

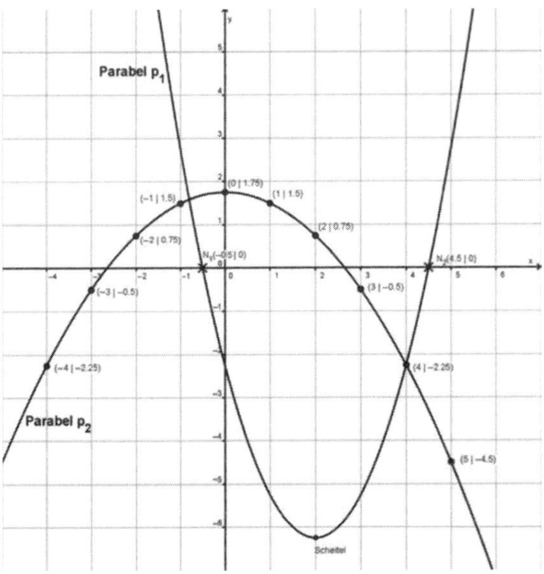

b. $\sqrt{\frac{3c^7}{2d}} : \sqrt{\frac{c}{6d^{11}}} = \sqrt{\frac{3c^7}{2d}} \cdot \sqrt{\frac{6d^{11}}{c}} = \sqrt{\frac{3c^7 \cdot 6d^{11}}{2d \cdot c}} = \sqrt{\frac{18c^7 \cdot d^{11}}{2d \cdot c}} \overset{\text{kürzen}}{=} \sqrt{9c^6d^{10}}$

$= \sqrt{9} \cdot \sqrt{c^6} \cdot \sqrt{d^{10}} = 3c^3d^5$

c.

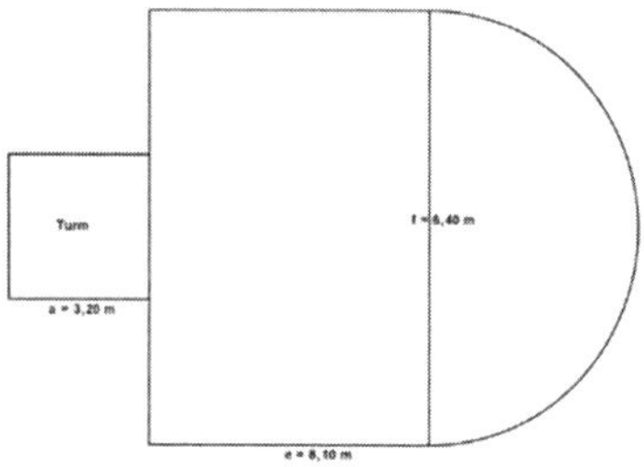

1. Die Grundfläche der Kirche besteht aus einem Quadrat mit der Seitenlänge a, also der Fläche a^2, einem Rechteck mit den Seitenlängen e und f, demnach der Fläche $e \cdot f$, und einem Halbkreis mit dem Radius $\frac{f}{2}$, somit einem Flächeninhalt von

$$\frac{1}{2} \cdot \pi \cdot \left(\frac{f}{2}\right)^2$$

$$= \frac{1}{2} \cdot \frac{f^2}{2} \cdot \pi = \frac{1}{8} \cdot f^2 \cdot \pi.$$

$$\text{Grundfläche}_{\text{Kirche}} = a^2 + e \cdot f + \frac{1}{8} \cdot f^2 \cdot \pi$$

2. Mit den angegebenen Zahlen a = 3,20 m, e = 8,10 m und f = 6,40 m, eingesetzt in die obige Formel, erhält man für die $\text{Grundfläche}_{\text{Kirche}}$

$$= (3{,}20\ \text{m})^2 + 8{,}10\ \text{m} \cdot 6{,}40\ \text{m} + \frac{1}{8} \cdot (6{,}40\ \text{m})^2 \cdot \pi$$

$$= 10{,}24\ \text{m}^2 + 51{,}84\ \text{m}^2 + 5{,}12\ \text{m}^2 \cdot \pi$$

$$\approx 78{,}16\ \text{m}^2.$$

3.

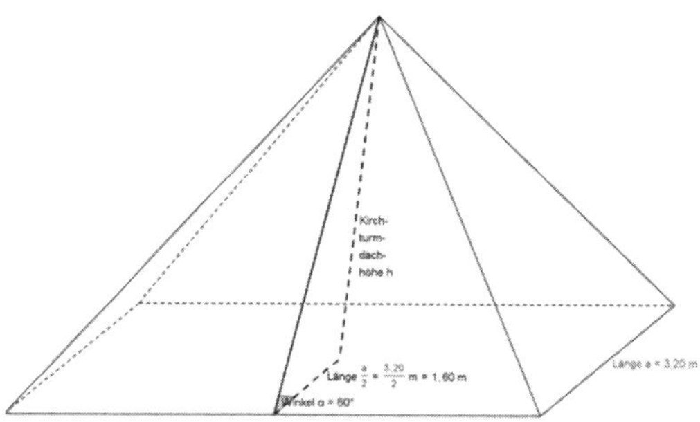

Die Kirchturmdachhöhe steht rechtwinklig auf der Grundfläche, deshalb gilt:

$$\tan \alpha = \frac{\text{Gegenkathete}}{\text{Ankathete}}$$

$$\tan 60° = \frac{h}{1{,}60\ \text{m}} \quad | \cdot 1{,}60\ \text{m}$$

Kirchturmdachhöhe

$$h = 1{,}60\ \text{m} \cdot \tan 60° \approx 2{,}77\ \text{m}$$

Der Kirchturm ist

12 m + 2,77 m = 14,77 m hoch.

Aufgabe 5

a. Die Anzahl der 7 cm breiten Ordner werden mit x bezeichnet, die Anzahl der 5 cm breiten Ordner mit y.
Dann ergibt sich für die Anzahl der Ordner auf dem Regal die Gleichung:
$x + y = 18$, da insgesamt 18 Ordner auf dem Regal stehen.
Da auf dem Regal 1 m = 100 cm Platz ist, gilt: $7x + 5y = 100$.
Folgendes lineares Gleichungssystem, bestehend aus zwei Gleichungen, ist also zu lösen:

$$\begin{array}{llcrl} (I_1) & x + y & = & 18 & | \cdot (-7) \\ (II_1) & 7x + 5y & = & 100 & | \cdot 1 \\ (I_2) & -7x - 7y & = & -126 & \end{array}$$

(II_2)	$7x + 5y$	$=$	100	

Gleichung II_1 zu Gleichung II_2 addieren, ergibt:

	$-2y$	$=$	-26	$\mid : (-2)$
	y	$=$	13	
Einsetzen in I_1	$x + 13$	$=$	18	$\mid -13$
	x	$=$	5	

Also stehen 13 Ordner mit einer Breite von 5 cm und 5 Ordner mit einer Breite von 7 cm auf dem 1 m breiten Regal.

b. 1.

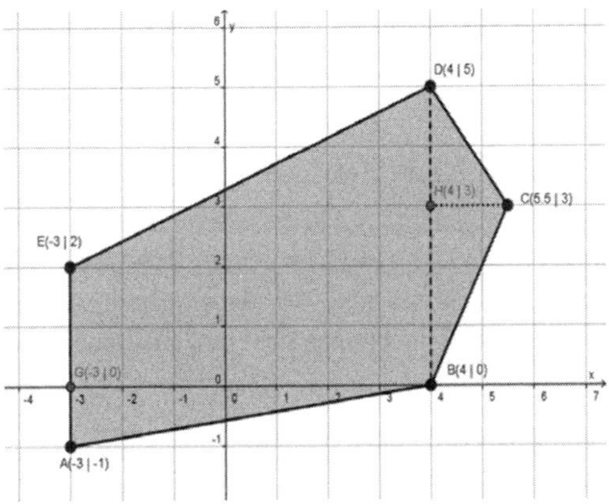

2. Das Fünfeck besteht aus dem Trapez ABDE (die Seiten AE und BD sind parallel) und dem Dreieck BCD (Anmerkung: die Höhe HC steht senkrecht auf der Grundseite BD).

Formel Trapezfläche: $\frac{1}{2}(a + c) \cdot h$

mit $a = \overline{AE} = 2 - (-1) = 3$,

$c = \overline{BD} = 5 - 0 = 5$

und $h = \overline{EF} = 4 - (-3) = 7$

$A_{Trapez} = \frac{1}{2}(3 + 5) \cdot 7 = 28$ FE

Formel Dreiecksfläche: $\frac{1}{2} \cdot g \cdot h$

mit $g = \overline{BD} = 5$

und $h = \overline{HC} = 5{,}5 - 4 = 1{,}5$

$A_{Dreieck} = \frac{1}{2} \cdot 5 \cdot 1{,}5 = 3{,}75$ FE

Antwort: Die Fläche des Fünfecks beträgt 28 FE + 3,75 FE = 31,75 FE.

c. $\sqrt{x^3 \cdot x} \cdot \sqrt{98 \cdot 0{,}5} = 7x^2$, denn $\sqrt{x^3 \cdot x} = \sqrt{x^{1+3}} = \sqrt{x^4} = x^2$ und $\sqrt{98 \cdot 0{,}5} = \sqrt{49} = \sqrt{7^2} = 7$

d. 1. Zur Berechnung des Schnittpunktes der beiden Geraden werden die beiden Funktionsterme gleichgesetzt:

$x - 1$	$=$	$-\frac{1}{2}x + 3{,}5$	$\mid +\frac{1}{2}x + 1$
$1{,}5x$	$=$	$4{,}5$	$\mid : 1{,}5$
x	$=$	3	

Zur Berechnung des y-Wertes des Schnittpunktes wird der x-Wert 3 in eine der beiden Geradengleichungen eingesetzt, z. B. in $y = x - 1$

$y = 3 - 1 = 2$ damit SP(3 | 2)

2. Da der Schnittpunkt der beiden Geraden die x-Koordinate 3 hat, muss der Koordinatenursprung 3 Einheiten weiter links liegen; da der y-Wert des Schnittpunktes den Wert 2 hat, muss zudem der Koordinatenursprung 2 Einheiten weiter unten liegen. Damit ergibt sich folgendes Bild:

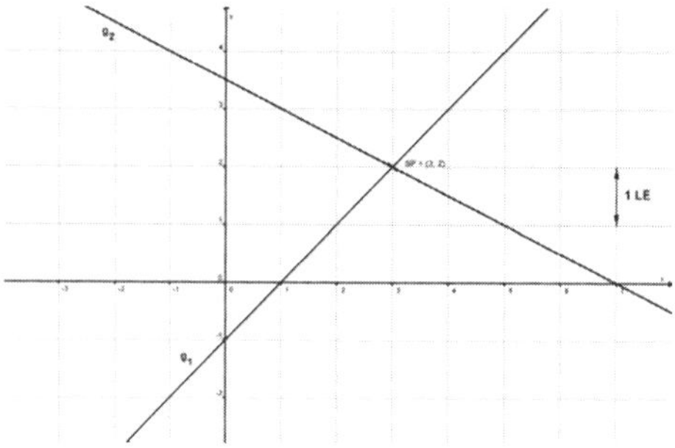

Prüfungsaufgaben 2011

Aufgabe 1

a. 1. Die Gerade g hat den y-Achsenabschnitt −6, d. h., sie geht durch den Punkt Q(0 | −6) und hat die Steigung $\frac{4}{3}$. Beim Zeichnen geht man, um die Steigung abzutragen, von dem auf der Geraden g liegenden Punkt Q(0 | −6) eine Längeneinheit nach rechts und $\frac{4}{3}$ Längeneinheiten nach oben. Um die Steigung allerdings genauer abtragen zu können, geht man besser $1 \cdot 3 = 3$ Längeneinheiten nach rechts, muss dann aber $\frac{4}{3} \cdot 3 = 4$ Längeneinheiten nach oben abtragen.

Damit erhält man einen zweiten Punkt R von g (siehe Skizze).

Die Gerade h liegt noch nicht in der Form $y = mx + b$ vor, bei der man die Steigung und den y-Achsenabschnitt ablesen kann. Deshalb h zuerst nach y umformen.

$$x + 2y = 7 \quad | -x$$
$$2y = -x + 7 \quad | :2$$
$$y = -\frac{1}{2}x + \frac{7}{2} \quad | \text{ also geht h durch den Punkt S(0 | 3,5) und hat die Steigung } -0{,}5$$

Zeichnen von h:
Punkt S(0 | $\frac{7}{2}$) = S(0 | 3,5) im Koordinatensystem markieren und dann von dort aus die Steigung −0,5 abtragen; d. h., man geht 1 Längeneinheit nach rechts und 0,5 Längeneinheiten nach unten (wegen des Minuszeichens) und bekommt so einen weiteren Punkt T von dieser Geraden (siehe Skizze).

Zeichnen von k:
Zuerst den Punkt P(1,5 | 4) im Koordinatensystem markieren.
Da k parallel zu g verläuft, hat k die gleiche Steigung wie g, also $\frac{4}{3}$.
Um einen zweiten Punkt von k zu erhalten, diese Steigung vom Punkt P aus abtragen (gleiches Verfahren wie bei der Geraden g).

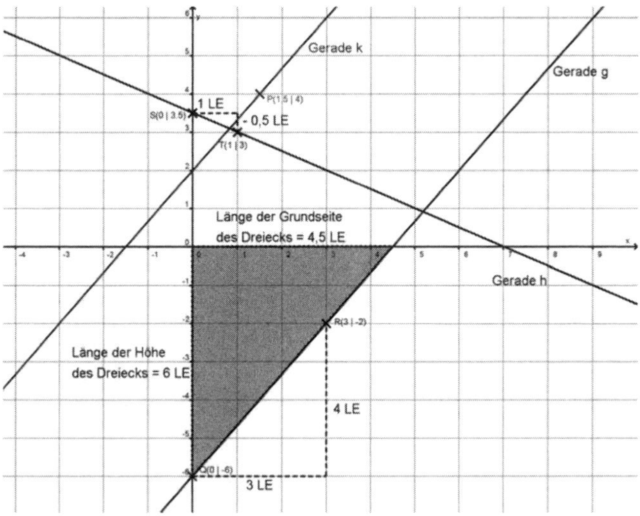

2. Die Gerade k hat die gleiche Steigung $m = \frac{4}{3}$ wie g. Sie geht zudem durch den Punkt P(1,5 | 4). Demnach ist der x-Wert = 1,5 und der y-Wert = 4.
   Diese drei Werte (y, x und m) in die Hauptform (y = mx + b) einer Geraden einsetzen ergibt:

   $$4 = \frac{4}{3} + 1{,}5 + b$$
   $$4 = 2 + b \qquad | - 2 \text{ (um nach b aufzulösen)}$$
   $$2 = b$$

   Somit erhält man für k: $y = \frac{4}{3}x + 2$ (ist auch aus der Zeichnung ablesbar, da man für k den y-Achsenabschnitt 2 erkennt).

3. Die Grundseite des – im Ursprung rechtwinkligen – Dreiecks ist die Strecke zwischen dem Schnittpunkt von g mit der x-Achse und dem Ursprung.
   Berechnung des Schnittpunktes mit der x-Achse:

   $$y = 0$$
   $$\frac{4}{3}x - 6 = 0 \qquad | + 6$$
   $$\frac{4}{3}x = 0 \qquad | \cdot \frac{3}{4}$$
   $$x = \frac{18}{4} = \frac{9}{2} = 4{,}5$$

   Damit beträgt die Länge der Grundseite 4,5 LE.
   Die Höhe des Dreiecks ist die Strecke zwischen dem Ursprung und dem Schnittpunkt von g mit der y-Achse (0 | −6).
   $\text{Höhe}_{\text{Dreieck}} = 0 - (-6) = 6 \text{ LE}$
   Also $\text{Fläche}_{\text{Dreieck}} = \frac{1}{2} \cdot 4{,}5 \text{ LE} \cdot 6 \text{ LE} = 13{,}5 \text{ LE}^2 = 13{,}5 \text{ FE}$.

b. 1. Die unbekannte Anzahl der verkauften Bund Spargel werde mit x bezeichnet, die unbekannte Anzahl der verkauften Schälchen Erdbeeren mit 2x, da doppelt so viele Schälchen Erdbeeren wie Bund Spargel verkauft wurden.
Für die Einnahmen am Montag gilt dann:

$$4{,}00\frac{\text{EUR}}{\text{Bund Spargel}} \cdot x \text{ Bund Spargel} + 1{,}50\frac{\text{EUR}}{\text{Schälchen Erdbeeren}} \cdot 2x \text{ Schälchen Erdbeeren}$$
$= 280{,}00$ EUR
$4x$ EUR $+ 3x$ EUR $= 280{,}00$ EUR
$7x$ EUR $= 280{,}00$ EUR | : (7,00 EUR)
$x = 40$
Damit wurden am Montag 40 Bund Spargel und $2 \cdot 40 = 80$ Schälchen Erdbeeren verkauft.

2. Der Umsatz am Dienstag beträgt:

$$4{,}00\frac{\text{EUR}}{\text{Bund Spargel}} \cdot 30 \text{ Bund Spargel} + 1{,}50\frac{\text{EUR}}{\text{Schälchen Erdbeeren}} \cdot 50 \text{ Schälchen Erdbeeren}$$
$= 195{,}00$ EUR
Ein Bund Spargel kostet am Mittwoch 3,50 EUR und ein Schälchen Erdbeeren 1,00 EUR.
Aufgrund dieser Preissenkung verkauft der Gemüsehändler an diesem Tag von beiden Waren 30 % mehr.
30 % von 30 Bund Spargel:
$\frac{30\,\%}{100\,\%} \cdot 30$ Bund Spargel $= 9$ Bund Spargel Mehrverkauf, also 39 Bund Spargel.
30 % von 50 Schälchen Erdbeeren:
$\frac{30\,\%}{100\,\%} \cdot 50$ Schälchen Erdbeeren $= 15$ Schälchen Erdbeeren Mehrverkauf, damit 65 Schälchen Erdbeeren.
Umsatz am Mittwoch:

$$39 \text{ Bund Spargel} \cdot 3{,}50\frac{\text{EUR}}{\text{Bund Spargel}} + 65 \text{ Schälchen Erdbeeren} \cdot 1{,}00\frac{\text{EUR}}{\text{Schälchen Erdbeeren}}$$
$= 201{,}50$ EUR

c. **Skizze**

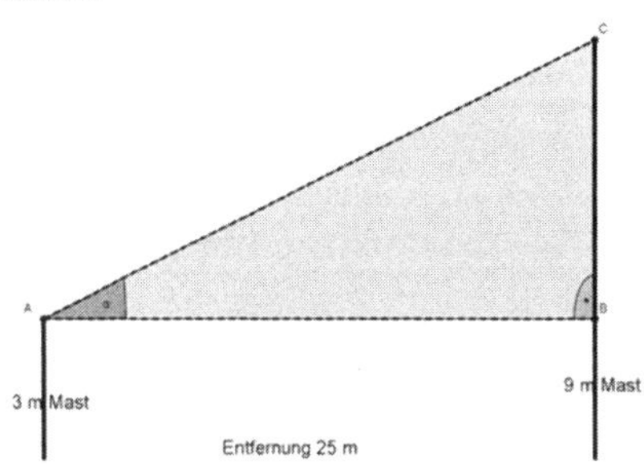

1. Gesucht ist die Länge der Strecke $\overline{AC}$. Das Dreieck ABC ist rechtwinklig, deswegen gilt mit dem Satz des Pythagoras:
$\overline{AB}^2 + \overline{BC}^2 = \overline{AC}^2$, also
$\overline{AC} = \sqrt{\overline{AB}^2 + \overline{BC}^2}$, wobei
$\overline{AB} = 25$ m und
$\overline{BC} = 9\text{ m} - 3\text{ m} = 6$ m und somit
$\overline{AC} = \sqrt{(25\text{ m})^2 + (6\text{ m})^2} = \sqrt{625\text{ m}^2 + 36\text{ m}^2}$
$= \sqrt{661\text{ m}^2} \approx 25{,}71$ m.

2. Unter Verwendung des Tangens gilt für den Steigungswinkel α:
$\tan\alpha = \frac{\text{Gegenkathete}}{\text{Ankathete}} = \frac{\overline{BC}}{\overline{AB}} = \frac{6\text{ m}}{25\text{ m}} = 0{,}24$
und somit $\alpha = \tan^{-1}(0{,}24) \approx 13{,}5°$.

Aufgabe 2

a. **Skizze**

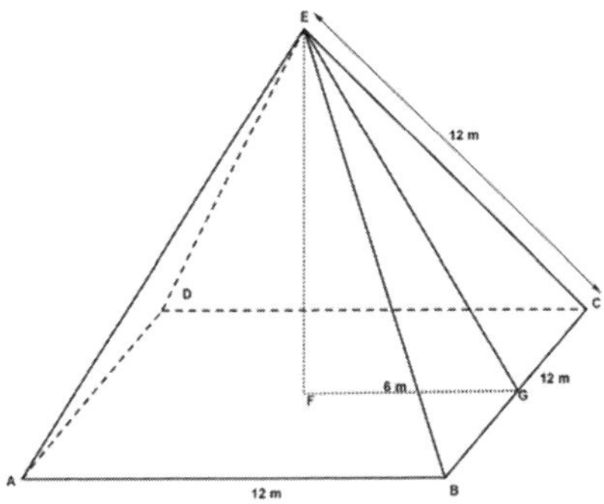

1. Dem Abstand der Dachspitze bis zum Dachboden entspricht in der Skizze die Länge der Strecke $\overline{EF}$, $\overline{EF}$ ist eine der Katheten im rechtwinkligen Dreieck EFG. Zuerst muss noch die Länge der Strecke $\overline{EG}$, die Höhe eines Seitendreiecks, berechnet werden: $\overline{EG}^2 + \overline{CG}^2 = \overline{CE}^2$, da bei G ein rechter Winkel vorliegt.
   $\overline{EG} = \sqrt{\overline{CE}^2 - \overline{CG}^2} = \sqrt{(12\text{ m})^2 - (6\text{ m})^2}$
   $\sqrt{144\text{ m}^2 - 36\text{ m}^2} = \sqrt{108\text{ m}^2}$ ($\approx 10{,}39$ m)
   Berechnung von $\overline{EF}$ mithilfe des Satzes des Pythagoras: $\overline{EF} = \sqrt{\overline{EG}^2 - \overline{FG}^2}$
   $= \sqrt{108\text{ m}^2 - (6\text{ m})^2} = \sqrt{72\text{ m}^2} \approx 8{,}49$ m

   Entfernung der Dachspitze vom Dachboden.

2. Die Dachfläche setzt sich aus der Fläche von 4 gleichseitigen Dreiecken zusammen. Laut Formelsammlung gilt für den Flächeninhalt eines gleichseitigen Dreiecks:
   $A = \frac{a^2}{4} \cdot \sqrt{3}$, wobei in dieser Aufgabe a = 12 m gilt und damit:
   $A = \frac{(12\text{ m})^2}{4} \cdot \sqrt{3} = \frac{144\text{ m}^2}{4} \cdot \sqrt{3} \approx 62{,}354\text{ m}^2$.
   Die gesamte Dachfläche hat $4 \cdot 62{,}354\text{ m}^2 = 249{,}42\text{ m}^2$
   Berechnung des Zuschlags von 10 %:
   1 % von $249{,}42\text{ m}^2$ sind $\frac{249{,}42\text{ m}^2}{100} = 2{,}4942\text{ m}^2$.
   Dann sind 10 % das 10-Fache, also $24{,}942\text{ m}^2$.
   Deswegen müssen mindestens $249{,}42\text{ m}^2 + 24{,}942\text{ m}^2 \approx 274{,}36\text{ m}^2$ Blech bestellt werden.

b. Es gelten folgende zwei Bedingungen:

Für den Juli: Grundgebühr (G) + 120 Minuten $\cdot \frac{\text{Preis}}{\text{Minute}}$ (M) = 27,00 EUR

Im August: Grundgebühr (G) + 30 Minuten $\cdot \frac{\text{Preis}}{\text{Minute}}$ (M) = 18,00 EUR

1. Zu lösen ist somit das aus zwei Gleichungen bestehende lineare Gleichungssystem:

(I) G + 120M	=	27	| – 120M (Auflösen nach G)
(II) G + 30M	=	18	| – 30M (auch nach G umformen)
(I_a) G	=	27 – 120M	
(II_a) G	=	18 – 30M	
(I_a)	=	(II_a)	(Gleichsetzungsverfahren)
27 – 120M	=	18 – 30M	| – 18 + 120M
9	=	90M	| : 90
M	=	0,1	und somit kostet eine Minute telefonieren 0,1 EUR = 10 EUR-Cent

Berechnung von G unter Verwendung von z. B. Gleichung (I_a):

$G = 27 - 120 \cdot 0,1 = 15$; die Grundgebühr beträgt 15,00 EUR.

2. Zu zahlender Betrag im September:

Grundgebühr 15,00 EUR + 370 Minuten $\cdot$ 0,1 $\frac{\text{EUR}}{\text{Minute}}$ = 15,00 EUR + 37,00 EUR = 52,00 EUR

c. **Skizze**

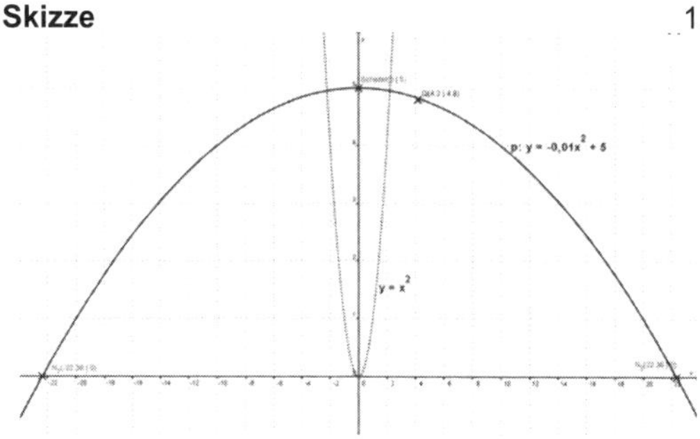

1. p im Vergleich zur Normalparabel:
   nach unten geöffnet (wegen des Minus vor x^2)
   gestaucht mit dem Faktor 0,01 (gestaucht, weil diese Zahl zwischen 0 und 1 liegt)
   um 5 Einheiten nach oben verschoben (wegen + 5)
   Scheitelpunkt (0 | 5)

2. Anhand der Skizze kann nicht festgestellt werden, ob der Punkt Q auf der Parabel p liegt.
   Rechnerische Prüfung mithilfe der Punktprobe:
   Liegt Q(x = 4,2 | y = 4,8) auf $y = -0,01\,x^2 + 5$?

   $4,8 = -0,01 \cdot 4,2^2 + 5$

   $4,8 = -0,01 \cdot 17,64 + 5$

   $4,8 = -0,1764 + 5$

   $4,8 = 4,8236$ | das ist eine falsche Aussage

   Deswegen liegt der Punkt Q nicht auf der Parabel p.

3. Für die Berechnung der Schnittpunkte mit der x-Achse gilt: y = 0

   $-0,01\,x^2 + 5 = 0$ | $-\,5$

   $-0,01\,x^2 = -5$ | $\cdot\,(-100)$

   $x^2 = 500$ | „Wurzelziehen“

   $x_1 \approx 22,36$ → SP_{x_1} (22,36 | 0)

   $x_2 \approx -22,36$ → SP_{x_2} (−22,36 | 0)

Aufgabe 3

a. Lösen dieser Gleichung durch Äquivalenzumformung

$(2x + 1)^2 + 4(x - 3) = 1$ | Klammem auflösen

$4x^2 + 4x + 1 + 4x - 12 = 1$ | linke Seite zusammenfassen

$4x^2 + 8x - 11 = 1$ | -1 (Es handelt sich um eine quadratische Gleichung. Um sie mithilfe der Mitternachtsformel lösen zu können, muss eine Seite = 0 sein.)

$4x^2 + 8x - 12 = 0$ | Mitternachtsformel $\frac{-b \pm \sqrt{b^2 - 4ac}}{2a}$

$$x_{1/2} = \frac{-8 \pm \sqrt{8^2 - 4 \cdot 4 \cdot (-12)}}{2 \cdot 4} = \frac{-8 \pm \sqrt{64 + 192}}{8} = \frac{-8 \pm \sqrt{256}}{8} = \frac{-8 \pm 16}{8}$$

$$x_1 = \frac{-8 + 16}{8} = \frac{8}{8} = 1$$

$$x_2 = \frac{-8 - 16}{8} = \frac{-24}{8} = -3$$

b. $$\sqrt{\frac{5b}{9a^2} : R\frac{b}{5a^6}} + \frac{1}{3}a^2 = \sqrt{\frac{5b}{9a^2} : \frac{b}{5a^6}} + \frac{1}{3}a^2 \overset{1)}{=} \sqrt{\frac{5b}{9a^2} \cdot \frac{5a^6}{b}} + \frac{1}{3}a^2 \overset{2)}{=} \sqrt{\frac{5b}{b} \cdot \frac{5a^6}{9a^2}} + \frac{1}{3}a^2$$

$$\overset{3)}{=} \sqrt{\frac{25a^4}{9}} + \frac{1}{3}a^2 \overset{4)}{=} \sqrt{25} \cdot \frac{\sqrt{a^4}}{\sqrt{9}} + \frac{1}{3}a^2 = 5 \cdot \frac{a^2}{3} + \frac{1}{3}a^2 = \frac{5}{3}a^2 + \frac{1}{3}a^2 = \frac{6}{3}a^2 = 2a^2$$

Anmerkungen:

1) mit dem Kehrbruch multiplizieren
2) umsortieren
3) kürzen $\frac{a^6}{a^2} = a^{6-2} = a^4$
4) aus einem Produkt darf faktorweise die Wurzel gezogen werden

c. 1.

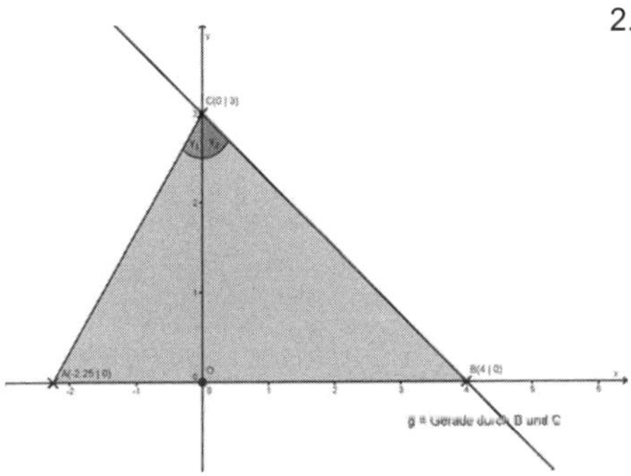

2. Die gesuchte Gerade geht durch B(4 | 0) und C(0 | 3); dabei stellt der y-Wert von C den y-Achsenabschnitt dieser Geraden dar.
Somit gilt bis jetzt: $y = mx + 3$
Zur Berechnung von m werden die Koordinaten von B in diese Gleichung eingesetzt.

$0 = m \cdot 4 + 3$ | -3

$-3 = 4m$ | $:4$

$m = -\frac{3}{4} = -0{,}75$

Gleichung der Geraden:

$y = -0{,}75x + 3$

3. Zur Berechnung des Winkels bei C wird dieser in die Winkel γ_1 und γ_2 aufgeteilt.

Für γ_1 gilt: $\tan \gamma_1 = \frac{\text{Gegenkathete}}{\text{Ankathete}} = \frac{\overline{AO}}{\overline{OC}} = \frac{2{,}25\text{ LE}}{3\text{ LE}} = 0{,}75$ und $\gamma_1 = \tan^{-1}(0{,}75) \approx 36{,}87°$

Berechnung γ_2: $\tan \gamma_2 = \frac{\overline{OB}}{\overline{OC}} = \frac{4\text{ LE}}{3\text{ LE}} = \frac{4}{3}$ und $\gamma_2 = \tan^{-1}\left(\frac{4}{3}\right) \approx 53{,}13$

Die Summe beider Winkel ergibt $36{,}87° + 53{,}13° = 90°$, womit das Dreieck rechtwinklig ist.

d. 1. Für das Volumen einer Pyramide gilt die Formel: $V = \frac{1}{3} \cdot G \cdot h$
mit G = Grundseite und h = Höhe der Pyramide.
Die gegebene Pyramide hat eine quadratische Grundfläche,
also $G = 6\text{ m} \cdot 6\text{ m} = 36\text{ m}^2$.
Das Volumen $V_{Pyramide}$ beträgt $86{,}4\text{ m}^3$.
Eingesetzt in die Volumenformel ergibt sich:

$$86{,}4\text{ m}^3 = \frac{1}{3} \cdot 36\text{ m}^2 \cdot h \quad | \cdot 3$$

$$259{,}2\text{ m}^3 = 36\text{ m}^2 \cdot h \quad | : (36\text{ m}^2)$$

$$\frac{259{,}2\text{ m}^3}{36\text{ m}^2} = 7{,}2\text{ m} = h$$

2. Für das Kegelvolumen gilt: $V_{Kegel} = \frac{1}{3} \cdot \pi \cdot r^2 \cdot h = \frac{1}{3} \cdot \pi \cdot (3{,}88\text{ m})^2 \cdot 7\text{ m} \approx 110{,}35\text{ m}^3$
Sei $V_{Pyramide} = 100\ \%$, dann ist $V_{Kegel} = x\ \%$
also $86{,}4\text{ m}^3 \triangleq 100\ \%$ und $110{,}35\text{ m}^3 \triangleq x\ \%$,
dann ist $\frac{x}{110{,}35\text{ m}^3} = \frac{100\ \%}{86{,}4\text{ m}^3}$ und $x = 100\ \% \cdot \frac{110{,}35\text{ m}^3}{86{,}4\text{ m}^3} \approx 127{,}72\ \%$
Antwort: Die beiden Volumen unterscheiden sich um ca. 27,72 %.

3. Für den Mantel eines Kegels gilt die Formel $M_{Kegel} = \pi r \cdot s$.

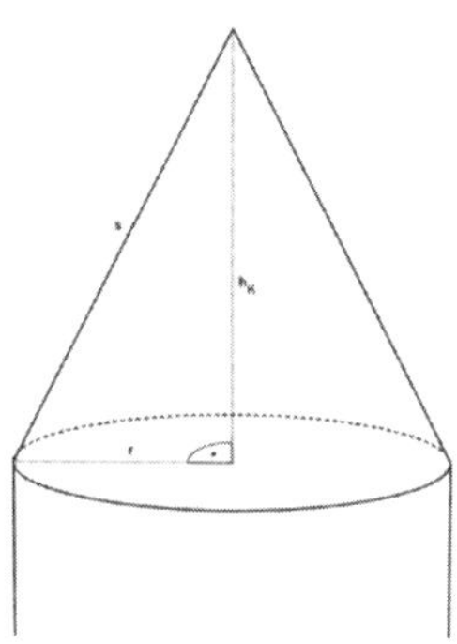

Gegeben sind r = 3,88 m, es fehlt s.
Mit Pythagoras gilt $r^2 + h_k^2 = s^2$, also
$s = \sqrt{(3{,}88\text{ m})^2 + (7\text{m})^2} = \sqrt{64{,}05\text{ m}^2} \approx 8\text{ m}$ und nun
$M_{Kegel} = \pi \cdot 3{,}88\text{ m} \cdot 8\text{ m} \approx 97{,}52\text{ m}^2$
Kupferplatten kosten $75\ \frac{\text{EUR}}{\text{m}^2}$
demnach kostet die Bedachung

$$97{,}52\text{ m}^2 \cdot 75\ \frac{\text{EUR}}{\text{m}^2} = 7.314{,}00\text{ EUR}$$

Aufgabe 4

a. 1. Von beiden Geraden ist der Schnittpunkt mit der x-Achse (0 | 0) und (−3 | 0) bekannt. Das bedeutet, dass die beiden Geraden auf der x-Achse einen Abstand von 3 LE haben müssen. Einer Längeneinheit entsprechen 2 Kästchen, also müssen sich die beiden Geraden auf der x-Achse um 6 Kästchen voneinander unterscheiden.

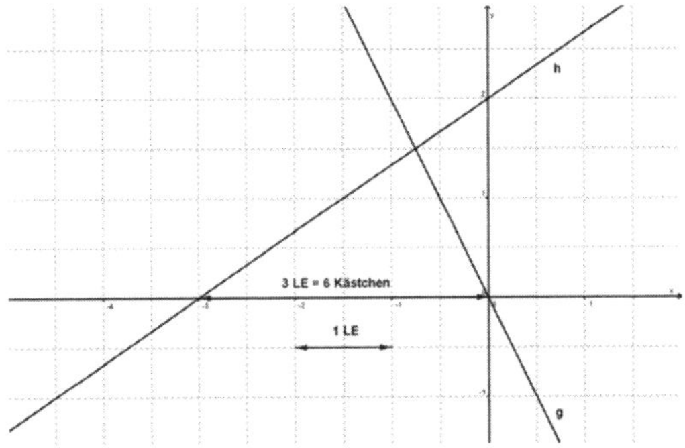

2. Die Gerade g ist eine Ursprungsgerade (y = mx), von der die Steigung noch unbekannt ist. Kennt man zwei Punkte von einer Geraden, kann man mithilfe der Formel $m = \frac{y_2 - y_1}{x_2 - x_1}$ die Steigung berechnen. Neben dem Ursprung (0 | 0) geht die Gerade g z. B. auch durch den Punkt (−1 | 2). Damit $m = \frac{2-0}{-1-0} = \frac{2}{-1} = -2$ und für g gilt: g: y = −2x.

Die Gerade h hat den y-Achsenabschnitt b = 2, also weiß man schon: h : y = mx + 2. Zur Berechnung der Steigung wählt man die zwei Punkte (−3 | 0) und (0 | 2) und erhält:

$m = \frac{2-0}{0-(-3)} = \frac{-2}{3} = -\frac{2}{3}$ und für h: $y = \frac{2}{3}x + 2$.

b. (I) $7x + 3y = 5 \quad | \cdot 2$

(II) $\frac{1}{2}x + \frac{1}{3}y = 0 \quad | \cdot (-18)$ damit die Brüche weg sind und y eliminiert werden kann

(I_a) $14x + 6y = 10$

(II_a) $-9x - 6y = 0$

Gleichung (I_a) und Gleichung (II_a) addieren

$5x = 10 \quad | :5$

$x = 2$

Einsetzen z. B. in Gleichung (I)

$7 \times 2 + 3y = 5 \quad | -14$

$3y = -9 \quad | :3$

$y = -3$

Antwort: Das Gleichungssystem hat als Lösung das Zahlenpaar (x | y) = (2 | −3).

c. Die Länge der langen Kathete sei x cm, dann ist die kurze Kathete x − 7 cm lang und die Hypotenuse x + 1 cm. Da das Dreieck rechtwinklig ist, gilt der Satz des Pythagoras, der besagt, dass die Summe der Kathetenquadrate gleich dem Hypotenusenquadrat ist:

$$x^2 + (x - 7)^2 = (x + 1)^2 \quad | \text{ Klammern ausmultiplizieren}$$
$$x^2 + x^2 - 14x + 49 = x^2 + 2x + 1 \quad | \text{ linke Seite zusammenfassen}$$
$$2x^2 - 14x + 49 = x^2 + 2x + 1 \quad | -x^2 - 2x - 1$$
, um auf der rechten Seite 0 zu erhalten, da es sich um eine quadratische Gleichung handelt

$$x^2 - 16x + 48 = 0 \quad | \text{ Mitternachtsformel anwenden}$$

$$x_{1/2} = \frac{-(-16) \pm \sqrt{(-16)^2 - 4 \cdot 1 \cdot 48}}{2 \cdot 1} = \frac{16 \pm \sqrt{256 - 192}}{2}$$
$$= \frac{16 \pm \sqrt{64}}{2} = \frac{16 \pm 8}{2}$$
$$x_1 = \frac{16 \pm 8}{2} = \frac{24}{2} = 12$$

Die lange Kathete ist x = 12 cm, die kurze Kathete 12 cm − 7 cm = 5 cm und die Hypotenuse ist 12 cm + 1 cm = 13 cm lang.

$$x_2 = \frac{16 - 8}{2} = \frac{8}{2} = 4$$

Die lange Kathete ist 4 cm lang. Die kurze Kathete hätte die Länge 4 cm − 7 cm = −3 cm, was nicht sein kann. Darum ist die Lösung $x_2 = 4$ unbrauchbar.

d. 1.

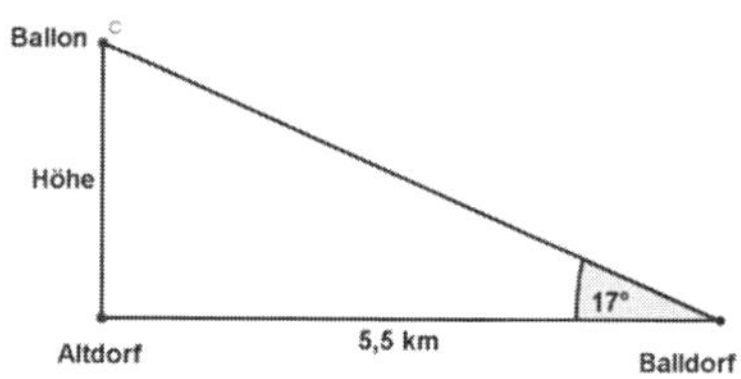

Das Dreieck ist rechtwinklig. Die Höhe des Ballons genau über Altdorf ist zum Winkel 17° bei Balldorf die Gegenkathete. Die Ankathete ist mit 5,5 km bekannt.

$$\tan 17^\circ = \frac{\text{Gegenkathete}}{\text{Ankathete}} = \frac{\text{Höhe}}{5{,}5\text{ km}} \quad | \cdot 5{,}5\text{ km}$$

Höhe = 5,5 km · tan 17° = 1,68 km, also fliegt der Ballon in einer Höhe von 1,68 km.

2. Mit Höhe = 2,2 km (Gegenkathete) und der Entfernung Altdorf – Balldorf = 5,5 km (Ankathete) ergibt sich wieder mit dem Tangens:

$$\tan\beta = \frac{2{,}2\text{ km}}{5{,}5\text{ km}} = 0{,}4$$

$$\beta = \tan^{-1}(0{,}4) \approx 21{,}8^\circ.$$

Antwort: Man sieht den Ballon jetzt unter einem Winkel von 21,8° über dem Horizont.

Aufgabe 5

a. Für den Flächeninhalt A des Rechtecks gilt:

$A_{Rechteck} = \text{Länge} \cdot \text{Breite} = 3\text{ m} \cdot 2{,}50\text{ m} = 7{,}5\text{ m}^2$

Der Flächeninhalt eines Kreises wird mit der Formel

$A_{Kreis} = \pi \cdot r^2 = \pi \cdot \frac{d^2}{4}$ berechnet.

Es soll ein Halbkreis gebaut werden, also

$A_{Halbkreis} = \frac{1}{2} \cdot \pi \cdot \frac{d^2}{4} = \frac{1}{8}\pi\, d^2$

Dieser Halbkreis soll denselben Flächeninhalt wie das Rechteck haben, darum gilt:

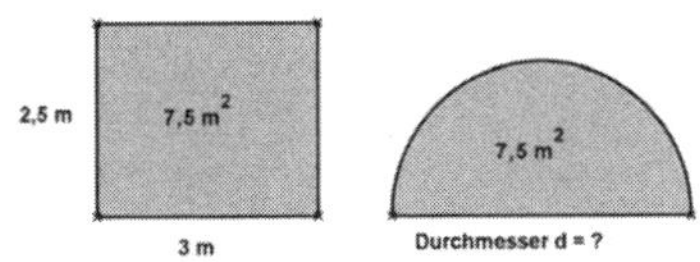

$$\frac{1}{8}\pi\, d^2 = 7{,}5\text{ m}^2 \quad | \cdot 8$$

$$\pi\, d^2 = 60\text{ m}^2 \quad | : \pi$$

$$d^2 \approx 19{,}1\text{ m}^2$$

$$d \approx +\sqrt{19{,}1\text{ m}^2} \approx +4{,}37\text{ m}$$

Der Halbkreis muss einen Durchmesser von 4,37 m haben.

b. Gesucht sind die beiden Anstellwinkel α und β.
Da beide Leitern mit der Hauswand und dem Erdboden einen rechten Winkel bilden, kann mithilfe des Sinus, Kosinus oder Tangens dieses Problem gelöst werden.

Leiter 1: Gegeben sind bezüglich α die Ankathete (Ank) und die Hypotenuse (Hyp), also $\cos\alpha = \frac{\text{Ank}}{\text{Hyp}} = \frac{1{,}55\text{ m}}{5\text{ m}} = 0{,}31$ und $\alpha = \cos^{-1}(0{,}31) \approx 71{,}95°$.

Leiter 2: In Bezug auf β sind die Gegenkathete (Geg) und die Hypotenuse bekannt, deshalb

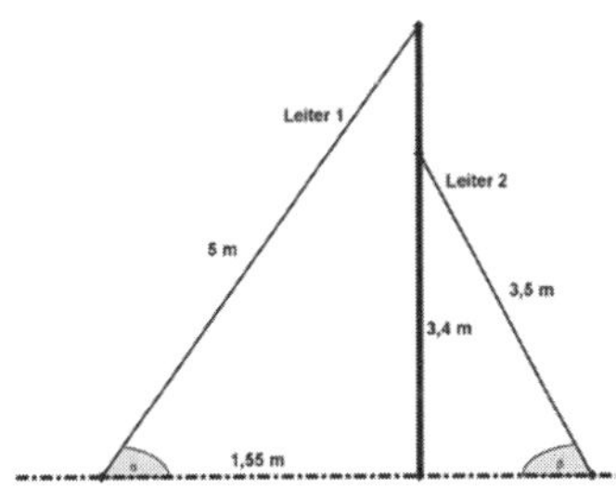

Antwort: Leiter 2 steht steiler.

$$\sin\beta = \frac{\text{Geg}}{\text{Hyp}} = \frac{3{,}4\text{ m}}{3{,}5\text{ m}} \approx 0{,}9714 \text{ und } \beta = \sin^{-1}(0{,}9714) \approx 76{,}27°.$$

c. 1. Punkte auf der x-Achse haben alle den y-Wert 0, deshalb: y = 0

$$-x^2 + 6x - 5 = 0 \quad | \text{ Mitternachtsformel}$$

$$x_{1/2} = \frac{-6 \pm \sqrt{6^2 - 4 \cdot (-1) \cdot (-5)}}{2 \cdot (-12} = \frac{-6 \pm \sqrt{36 - 20}}{-2} = \frac{-6 \pm \sqrt{16}}{-2} = \frac{-6 \pm 4}{-2}$$

$$x_1 = \frac{-6 + 4}{-2} = \frac{-2}{-2} = 1, \text{ also } SP_{x_1}(1 \mid 0)$$

$$x_2 = \frac{-6 + 4}{-2} = \frac{-10}{-2} = 5, \text{ damit } SP_{x_2}(5 \mid 0)$$

Der x-Wert des Scheitels $x_{Scheitel}$ befindet sich in der Mitte der beiden Schnittpunkte mit der x-Achse: $x_{Scheitel} = \frac{1 + 5}{2} = \frac{6}{2} = 3$

Zur Berechnung des y-Wertes des Scheitels verwendet man die Vorschrift p_1 und setzt für x den Wert 3 ein:

$y = -3^2 + 6 \cdot 3 - 5 = -9 + 18 - 5 = 4$ und hat als Scheitel (3 | 4).

2. Gleichsetzen der beiden Funktionsterme p_2 und g

$\frac{1}{2}x^2 + x - \frac{1}{2} = x + 4$ | · 2 (um die Brüche wegzubekommen)

$x^2 + 2x - 1 = 2x + 8$ | − 2x − 8 (rechte Seite = 0, da es sich um eine quadratische Gleichung handelt)

$x^2 - 9 = 0$ | + 9

$x^2 = 9$ | „Wurzelziehen"

$x_1 = +3$ | y-Wert berechnen (z. B mit g: $y = x + 4$)

$y = 3 + 4 = 7$, also $SP_1(3 \mid 7)$

$x_2 = -3$ | y-Wert berechnen mit g (da g die einfachere Vorschrift hat)

$y = -3 + 4 = 1$ und somit $SP_2(-3 \mid 1)$

3.

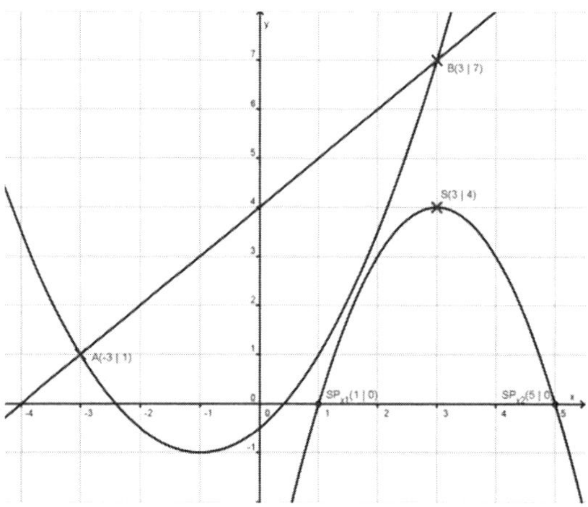

Prüfungsaufgaben 2012

Aufgabe 1

a. 1. Die Gerade g ist eine Ursprungsgerade, geht also durch den Punkt (0 | 0), und es gilt: $y = mx$.
Um die Geradengleichung zu erhalten, fehlt die Steigung $m = \frac{y_2 - y_1}{x_2 - x_1}$ dieser Geraden.
Da die Gerade g auch durch den Punkt Q(4 | 2) verläuft, ergibt sich für m:
$m = \frac{2 - 0}{4 - 0} = \frac{2}{4} = 0{,}5$ und die Geradengleichung für g lautet $y = 0{,}5x$.
Alle Punkte, die auf der Geraden h liegen, haben die gemeinsame Eigenschaft, dass ihre x-Werte gleich sind, nämlich $x = -2$. Das ist dann auch die Geradengleichung für g: $x = -2$.

Um zu prüfen, ob der Punkt P(–20 | –40) auf der Geraden g liegt, werden der x-Wert –20 und der y-Wert –40 in die Geradengleichung von g: $y = 0{,}5x$ eingesetzt. Es ergibt sich:
$-40 = 0{,}5 \cdot (-20) \Leftrightarrow -40 = -10$ und das ist eine falsche Aussage. Also liegt der Punkt P nicht auf der Geraden g.

1. **Skizze**

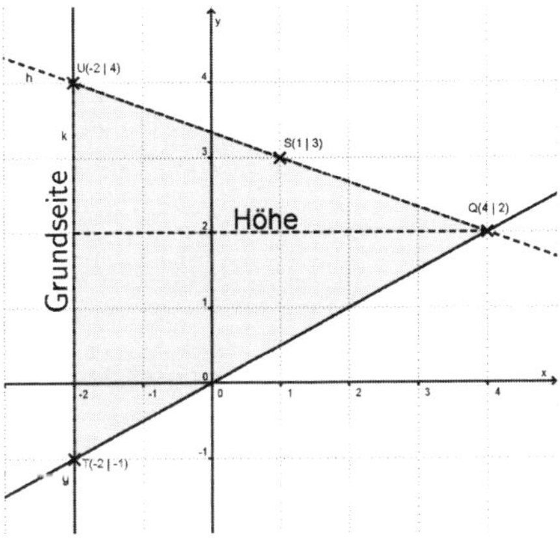

In das Schaubild werden der Punkt S und die Gerade durch die Punkte Q und S eingezeichnet.
Die Geraden g und k schneiden sich im Punkt T(–2 | –1).
Die Geraden h und k schneiden sich im Punkt U(–2 | 4).
Die Grundseite des Dreiecks QUT hat die Länge der Strecke $\overline{UT} = 4 - (-1) = 5$ LE (Differenz der y-Werte der Schnittpunkte U und T).
Die Höhe des Dreiecks steht senkrecht auf dessen Grundseite und geht durch dessen Spitze. Diese Strecke ergibt sich aus der Differenz der x-Werte, also $4 - (-2) = 6$ LE.

Für die Fläche des Dreiecks gilt nun:

$A_{Dreieck} = \frac{1}{2} \cdot \text{Grundseite} \cdot \text{Höhe} = \frac{1}{2} \cdot 5\text{ LE} \cdot 6\text{ LE} = 15\text{ LE}^2 = 15\text{ FE}$

2. **Skizze**

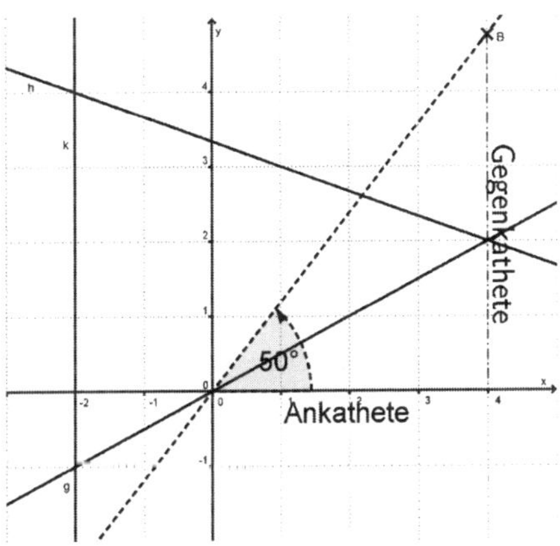

Um diese Ursprungsgerade zu zeichnen, wird das Geodreieck an der x-Achse mit der 0 im Ursprung angelegt und 50° abgetragen.
Der Punkt B hat die x-Koordinate 4 und muss auf dieser Geraden liegen (siehe Skizze).
Misst man die Strecke von der x-Achse bis zum Punkt B, so erhält man als y-Wert ≈ 4,8.
Berechnung:

$\tan 50° = \frac{\text{Gegenkathete}}{\text{Ankathete}} = \frac{b}{4}$, also

$b = 4 \cdot \tan 50° \approx 4 \cdot 1{,}192 = 4{,}768$

b. $\frac{2a^3}{\sqrt{3a}} - \frac{\sqrt{75a^4}}{\sqrt{3a^2}} = \sqrt{\frac{12a^3}{3a}} - \sqrt{\frac{75a^4}{3a^2}} = \sqrt{4 \cdot a^2} - \sqrt{25 \cdot a^2} = \sqrt{4} \cdot \sqrt{a^2} - \sqrt{25} \cdot \sqrt{a^2} = 2a - 5a = -3a$

c. Lineares Gleichungssystem lösen:

$$\begin{aligned} 2x - 3y &= 80 && \mid \cdot 3 \\ 3x - 2y &= 70 && \mid \cdot (-2) \\ 6x - 9y &= 240 && \mid (I) \\ -6x + 4y &= -140 && \mid (II) \end{aligned}$$

Gleichung (I) + Gleichung (II) ergibt

$$\begin{aligned} -5y &= 100 && \mid : (-5) \\ \mathbf{y} &= \mathbf{-20} && \mid \text{einsetzen in z. B. } 2x - 3y = 80 \text{ ergibt} \\ 2x - 3 \cdot (-20) &= 80 && \\ 2x + 60 &= 80 && \mid -60 \\ 2x &= 20 && \mid : 2 \\ \mathbf{x} &= \mathbf{10} && \end{aligned}$$

Antwort: Die Zahlen $x = 10$ und $y = -20$ lösen das lineare Gleichungssystem.

Aufgabe 2

a. **Skizze**

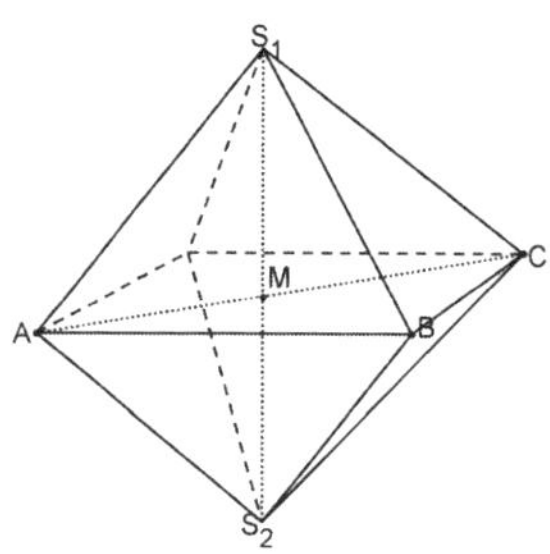

Die Höhe $\overline{S_1S_2}$ ist doppelt so lang wie die Strecke $\overline{S_1M}$. Die Strecke $\overline{S_1M}$ ist eine Kathetenseite des rechtwinkligen Dreiecks S_1AM.
In diesem Dreieck ist allerdings nur die Länge der Strecke $\overline{S_1A} = 10$ cm bekannt.
Um die Länge der Strecke $\overline{AM}$ berechnen zu können, benötigen wir das rechtwinklige Dreieck ABC. In diesem Dreieck stellt die Strecke $\overline{AC}$ die Hypotenuse dar. Die beiden Kathetenseiten $\overline{AB}$ und $\overline{BC}$ sind mit jeweils 10 cm bekannt.
Mithilfe des Satzes des Pythagoras gilt:

1. $\overline{AC}^2 = \overline{AB}^2 + \overline{BC}^2 = (10\text{ cm})^2 + (10\text{ cm})^2 = 100\text{ cm}^2 + 100\text{ cm}^2 = 200\text{ cm}^2$ und somit

   $\overline{AC} = \sqrt{200\text{ cm}^2} \approx 14{,}14$ cm.

   Die Strecke $\overline{AM}$ ist halb so lang wie die Strecke $\overline{AC}$,

   also $\overline{AM} = \frac{\sqrt{200\text{ cm}^2}}{2} = \sqrt{200\text{ cm}^2}/\sqrt{4} = \sqrt{\frac{200\text{ cm}^2}{4}} = \sqrt{50\text{ cm}^2} = \sqrt{50}\text{ cm} \approx 7{,}07$ cm.

   Wieder mit Pythagoras gilt im Dreieck S_1AM:

   $\overline{S_1A}^2 = \overline{AM}^2 + \overline{S_1M}^2$ und damit

   $\overline{S_1M}^2 = \overline{S_1A}^2 - \overline{AM}^2 = (10\text{ cm})^2 - (\text{R}50\text{ cm})^2 = 100\text{ cm}^2 - 50\text{ cm}^2 = 50\text{ cm}^2$

   und $\overline{S_1M} = \sqrt{50\text{ cm}^2} = \sqrt{50}$ cm.

   Die Strecke $\overline{S_1S_2}$ ist also $2 \cdot \sqrt{50}$ cm $\approx 14{,}14$ cm lang.

2. Die Oberfläche des Oktaeders besteht aus 8 gleich großen, gleichseitigen Dreiecken mit der Seitenlänge a = 10 cm. In der Formelsammlung findet man die Flächeninhaltsformel A für gleichseitige Dreiecke:

   $A = \frac{a^2}{4} \cdot \sqrt{3} = \frac{(10\text{ cm})^2}{4} \cdot \sqrt{3} = \frac{100\text{ cm}^2}{4} \cdot \sqrt{3} = 25\sqrt{3}\text{ cm}^2$

   Die Oberfläche des Oktaeders beträgt demnach:

   $8 \cdot 25\sqrt{3}\text{ cm}^2 = 200\sqrt{3}\text{ cm}^2 \approx 346{,}41\text{ cm}^2$.

b. Die Zehnerkarte kostet 16,00 EUR, 10 Einzelkarten kosten 20,00 EUR.

Hans: 10 Einzelkarten mit 20,00 EUR ≙ 100 %
Eine Zehnerkarte mit 16,00 EUR ≙ x %

$x = \frac{100\,\%}{20{,}00\text{ EUR}} \cdot 16{,}00\text{ EUR} = 80\,\%$, also 20 % billiger und die Aussage stimmt.

Eva: Eine Zehnerkarte mit 16,00 EUR ≙ 100 %
10 Einzelkarten mit 20,00 EUR ≙ x %

$x = \frac{100\,\%}{16{,}00\text{ EUR}} \cdot 20{,}00\text{ EUR} = 125\,\%$, also 25 % teurer und auch diese Aussage trifft zu.

c. **Gerade**

1. **Skizze**

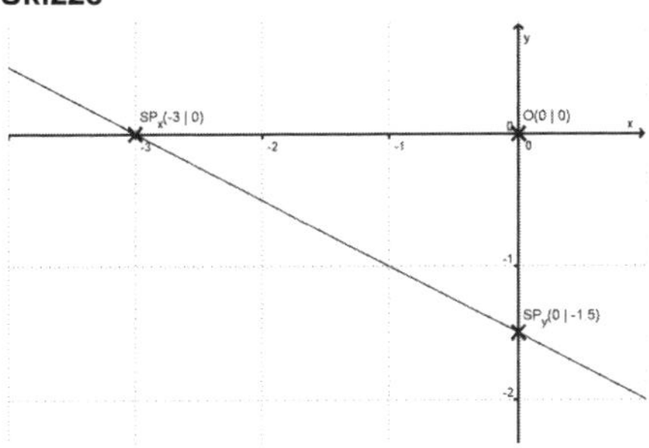

Schnittpunkt mit der y-Achse:
Bedingung x = 0
$y = -\frac{1}{2} \cdot 0 - \frac{3}{2} = -1{,}5$ und $SP_y(0 \mid -1{,}5)$
Schnittpunkt mit der x-Achse:
Bedingung y = 0
$0 = -\frac{1}{2}x - \frac{3}{2} \quad | + \frac{3}{2}$
$\frac{3}{2} = -\frac{1}{2}x \quad | \cdot (-2)$
$-3 = x$ und $SP_x(-3 \mid 0)$

Berechnung der Fläche des rechtwinkligen Dreiecks SP_xOSP_y
mit der Höhe $h = OSP_y = 0 - (-1{,}5) = 1{,}5$ LE (Abstand der y-Werte von O und SP_y)
und der Grundseite $g = OSP_x = 0 - (-3) = 3$ LE (Abstand der x-Werte von O und SP_x)

$A_{Dreieck} = \frac{1}{2} \cdot g \cdot h = \frac{1}{2} \cdot 1{,}5\text{ LE} \cdot 3\text{ LE} = 2{,}25\text{ LE}^2 = 2{,}25\text{ FE}$

2. Jede Gerade mit der gleichen Steigung wie g ist parallel zu g: $y = -\frac{1}{2}x + b$ (beliebiges b), also z. B. die Ursprungsgerade $y = -\frac{1}{2}x$

3. Von P ist der x-Wert bekannt P(−5 | y). Dieser soll auf der Geraden g liegen.

   Deshalb muss noch der passende y-Wert unter Verwendung der Geradenvorschrift $y = -\frac{1}{2}x - \frac{3}{2}$ berechnet werden:

   $y = -\frac{1}{2} \cdot (-5) - \frac{3}{2} = \frac{5}{2} - \frac{3}{2} = \frac{5-3}{2} = \frac{2}{2} = 1$ und somit P(−5 | 1).

Die Koordinaten von P mit $x = -5$ und $y = 1$ sowie der geforderten Steigung $m = 2$ in die Punkt-Steigungsform einsetzen:

$y = m \cdot (x - x_1) + y_1 = 2 \cdot (x - (-5)) + 1 = 2 \cdot (x + 5) + 1 = 2x + 10 + 1 = 2x + 11$

Aufgabe 3

a. p: $y = -x^2 + 2x + 3$ und g: $y = -2x + 7$

1. Parabel p

   Koordinaten des Schnittpunktes mit der y-Achse: Bedingung $x = 0$

   $y = -0^2 + 2 \cdot 0 + 3 = -0 + 0 + 3 = 3$ und $SP_y(0 \mid 3)$

   Koordinaten des Schnittpunktes mit der x-Achse: Bedingung $y = 0$

$$-x^2 + 2x + 3 = 0 \mid \text{Mitternachtsformel}$$

$$x_{1/2} = \frac{-2 \pm \sqrt{(-2)^2 - 4 \cdot (-1) \cdot 3}}{2 \cdot (-1)}$$

$$= \frac{-2 \pm \sqrt{4 + 12}}{-2} = \frac{-2 \pm \sqrt{16}}{-2} = \frac{-2 \pm 4}{-2}$$

$$x_1 = \frac{-2 + 4}{-2} = \frac{2}{-2} = -1, \text{ also } SP_{x_1}(-1 \mid 0)$$

$$x_2 = \frac{-2 - 4}{-2} = \frac{-6}{-2} = 3, \text{ somit } SP_{x_2}(3 \mid 0)$$

2. **Skizze**

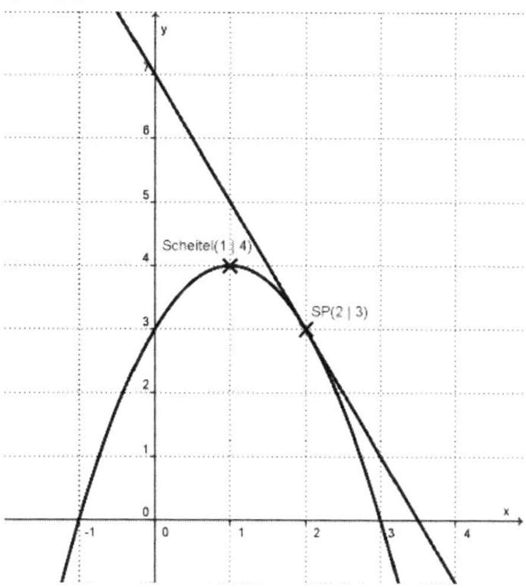

Der Scheitel einer Parabel liegt auf deren Symmetrieachse, also in der Mitte von zwei Punkten, die auf derselben Höhe liegen.
Z. B. die Nullstellen $x_1 = -1$ und $x_2 = 3$ dieser Parabel p liegen auf derselben Höhe. Für den Scheitel x_S gilt dann:

$$\frac{-1 + 3}{2} = \frac{2}{2} = 1$$

und der Scheitel hat den x-Wert 1.
Zur Berechnung des y-Wertes des Scheitels y_S wird der x-Wert in die „Parabelvorschrift p" eingesetzt:

$y_S = -1^2 + 2 \cdot 1 + 3 = -1 + 2 + 3 = 4$

und es ergibt sich für p der Scheitel S(1 | 4).

3. **Schnittpunkt von Parabel und Gerade**
Funktionsterme gleichsetzen:

$$-x^2 + 2x + 3 = -2x + 7 \quad | + 2x - 7$$

$$-x^2 + 4x - 4 = 0 \quad | \text{ Mitternachtsformel}$$

$$x_{1/2} = \frac{-4 \pm \sqrt{4^2 - 4 \cdot (-1) \cdot (-4)}}{2 \cdot (-1)} = \frac{-4 \pm \sqrt{16 - 16}}{-2}$$

$$= \frac{-4 \pm \sqrt{0}}{-2} = \frac{-4 \pm 0}{-2} = \frac{-4}{-2} = 2$$

Da diese Gleichung nur eine doppelte Lösung hat, weiß man, dass sich die Parabel und die Gerade berühren.
Berechnung des y-Wertes. Dazu wird der x-Wert entweder in p oder in g eingesetzt:
In g einsetzen (da einfacher zu rechnen) ergibt $y = -2 \cdot 2 + 7 = -4 + 7 = 3$
und somit berühren sich Parabel und Gerade im Punkt SP(2 | 3).

b. Die Anzahl der 6-Bett-Zimmer werde mit x bezeichnet, die Anzahl der 8-Bett-Zimmer mit y.
Da es insgesamt 22 Zimmer (6-Bett-Zimmer oder 8-Bett-Zimmer) gibt, gilt:
(I) $x + y = 22$
Die 152 Betten ergeben sich aus den 6 Betten · Anzahl der 6-Bett-Zimmer plus den 8 Betten · Anzahl der 8-Bett-Zimmer und deshalb in mathematischer Sprache:
(II) $6x + 8y = 152$
Damit ist folgendes lineare Gleichungssystem zu lösen:

(I,a)	$x + y$	=	22	$\mid \cdot (-8)$, damit nach der Addition beider Gleichungen eine Variable wegfällt und eine Gleichung mit einer Variablen übrig bleibt
(II,a)	$6x + 8y$	=	152	$\mid \cdot 1$
(I,b)	$-8x - 8y$	=	-176	
(II,b)	$6x + 8y$	=	152	| (I,b) + (II,b)
	$-2x$	=	-24	$\mid : (-2)$
	x	=	12	| d. h., es gibt 12 6-Bett-Zimmer und aus (I,a) folgt mit $12 + y = 22$, dass es 10 8-Bett-Zimmer gibt.

c. **Termumformung**

$$\sqrt{\frac{8a}{b^2}} : \sqrt{\frac{2a^3}{b^4}} + \frac{b}{a} \overset{1)}{=} \frac{\sqrt{8a}}{\sqrt{b^2}} : \frac{\sqrt{2a^3}}{\sqrt{b^4}} + \frac{b}{a} \overset{2)}{=} \frac{\sqrt{8a}}{\sqrt{b^2}} \cdot \frac{\sqrt{b^4}}{\sqrt{2a^3}} + \frac{b}{a} \overset{3)}{=} \frac{\sqrt{8a}}{b} \cdot \frac{b^2}{\sqrt{2a^3}} + \frac{b}{a} \overset{4)}{=} \frac{\sqrt{8a} \cdot b^2}{b \cdot \sqrt{2a^3}} + \frac{b}{a}$$

$$\overset{5)}{=} \frac{b^2 \cdot \sqrt{8a}}{b \cdot \sqrt{2a^3}} + \frac{b}{a} \overset{6)}{=} \frac{b^2}{b} \cdot \frac{\sqrt{8a}}{\sqrt{2a^3}} + \frac{b}{a} \overset{7)}{=} b \cdot \sqrt{\frac{8a}{2a^3}} + \frac{b}{a} \overset{8)}{=} b \cdot \sqrt{\frac{4}{a^2}} = b \cdot \frac{\sqrt{4}}{\sqrt{a^2}} + \frac{b}{a}$$

$$= b \cdot \frac{2}{a} + \frac{b}{a} = \frac{2b}{a} + \frac{b}{a} \overset{9)}{=} \frac{2b + b}{a} = \frac{3b}{a}$$

Anmerkungen:

1) Wurzeln aus Brüchen dürfen für Dividend und Divisor getrennt berechnet werden. Regel: $\sqrt{\frac{a}{b}} = \frac{\sqrt{a}}{\sqrt{b}}$
2) Zwei Brüche werden dividiert, indem man mit dem Kehrbruch des zweiten Bruches multipliziert.
3) Wurzelziehen soweit möglich.
4) Alles auf einen Bruchstrich schreiben. Regel: $\frac{a}{b} \cdot \frac{c}{d} = \frac{a \cdot b}{c \cdot d}$
5) Faktoren umsortieren. Regel: $a \cdot b = b \cdot a$
6) Regel: $= \frac{a \cdot b}{c \cdot d} = \frac{a}{b} \cdot \frac{c}{d}$ (also Anmerkung 4 rückwärts)
7) 1. Bruch kürzen, 2. Bruch Anmerkung 1 rückwärts. Regel: $\frac{\sqrt{a}}{\sqrt{b}} = \sqrt{\frac{a}{b}}$
8) 2. Bruch unter der Wurzel kürzen.
9) Zwei Brüche mit gleichem Nenner werden addiert, indem man die Zähler addiert und den Nenner beibehält.

d. **Trapez**

1. **Termumformung**

A	$=$	$\frac{a+c}{2} \cdot h$	$\mid \cdot 2$
$2A$	$=$	$(a+c) \cdot h$	$\mid : h$ (Merke: Fallen Bruchstriche, kommen Klammern.)
$\frac{2A}{h}$	$=$	$a + c$	$\mid - a$
$\frac{2A}{h} - a$	$=$	c	

2. Einsetzen von $A = 132\ \text{cm}^2$, $h = 8$ cm und $a = 20$ cm in den umgeformten Term der vorigen Aufgabe ergibt:

$$c = \frac{2A}{h} - a = \frac{2 \cdot 132\ \text{cm}^2}{8\ \text{cm}} - 20\ \text{cm} = \frac{264\ \text{cm}^2}{8\ \text{cm}} - 20\ \text{cm} = 33\ \text{cm} - 20\ \text{cm} = 13\ \text{cm}$$

Die Seite c dieses Trapezes ist also 13 cm lang.

Aufgabe 4

a. **Lineares Gleichungssystem**

1. Jede Gleichung kann als eine Gerade interpretiert werden:

   g: $y = \frac{1}{2}x + 3$
   h: $y = -2x + \frac{1}{2}$
   Die Lösung dieses Gleichungssystems ist der Schnittpunkt dieser beiden Geraden, da nur in diesem Punkt die x- und die y-Werte für beide Geraden, d. h. in diesem Fall beide Gleichungen, übereinstimmen.
   SP(–1 | 2,5), damit wird das Gleichungssystem für **x** = **–1** und **y** = **2,5** gelöst.

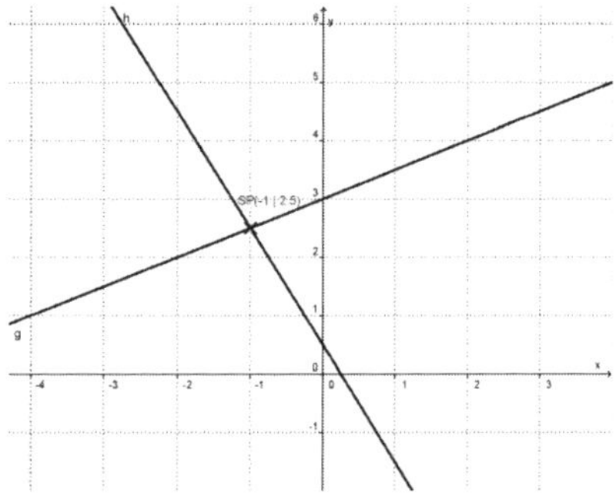

2. Gleichungssystem lösen durch Gleichsetzen; das ist hier die beste Methode. Andere Lösungsverfahren sind das Einsetzungs- oder das Additionsverfahren.

$$
\begin{array}{rcll}
g & = & h & \\
\frac{1}{2}x + 3 & = & -2x + \frac{1}{2} & \mid \cdot 2\text{, damit die Brüche verschwinden} \\
x + 6 & = & -4x + 1 & \mid +4x - 6 \\
5x & = & -5 & \mid : 5 \\
\mathbf{x} & = & \mathbf{-1} & \text{einsetzen in z. B. } y = -2x + \frac{1}{2} \text{ ergibt} \\
\mathbf{y} & = & -2 \cdot (-1) + \frac{1}{2} = 2 + 0{,}5 = \mathbf{2{,}5} &
\end{array}
$$

b. **Pyramide**

1. **Zeichnung**

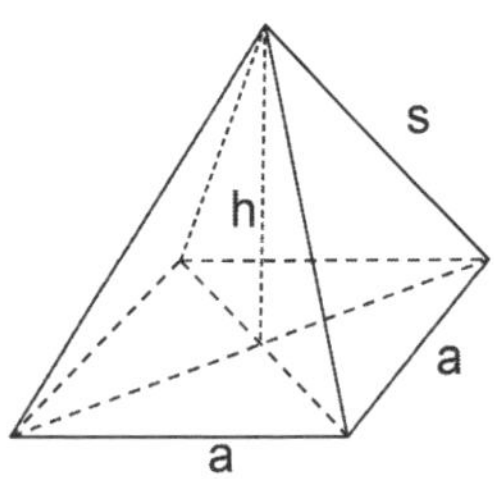

2. In der Formelsammlung findet man für das Pyramidenvolumen die Formel
   $V_{Pyramide} = \frac{1}{3} \cdot G \cdot h$ mit G = Grundfläche.

   Die vorliegende Pyramide hat eine quadratische Grundfläche, die sich berechnen lässt mit
   $G = a \cdot a = 6\text{ cm} \cdot 6\text{ cm} = 36\text{ cm}^2$.
   Eingesetzt in die Formel zur Berechnung des Pyramidenvolumens
   $V_{Pyramide} = \frac{1}{3} \cdot 36\text{ cm}^2 \cdot 4\text{ cm} = 48\text{ cm}^3$.

3. Um die Länge der Seitenkante s berechnen zu können, braucht man zuerst die Länge der Diagonale d der Grundfläche.

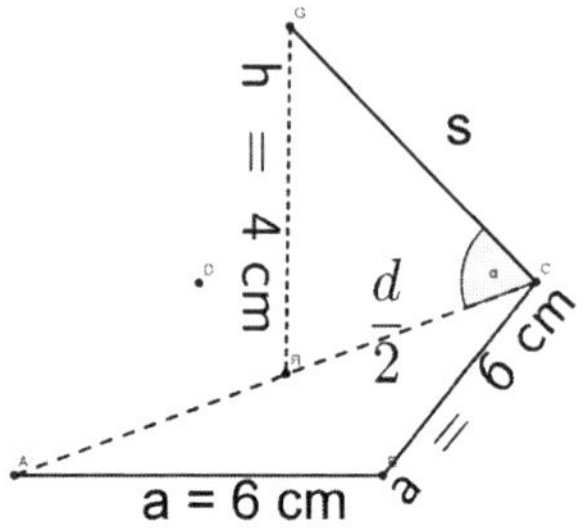

Mit Pythagoras gilt:

$d^2 = (6 \text{ cm})^2 + (6 \text{ cm})^2$

$= 36 \text{ cm}^2 + 36 \text{ cm}^2 = 72 \text{ cm}^2$, also

$d = \sqrt{72 \text{ cm}^2} = \sqrt{2 \cdot 36} \text{ cm} = 6\sqrt{2} \text{ cm}$ und

$\frac{d}{2} = \frac{6\sqrt{2} \text{ cm}}{2} = 3\sqrt{2} \text{ cm}$.

Wieder mit Pythagoras gilt im rechtwinkligen Dreieck mit den Katheten $\frac{d}{2}$ und h und der Hypotenuse s:

$$s^2 = \left(\frac{d}{2}\right)^2 + h^2 = (3\sqrt{2} \text{ cm})^2 + (4 \text{ cm})^2 = 9 \cdot 2 \text{ cm}^2 + 16 \text{ cm}^2 = 18 \text{ cm}^2 + 16 \text{ cm}^2 = 34 \text{ cm}^2$$

und $s = \sqrt{34 \text{ cm}^2} = \sqrt{34} \text{ cm} \approx 5{,}83 \text{ cm}$.

4. Z. B. mit dem Sinus gilt:

$$\tan(\alpha) = \frac{\text{Gegenkathete}}{\text{Hypotenuse}} = \frac{h}{s} \approx \frac{4 \text{ cm}}{5{,}83 \text{ cm}} \approx 0{,}6861 \text{ und deshalb } \alpha \approx 43{,}32°$$

c. **Parabel**

1. **Skizze**

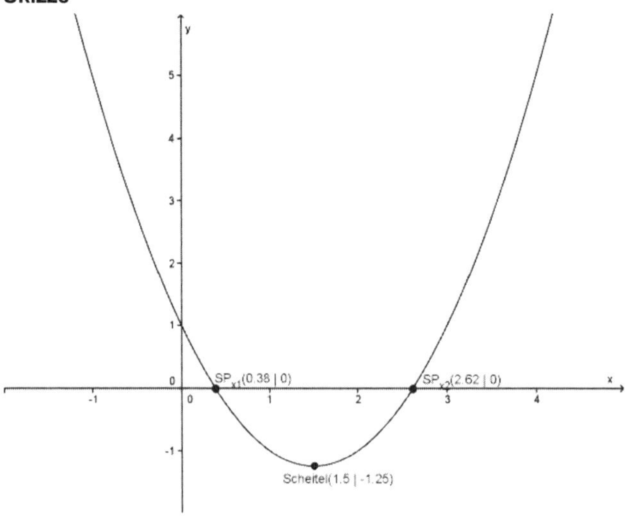

2. Schnittpunkte der Parabel mit der x-Achse. Bedingung $y = 0$

$$x^2 - 3x + 1 = 0 \quad | \text{ Mitternachtsformel}$$

$$x_{1/2} = \frac{-(-3) \pm \sqrt{(-3)^2 - 4 \cdot 1 \cdot 1}}{2 \cdot 1} = \frac{3 \pm \sqrt{9-4}}{2} \approx \frac{3 \pm 2{,}236}{2}$$

$$x_1 \approx \frac{3 + 2{,}236}{2} = 2{,}618 \approx 2{,}62, \text{ also } SP_{x_1}(2{,}62 \mid 0)$$

$$x_2 \approx \frac{3 - 2{,}236}{2} = 0{,}382 \approx 0{,}38, \text{ damit } SP_{x_2}(0{,}38 \mid 0)$$

3. Eine Parabel hat keinen Schnittpunkt mit der x-Achse, wenn sie nach oben geöffnet ist und der Scheitel oberhalb der x-Achse liegt.
Wird das Schaubild der Parabel $y = x^2 - 3x + 1$ beliebig in y-Richtung verschoben, dann erhält man die Parabelgleichung $y = x^2 - 3x + c$.
Aus dem Schaubild von $y = x^2 - 3x + 1$ liest man den Scheitel $(1{,}5 \mid -\mathbf{1{,}25})$ ab. Das bedeutet, dass eine Verschiebung von mindestens **1,25 Einheiten nach oben** den Scheitel von $y = x^2 - 3x + 1 + \mathbf{1{,}25} = x^2 - 3x + 2{,}25$ mindestens auf die x-Achse verschiebt und damit die x-Achse berührt. Alle Zahlen größer als 2,25 verschieben den Scheitel also über die x-Achse.
Damit schneidet z. B. die Parabel mit $y = x^2 - 3x + 3$ die x-Achse nicht.
Alternative: Man berechnet von der Parabel $y = x^2 - 3x + c$ die Nullstellen und überlegt sich, wann es keine gibt.

$$x^2 - 3x + c = 0 \quad \text{Mitternachtsformel}$$

$$x_{1/2} = \frac{-(-3) \pm \sqrt{(-3)^2 - 4 \cdot 1 \cdot c}}{2 \cdot 1} = \frac{3 \pm \sqrt{9 - 4c}}{2}$$

Man erhält keine Lösung, wenn die Diskriminante $9 - 4c$ kleiner als null ist: $9 - 4c < 0$
Dies geschieht für alle Zahlen c, die größer als 2,25 sind.
In der vorigen Parabel $y = x^2 - 3x + 3$ ist $c = 3$.
Die Diskriminante ist dann $9 - 4 \cdot 3 = -3 < 0$ und damit hat Gleichung $x^2 - 3x + 3$ keine Lösung, die Parabel $y = x^2 - 3x + 3$ damit keine Nullstellen.

Aufgabe 5

a. **Geraden**

1. Unternehmen A: Da der Preis immer gleich bleibt (200,00 EUR), dürfen die gefahrenen Kilometer auf den Preis keinen Einfluss haben: $y_A = 200$
Unternehmen B: Die Grundgebühr (40,00 EUR) wird fällig, ob gefahren wird oder nicht. Dazu kommen noch die Kosten von 0,40 EUR je gefahrenem Kilometer:
$y_B = 0{,}4x + 40$

2. **Skizze**

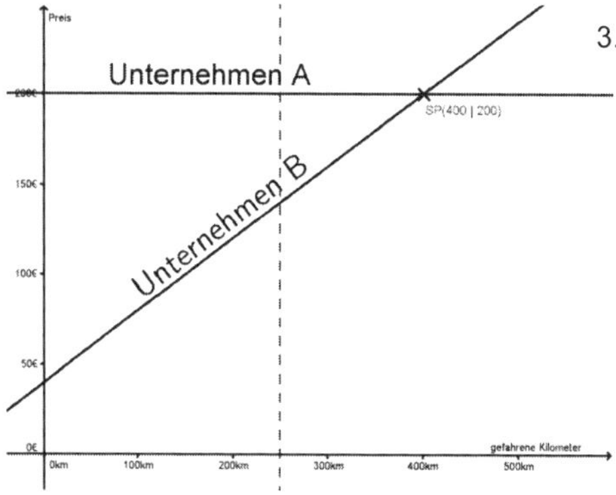

3. In nebenstehendem Bild wird deutlich, dass die Kosten für das Mieten des Pkws bei Unternehmen B solange günstiger sind, solange die Kosten unterhalb von denen des Unternehmens A liegen. Das ist bis zum Schnittpunkt SP(400 | 200) der beiden Geraden der Fall. Ab dann verläuft die Gerade von Unternehmen B oberhalb von der Geraden des Unternehmens A, also sind auch die Kosten ab dann höher.

Fährt Herr Müller 250 km, dann ist der Tarif von Unternehmen B billiger, denn für 250 gefahrene Kilometer betragen die Kosten:

$y_A = 200{,}00\ \text{EUR}$

$y_B = 40{,}00\ \text{EUR} + 0{,}40\ \frac{\text{EUR}}{\text{km}} \cdot 250\ \text{km} = 40{,}00\ \text{EUR} + 100{,}00\ \text{EUR} = 140{,}00\ \text{EUR}$

b. **Dreieck**

1. **Skizze**

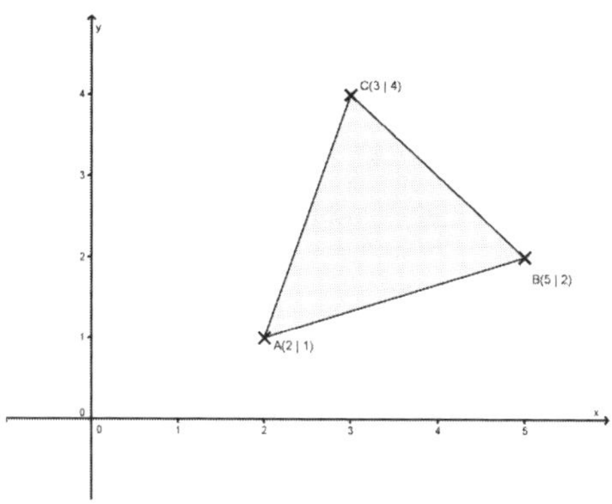

2. Vom Inhalt des Rechtecks werden die Flächeninhalte der drei rechtwinkligen Dreiecke abgezogen (siehe Skizze unten).
   Fläche Viereck
   $= 3\ \text{LE} \cdot 3\ \text{LE} = 9\ \text{LE}^2 = 9\ \text{FE}$
   Fläche Dreieck $= \frac{1}{2} \cdot g \cdot h$
   $D_1 = \frac{1}{2} \cdot 3\ \text{LE} \cdot 1\ \text{LE} = 1{,}5\ \text{FE}$
   $D_2 = \frac{1}{2} \cdot 2\ \text{LE} \cdot 2\ \text{LE} = 2\ \text{FE}$
   $D_3 = \frac{1}{2} \cdot 1\ \text{LE} \cdot 3\ \text{LE} = 1{,}5\ \text{LE}$
   Das gegebene Dreieck hat einen Flächeninhalt von
   $9\ \text{FE} - 1{,}5\ \text{FE} - 2\ \text{FE} - 1{,}5\ \text{FE}$
   $= 4\ \text{FE}.$

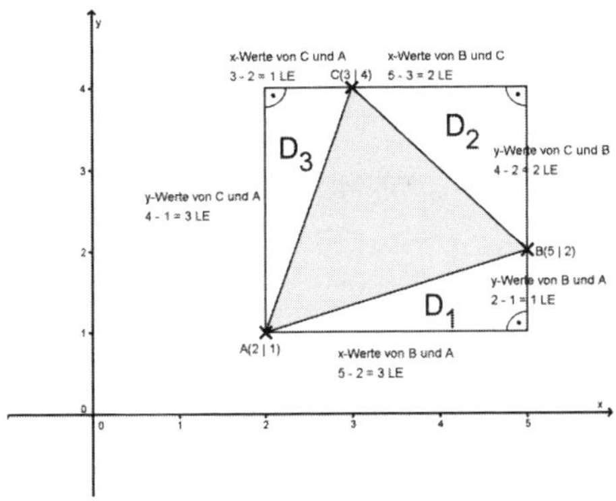

3. Von den Dreiecken D_1, D_2 und D_3 müssen jeweils die Hypotenusen c berechnet werden (Pythagoras):

D_1: $c_1 = \sqrt{3^2 + 1^2} = \sqrt{10} \approx 3{,}16$

D_2: $c_2 = \sqrt{2^2 + 2^2} = \sqrt{8} \approx 2{,}83$

D_3: $c_3 = \sqrt{1^2 + 3^2} = \sqrt{10} \approx 3{,}16$

Umfang des Dreiecks

$= 3{,}16 \text{ LE} + 2{,}83 \text{ LE} + 3{,}16 \text{ LE}$

$= 9{,}15 \text{ LE}$

c. **Hochwasserschutzdamm**

1. Um die Breite der Dammkrone berechnen zu können, müssen die Längen der Strecken a und b bekannt sein, denn Breite der Dammkrone = Sohlenbreite – a – b.

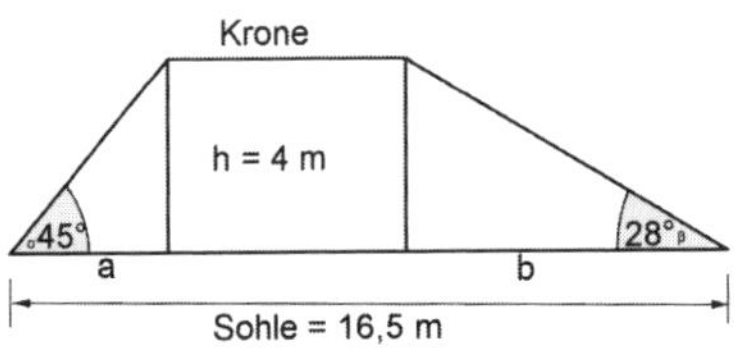

Berechnung von a mithilfe des Tangens: $\tan(\alpha) = \frac{\text{Gegenkathete}}{\text{Ankathete}} = \frac{h}{a}$

$\cos(45°) = \frac{4 \text{ m}}{a} \mid \cdot a \mid : \cos(45°)$

$a = \frac{4 \text{ m}}{\cos(45°)} \approx \frac{4 \text{ m}}{1} = 4 \text{ m}$

Berechnung von b wiederum mithilfe des Tangens:

$\tan(28°) = \frac{4 \text{ m}}{b} \mid \cdot b \mid : \tan(28°)$

$b = \frac{4 \text{ m}}{\tan(28°)} \approx \frac{4 \text{ m}}{0{,}5317} \approx 7{,}52 \text{ m}$

Die Breite der Dammkrone beträgt 16,5 m – 4 m – 7,52 m = 4,98 m.

2. Die Querschnittsfläche setzt sich aus den beiden rechtwinkligen Dreiecken und dem Rechteck in der Mitte zusammen.

   Berechnung der linken Dreiecksfläche A_{Dl} mit der Grundseite a = 4 m und der Höhe 4 m.

   $A_{Dl} = \frac{1}{2} \cdot 4\text{ m} \cdot 4\text{ m} = 8\text{ m}^2$

   Berechnung der rechten Dreiecksfläche A_{Dr} mit der Grundseite b = 7,52 m und der Höhe 4 m.

   $A_{Dr} = \frac{1}{2} \cdot 4\text{ m} \cdot 7{,}52\text{ m} = 15{,}04\text{ m}^2$

   Das Rechteck hat die Fläche $A_R = 4\text{ m} \cdot 5\text{ m} = 20\text{ m}^2$.

   Damit beträgt die Querschnittsfläche $8\text{ m}^2 + 15{,}04\text{ m}^2 + 20\text{ m}^2 = 43{,}04\text{ m}^2$.

   Alternative Berechnung:

   Bei der Querschnittsfläche des Hochwasserschutzdammes handelt es sich um eine Trapezfläche, die sich mit der Formel $A_{Trapez} = \frac{1}{2} \cdot (a + c) \cdot h$ berechnen lässt.

   Somit gilt: A_Trapez $= \frac{1}{2} \cdot$ (Sohlenbreite + Kronenbreite) $\cdot$ Höhe $= \frac{1}{2} \cdot (16{,}5\text{ m} + 5\text{ m}) \cdot 4\text{ m}$

   $= \frac{1}{2} \cdot 21{,}5\text{ m} \cdot 4\text{ m}$

   $= 43\text{ m}^2$

3. **Das Volumen des Dammes**

   = Querschnittsfläche · Dammlänge = $43\text{ m}^2 \cdot 200\text{ m} = 8.600\text{ m}^3$, also 8.600 Kubikmeter.

   Der Lkw transportiert mit einer Ladung 16 Kubikmeter = 16 m^3.

   Dann braucht man, um 8.600 m^3 zu transportieren, $\frac{8.600\text{ m}^3}{16\text{ m}^3} = 537{,}5$ Lkw-Ladungen Erde.

Prüfungsaufgaben 2013

Aufgabe 1

a. Gleichungssystem lösen durch Gleichsetzen (Ist hier die beste Methode. Andere Lösungsverfahren sind das Einsetzungs- oder das Additionsverfahren.).
   Dazu beide Gleichungen nach 2y umformen.

(I)	$x - 2y = 6$	$\mid -x$
(II)	$3x + 2y = 2$	$\mid -3x$
(Ia)	$-2y = 6 - x$	$\mid \cdot (-1)$
(IIa)	$2y = 2 - 3x$	$\mid$
(Ib)	$2y = -6 + x$	$\mid \cdot (-1)$
(IIb)	$2y = 2 - 3x$	$\mid$

Jetzt steht auf der linken Seite der beiden Gleichungen das Gleiche, also dürfen die Gleichungen gleichgesetzt werden.

Ib = IIb

$-6 + x = 2 - 3x \quad | + 3x + 6$ das ist eine lineare Gleichung, deswegen stehen die x auf einer Seite und alles ohne x auf der anderen

$4x = 8 \quad | : 4$

$x = 2 \quad$ | Berechnung des y-Wertes z. B. mit Ib

$2y = -6 + 2 = -4 \quad | : 2$

$y = -2$ Somit lösen $x = 2$ und $y = -2$ die Gleichungen I und II, also das Gleichungssystem.

b. $p: y = \frac{1}{2}x^2 - 2x - 3$

$g: y = -\frac{1}{2}x - 1$

1. Um den Scheitel von p ohne Zuhilfenahme eines Schaubildes zu lösen, muss man wissen, dass der Scheitel auf der Symmetrieachse einer Parabel, somit dessen y-Wert in der Mitte zwischen zwei Nullstellen, liegt.
Für die Berechnung der Nullstellen gilt $y = 0$

$\frac{1}{2}x^2 - 2x - 3 = 0 \quad | \cdot 2$ um den Bruch wegzubekommen

$x^2 - 4x - 6 = 0 \quad$ | Mitternachtsformel mit $a = 1$, $b = -4$ und $c = -6$

$$x_{1/2} = \frac{-(-4) \pm \sqrt{(-4)^2 - 4 \cdot 1 \cdot (-6)}}{2 \cdot 1} = \frac{4 \pm \sqrt{16 + 24}}{2} = \frac{4 +}{-\sqrt{40/2}} \approx \frac{4 \pm 6{,}32}{2}$$

$$x_1 = \frac{4 + 6{,}32}{2} = \frac{10{,}32}{2} = 5{,}16$$

$$x_2 = \frac{4 - 6{,}32}{2} = \frac{-2{,}32}{2} = -1{,}16$$

Berechnung der Mitte x_M zwischen diesen beiden Nullstellen. Es gilt allgemein:

$$x_M = \frac{x_1 + x_2}{2}$$

$$x_M = \frac{5{,}16 + (-1{,}16)}{2} = \frac{4}{2} = 2$$

Es fehlt noch der y-Wert des Scheitels. Dazu verwendet man die Funktionsgleichung $p: y = \frac{1}{2}x^2 - 2x - 3$, denn sie stellt für diese Parabel eine Beziehung zwischen einem x-Wert und dem dazugehörenden y-Wert her.

$$y = \frac{1}{2} \cdot 2^2 - 2 \cdot 2 - 3 = \frac{1}{2} \cdot 4 - 4 - 3 = 2 - 7 = -5$$

und der Scheitel hat die Koordinaten $S(2 \mid -5)$.

2. Von der Parabel kennt man bereits den Scheitel S(2 | – 5) und die Schnittpunkte mit der x-Achse (Nullstellen) N_1(5,16 | 0) und N_2(– 1,16 | 0).
Die Gerade g hat den y-Achsenabschnitt b = – 1, d. h., sie geht durch den Punkt A(0 | – 1) und fällt (wegen des Minus vor $\frac{1}{2}$) mit der Steigung $\frac{1}{2}$. Man zeichnet das Steigungsdreieck, ausgehend vom Punkt A, mit 2 LE nach links und 1 LE nach unten, und erhält damit einen zweiten Punkt auf der Geraden g.

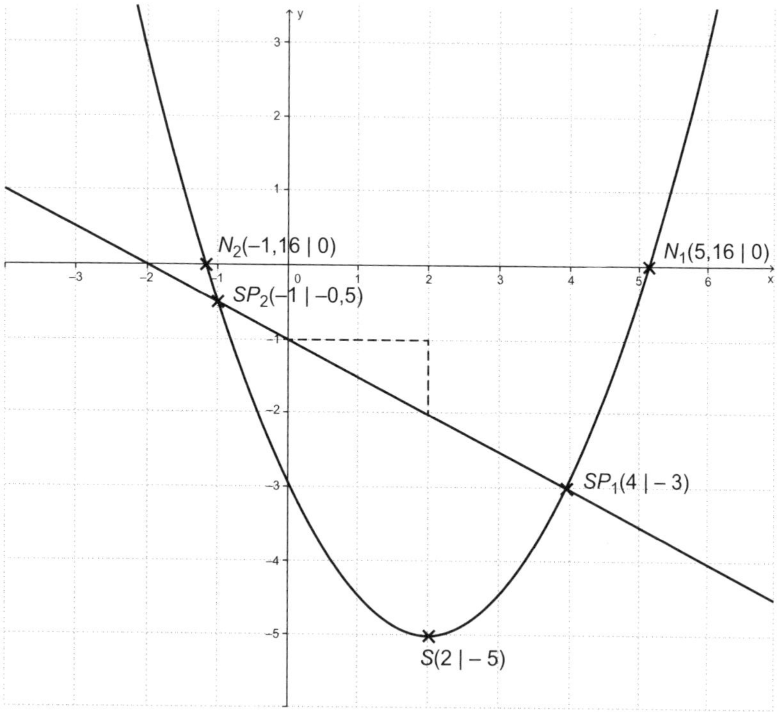

3. **Schnittpunkte von Parabel mit Geraden**

$\frac{1}{2}x^2 - 2x - 3 = -\frac{1}{2}x - 1 \mid \cdot 2$ (Eliminierung der Brüche)

$x^2 - 4x - 6 = -x - 2 \mid + x + 2$

$x^2 - 3x - 4 = 0$

Mitternachtsformel mit a = 1, b = –3 und c = –4

$$x_{1/2} = \frac{-(-3) \pm \sqrt{(-3)^2 - 4 \cdot 1 \cdot (-4)}}{2 \cdot 1} = \frac{3 \pm \sqrt{9 + 16}}{2} = \frac{3 \pm \sqrt{25}}{2} = \frac{3 \pm 5}{2}$$

$x_1 = \frac{3 + 5}{2} = 8 : 2 = 4$ y-Wert: z. B. mit g: $y = -\frac{1}{2} \cdot 4 - 1 = -2 - 1 = -3$ → SP_1 (4 | –3)

$x_2 = \frac{3 - 5}{2} = -2 : 2 = -1$ y-Wert mit g: $y = -\frac{1}{2} \cdot (-1) - 1 = 0{,}5 - 1 = -0{,}5$

→ SP_2(– 1 | – 0,5)

(Kontrolle siehe Zeichnung)

c. 60 % des Kegelvolumens entsprechen 90 ml.

Damit entspricht 1 % des Kegelvolumens $\frac{90 \text{ ml}}{60 \text{ \%}}$.

Wird das Sektglas komplett gefüllt, ist also 100 % voll, dann sind $\frac{90 \text{ ml}}{60 \text{ \%}} \cdot 100 \text{ \%} = 150 \text{ ml}$ im Glas, das Volumen des Sektglases beträgt demnach 150 ml.

Volumenformel V_{Kegel} des Kegels: $V_{Kegel} = \frac{1}{3} \cdot \pi \cdot r^2 \cdot h$

(*) $150 \text{ ml} = \frac{1}{3} \cdot \pi \cdot \left(\frac{9 \text{ cm}}{2}\right)^2 \cdot h$

Umrechnen von ml auf cm^3:

1 l entspricht $1 \text{ dm}^3 = 1 \text{ dm} \cdot 1 \text{ dm} \cdot 1 \text{ dm} = 10 \text{ cm} \cdot 10 \text{ cm} \cdot 10 \text{ cm} = 1.000 \text{ cm}^3$

$1 \text{ ml} = \frac{1}{1.000} \text{ l} = 0{,}001 \text{ l} = 0{,}001 \cdot 1.000 \text{ cm}^3 = 1 \text{ cm}^3$

Somit entsprechen 150 ml einem Volumen von 150 cm^3, eingesetzt in (*) folgt:

$150 \text{ cm}^3 = \frac{1}{3} \cdot \pi \cdot 20{,}25 \text{ cm}^2 \cdot h \mid \cdot 3$

$450 \text{ cm}^3 = \pi \cdot 20{,}25 \text{ cm}^2 \cdot h \mid : (20{,}25 \text{ cm}^2)$

$\frac{200}{9} \text{ cm} = \pi \cdot h \mid : \pi$

$h \approx 7{,}07 \text{ cm}$

d. $\sqrt{x^2 (x^2 + 2x) - x^3 + x^2 (2 - x) - 2x^2}$ (Klammern ausmultiplizieren)

$= \sqrt{x^2 \cdot x^2 + x^2 \cdot 2x - x^3 + 2x^2 - x^2 \cdot x - 2x^2}$ (Potenzen mit gleicher Basis multiplizieren)

$= \sqrt{x^{2+2} + 2x^2 \cdot x^1 - x^3 + 2x^2 - x^2 \cdot x^1 - 2x^2}$ $(x = x^1)$

$= \sqrt{x^4 + 2x^{2+1} - x^3 + 2x^2 - x^{2+1} - 2x^2}$

(Potenzen mit gleicher Basis multiplizieren durch Addition der Hochzahlen)

$= \sqrt{x^4 + 2x^2 - x^3 + 2x^2 - x^3 - 2x^2}$ (gleiche Potenzen verrechnen: $2x^3 - x^3 - x^3 = 0$)

$= \sqrt{x^4} = \sqrt{(x^2)^2} = x^2$

Aufgabe 2

a. Die Anzahl der am Ausflug teilnehmenden Nichtmitglieder werde mit N, die der teilnehmenden Mitglieder mit M bezeichnet. Da am Ausflug 150 Personen teilnehmen, gilt:
(I) $N + M = 150$
Ein Nichtmitglied bezahlt für die Fahrt 120,00 EUR und somit bezahlen N mitfahrende zusammen 120,00 EUR · N.

Die mitfahrenden Mitglieder bezahlen insgesamt 100,00 EUR · M. Damit gilt:
(II) $120N + 100M = 16.000$
Die Gleichungen (I) und (II) müssen so gelöst werden, dass N und M für beide Gleichungen gelten:

(I)	$N + M$	=	150	$\mid \cdot (-120)$
(II)	$120N + 100M$	=	16.000	

(Ia)	$-120N - 120M$	=	-18.000
(IIa)	$120N + 100M$	=	16.000

Mit dem Additionsverfahren und Ia + IIa ergibt sich:
$-20M = -2.000 \mid : (-20) \leftrightarrow -M = 100$ und aus Gleichung (I) ergibt sich, dass N = 50 sein muss. Also nehmen 100 Mitglieder (und 50 Nichtmitglieder) am Ausflug teil.

b. **Lösen der Gleichung**

$(x + 2)^2 - 4$	=	$x(3x + 1)$	| Ausmultiplizieren der Klammern
$x^2 + 4x + 4 - 4$	=	$3x^2 + x$	| Vereinfachen der Terme
$x^2 + 4x$	=	$3x^2 + x$	| $- 3x^2 - x$
$-2x^2 + 3x$	=	0	| im linken Term x ausklammern
$x(-2x + 3)$	=	0	| Satz vom Nullprodukt anwenden
$x_1 = 0$	v	$-2x + 3 = 0$	$\rightarrow x^2 = 1,5$

c. Die Formel zur Berechnung der Fläche eines Kreises ist $A_{Kreis} = \pi r^2$.
Die gesamte Fläche hat einen Radius von r = 5 m, die Tulpenfläche einen von r = 2,5 m.
Für die gesamte Fläche gilt: $A_{Gesamt} = \pi \cdot (5\text{ m})^2 = 25\pi\text{ m}^2 \approx 78,54\text{ m}^2$.
Die Fläche für die Tulpen ist $A_{Tulpen} = \pi \cdot (2,5\text{ m})^2 = 6,25\pi\text{ m}^2 \approx 19,63\text{ m}^2$ groß.

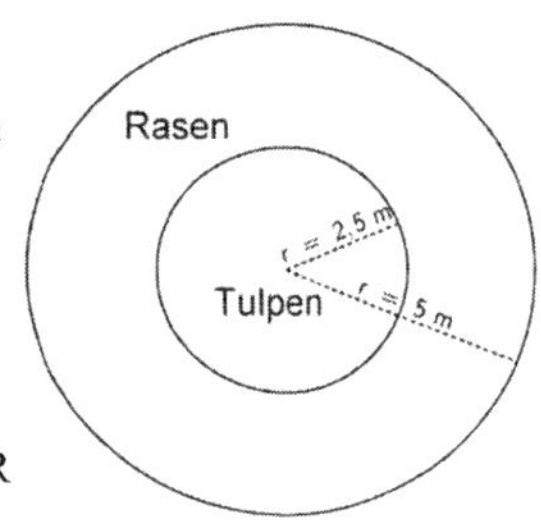

Kosten für die Tulpen: $19,63\text{ m}^2 \cdot 22\,\frac{\text{EUR}}{\text{m}^2} = 431,86\text{ EUR}$
Der Rasen wird auf einer Fläche von $A_{Rasen} = 78,54\text{ m}^2 - 19,63\text{ m}^2 = 58,91\text{ m}^2$ gesät.
Kosten für die Rasenfläche: $58,91\text{ m}^2 \cdot 11\frac{\text{EUR}}{\text{m}^2} = 648,01\text{ EUR}$
Die Stadt Weikersheim muss also 431,86 EUR + 648,01 EUR = 1.079,87 EUR für die Bepflanzung bezahlen.

d. Gerade g: $y = 2x + 4$

1. Um die Gerade g zeichnen zu können, hilft z. B. eine Wertetabelle. Für das Zeichnen einer Geraden werden zwei Punkte benötigt.

x	0	1
$y = 2x + 4$	$2 \cdot 0 + 4 = 4$	$2 \cdot 1 + 4 = 6$
	A(0 | 4)	B(1 | 6)

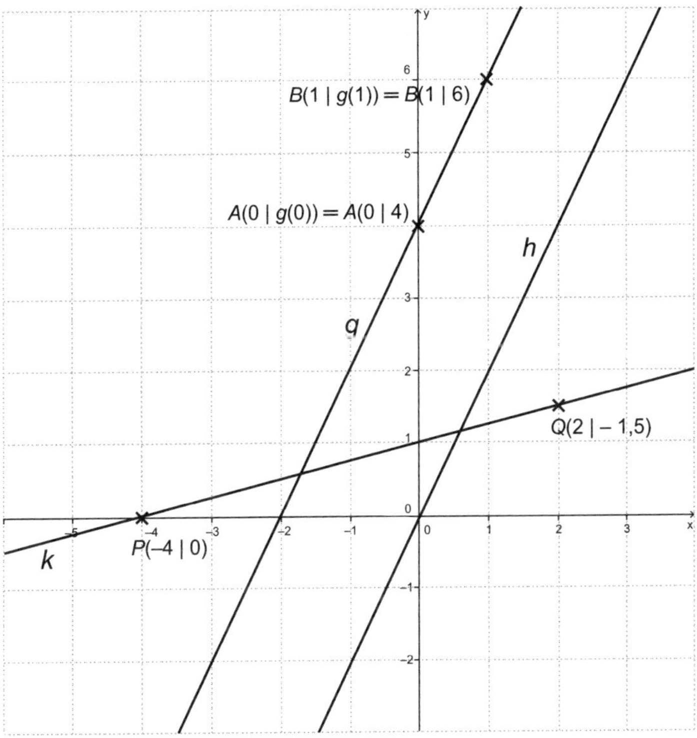

2. Die Gerade h soll parallel zu g sein, also ist die Steigung m = 2 gleich.
   h soll durch den Ursprung verlaufen, also muss der y-Achsenabschnitt b = 0 sein.
   Damit ergibt sich als Geradengleichung h: $y = 2x$
3. Zeichnung der Geraden k in obigem Schaubild.
   Rechnerische Bestimmung von k in der Form $y = mx + b$, wobei m die Steigung und b den y-Achsenabschnitt einer Geraden angibt.

   Berechnung der Steigung $m = \frac{y_2 - y_1}{x_2 - x_1}$

   Mit den Punkten P(–4 | 0) und Q(2 | 1,5) ergibt sich $m = \frac{1{,}5 - 0}{2 - (-4)} = \frac{1{,}5}{6} = 0{,}25$.

   Die Koordinaten P(–4 | 0) und m = 0,25 in $y = mx + b$ einsetzen führt auf:
   $0 = -4 \cdot 0{,}25 + b \leftrightarrow 0 = -1 + b \mid +1 \leftrightarrow b = 1$ und somit
   k: $y = 0{,}25x + 1$

Aufgabe 3

a. Maße des Hauses: a = 6 m, b = 10 m, c = 7 m und d = 11 m

1. Das Volumen des Hauses ist das Volumen eines senkrechten Prismas mit der Grundfläche eines Trapezes.
   Berechnung der Grundfläche:

   A_{Trapez}
   $= \frac{d + c}{2} \cdot a = \frac{11\text{ m} + 7\text{ m}}{2} \cdot 6\text{ m} = \frac{18\text{ m}}{2} \cdot 6\text{ m}$
   $= 54\text{ m}^2$

   Volumen des Hauses:
   V_{Haus}
   $= A_{Trapez} \cdot b = 54\text{ m}^2 \cdot 10\text{ m} = 540\text{ m}^3$

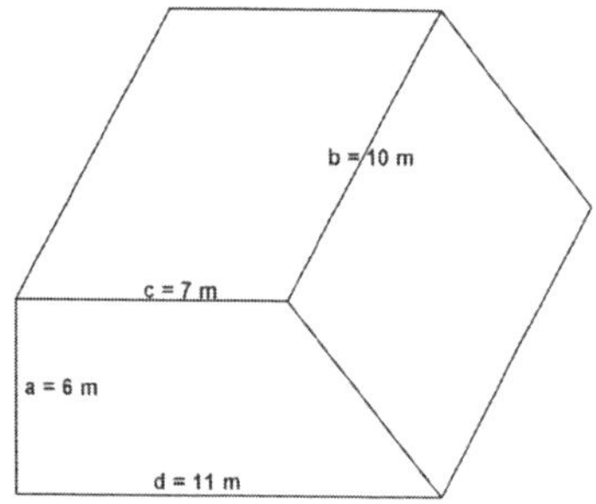

2. Um die Dachneigung berechnen zu können, braucht man zuerst die „Dachhöhe" h.
   Berechnung von h:
   $h = d - c = 11\text{ m} - 7\text{ m} = 4\text{ m}$
   Berechnung der Dachneigung mithilfe des Tangens:
   $\tan(\alpha) = \frac{\text{Gegenkathete}}{\text{Ankathete}} = \frac{h}{a} = \frac{4\text{ m}}{6\text{ m}} = \frac{2}{3}$

   $\alpha = \tan^{-1}\left(\frac{2}{3}\right) = 33{,}69°$

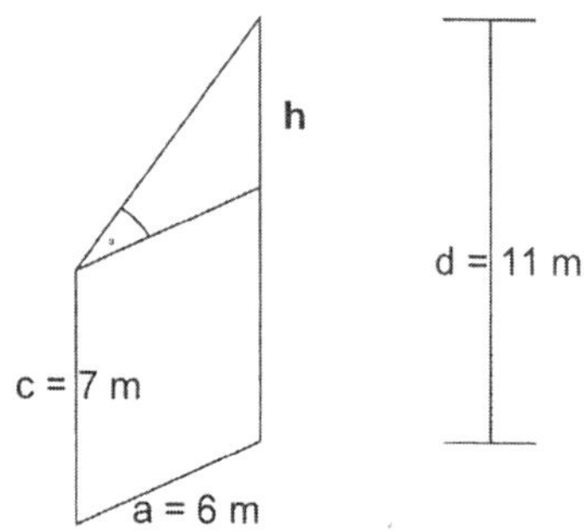

3. Das zu deckende Dach hat die Form eines Rechtecks mit den Seiten b und s. Berechnung der fehlenden Seitenkante s mithilfe des Pythagoras, da das Dreieck mit den Seiten a, h und s rechtwinklig ist:
   $s^2 = a^2 + h^2 = (6\text{ m})^2 + (4\text{ m})^2 = 36\text{ m}^2 + 16\text{ m}^2 = 52\text{ m}^2$
   $s = \sqrt{52\text{ m}^2} \approx 7{,}21\text{ m}$
   Dachfläche $= b \cdot s = 10\text{ m} \cdot 7{,}21\text{ m} = 72{,}1\text{ m}^2$
   Davon 3 % für Bruch $= \frac{72{,}1\text{ m}^2}{100} \cdot 3 = 2{,}16\text{ m}^2$
   Um das Dach neu decken zu können, werden $72{,}1\text{ m}^2 + 2{,}16\text{ m}^2 = 74{,}26\text{ m}^2$ Ziegel benötigt.

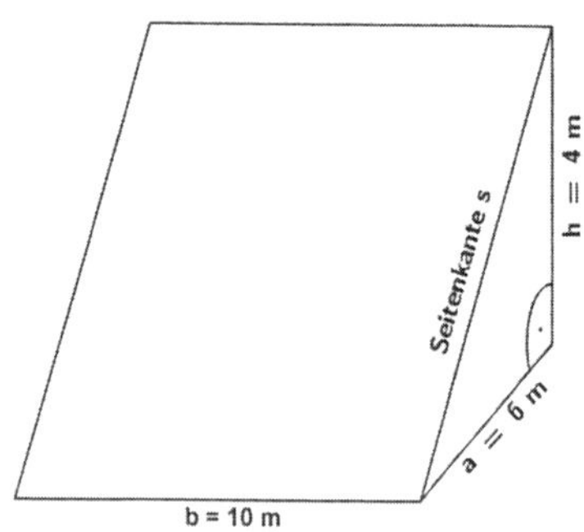

b. Lineares Gleichungssystem mit (I) $x = -2(y - 3)$ und (II) $y - 1 = \frac{1}{2}x$

1. Dieses Lineare Gleichungssystem mit dem Gleichsetzungsverfahren lösen:

(I)	x	=	$-2(y - 3)$	| Klammer ausmultiplizieren
(II)	$y - 1$	=	$\frac{1}{2}x$	| $\cdot$ 2, damit bei beiden Gleichung x auf einer Seite steht
(Ia)	x	=	$-2y + 6$	
(IIa)	$2y - 2$	=	x	
	(Ia)	=	(IIa)	
	$-2y + 6$	=	$2y - 2$	| $-2y - 6$
	$-4y$	=	-8	| : (-4)
	y	=	2	Berechnung x-Wert mit (Ia): $x = -2 \cdot 2 + 6 = -4 + 6 = 2$

Das Zahlenpaar $x = 2$ und $y = 2$ löst das gegebene Gleichungssystem.

2. Die Bedingung, um Schnittpunkte mit der x-Achse zu berechnen, lautet: $y = 0$
$y = 0$ einsetzen in Gleichung (I) führt auf: $x = -2(0 - 3) = -2 \cdot (-3) = 6$
Die Gerade k schneidet die x-Achse im Punkt N(6 | 0).

c. Die Schnittpunkte der gesuchten, nach oben geöffneten Parabel mit der x-Achse sind $SP_{x_1}(-2 \mid 0)$ und $SP_{x_2}(3 \mid 0)$.

1. Die Parabel A: $y = -x^2 + x + 6$ kann nicht die gesuchte Parabel sein, da die Parabel A nach unten geöffnet ist, wie das – vor dem x^2 anzeigt.

   Parabel B: $y = x^2 - 5x - 6$ ist nach oben geöffnet. Geht sie durch den Punkt (–2 | 0)?
   Wenn man für x = den Wert –2 in die Funktionsgleichung einsetzt (Punktprobe), dann muss beides mal 0 herauskommen.
   Punktprobe: $0 = (-2)^2 - 5 \cdot (-2) - 6 = 4 + 10 - 6 = 0$ und somit geht B durch diesen Punkt.
   Verläuft B auch durch den Punkt (3 | 0) mit $x = 3$ und $y = 0$?
   Punktprobe: $0 = 3^2 - 5 \cdot 3 - 6 = 9 - 15 - 6 = -12$ und wegen dieser falschen Aussage ($0 = -12$) verläuft B nicht durch den Punkt (3 | 0) und kann somit nicht die gesuchte Parabel sein.

   Ist dann C die gesuchte Parabel?
   Sie ist nach oben geöffnet, + vor dem x^2, wie verlangt.
   Liegen auch die beiden Nullstellen auf der Parabel? Prüfung mit Punktprobe:
   $0 = (-2)^2 - (-2) - 6 = 4 + 2 - 6 = 0$; wahre Aussage, da $0 = 0$
   $0 = 3^2 - 3 - 6 = 9 - 9 = 0$; ebenfalls wahre Aussage, da wieder $0 = 0$ ist.
   Beide Punkte liegen also auf Parabel C, die nach oben geöffnet ist, und damit ist sie tatsächlich die gesuchte Parabel.

2. Der x-Wert des Scheitels x_s liegt in der Mitte der Nullstellen $x = -2$ und $x = 3$.
   $X_s = \frac{-2 + 3}{2} = \frac{1}{2} = 0{,}5$
   Berechnung des y-Wertes des Scheitel y_s durch Einsetzen des x-Wertes in den Funktionsterm $x^2 - x - 6$:
   $y_s = (0{,}5)^2 - 0{,}5 - 6 = 0{,}25 - 6{,}5 = -6{,}25$ → Scheitel(0,5 | –6,25)

Aufgabe 4

a. Den unbekannten Preis für einen Schal kann man S nennen.
Da der unbekannte Preis für einen Pulli P sechsmal so hoch wie der eines Schales ist, so gilt: P = 6S.
Da der unbekannte Preis für eine Hose H dreimal so hoch wie der eines Pullis ist, so gilt:
$H = 3P = 3 \cdot 6S = 18S$
Insgesamt gilt mit den obigen Ersetzungen für die Preise:
Schal S + Pulli P + Hose H = 75,00 EUR.
Und damit:

$S + 6S + 18S$	=	75	
25S	=	75	$\mid : 25$
S	=	3	und somit kostet ein Schal S = 3,00 EUR, ein Pulli $P = 6S = 6 \cdot 3{,}00$ EUR = 18,00 EUR und eine Hose $H = 3P = 3 \cdot 18{,}00$ EUR = 54,00 EUR insgesamt: 3,00 EUR + 18,00 EUR + 54,00 EUR = 75,00 EUR

b. Gerade g: $y = 0{,}5x - 2$ und die Gerade h verläuft senkrecht zu g durch P(2 | 4).
1. **Skizze**

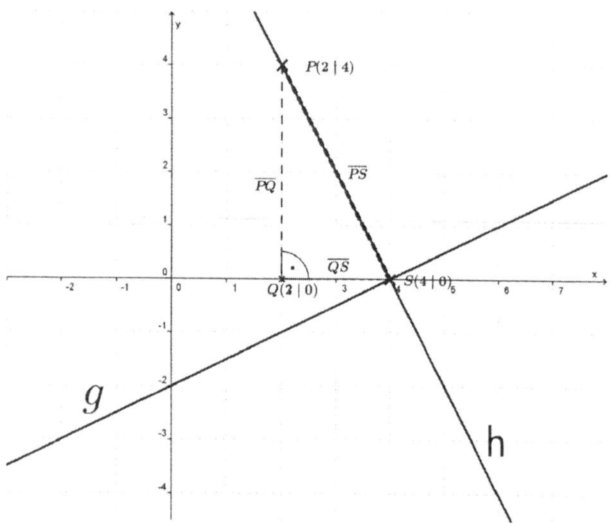

2. **Gleichung von h**
Da h senkrecht auf g steht, gilt zwischen den Steigungen die Beziehung: $m_g \cdot m_h = -1$
Mit $m_g = 0{,}5$ folgt damit für $m_h = -2$, denn $0{,}5 \cdot (-2) = -1$
Bis jetzt somit:
h: $y = -2x + b$
h muss durch den Punkt P(2 | 4) verlaufen, deshalb mit Punktprobe:
$4 = -2 \cdot 2 + b$
$4 = -4 + b \mid + 4$
$b = 8$
und h wird zu
h: $y = -2x + 8$

3. Aus der Skizze ist ersichtlich, dass sich die beiden Geraden im Punkt S(4 | 0) schneiden. Für die Strecke PS gilt mit dem Satz des Pythagoras (siehe rechtwinkliges Dreieck in der Skizze): $\overline{PS}^2 = \overline{PQ}^2 + \overline{QS}^2$, mit $\overline{PQ} = 4$ und $\overline{QS} = 2$
Also $PS = \sqrt{4^2 + 2^2} = \sqrt{16 + 4} = \sqrt{20} \approx 4{,}47$ [LE]

c. l = 500 m langer und h = 4 m hoher Bahndamm. Querschnittsform: gleichschenkliges Trapez mit oberer Breite von b = 6 m und unterer Breite von s = 14 m.

1. Skizze

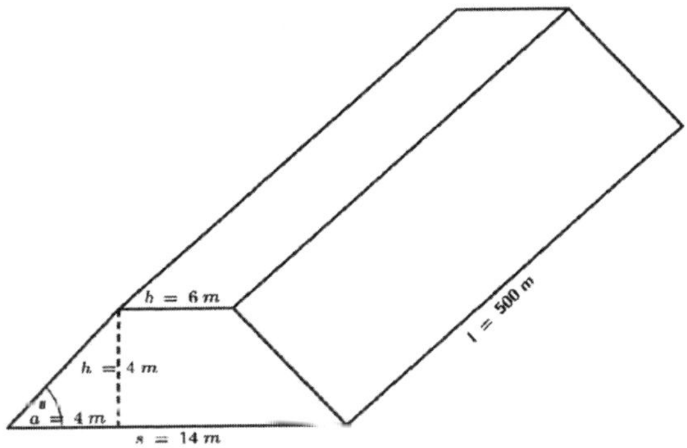

2. Die Seite a in der Skizze hat die Länge 4 m, denn (14 m – 6 m) : 2 = 4 m
Mithilfe des Tangens lässt sich jetzt der Winkel α berechnen:
$$\tan(\alpha) = \frac{\text{Gegenkathete}}{\text{Ankathete}} = \frac{h}{a} = \frac{4\text{ m}}{4\text{ m}} = 1$$
$\alpha = \tan^{-1}(1) = 45°$
Andere Möglichkeit: Da man weiß, dass ein Dreieck mit a = 4 m und h = 4 m gleichschenklig ist, müssen zwei der Winkel 45° betragen, also auch der gesuchte.

3. Das benötigte Erdmaterial wird über das Volumen dieses Körpers (senkrechtes Prisma) mit $V_{Prisma} = G \cdot l$ berechnet. Dabei ist G die Grundfläche, also das gleichschenklige Trapez, das sich mit der Formel
$$G_{Trapez} = \frac{s + b}{2} \cdot h = \frac{14\text{ m} + 6\text{ m}}{2} \cdot 4\text{ m} = \frac{20\text{ m}}{2} \cdot 4\text{ m} = 10\text{ m} \cdot 4\text{ m} = 40\text{ m}^2$$
berechnen lässt.
Für das Volumen gilt deswegen:
$V_{Prisma} = 40\text{ m}^2 \cdot 500\text{ m} = 20.000\text{ m}^3$

d. **Quadratische Gleichung lösen**

$2(2x^2 - 5) + 8$	$= 3x^2 - 6$	Klammer ausmultiplizieren
$4x^2 - 10 + 8$	$= 3x^2 - 6$	zusammenfassen
$4x^2 - 2$	$= 3x^2 - 6$	$-3x^2 + 2$
x^2	$= -4$	Versuch „Wurzel ziehen" scheitert, denn $\sqrt{-4}$ existiert in IR nicht

Die Gleichung hat im Bereich der reellen Zahlen keine Lösung.

Aufgabe 5

a. Geraden g_1: $y = -x + 2$ g_2: $y = -\frac{1}{4}x + 5$ g_3: $x = 6$

1. **Skizze**

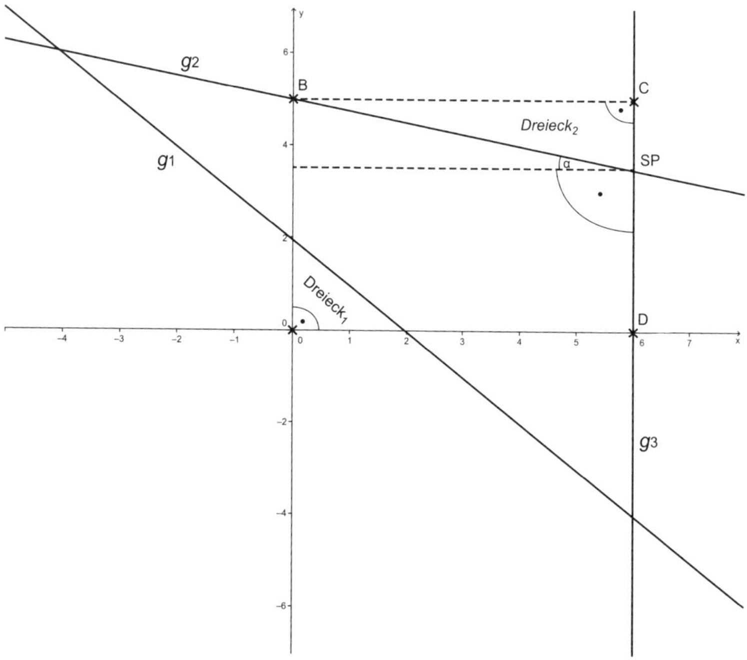

2. Die Fläche des gesuchten Fünfecks ist die Fläche des Rechtecks ABCD, mit A(0 | 0), B(0 | 5), C(6 | 5) und D(6 | 0), abzüglich der beiden Flächeninhalte der Dreiecke Dreieck_1 und Dreieck_2 (siehe Skizze).
   Berechnung der Rechtecksfläche: $A_{\text{Rechteck}} = \overline{AB} \cdot \overline{AD} = 5\text{ LE} \cdot 6\text{ LE} = 30\text{ LE}^2 = 30\text{ FE}$
   Berechnung der Fläche des rechtwinkligen Dreiecks_1:
   $A_{\text{Dreieck}_1} = \frac{1}{2} \cdot 2\text{ LE} \cdot 2\text{ LE} = 2\text{ LE}^2 = 2\text{ FE}$
   Berechnung der Fläche des rechtwinkligen Dreiecks_2:
   $A_{\text{Dreieck}_2} = \frac{1}{2} \cdot 6\text{ LE} \cdot 1{,}5\text{ LE} = 4{,}5\text{ LE}^2 = 4{,}5\text{ FE}$
   Damit ergibt sich: $A_{\text{Fünfeck}} = 30\text{ FE} - 2\text{ FE} - 4{,}5\text{ FE} = 23{,}5\text{ FE}$ [cm^2]

3. Der gesuchte Winkel zwischen g_2 und g_3 an deren Schnittpunkt SP setzt sich aus dem rechten Winkel zwischen g_3 und der gestrichelten Linie (siehe Skizze) und dem Winkel α, zwischen gestrichelter Linie und g_2, zusammen.
   Die Länge der dem Winkel α gegenüberliegenden Seite, die Gegenkathete, ist mit 1,5 LE bekannt. Auch die Länge der Ankathete ist mit 6 LE bekannt.
   Berechnung des Winkels deswegen mithilfe des Tangens:
   $$\tan(\alpha) = \frac{\text{Gegenkathete}}{\text{Ankathete}} = \frac{1{,}5\text{ LE}}{6\text{ LE}} = \frac{1}{4}$$
   $\alpha = \tan^{-1}(0{,}25) = 14{,}04°$

   Damit ergibt sich für den gesuchten Winkel ein Wert von $90° + 14{,}04° = 104{,}04°$.

b. **Parabel und Gerade**

1. Wenn die Parabel die x-Achse in den Punkten (1 | 0) und (5 | 0) schneidet, dann hat diese Parabel auf der x-Achse einen Abstand von 5 cm – 1 cm = 4 cm.
   Man sucht also diesen horizontalen Abstand (siehe gestrichelte Linie in der Skizze) und kennt damit die zu zeichnende x-Achse.

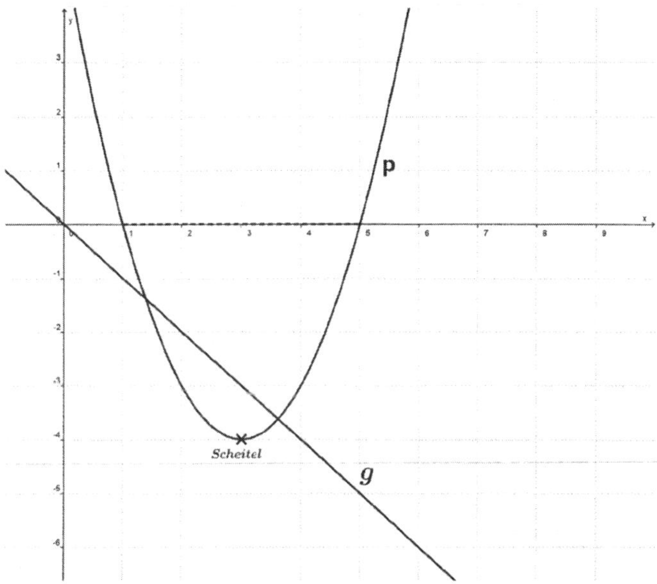

Parabelgleichung mithilfe der Scheitelform $y = a(x - x_S)^2 + y_s$, wobei a die Streckung der Parabel, x_S die x-Koordinate und y_S die y-Koordinate des Scheitels angibt. Im vorliegenden Fall ist $x_S = 3$ und $y_S = -4$.
Damit erhält man zunächst: $y = a(x - 3)^2 + (-4) = a(x - 3)^2 - 4$
Fehlt noch der Wert für a. Entweder man sieht, dass es sich um eine Normalparabel handelt, dann ist a = 1.
Oder man berechnet diesen Wert, weil man weiß, dass diese Parabel z. B. durch den Punkt (1 | 0) gehen muss. Mit der Punktprobe ergibt sich dann:
$0 = a(1 - 3)^2 - 4 = a(-2)^2 - 4 = 4a - 4$ und man hat die Gleichung $0 = 4a - 4$ zu lösen.
Aus dieser ergibt sich ebenfalls, dass a = 1 sein muss.
Parabelgleichung p: $y = 1 \cdot (x - 3)^2 - 4 = (x - 3)^2 - 4$
Eine Möglichkeit, die Parabelgleichung zu finden, ist der Ansatz über die bekannten Nullstellen x = 1 und x = 5.
Damit z. B. x = 1 eine Nullstelle der Parabel ist, muss dieser x-Wert beim Einsetzen in eine Parabelgleichung y = 0 ergeben.
Liegt eine Parabelgleichung in Produktform vor, also $y = (x - a)(x - b)$, dann ergibt sich mithilfe des Satzes vom Nullprodukt $0 = (x - a)(x - b)$, dass x = a oder x = b die Nullstellen dieser Parabel sind. Im vorliegenden Fall gilt somit:
$y = (x - 1)(x - 5)$

Stellt sich noch die Frage, ob es sich bei $y = (x - 3)^2 - 4$ und $y = (x - 1)(x - 5)$ um die gleiche Parabel handelt. Ausmultiplizieren beider Parabelgleichungen:
$y = (x - 3)^2 - 4 = (x^2 - 6x + 9) - 4 = x^2 - 6x + 5$
$y = (x - 1)(x - 5) = x^2 - 5x - x + 5 = x^2 - 6x + 5$
und da beide Parabelgleichungen gleich sind, handelt es sich auch um die gleiche Parabel. Alle zwei Lösungswege führen demnach zum gleichen Ziel.

c. Die unbekannte Anzahl der 10-Euro-Scheine wird mit x bezeichnet, die unbekannte Anzahl der 5-Euro-Scheine mit y.
Frau Schmidt hat 100 Scheine, also gilt: (I) $x + y = 100$.
Für die 800,00 EUR, zusammengesetzt aus einer unbekannten Anzahl von 10- und 5-Euro-Scheinen, gilt: (II) $10x + 5y = 800$.
Lösen dieses Linearen Gleichungssystems mit dem Additionsverfahren:

(I)	$x + y$	=	100	$\mid \cdot (-10)$
(II)	$10x + 5y$	=	800	
(Ia)	$-10x - 10y$	=	-1.000	
(IIa)	$10x + 5y$	=	800	

(Ia) + (IIa) führt auf $-5y = -200 \mid : (-5)$ und es gilt: $y = 40$.
Also sind es 40 5-Euro-Scheine und mit (Ia) $x + 40 = 100$ sind es 60 10-Euro-Scheine.

d. **Term vereinfachen**

	$4x^3 \cdot 2x^2 + 5x^4 \cdot x - 6x^7 \cdot x^{-2}$	
=	$4 \cdot 2 \cdot x^3 \cdot x^2 + 5 \cdot x^4 \cdot x^1 - 6 \cdot x^7 \cdot x^{-2}$	Faktoren innerhalb eines Produktes umsortieren
=	$8 \cdot x^{3+2} + 5 \cdot x^{4+1} - 6 \cdot x^{7+(-2)}$	Potenzen mit gleicher Basis werden multipliziert, indem man die Hochzahlen addiert
=	$8x^5 + 5x^5 - 6x^5$	gleiche Potenzen können addiert bzw. subtrahiert werden
=	$7x^5$	

Prüfungsaufgaben 2014

Aufgabe 1

a. 1. Dass die Gerade g_1 die x-Achse bei x = 4 schneidet, bedeutet, dass sie durch den Punkt D(4 | 0) geht. Dass sie die y-Achse bei y = 2 schneidet, heißt, dass sie den y-Achsenabschnitt 2 hat und somit durch den Punkt A(0 | 2) geht.
Berechnen der Steigung von g_1 mit D und A:
$$m = \frac{y_2 - y_1}{x_2 - x_1} = \frac{2-0}{0-4} = \frac{2}{-4} = -\frac{1}{2}$$
Geradengleichung von g_1 mit der Punktsteigungsform und dem Punkt A(0 | 2):
$$g_1\text{: } y = -\frac{1}{2}(x - 0) + 2 \Rightarrow y = -\frac{1}{2}x + 2$$
(Anmerkung: Da man weiß, dass der y-Wert des Punktes A der y-Achsenabschnitt der Geraden ist, kann man mit der Hauptform direkt $y = -\frac{1}{2}x + 2$ angeben.)

2. Berechnen der Steigung von g_2 mit den Koordinaten der Punkte A und B:
$$m = \frac{0-2}{-4-0} = \frac{-2}{-4} = \frac{1}{2}$$
Mit dem Punkt A und wiederum mit der Punktsteigungsform gilt:
$$g_2\text{: } y = \frac{1}{2}(x - 0) + 2 = \frac{1}{2}x + 2$$
Da g_3 parallel zu g_2 ist, ist auch die Steigung mit $m = \frac{1}{2}$ gleich. Da die x-Koordinate des Punktes C 0 ist, gibt der y-Wert den y-Achsenabschnitt b = –2 von g_3 an. Mit der Hauptform y = mx + b gilt dann:
$$g_3\text{: } y = \frac{1}{2}x + (-2) = \frac{1}{2}x - 2$$

Zeichnung:

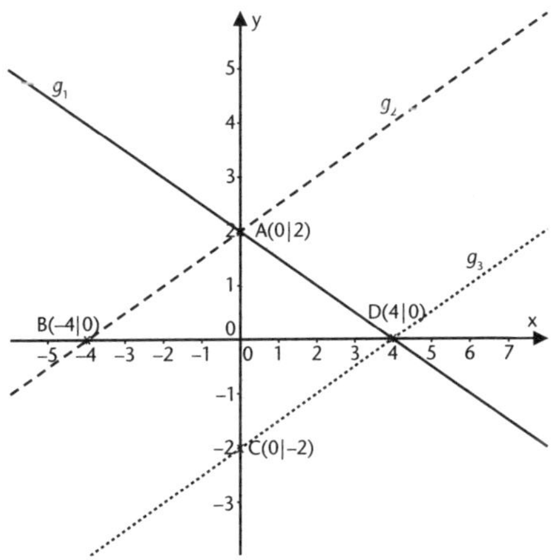

3. Für den Flächeninhalt einer Raute gilt:
$$A_{Raute} = \frac{1}{2} \cdot e \cdot f$$
Dabei ist e der senkrechte Abstand zwischen A(0 | 2) und C(0 | –2), dieser beträgt 2 – (–2) = 4 [LE].
f ist der waagerechte Abstand zwischen B(–4 | 0) und D(4 | 0).
Die Länge dieser Strecke beträgt 4 – (–4) = 8 [LE].
Daraus ergibt sich für den Flächeninhalt der Raute:
$$A_{Raute} = \frac{1}{2} \cdot 4\text{ LE} \cdot 8\text{ LE} = 16\text{ LE}^2\text{ [FE]}$$

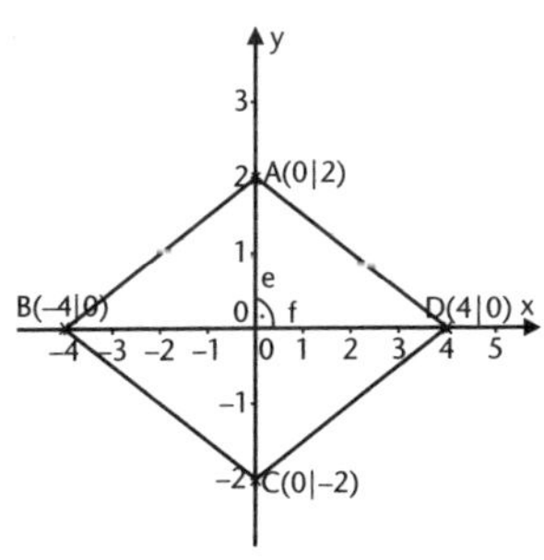

Um den Umfang dieser Raute zu berechnen, benötigt man die Längen der Seiten. Berechnen der Länge der Strecke zwischen Punkt A und D mithilfe des Satzes von Pythagoras:
$\overline{AD}^2$ = (y-Wert von A)^2 + (x-Wert von D)^2 = $2^2 + 4^2 = 20$ und $\overline{AD} = \sqrt{20} \approx 4{,}47$ [LE]

Da die Seiten dieser Raute alle gleich lang sind, ergibt sich für den Umfang:

$U_{Raute} = 4 \cdot 4{,}47$ LE = 17,88 LE

b. Dass die beiden Terme gleich sind, kann man zeigen, indem man jeden Term ausmultipliziert, vereinfacht und dann vergleicht, ob sich dasselbe Ergebnis ergibt.

$T_1 = x(5x - 4) - 4(8 + 3x) - 7x^2$	| Klammern auflösen
$= x \cdot 5x - x \cdot 4 - 4 \cdot 8 - 4 \cdot 3x - 7x^2$	| Punkt vor Strich
$= 5x^2 - 4x - 32 - 12x - 7x^2$	| Summanden verrechnen (x^2, x, ohne x)
$= -2x^2 - 16x - 32$	
$T_2 = -2(x + 4)^2$	| Bedeutung von hoch 2
$= -2(x + 4)(x + 4)$	| Klammern ausmultiplizieren (1. Binom)
$= -2(x^2 + 4x + 4x + 16)$	| in der Klammer Gleichartiges zusammenfassen
$= -2(x^2 + 8x + 16)$	| auch diese Klammer auflösen
$= -2x^2 - 16x - 32$	

Es gilt also $T_1 = T_2$.

c. **Seitenlängen des Rechtecks berechnen**

Die unbekannte Länge der Seite b sei x, dann hat die doppelt so lange Seite b die Länge 2x.

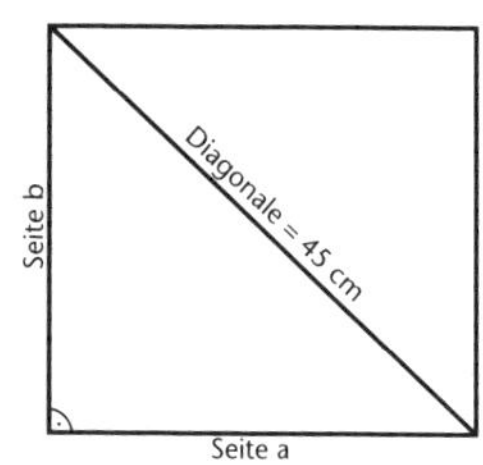

Satz des Pythagoras $a^2 + b^2 = c^2$ liefert mit a = 2x, b = x und c = 45 cm:

$(2x)^2 + (x)^2$	$= (45\text{ cm})^2$	
$2x \cdot 2x + x^2$	$= 2.025\text{ cm}^2$	
$4x^2 + x^2$	$= 2.025\text{ cm}^2$	
$5x^2$	$= 2.025\text{ cm}^2$	| : 5
x^2	$= 405$	| quadratische Gleichung lösen
x_1	$= \sqrt{405\text{ cm}^2}$	
	$\approx 20{,}12$ cm	
x_2	$\approx -20{,}12$ cm	| diese Lösung ist unsinnig

Damit ist die Seite b ≈ 20,12 cm und die Seite a = 2x = 2 · 20,12 = 40,24 cm lang.

d. Am besten zeichnet man das Koordinatensystem so ein, dass sich die Gerade und die Parabel im Ursprung schneiden:

1.

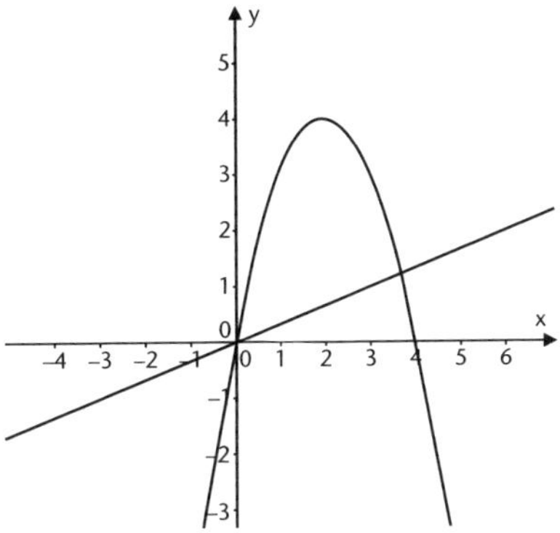

2. Da die Gerade eine Ursprungsgerade ist, gilt in der Form $y = mx + b$ immer, dass $b = 0$ ist, also $y = mx$.
Benötigt wird die Steigung. Geht man von einem Punkt auf der Gerade 3 Einheiten nach rechts, dann muss man eine Einheit nach oben gehen, um wieder auf einen Punkt dieser Geraden zu stoßen. Deshalb hat diese Gerade die Steigung $m = \frac{1}{3}$ und die Geradengleichung ist $y = \frac{1}{3}x$.

   Parabelgleichung 1. Möglichkeit (bzgl. des in 1. gewählten Koordinatensystems): Nimmt man für die Gleichung der Parabel die Scheitelform $y = a(x - x_S)^2 + y_S$ zu Hilfe, dann ist mit $a = -1$ (es handelt sich um eine nach unten geöffnete Normalparabel) und den Scheitelpunktkoordinaten $x_S = 2$ und $y_S = 4$:
$y_{Parabel} = -1(x - 2)^2 + 4 = -1(x^2 - 4x + 4) + 4 = -x^2 + 4x - 4 + 4 = -x^2 + 4x$

   Parabelgleichung 2. Möglichkeit (bzgl. des in 1. gewählten Koordinatensystems): Nimmt man die Nullstellen $x_1 = 0$ und $x_2 = 4$, dann gilt $y_{Parabel} = a \cdot x \cdot (x - 4)$. Mit denselben Überlegungen aus der 1. Möglichkeit, dass es sich um eine nach unten geöffnete Normalparabel handelt, ist $a = -1$.
Insgesamt ergibt sich also $y_{Parabel} = -1x(x - 4) = -x^2 + 4x$ (Normalform einer Parabel).

Aufgabe 2

a. **Bevölkerung**

1. Am 01.01.1990 betrug die Einwohnerzahl Freiburgs ca. 187.000 Einwohner, da der Graph den Punkt ('90 | 187.000) hat. Außerdem geht der Graph, der die Bevölkerungszahl Freiburgs zeigt, durch den Punkt ('12 | 214.000). Deshalb hatte Freiburg im Jahr 2012 ca. 214.000 Einwohner. (Andere Lösungen möglich. Es kommt auf das Ablesen der y-Werte in den Jahren 1990 und 2012 an.)

   Die Steigung m zwischen diesen beiden Punkten gibt die durchschnittliche Zunahme der Einwohnerzahl pro Jahr an: $m = \frac{214.000 - 187.000}{2012 - 1990} = \frac{27.000}{22} \simeq 1.227 \frac{\text{Einwohnerzunahme}}{\text{Jahr}}$

2. Prognose „obere Variante": Der bisherige, fast gleichmäßige Anstieg wird fortgesetzt.
   Prognose „mittlere Variante": Die Bevölkerungszahl wächst noch bis etwa 2020 und bleibt dann gleich.
   Prognose „untere Variante": Bis etwa 2022 wächst die Bevölkerungszahl an und nimmt dann wieder ab.

b. **Schaubild der Normalparabel verändern**
Normalparabel $y = x^2$

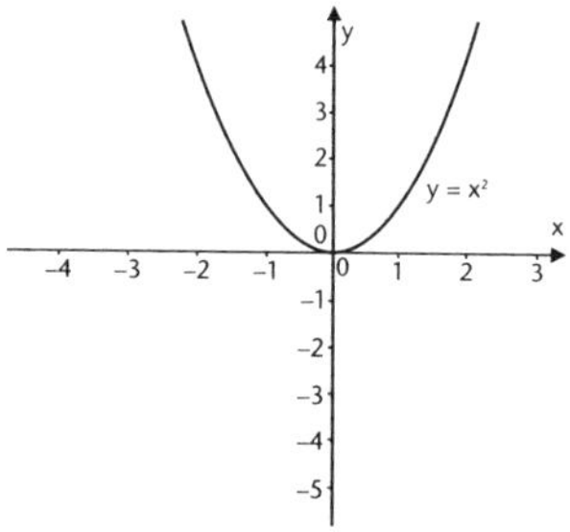

Spiegeln an der y-Achse bedeutet, dass der gesamte Funktionsterm mit –1 multipliziert werden muss, also $y = -(x^2) = -x^2$.

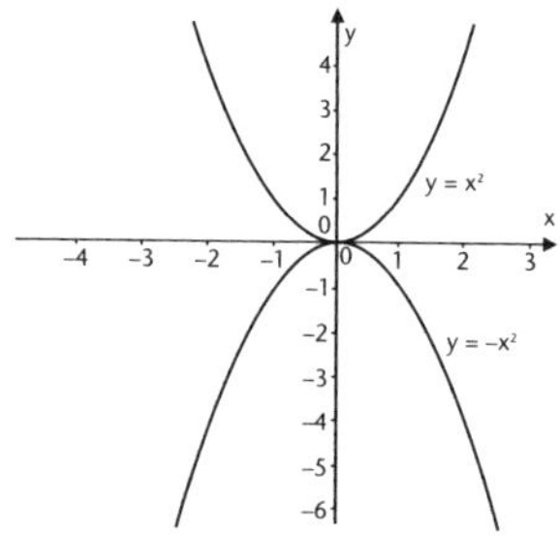

Strecken mit dem Faktor 2: Vor das x^2 muss der Streckungsfaktor 2, also $y = -2x^2$.

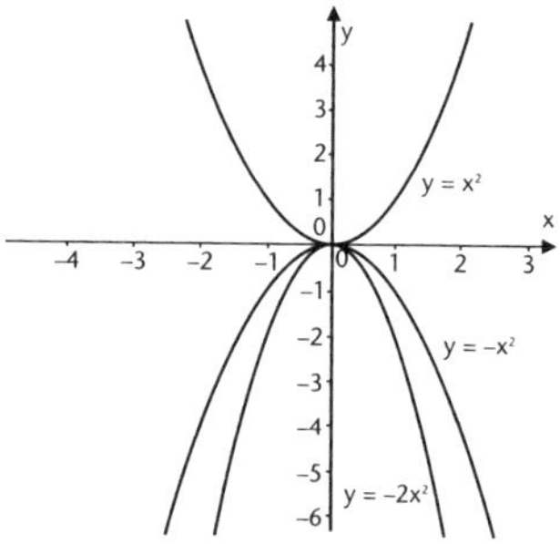

Will man $y = -2x^2$ um 3 Einheiten nach links verschieben, dann muss man x durch x + 3 ersetzen, also $y = -2(x + 3)^2$.
Man sieht, dass die doppelte Nullstelle, die sich vorher im Ursprung befunden hat, jetzt an der Stelle $x = -3$ liegt.

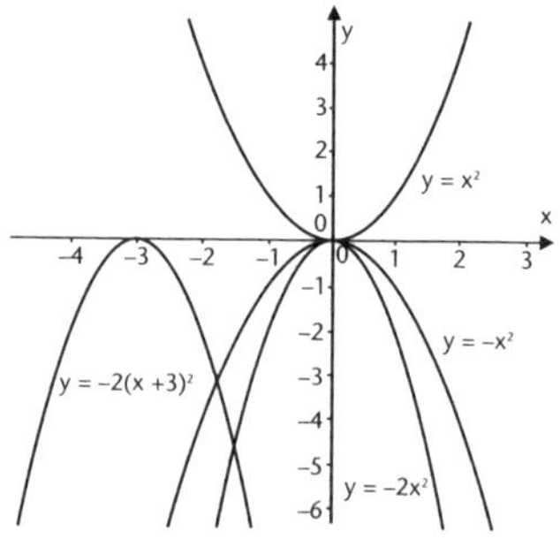

Verschieben um 1 Einheit nach oben meint, dass alle y-Werte um 1 Einheit größer werden. Dies erreicht man, indem man den gesamten Funktionsterm um 1 vergrößert, also $y = -2(x + 3)^2 + 1$.

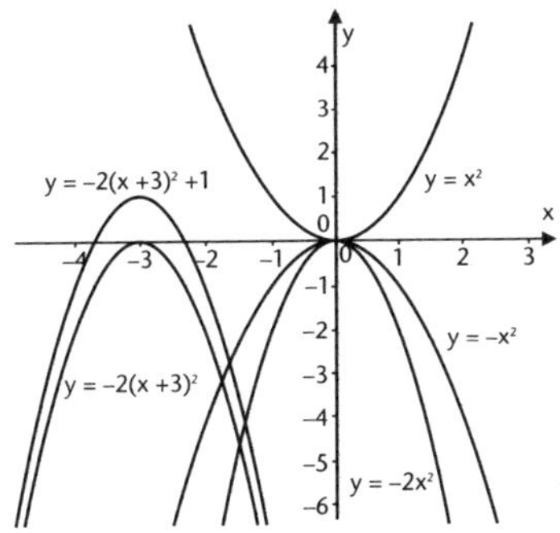

Eine zweite Möglichkeit ist die Verwendung der Scheitelform $y = a(x - x_S)^2 + y_S$, wobei a der Streckungsfaktor, x_S und y_S die Scheitelkoordinaten sind.
In diesem Beispiel ist der Streckungsfaktor $a = -2$, da auch an der x-Achse gespiegelt wird.
Die Scheitelkoordinaten (0 | 0) der Normalparabel sind dabei aber nicht verändert worden. Erst durch die Verschiebung um 3 Einheiten nach links wird die x-Koordinate des Scheitels zu $x_s = -3$. Durch die Verschiebung um 1 Einheit nach oben ergibt sich für die y-Koordinate des Scheitels $y_S = 1$.
Alles eingesetzt in die Scheitelform führt auf $y = -2(x - (-3))^2 + 1 = -2(x + 3)^2 + 1$.

c. **Term vereinfachen**

$\sqrt{\frac{6a^5b^2}{5c}} : \sqrt{\frac{2ab^2}{15c^3}} - 2a^2c$ Punkt vor Strich und : als Bruch schreiben.

$= \frac{\sqrt{\frac{6a^5b^2}{5c}}}{\sqrt{\frac{2ab^2}{15c^3}}} - 2a^2c = \sqrt{\frac{\frac{6a^5b^2}{5c}}{\frac{2ab^2}{15c^3}}} - 2a^2c$ Regel: $\frac{\sqrt{a}}{\sqrt{b}} = \sqrt{\frac{a}{b}}$

$= \sqrt{\frac{6a^5b^2}{5c} \cdot \frac{15c^3}{2ab^2}} - 2a^2c$ Zwei Brüche werden dividiert, indem man mit dem Kehrwert des zweiten Bruches multipliziert.

$= \sqrt{3a^4 \cdot 3c^2} - 2a^2c$ Unter der Wurzel stehen nur Faktoren, also darf man kürzen:
$\frac{6}{2} = 3;\ \frac{a^5}{a} = a^{5-1} = a^4;\ \frac{15}{5} = 3;\ \frac{c^3}{c} = c^2;\ \frac{b^2}{b^2} = 1$

$= \sqrt{3 \cdot 3} \cdot \sqrt{a^4} \cdot \sqrt{c^2} - 2a^2c$ Regel: $\sqrt{a \cdot b} = \sqrt{a} \cdot \sqrt{b}$

$= 3a^2c - 2a^2c = a^2c$ $\sqrt{a^4} = \sqrt{a^2 \cdot a^2} = a^2$

d. **Geraden**

1. Berechnen der Steigung m_h der Geraden h: $m_h = \frac{4-0}{-1-(-3)} = \frac{4}{-1+3} = \frac{4}{2} = 2$
   Damit gilt bis jetzt h: $y = 2x + b$
   b berechnen, indem man die Koordinaten eines der beiden Punkte einsetzt, hier A(–3 | 0):
   $0 = 2 \cdot (-3) + b \Leftrightarrow b = 6$ und somit h: $y = 2x + 6$.

2. **Zeichnung**

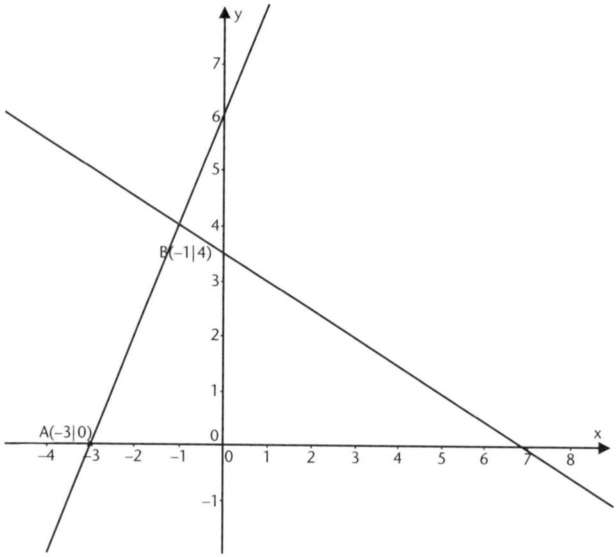

Für den Schnittpunkt dieser beiden Geraden liest man ab (–1 | 4).

3. Die beiden Geraden schließen mit den Koordinatenachsen jeweils ein Dreieck ein.
   Mit der x-Achse wird dieses Dreieck in der nebenstehenden Zeichnung durch die Eckpunkte A, C und B markiert.
   Für den Flächeninhalt A_x dieses Dreiecks braucht man die Grundseite $g_x = \overline{AC} = 7 - (-3) = 10$ [LE] und die Höhe $h_x = \overline{\text{x-AchseB}} = 4 - 0 = 4$ [LE].
   Somit ergibt sich:
   $A_x = \frac{1}{2} \cdot 10\ \text{LE} \cdot 4\ \text{LE} = 20\ \text{FE}.$

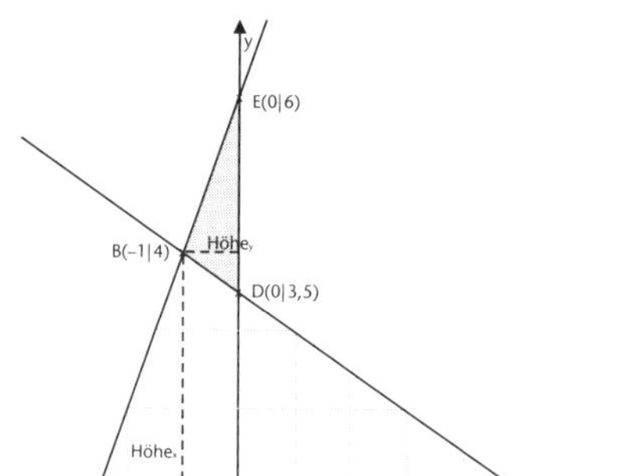

   Die Eckpunkte des Dreiecks, das die beiden Geraden mit der y-Achse einschließen, sind B, D und E.
   Grundseite g_y = DE = 6 – 3,5 = 2,5 [LE] und Höhe $h_y = \overline{\text{B y-Achse}} = 0 - (-1) =$ 1 [LE].
   $A_y = \frac{1}{2} \cdot 2{,}5\ \text{LE} \cdot 1\ \text{LE} = 1{,}25\ \text{FE}$
   Prüfen der Behauptung von Tim: $\frac{A_x}{A_y} = \frac{20\ \text{FE}}{1{,}25\ \text{FE}} = 16$ und somit ist die Behauptung richtig.

Aufgabe 3

a. **Parabelscharen p: $y = ax^2$ und g: $y = -\frac{1}{2}x + b$**

1. Für a = 1 gilt für p: $y = 1x^2 = x^2$ und für b = 3 gilt für g: $y = -\frac{1}{2}x + 3$
   Berechnung der Koordinaten der Schnittpunkte von p und g durch Gleichsetzen der Funktionsterme:
   $x^2 = -\frac{1}{2}x + 3 \qquad | + \frac{1}{2}x - 3$
   $x^2 + \frac{1}{2}x - 3 = 0 \qquad |$ Mitternachtsformel
   $x_{1/2} = \frac{-(-0{,}5) \pm \sqrt{(-0{,}5)^2 - 4 \cdot 1 \cdot (-3)}}{2 \cdot 1} = \frac{0{,}5 \pm \sqrt{0{,}25 + 12}}{2} = \frac{0{,}5 \pm \sqrt{12{,}25}}{2}$
   $= \frac{0{,}5 \pm 3{,}5}{2}$
   $x_1 = \frac{0{,}5 + 3{,}5}{2} = \frac{4}{2} = 2$; zugehörender y-Wert mit p: $y = 2^2 = 4$ $\qquad SP_1(2 \mid 4)$
   $x_2 = \frac{0{,}5 - 3{,}5}{2} = -\frac{3}{2} = -1{,}5$; y-Wert mit p: $y = (-1{,}5)^2 = 2{,}25$ $\qquad SP_2(-1{,}5 \mid 2{,}25)$

2. Einfluss des Parameters a auf das Aussehen der Parabel ermitteln, indem man zu jedem Fall zwei Parabeln zeichnet:

Fall:	$a > 1$	$-1 < a < 0$	$a < -1$
z. B. einsetzen:	a = 2 und a = 3	a = –0,5 und a = –0,2	a = –2 und a = –3
Parabelgleichung:	$y = 2x^2$ und $y = 3x^2$	$y = -0{,}5x^2$ und $y = -0{,}2x^2$	$y = -2x^2$ und $y = -3x^2$

   Schaubild:

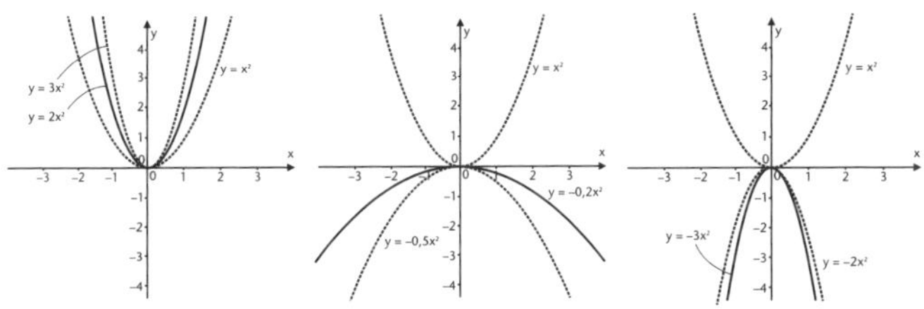

Beschreibung bzgl. Normalparabel:	Parabel nach oben geöffnet und schmaler	Parabel nach unten geöffnet und breiter	Parabel nach unten geöffnet und schmaler

3. In der gegebenen Wertetabelle kann man die Koordinaten dreier verschiedener Punkte ablesen: A $(-0{,}4 \mid 0{,}2)$, B$(0 \mid 0)$ und C$(0{,}4 \mid 0{,}2)$.
   Setzt man z. B. die Koordinaten des Punktes A (x = –0,4 und y = 0,2) in die Parabelgleichung $y = ax^2$ ein (Punktprobe), dann erhält man die Gleichung:
   $0{,}2 = a \cdot (-0{,}4)^2 \Leftrightarrow 0{,}2 = 0{,}16a \Leftrightarrow a = 1{,}25$
   Anmerkung: Das Einsetzen der Koordinaten des Punktes B (x = 0 und y = 0) in $y = ax^2$ führt auf: $0 = a \cdot 0^2 \Leftrightarrow 0 = 0$ und man erhält keine verwertbare Information über den Wert von a.

b. Bezeichnet man die Anzahl der echten Münzen mit x und die Anzahl der unechten Münzen mit y, dann ergeben sich folgende zwei Gleichungen (I) und (II):
(I) $x + y = 115$ für die an einem Tag vom Kassierer angenommenen Münzen,
(II) $8x + 7x = 892$ für das Gesamtgewicht der Münzen.
Gleichung (I) nach y umformen ergibt: $y = 115 - x$,
eingesetzt in Gleichung (II) bringt: $8x + 7 \cdot (115 - x) = 892 \Leftrightarrow 8x + 805 - 7x = 892 \Leftrightarrow x = 87$.
Damit ergibt sich, dass 87 Stück echte Münzen und $115 - 87 = 28$ Stück unechte Münzen in der Kasse des Kassierers liegen.

c. **Schüttkegel mit einem Bodenumfang u von 38 m und einer Höhe h von 6 m**

1. Will man wissen, ob die Firma den Auftrag von 200 m³ Sand erfüllen kann, muss man das Volumen $V_{Kegel} = \frac{1}{3}\pi r^2 h$ dieses Schüttkegels kennen. Die Höhe h ist bekannt, aber der Radius r fehlt noch.
   Für die Länge des Umfangs u eines Kreises gilt: $u = 2\pi r$
   In diesem Beispiel mit u = 38 erhält man $38 = 2\pi r \Leftrightarrow r = \frac{38}{2\pi} \simeq 6{,}05$ m.
   Somit $V_{Kegel} = \frac{1}{3}\pi \cdot (6{,}05 \text{ m})^2 \cdot 6 \text{ m} = \frac{1}{3}\pi \cdot 36{,}6025 \text{ m}^2 \cdot 6 \text{ m} \simeq 229{,}98 \text{ m}^3$
   Also kann die Firma Sand & Co den Auftrag erfüllen.

2. In der Skizze sieht man, dass bzgl. des Böschungswinkels α die Ankathete mit dem Radius r = 6,05 m und die Gegenkathete mit der Höhe h = 6 m bekannt sind.
   Es gilt: $\tan(\alpha) = \frac{\text{Gegenkathete}}{\text{Ankathete}}$
   Mit den Daten der Aufgabe folgt:
   $\tan(\alpha) = \frac{\text{Höhe}}{\text{Radius}} = \frac{6 \text{ m}}{6{,}05 \text{ m}} \simeq 0{,}9917$
   und $\alpha = \tan^{-1}(0{,}9917) \simeq 44{,}92°$
   Antwort: Da der Böschungswinkel fast 45° beträgt, handelt es sich um feuchten Sand.

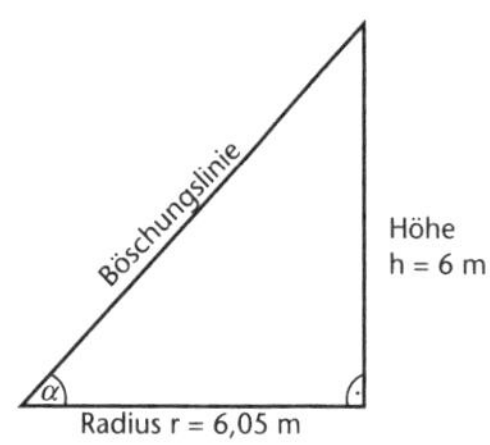

3. Maximale Höhe des Schüttkegels:
   Das Dreieck mit den Eckpunkten „Fußpunkt Förderband", „Mitte Kegelgrundfläche" und „Spitze Förderband" ist rechtwinklig und deswegen kann man die Längen der Dreiecksseiten mit dem Satz des Pythagoras ermitteln, sofern zwei von den drei Seiten bekannt sind.
   $(12 \text{ m})^2 + (\text{gesuchte Höhe})^2 = (15 \text{ m})^2$
   und somit $(\text{gesuchte Höhe})^2 = (15 \text{ m})^2 - (12 \text{ m})^2 = 225 \text{ m}^2 - 144 \text{ m}^2 = 81 \text{ m}^2$
   Gesuchte Höhe $= \sqrt{81 \text{m}^2} = 9$ m als maximale Höhe des Schüttkegels.

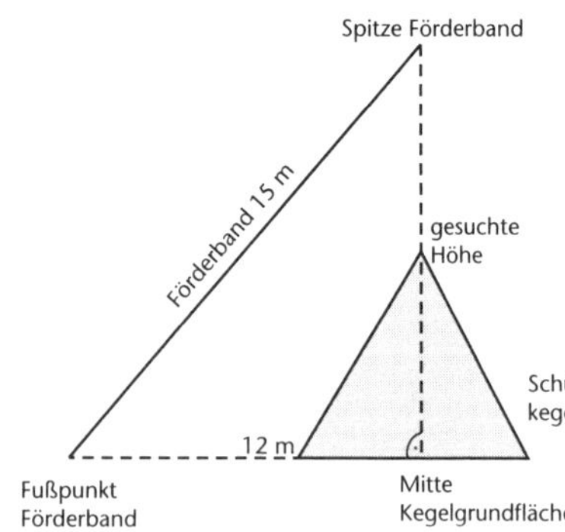

Aufgabe 4

a. **Wertetabelle bestimmt Parabel oder Gerade**

1. Die Zahlen in den Wertetabellen geben als geordnete Zahlenpaare (x | y) die Punkte von Graphen an. Die Zuordnung, ob W1 die Parabel oder die Gerade ist, lässt sich mithilfe einer Zeichnung lösen:

W1 gehört zur Parabel p

x	–3	–2	–1	0	1	2
y	0	–3	–4	–3	0	5

W2 gehört zur Geraden g

x	–3	–2	–1	0	1	2
y	0	1	2	3	4	5

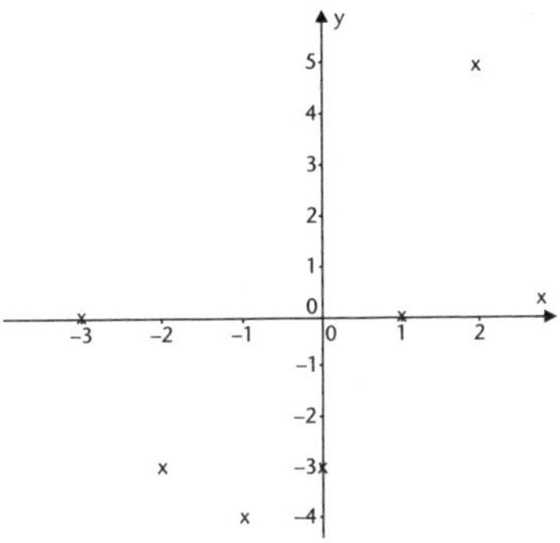

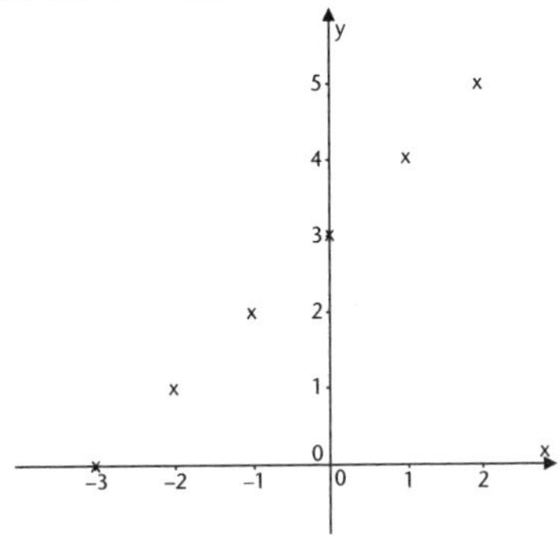

Eine andere Erklärung ist:
Da die y-Werte in der Wertetabelle W1 zum Teil doppelt auftauchen, gehört diese Wertetabelle zur Parabel p.
Sowohl die x-Werte als auch die y-Werte der Tabelle W2 steigen regelmäßig an. Deswegen gehört diese Wertetabelle zur Geraden g.

2. Bestimmen der Steigung m von g entweder durch Ablesen aus der Zeichnung: m = 1 oder per Rechnung durch Einsetzen zweier Punkte:
beispielhaft (2 | 5) und (1 | 4) in $m = \frac{y_2 - y_1}{x_2 - x_1} = \frac{4 - 5}{1 - 2} = \frac{-1}{-1} = 1$
Würde man den y-Achsenabschnitt b oder Schnittpunkt eines Graphen mit der y-Achse berechnen, dann müsste man x = 0 setzen und den dazugehörigen y-Wert ausrechnen. In der Wertetabelle W2 liest man aber ab, dass zum x-Wert 0 der y-Wert 3 gehört. Deswegen ist b = 3. Für die Geradengleichung g ergibt sich also y = 1x + 3 = x + 3.

3. Methode Zeichnung verwenden:
Schnittpunkt mit der y-Achse ablesen (0 | –3).
Aus der Zeichnung liest man für den Scheitel die Koordinaten (–1 | –4) ab.
Der Schnittpunkt mit der y-Achse ist (0 | –3) und die Schnittpunkte mit der x-Achse haben die Koordinaten (–3 | 0) und (1 | 0).

Methode Wertetabelle verwenden:
Wie unter 2. beschrieben muss für einen Schnittpunkt mit der y-Achse x = 0 gelten. In der Wertetabelle W1 erkennt man, dass das für y = –3 der Fall ist. Demnach SP_y (0 | –3).

Besser ist es, zuerst die Schnittpunkte mit der x-Achse zu bestimmen. Diese befinden sich dort, wo der y-Wert eines Punktes 0 ist. In der Wertetabelle W1 erkennt man, dass das an den Stellen $x = -3$ und $x = 1$ der Fall ist. Also $(-3 \mid 0)$ und $(1 \mid 0)$ als Schnittpunkte mit der x-Achse.

Der x-Wert des Scheitels einer Parabel befindet sich immer in der Mitte. Mit den Nullstellen $x = -3$ und $x = 1$ berechnet man die Mitte x_M mit $x_M = \frac{-3+1}{2} = -\frac{2}{2} = -1$. Zu diesem x-Wert -1 gehört nach W1 der y-Wert -4 und folglich hat der Scheitel die Koordinaten $(-1 \mid -4)$.

Da die Scheitelkoordinaten $(-1 \mid -4)$ bekannt sind, kann die Parabelgleichung mit der Scheitelform

$y = a(x - x_S)^2 + y_S$

mit $x_S = -1$ und $y_S = -4$ bestimmt werden:

$y = a(x - (-1))^2 + (-4) = a(x + 1)^2 - 4$ (*)

Um a zu ermitteln, muss man entweder in der Zeichnung erkennen, dass es sich um eine verschobene Normalparabel handelt, also $a = 1$ ist, oder man berechnet a unter Zuhilfenahme der Punktprobe. Einsetzen von z. B. $(-3 \mid 0)$ in (*) ergibt:

$0 = a(-3 + 1)^2 - 4 \Leftrightarrow 0 = a(-2)^2 - 4 \Leftrightarrow 0 = 4a - 4 \Leftrightarrow 4 = 4a \Leftrightarrow a = 1$

und letztlich auch $y = 1(x + 1)^2 - 4 = (x + 1)^2 - 4$

4. Schnittpunkte zwischen zwei Graphen liegen dann vor, wenn beide Graphen durch denselben Punkt, mithin bei einem x-Wert den gleichen y-Wert besitzen. In den Wertetabellen W1 und W2 erkennt man, dass jeweils die Zahlenpaare $(-3 \mid 0)$ und $(2 \mid 5)$ vorkommen. Also sind das die Schnittpunkte von p und g.

b. **Gleichung lösen**

$$
\begin{aligned}
(4x - 7)(x + 5) &= (2x + 3)(2x - 3) && \mid \text{Ausmultiplizieren}\\
4x^2 + 20x - 7x - 35 &= 4x^2 - 6x + 6x - 9 && \mid \text{Vereinfachen}\\
4x^2 + 13x - 35 &= 4x^2 - 9 && \mid -4x^2 + 9\\
13x - 26 &= 0 && \mid +26\\
13x &= 26 && \mid :13\\
x &= 2
\end{aligned}
$$

c. Die verbrauchte Strommenge pro Tag werde mit x [Einheit: Watt] bezeichnet.

1. Gleichung für die Gesamtkosten:

$$
\begin{aligned}
y &= \text{Kosten}\left[\tfrac{\text{ct}}{\text{Tage}}\right] \cdot \text{verbrauchte Strommenge [Tage]} + \text{Kaufpreis [EUR]}\\
y_{\text{Halogenstrahler}} &= 2{,}5\left[\tfrac{\text{ct}}{\text{Tage}}\right] \cdot x\,[\text{Tage}] + 2{,}80\,[\text{EUR}]\\
&= 2{,}5x\left[\tfrac{\text{ct}}{\text{Tage}}\right] \cdot [\text{Tage}] + 2{,}80\,[\text{EUR}]\\
&= 2{,}5x\ \text{ct} + 2{,}8\ \text{EUR}\\
&= 0{,}025x\,[\text{EUR}] + 2{,}8\,[\text{EUR}]\\
&= 0{,}025x + 2{,}8\\
y_{\text{LED-Lampe}} &= \tfrac{1}{5} \cdot 0{,}025x + 15 = 0{,}005x + 15
\end{aligned}
$$

2. Gesamtkosten im Achsenkreuz darstellen:

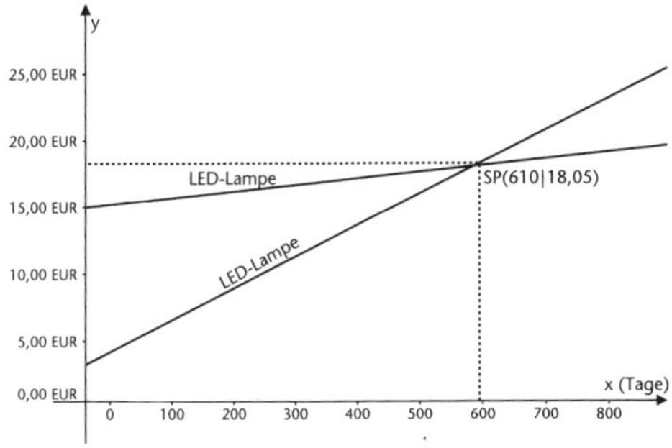

3. Die LED-Lampe ist ab dem Zeitpunkt günstiger, ab dem die Kosten beider Lampen gleich hoch sind. Gesucht ist der Schnittpunkt der beiden Geraden:

$$
\begin{aligned}
y_{\text{Halogenstrahler}} &= y_{\text{LED-Lampe}} \\
0{,}025x + 2{,}8 &= 0{,}005x + 15 \qquad | -0{,}005x - 2{,}8 \\
0{,}02x &= 12{,}2 \qquad | \cdot 50 \\
x &= 610 \text{ [Tage]}
\end{aligned}
$$

Der y-Wert des Schnittpunktes gibt die Kosten zu diesem Zeitpunkt an:

$$y_{\text{LED-Lampe}} = 0{,}005 \left[\frac{\text{EUR}}{\text{Tag}}\right] \cdot 610 \text{ [Tage]} = 18{,}05 \text{ EUR}$$

Aufgabe 5

a. **Geraden**

1. Von der Geraden g: $y = \frac{1}{2}x + \frac{3}{2}$ ist der y-Achsenabschnitt b = 1,5 bekannt. Diesen Punkt (0 | 1,5) kann man somit im Achsenkreuz markieren. Die Steigung $m = \frac{1}{2}$ wird von diesem Punkt aus wie folgt gezeichnet:
Die Zahl im Nenner von $\frac{1}{2}$, also die 2, gibt an, wie weit in x-Richtung, also 2 LE nach rechts, von (0 | 1,5) aus, gezeichnet werden muss. Die Zahl im Zähler gibt an, wie weit in y-Richtung, also 1 LE nach oben, die Steigung abgetragen werden muss. So erhält man einen zweiten Punkt, durch den die Gerade g gezeichnet werden kann.

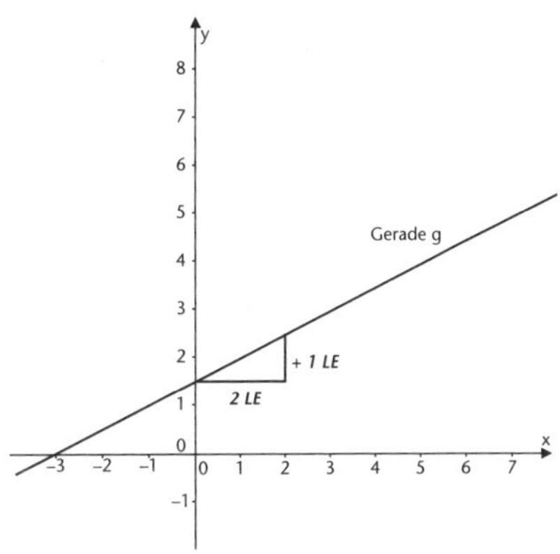

Dasselbe Verfahren wird angewendet, um die Gerade h zu zeichnen. Zuerst den Punkt R ins Koordinatensystem eintragen. Von diesem Punkt aus 3 LE nach rechts und 2 LE nach unten (wegen des Minus) abgetragen ergibt die Steigung $-\frac{2}{3}$. Man erhält als zweiten Punkt der Geraden g (0 | 5), durch den man dann diese Gerade h zeichnet.

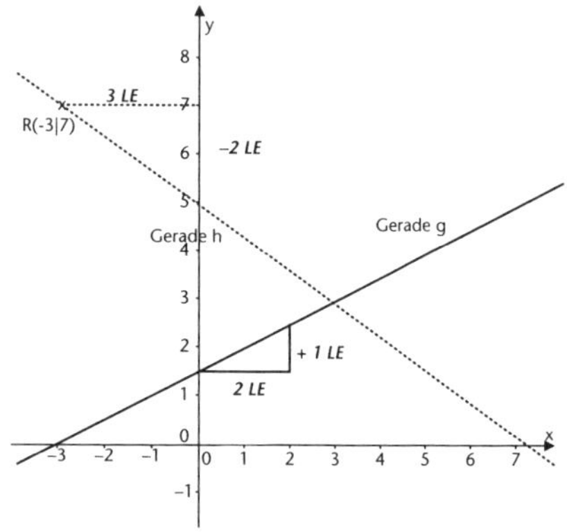

Ermitteln der Geradengleichung $y = mx + b$:
Die Steigung m ist mit $m = -\frac{2}{3}$ angegeben und den y-Achsenabschnitt b = 5 kann man aus der Zeichnung ablesen.
Also h: $y = -\frac{2}{3}x + 5$

2. Schnittpunkt S von g mit k berechnen:

$$\begin{aligned} \tfrac{1}{2}x + \tfrac{3}{2} &= -\tfrac{1}{2}x + 6 && | \cdot 2 \\ x + 3 &= -x + 12 && | + x - 3 \\ 2x &= 9 && | : 2 \\ x &= \tfrac{9}{2} = 9{,}5 && | \text{ y-Wert des Schnittpunkts mit g: } y = \tfrac{1}{2} \cdot \tfrac{9}{2} + \tfrac{3}{2} = \tfrac{9}{4} + \tfrac{6}{4} = \tfrac{15}{4} = 3{,}75 \\ & && | \text{ Also } SP\left(\tfrac{9}{2} \mid \tfrac{15}{4}\right) = (4{,}5 \mid 3{,}75) \end{aligned}$$

3. Winkel α berechnen:
Direkt berechnen lassen sich im skizzierten Dreieck die Ankathete mit 0 – (–3) = 3 LE und die Gegenkathete mit 1,5 – 0 = 1,5 LE.
Mit $\tan(\alpha) = \frac{\text{Gegenkathete}}{\text{Ankathete}} = \frac{1{,}5}{3\text{ LE}} = 0{,}5$ ergibt sich
$\alpha = \tan^{-1}(0{,}5) = 26{,}57°$.

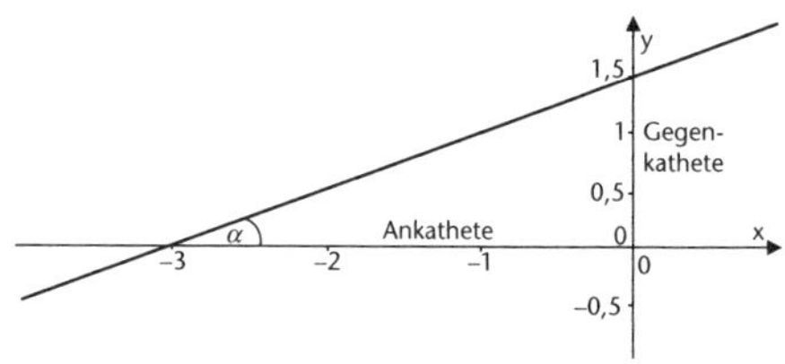

b. **Lineares Gleichungssystem lösen mithilfe des Additionsverfahrens**

$$\begin{array}{rrcll} & 3y - 15 &=& x & | -x + 15 \\ & \wedge -2x + 3y &=& 10 & | +8 \text{ (Variablen isoliert auf einer Seite)} \\ & -8 & & & \\ \hline & -x + 3y &=& 15 & | \cdot (-2) \\ & \wedge -2x + 3y &=& 18 & \\ \hline (1) & 2x - 6y &=& -30 & \\ (2) & \wedge -2x + 3y &=& 18 & \\ \hline (1) + (2) & -3y &=& -12 & |: (-3) \\ \hline & y &=& 4 & | \text{ eingesetzt in (*) ergibt sich } x = 3 \cdot 4 - 15 = 12 - 15 = -3 \\ \hline \end{array}$$

c. **Piercing**

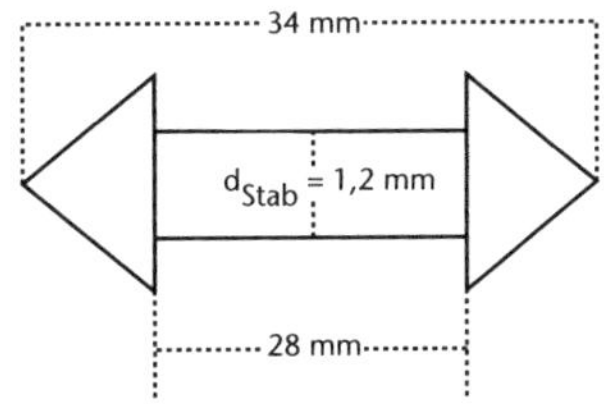

1. Volumen des Piercings:
   Das Volumen des Piercings besteht aus drei unterschiedlichen Volumina, den beiden Kegeln und dem Stab.
   Volumen der Kegel:
   Höhe = 34 mm – 28 mm = 6 mm und somit ist ein Kegel 3 mm hoch. Da der Durchmesser eines Kegels gleich der Höhe ist, beträgt der Radius einer Kegelgrundseite 1,5 mm.
   $2 \cdot V_{Kegel} = 2 \cdot \frac{1}{3}\pi r^2 h = 2 \cdot \frac{1}{3}\pi \cdot (1{,}5\text{ mm})^2 \cdot 3\text{ mm} \simeq 14{,}14\text{ mm}^3$
   Bei der Figur des Stabes handelt es sich um einen Zylinder mit der Höhe h = 28 mm und einem Radius r von $r = \frac{d_{Stab}}{2} = \frac{1{,}2\text{ mm}}{2} = 0{,}6\text{ mm}$.
   $V_{Stab} = V_{Zylinder} = \pi r^2 \cdot h = \pi \cdot (0{,}6\text{ mm})^2 \cdot 28\text{ mm} = \pi \cdot 0{,}36\text{ mm}^2 \cdot 28\text{ mm} \simeq 31{,}67\text{ mm}^3$
   Damit gilt für das Volumen des Piercings:
   $V_{Piercing} = 14{,}14\text{ mm}^3 + 31{,}67\text{ mm}^3 = 45{,}81\text{ mm}^3$

2. Ein Kilogramm Titan kostet 25,00 EUR, dann kostet ein Gramm Titan $\frac{25{,}00\text{ EUR}}{1.000\text{ g}} = \frac{2.500\text{ ct}}{1.000\text{ g}} = 2{,}5\,\frac{\text{ct}}{\text{g}}$.
   Zur Herstellung von 1.500 Piercings werden 300 g benötigt, dann werden zur Herstellung eines Piercings $\frac{300\text{ g}}{1.500\text{ Piercings}} = \frac{1}{5} = 0{,}2$ g pro Piercing gebraucht.
   Die Kosten für ein Piercing belaufen sich demnach auf:
   $\text{Kosten}_{Piercing} = 2{,}5\,\frac{\text{ct}}{\text{g}} \cdot 0{,}2\,\frac{\text{g}}{\text{Piercing}} = 0{,}5\,\frac{\text{ct}}{\text{g}} \cdot \frac{\text{g}}{\text{Piercing}} = 0{,}5\,\frac{\text{ct}}{\text{Piercing}}$

3. Durchmesser d des Piercings:
   Die gestrichelte Linie mit einer Länge von 28 mm beschreibt einen Dreiviertelkreis.
   Damit hat der ganze Kreis einen Umfang von $28\text{ mm} \cdot \frac{4}{3} \simeq 37{,}33\text{ mm}$. Für einen Kreis gilt der Zusammenhang zwischen Umfang U und Radius r: $U = 2\pi r$.
   $37{,}33\text{ mm} = 2\pi r \Leftrightarrow r = \frac{37{,}33\text{ mm}}{2\pi} \simeq 5{,}94\text{ mm}$
   Und damit $d = 2 \cdot 5{,}94\text{ mm} = 11{,}88\text{ mm}$

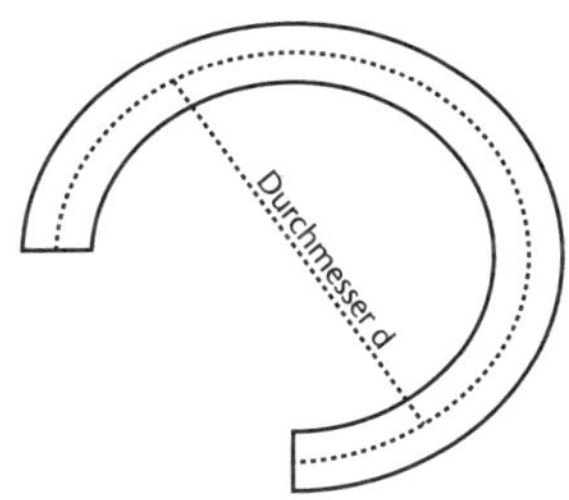

Prüfungsaufgaben 2015

a. 1. Zwei Eigenschaften sind aus dem Schaubild der Parabel p sofort ablesbar:

p ist nach oben geöffnet, das bedeutet, dass vor dem x^2 kein Minus (–) stehen darf; das schließt den Funktionsterm (1) aus. p hat den Schnittpunkt mit der y-Achse (0 I 3), also den y-Achsenabschnitt +3. Damit kommen nur noch die Funktionsterme (2) und (3) infrage.

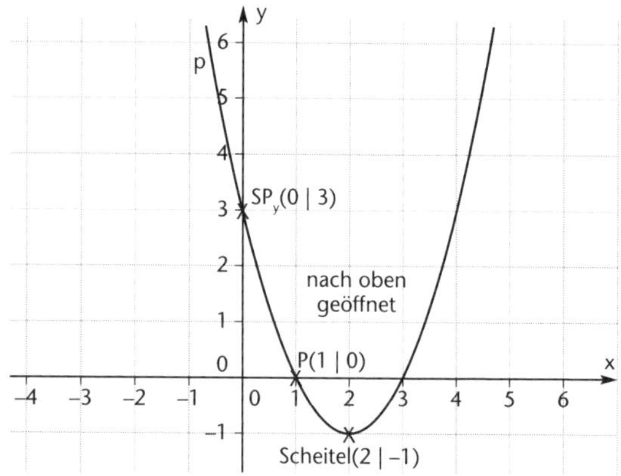

Um jetzt noch zu testen, welcher der beiden infrage kommt, könnte man in beiden Funktionstermen mithilfe der Punktprobe den Punkt (1 | 0) überprüfen, denn es muss gelten p(1) = 0.

Parabel (2): $p(1) = 0{,}5 \cdot 1^2 + 3 = 3{,}5$ und man weiß, dass der Term (2) nicht zur Parabel p gehört.

Parabel (3):
$p(1) = 1^2 - 4 \cdot 1 + 3 = 1 - 4 + 3 = 0$ und somit wird p durch die Funktionsgleichung (2) beschrieben.

Eine andere Erklärung wäre: p ist eine Normalparabel, d. h., vor dem x^2 kann nicht die 0,5 stehen und damit kommt (2) als Gleichung nicht mehr infrage.

2. Aus der Zeichnung liest man die Scheitelkoordinaten
$(x_S \text{ I } y_S) = (2 \text{ I } -1)$ ab.
Damit gilt $x_{Scheitel} = 2$ und $y_{Scheitel} = -1$.
Laut Formelsammlung gilt für die Scheitelform einer Parabel:
$y = a(x - x_S)^2 + y_S$ und mit dem Wissen, dass es eine Normalparabel ist, also a = 1 ist, erhält man:
$y = 1 \cdot (x - 2)^2 + (-1) = (x - 2)^2 - 1$

3. Berechnung der Geradensteigung mithilfe der Punkte P(–1 I 8) und Q(4 I 3).
$$m = \frac{y_2 - y_1}{x_2 - x_1} = \frac{3 - (-1)}{4 - 8} = \frac{4}{-4} = -1$$
Die Koordinaten z. B. des Punktes P in die Punktsteigungsform $y = m(x - x_1) + y_1$ einsetzen, bringt $y = -1(x - [-1]) + 8 = -(x + 1) + 8 = -x - 1 + 8 = -x + 7$ als Geradengleichung.

b. **Kegel und Pyramide**

1. Für das Volumen eines Kegels gilt $V_{Kegel} = \frac{1}{3}\pi r^2 h$.

   Mit h = 12 cm und r = 3,5 cm erhält man:

   $V_{Kegel} = \frac{1}{3}\pi \cdot (3{,}5\text{ cm})^2 \cdot 12\text{ cm} = \frac{1}{3}\pi \cdot 12{,}25\text{ cm}^2 \cdot 12\text{ cm} = 49\pi\text{ cm}^3 \cong 153{,}94\text{ cm}^3$

   Für das Volumen einer Pyramide gilt: $V_{Pyramide} = \frac{1}{3}G \cdot h$ und da diese eine quadratische Grundfläche hat, sogar $V_{Pyramide} = \frac{1}{3}a^2 \cdot h$ mit der Grundkante a.

   Mit h = 12 cm gilt: $V_{Pyramide} = \frac{1}{3} \cdot 12\text{ cm} \cdot a^2 = 4a^2\text{ cm}$.

   Die beiden Volumen sollen gleich sein:

   $$\begin{array}{lll} V_{Kegel} & = V_{Pyramide} & \\ 153{,}94\text{ cm}^3 & = 4a^2\text{ cm} & \mid : 4\text{ cm} \\ a^2 & = 38{,}4845\text{ cm}^2 & \mid \text{Wurzelziehen} \\ a & = \sqrt{38{,}4845\text{ cm}^2} \cong 6{,}2\text{ cm} & \end{array}$$

2. Die Oberfläche dieser Pyramide setzt sich aus der quadratischen Grundfläche und den vier Seitenflächen zusammen.
   Mit a = 6,2 gilt für die Grundfläche:

   $G_{Pyramide} = (6{,}2\text{cm})^2 = 38{,}44\text{ cm}^2$.

   Für eine Seitenfläche gilt:

   $A_{Seitenfläche} = \frac{1}{2} \cdot a \cdot h_S$ mit der unbekannten Länge h_S, die sich aus folgendem rechtwinkligen Dreieck mit dem Satz des Pythagoras berechnen lässt:

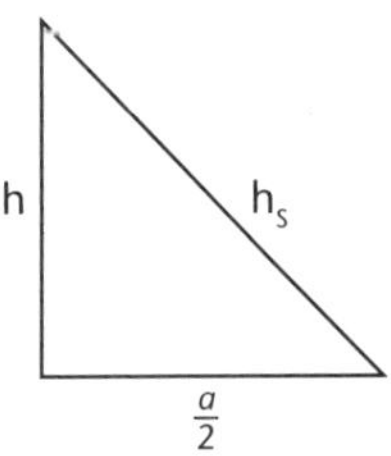

   $h_2^2 = h^2 + \left(\frac{a}{2}\right)^2 = (12\text{ cm})^2 + \left(\frac{6{,}2}{2}\text{ cm}\right)^2$
   $= 144\text{ cm}^2 + (3{,}1\text{ cm})^2 = 153{,}61\text{ cm}^2$ und somit $h_S \cong 12{,}39$ cm

   $A_{Seitenfläche} = \frac{1}{2} \cdot 6{,}2\text{ cm} \cdot 12{,}39\text{ cm} = 38{,}409$

   Skizze der quadratischen Pyramide:

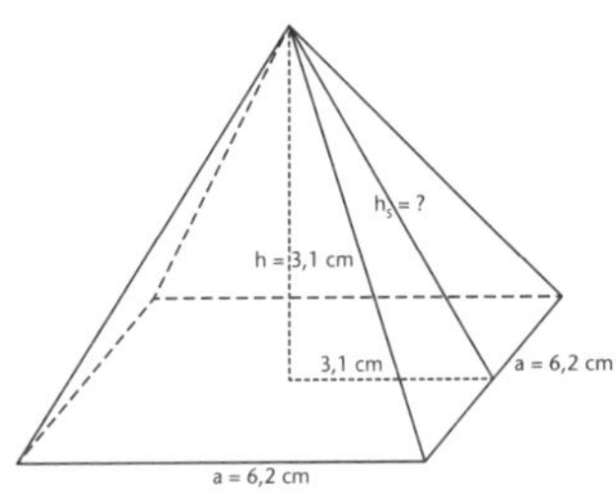

   Somit ergibt sich für die Oberfläche der Pyramide:

   $O_{Pyramide} = G_{Pyramide} + 4 \cdot A_{Seitenfläche}$
   $= 38{,}44\text{ cm}^2 + 4 \cdot 38{,}409\text{ cm}^2 = 192{,}076\text{ cm}^2$

c. $\frac{\sqrt{32x^2y} \cdot \sqrt{8x^3y^2}}{\sqrt{4xy}} = \sqrt{\frac{32x^2y \cdot 8x^3y^2}{4xy}} = \sqrt{\frac{256x^5y^3}{4xy}} = \sqrt{64x^4y^2} = \sqrt{64} \cdot \sqrt{x^4} \cdot \sqrt{y^2} = 8x^2y$

d. Sei x die Anzahl der geernteten kg, dann gilt für den Verdienst y in EUR aus den verschiedenen Verträgen:

Vertrag A: $y_A = 0{,}8x + 25$ (mit 80 Cent = 0,8 EUR)

Vertrag B: $y_B = 0{,}5x + 35$ (mit 50 Cent = 0,5 EUR)

Vertrag C: $y_c = 45$

Rechnerische Lösung durch Gleichsetzen der Funktionsterme:

$$\begin{aligned} y_A &= y_B \\ 0{,}8x + 25 &= 45 && \mid -25 \\ 0{,}8x &= 20 && \mid : 0{,}8 \\ x &= 25 \end{aligned}$$

Ergebnis: Ab einer Erntemenge von 25 kg ist Vertrag C günstiger als Vertrag A.

$$\begin{aligned} y_B &= y_C \\ 0{,}5x + 35 &= 45 && \mid -35 \\ 0{,}5\,x &= 10 && \mid : 0{,}5 \\ x &= 20 \end{aligned}$$

Ergebnis: Ab einer Erntemenge von 20 kg ist Vertrag C günstiger als Vertrag B.

Lösung mithilfe einer Wertetabelle:

Verdienst bei geernteten kg	5 kg	10 kg	15 kg	20 kg	25 kg	30 kg	35 kg
$y_A = 0{,}8x + 25$	29,00 EUR	33,00 EUR	37,00 EUR	41,00 EUR	45,00 EUR	49,00 EUR	53,00 EUR
$y_B = 0{,}5x + 35$	37,50 EUR	40,00 EUR	42,50 EUR	45,00 EUR	47,50 EUR	50,00 EUR	52,50 EUR
$y_C = 45$	45,00 EUR	45,00 EUR	45,00 EUR	45,00 EUR	45,00 EUR	45,00 EUR	45,00 EUR

Zeichnerische Lösung:

Hierbei ist darauf zu achten, dass die Einheiten der x- und y-Achse passend gewählt werden.

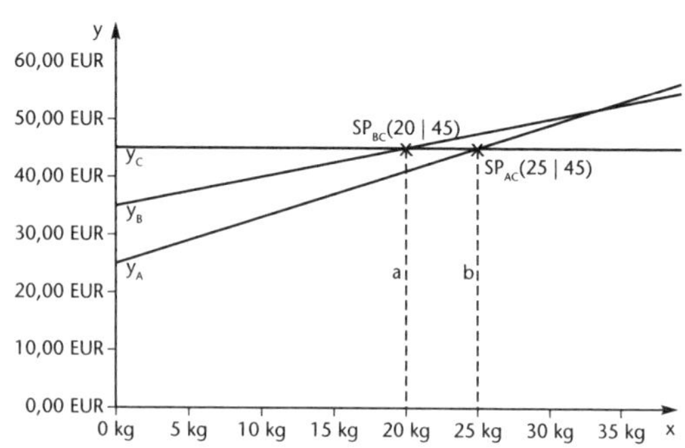

Ab dem x-Wert, ab dem y_A oberhalb von y_c verläuft, ist Vertrag C günstiger; hier x = 25 kg.

Für Vertrag B ist dies ab dem x-Wert 20, also 20 kg der Fall.

Aufgabe 2

a. **Gleichung lösen**

$$(x-4)^2 = 2\cdot(8-x) - 7\cdot\left(x-\frac{6}{7}\right) \quad | \text{ Klammern auflösen}$$

$$x^2 - 4x - 4x + 16 = 16 - 2x - 7x + 6 \quad | \text{ zusammenfassen}$$

$$x^2 - 8x + 16 = -9x + 22 \quad | +9x - 22$$

$$x^2 + x - 6 = 0 \quad | \text{ Mitternachtsformel}$$

$$x_{1/2} = \frac{-1 \pm\sqrt{1^2 - 4\cdot 1\cdot(-6)}}{2\cdot 1} = \frac{-7 \pm\sqrt{1+24}}{2} = \frac{-1 \pm\sqrt{25}}{2} = \frac{-1 \pm 5}{2}$$

$$x_1 = \frac{-1+5}{2} = \frac{4}{2} = 2$$

$$x_2 = \frac{-1-5}{2} = \frac{-6}{2} = -3$$

b. **Bild einem Graph zuordnen**

1. Gefäß A ist in etwa so lang wie Gefäß B, allerdings nicht so breit. Deswegen steigt der Wasserspiegel in Gefäß A schneller als in Gefäß B. Da die y-Achse die Wasserhöhe in den Gefäßen angibt, muss der Graph, der zu A gehört, steiler sein als der von B.
   Gefäß C ist nicht nur schmaler als Gefäß A, sondern auch kürzer. Deshalb steigt der Wasserspiegel in Gefäß C schneller als der in Gefäß A. Somit muss der Graph, der die Wasserhöhe von C beschreibt, steiler als der von A sein.
   Insgesamt gilt also: Graph zu C steiler als Graph zu A und der steiler als Graph zu B. Deswegen gehört Graph 1 zu C, Graph 2 zu A und Graph 3 zu B.

2. **Fülldauer**

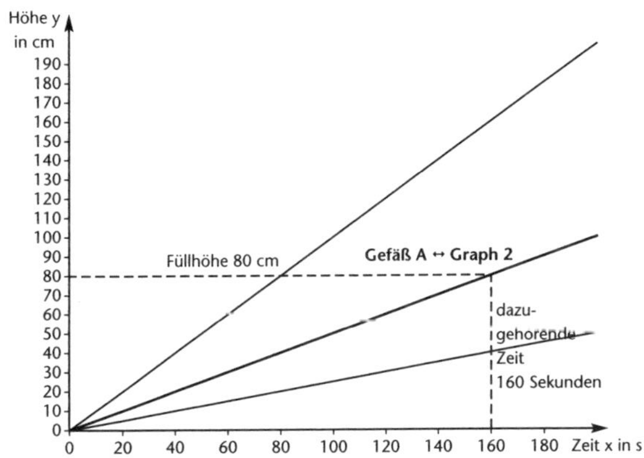

Aus der vorigen Aufgabe weiß man, dass Graph 2 die Wasserhöhe im Gefäß A beschreibt. Das Gefäß ist 80 cm hoch und soll komplett gefüllt werden. Der zum y-Wert 80 cm dieser Geraden gehörende x-Wert gibt für diese Höhe die benötigte Füllzeit 160 Sekunden an.

3. Damit das Befüllen des zylindrischen Gefäßes durch den gleichen Graphen wie bei Gefäß A beschrieben wird, muss dieser Zylinder die gleiche Grundfläche besitzen. Grundfläche G_A von Gefäß A ist G_A = Länge 40 cm · Breite 10 cm = 400 cm². Grundfläche eines Zylinders G_z ist ein Kreis mit $G_z = \pi r^2$.
   Es muss gelten
   $G_Z = G_A$
   $\pi r^2 = 400\ cm^2 \quad | : \pi$
   $r^2 \cong 127{,}324\ cm^2 \quad |$ Wurzel ziehen
   $r \cong 11{,}28\ cm$

c. **Dreieck und Gerade**

1. Zeichnung

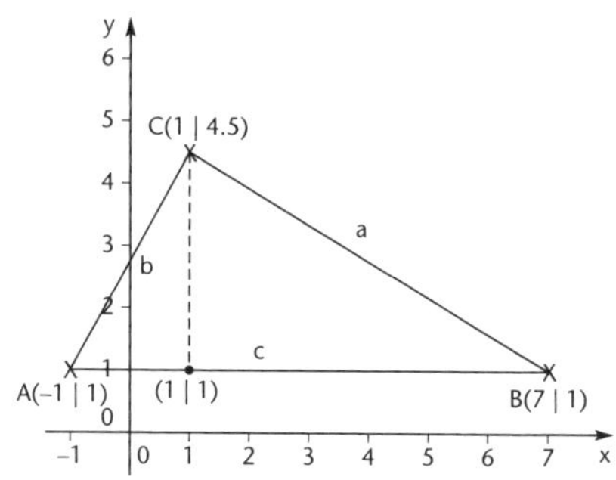

2. Soll das Dreieck rechtwinklig sein, dann muss der Satz des Pythagoras $a^2 + b^2 = c^2$ (*) gelten.

   Längen auch mit Pythagoras berechnen:
   $a^2 = (4{,}5 - 1)^2 + (7 - 1)^2 = 3{,}5^2 + 6^2$
   $= 48{,}25$
   $b^2 = (4{,}5 - 1)^2 + (1 - (-1))^2 = 3{,}5^2 + 2^2$
   $= 16{,}25$
   $c = 8$, also $c^2 = 64$

   Diese Werte in (*) einsetzen:
   $48{,}25 + 16{,}25 = 64$
   $64{,}5 = 64$ ist eine falsche Aussage
   Also ist dieses Dreieck nicht rechtwinklig.

3. **Geradengleichungen bestimmen**
   Berechnung der Steigung m_g der Geraden g durch die Punkte A(–1 | 1) und C(1 | 4,5):

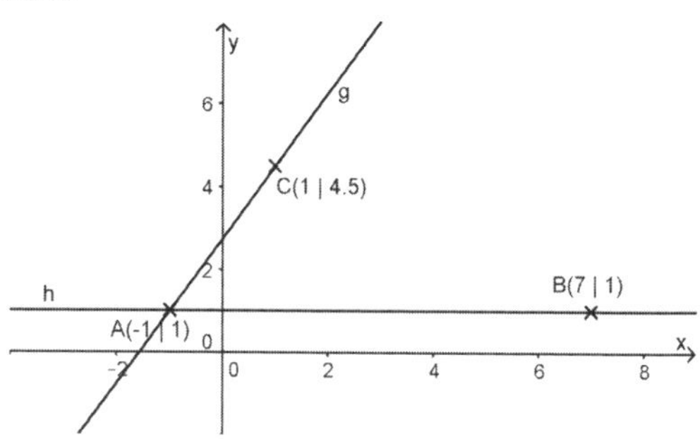

   $$m_g = \frac{4{,}5 - 1}{1 - (-1)} = \frac{3{,}5}{2} = 1{,}75$$

   Punkt-Steigungs-Form mit Punkt A:
   $g : y = 1{,}75 \cdot (x - [-1]) + 1$
   $= 1{,}75x + 2{,}75$

   Die Gerade h hat die Steigung $m_h = 0$ und geht z. B. durch den Punkt B(7 | 1). Wieder mit PSF gilt:
   h: $y = 0 \cdot (x - 7) + 1 = 1$ und die Gerade h hat die Gleichung $y = 1$.

Aufgabe 3

a. **Parabeln**

1. Gleichung der Parabel p_1 mithilfe der Scheitelform $y = a(x - x_S)^2 + y_s$ bestimmen.

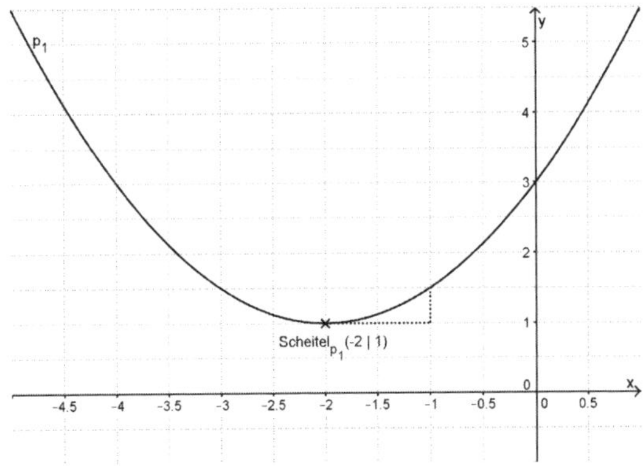

Bestimmen von a, das die „Breite" der Parabel angibt:
Geht man vom Scheitelpunkt 1 LE nach rechts, dann muss man 0,5 LE nach oben gehen, um wieder auf die Parabel zu treffen. Bei einer Normalparabel ist dieser Wert 1. Demnach muss bei der gezeichneten Parabel a = 0,5 sein.
Die Scheitelkoordinaten sind $x_S = -2$ und $y_s = 1$ und es ergibt sich
$y = 0{,}5 \cdot (x - (-2))^2 + 1$
$= 0{,}5 \cdot (x + 2)^2 + 1$ als Parabelgleichung.

2. **Abstand**
Die Scheitelkoordinaten von p_2 liest man mit (2,5 | –1,5) ab.

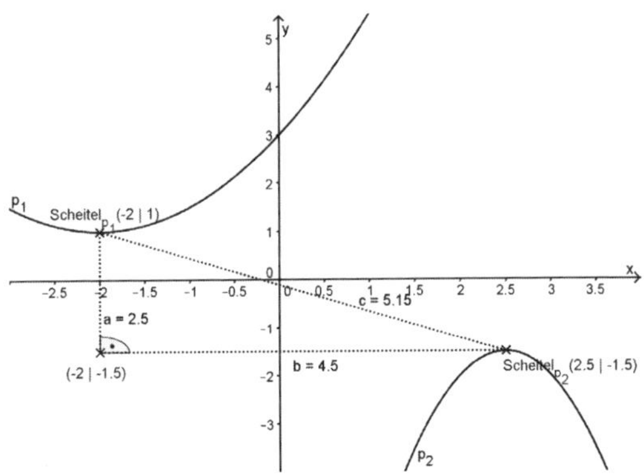

Länge von a = 1 – (–1,5) = 2,5 (Abstand der y-Werte)

Länge von b = 2,5 – (–2) = 4,5 (Abstand der x-Werte)

Es gilt $c^2 = 2{,}5^2 + 4{,}5^2 = 26{,}5$ und damit $c \cong 5{,}148$.

b. **Lineares Gleichungssystem**

1. LGS lösen mit dem Additionsverfahren

$$
\begin{array}{lrcll}
\text{(I)} & -\frac{1}{9}x & = & -\frac{1}{3}y = -\frac{2}{3} & \mid \cdot 9 \\
\text{(II)} & -\frac{4}{3}x + 5 & = & 2y & \mid \cdot 3 \\
\hline
\text{(Ia)} & -x & = & -3y - 6 & \mid + 3y \\
\text{(IIa)} & -4x + 15 & = & 6y & \mid - 6y - 15 \\
\hline
\text{(Ib)} & -x + 3y & = & -6 & \mid \cdot 2\text{, damit sich nach der Addition die y aufheben} \\
\text{(IIb)} & -4x - 6y & = & -15 & \\
\hline
\text{(Ic)} & -2x + 6y & = & -12 & \\
\text{(IIc)} & -4x - 6y & = & -15 & \\
\hline
\text{(IIb) + (Ic)} & -6x & = & -27 & \mid : (-6) \text{ ergibt } x = \frac{27}{6} = 4{,}5 \\
\text{mit (Ic)} & -2 \cdot 4{,}5 + 6y & = & -12 & \\
 & -9 + 6y & = & -12 & \mid + 9 \\
 & 6y & = & -3 & \mid : 6 \\
 & y & = & \frac{-3}{6} = -0{,}5\text{; somit lösen } x = 4{,}5 \text{ und } y = -0{,}5 \text{ das LGS.} &
\end{array}
$$

2. Ein LGS hat keine Lösung, wenn nach der Addition von zwei Zeilen ein Ausdruck wie z. B. 5 = 0, also eine falsche Aussage, übrig bleibt.

$$
\begin{array}{lrcl}
\text{(II)} & -\frac{4}{3}x + 5 & = & 2y \\
\text{(III)} & \frac{4}{3}x & = & -2y \\
\hline
\text{(II) + (III)} & 5 & = & 0
\end{array}
$$

und es kann kein x oder y berechnet werden. Demnach hat dieses LGS keine Lösung.

c. **Benzinverbrauch**

1. Zeichnung

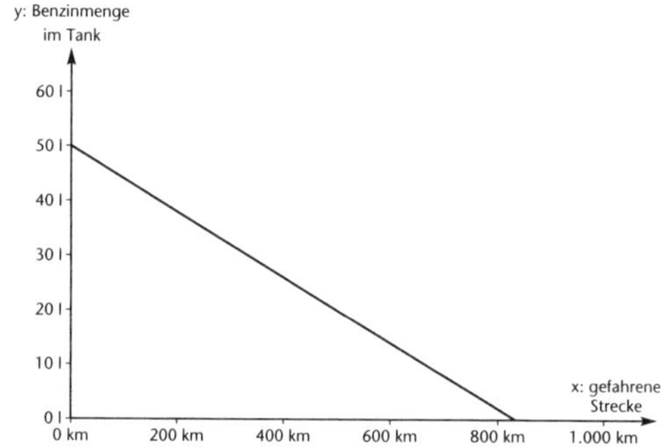

2. Zu Beginn der Fahrt zeigt die Tankanzeige 50 Liter an, da dies der y-Wert bei 0 gefahrenen Kilometern ist.

3. Der Schnittpunkt der Geraden mit der x-Achse gibt die Kilometeranzahl an, bei der die Tankanzeige 0 Liter anzeigt.
   Berechnung der Nullstelle: $y = 0$
   $-0{,}06x + 50 = 0 \mid -50$
   $-0{,}06x = -50 \mid : (-0{,}06)$
   $x \cong 833{,}34$ km und somit reicht eine Tankfüllung für die Fahrt zum 850 km entfernten Urlaubsort nicht aus.

4. Die Steigung $m = -0{,}06$ der Geraden gibt den Benzinverbrauch für einen Kilometer an. Auf 100 Kilometer verbraucht das Auto also $0{,}06 = \frac{\text{Liter}}{\text{km}} \cdot 100\text{ km} = 6$ Liter.

   Weitere Erklärung:
   Für die 833,34 km verbraucht das Auto 50 Liter.
   Also $\frac{50\text{ Liter}}{833{,}34\text{ km}} \cong 0{,}06\,\frac{\text{Liter}}{1\text{ km}}$ und wieder $0{,}06\,\frac{\text{Liter}}{1\text{km}} \cdot 100\text{ km} = 6$ Liter.

d. **Symbole finden durch Termvergleich**

$\frac{?}{16b} = \frac{5a}{4b}$ erweitern des rechten Bruchs mit 4, um den gleichen Nenner, wie ihn der linke Bruch hat, zu erhalten. $\frac{4 \cdot 5a}{4 \cdot 4b} = \frac{20a}{16b}$, also $? = 20a$

$\frac{5a}{4b} = \frac{30a^2}{O}$ erweitern des linken Bruchs mit 6a, um den gleichen Zähler, wie ihn der rechte Bruch hat, zu erhalten. $\frac{6a \cdot 5a}{6a \cdot 4b} = \frac{30a^2}{24ab}$, also $O = 24ab$

$\frac{5a}{4b} = \frac{25a}{\square}$ erweitern des linken Bruchs mit 5, um den gleichen Zähler, wie ihn der rechte Bruch hat, zu erhalten. $\frac{5 \cdot 5a}{5 \cdot 4b} = \frac{25a}{20b}$, also $\square = 20b$

Somit gelten die Beziehungen $\frac{20a}{16b} = \frac{5a}{4b} = \frac{30a^2}{24ab} = \frac{25a}{20b}$.

Aufgabe 4

a. **Geraden**

1. Zeichnung

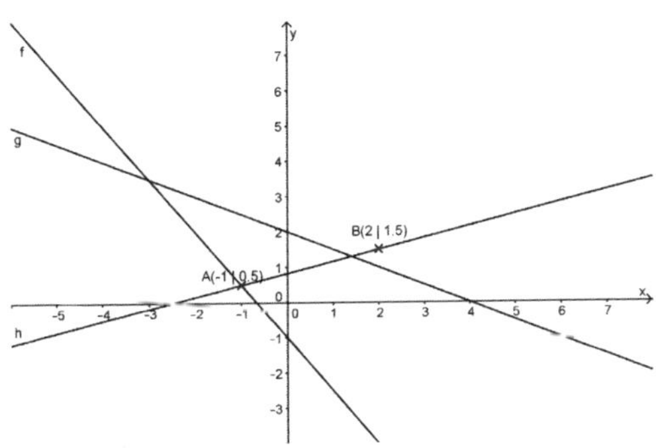

Bevor man die Gerade f zeichnet, stellt man die Gleichung $2y + 3x + 2 = 0$ nach $y =$ um: Auf beiden Seiten $-3x - 2$ ergibt $2y = -3x - 2$.
Beide Seiten durch 2 teilen ergibt $y = -1{,}5x - 1$ als bessere Geradengleichung. An ihr erkennt man die Steigung $m_f = -1{,}5$ und den y-Achsenabschnitt $b_f = -1$.
Die Gerade g: $y = -0{,}5x + 2$ hat die Steigung $m_g = -0{,}5$ und den y-Achsenabschnitt $b_g = 2$.

2. Für die Berechnung der Koordinaten des Schnittpunktes der Geraden f und g setzt man die beiden Funktionsterme gleich:

$$
\begin{aligned}
-1{,}5x - 1 &= -0{,}5x + 2 \quad &| + 0{,}5x + 1 \\
-x &= 3 \quad &| \cdot (-1) \\
x &= -3
\end{aligned}
$$

Berechnen des zugehörenden y-Wertes mit z. B. f:
$y = -1{,}5 \cdot (-3) - 1 = 4{,}5 - 1 = 3{,}5$ und der Schnittpunkt ist SP_{fg} (–3 | 3,5).

3. **Berechnung der Innenwinkel**

In einem rechtwinkligen Dreieck gilt: $\tan(\alpha) = \frac{\text{Gegenkathete}}{\text{Ankathete}}$

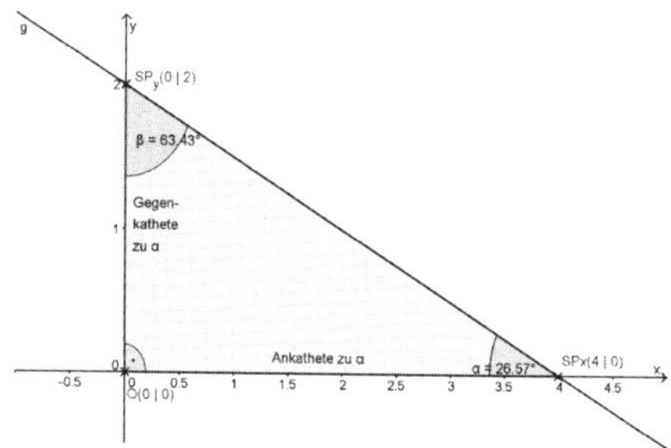

In diesem Beispiel ist die Gegenkathete zu α 2 LE lang, die Ankathete zu α 4 LE.

Damit gilt $\tan(\alpha) = \frac{2\text{ LE}}{4\text{ LE}} = 0{,}5$.

Nach Anwendung von $\tan^{-1}$ ergibt sich $\alpha = \tan^{-1}(0{,}5) \cong 26{,}57°$.

Da in einem Dreieck die Winkelsumme 180° beträgt, gilt für $\beta = 180° - 90° - 26{,}57° = 63{,}43°$.

b. Bezeichnet man die unbekannte Anzahl der Armbänder mit A und die unbekannte Anzahl der Halsketten mit H, so gelten folgende Beziehungen:
Die Anzahl der Schmuckstücke ist 47, also ist A + H = 47 (Gleichung I).

Die Armbänder kosten $12 \frac{\text{EUR}}{\text{Stück}}$, demnach kosten A Stück $12 \cdot A \frac{\text{EUR}}{\text{Stück}} \cdot \text{Stück} = 12A$ EUR.

Die Halsketten kosten $18 \frac{\text{EUR}}{\text{Stück}}$ und damit H Stück $18 \cdot H \frac{\text{EUR}}{\text{Stück}} \cdot \text{Stück} = 18H$ EUR.

Da die Gesamtkosten 768,00 EUR betragen, gilt 12A + 18H = 768 (Gleichung II).

Gleichung (I) und (II) müssen gleichzeitig erfüllt sein und bilden ein Lineares Gleichungssystem.

$$
\begin{array}{rrcll}
\text{(I)} & A + H & = & 47 & | \cdot (-12) \\
\text{(II)} & 12A + 18H & = & 768 & | \cdot 1 \\
\text{(Ia)} & -12A - 12H & = & -564 & \\
\text{(IIa)} & 12A + 18H & = & 768 & \\
\text{(Ia) + (IIa)} & 6H & = & 204 & | : 6 \\
 & H & = & 34 &
\end{array}
$$

H = 34; also wurden 34 Halsketten bestellt und 47 – 34 = 13 Armbänder

c. **Flächenberechnung**

1. Fläche der Schachtel:

   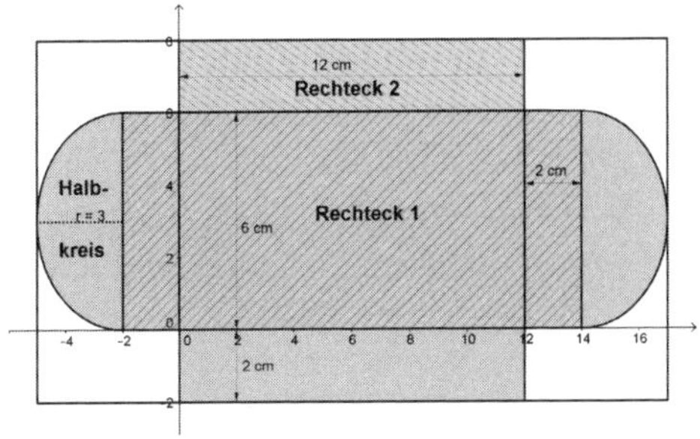

   Die Fläche der grauen Schachtel setzt sich aus zwei Halbkreisen mit Radius r = 3 cm, der Fläche des Rechtecks 1 mit einer Länge von
   2 cm + 12 cm + 2 cm = 16 cm
   und einer Breite von 6 cm sowie zweimal der Fläche des Rechtecks 2 zusammen.

   Fläche Halbkreis: $A_{HK} = \frac{1}{2} \cdot \pi \cdot r^2 = \frac{1}{2} \cdot \pi \cdot (3 \text{ cm})^2 \cong 14{,}14 \text{ cm}^2$

   Fläche Rechteck 1: $A_{R1} = 16 \text{ cm} \cdot 6 \text{ cm} = 96 \text{ cm}^2$

   Fläche Rechteck 2: $A_{R2} = 12 \text{ cm} \cdot 2 \text{ cm} = 24 \text{ cm}^2$

   Die gesamte Schachtel hat deshalb eine Fläche A von

   $A = 2 \cdot A_{HK} + A_{R1} + 2 \cdot A_{R2} = 2 \cdot 14{,}14 \text{ cm}^2 + 96 \text{ cm}^2 + 2 \cdot 24 \text{ cm}^2 = 172{,}28 \text{ cm}^2.$

2. Die Länge des benötigten Kartons setzt sich aus dem Radius des Halbkreises plus der Länge des Rechtecks 1, 2 cm + 12 cm + 12 cm = 16 cm
   plus nochmal dem Radius des Halbkreises zusammen.
   Länge des Kartons: 3 cm + 16 cm + 3 cm = 22 cm
   Breit ist die Schachtel 2 cm + 6 cm + 2 cm = 10 cm.
   Kartonfläche = 22 cm · 10 cm = 220 cm^2
   Für jede produzierte Schachtel fällt Abfall von 220 cm^2 – 172,28 cm^2 = 47,72 cm^2 an.

   $220 \text{ cm}^2 \triangleq 100\ \%$

   $47{,}72 \text{ cm}^2 \triangleq x\ \%$

   $x = \frac{100\ \%}{220 \text{ cm}^2} \cdot 47{,}72 \text{ cm}^2 \cong 21{,}69\ \%$ Abfall je produzierter Schachtel fällt an.

Aufgabe 5

a. **Parabel**

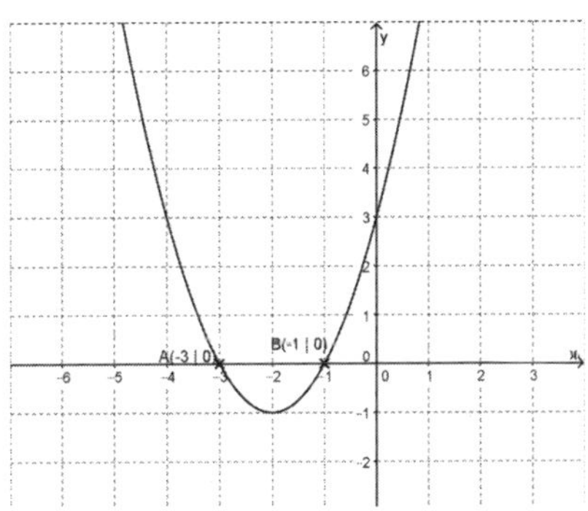

1. Um die passende x-Achse und y-Achse zu finden, könnte man die Nullstellen dieser Parabel berechnen:

   $x^2 + 4x + 3 = 0$

   Mitternachtsformel

   $x_{1/2} = \frac{-4 \pm \sqrt{4^2 - 4 \cdot 1 \cdot 3}}{2 \cdot 1}$

   $= \frac{-4 \pm \sqrt{4}}{2} = \frac{-4 \pm 2}{2}$

   $x_1 = \frac{-4 + 2}{2} = \frac{-2}{2} = -1$

   $x_2 = \frac{-4 - 2}{2} = \frac{-6}{2} = -3$

Damit erhält man die passende x-Achse, da diese Punkte die Koordinaten A(–3 | 0) und B(–1 | 0) haben und somit auf der x-Achse liegen müssen. Auch die y-Achse ist klar, denn B muss durch den x-Wert –1 eine Einheit links von der y-Achse liegen.

2. **Parabel senkrecht verschieben**

Wie man der Zeichnung entnimmt, hat die gezeichnete Parabel p den Scheitel S(–2 | –1).

Damit diese Parabel durch senkrechte Verschiebung die x-Achse berührt, muss der Scheitel auf der x-Achse zu liegen kommen. Mithin um eine Einheit nach oben verschoben werden.

$p_{verschoben}$ = Parabel p + 1

$= (x^2 + 4x + 3) + 1 = x^2 + 4x + 4$

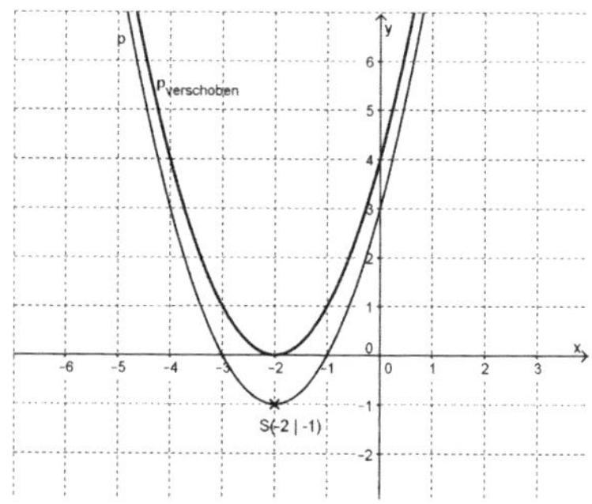

b. **Skizze des Hauses mit den laut Aufgabe bekannten Maßen (grau)**

1.

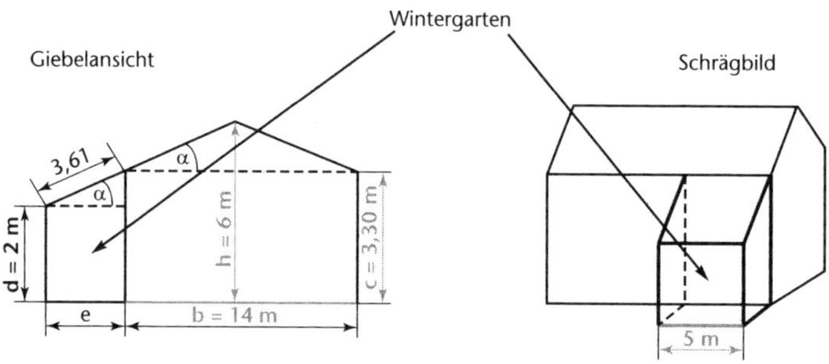

Die Länge der Gegenkathete lässt sich aus der Differenz der Länge h = 6 m minus der Länge c = 3,3 zu 2,7 m berechnen.

Da der Giebel achsensymmetrisch ist, hat die Ankathete zu α eine Länge von $\frac{b}{2} = \frac{14\text{ m}}{2} = 7\text{ m}$.

Mit $\tan(\alpha) = \frac{\text{Gegenkathete von }\alpha}{\text{Ankathete von }\alpha} = \frac{2{,}7\text{ m}}{7\text{ m}} \cong 0{,}3857$ ergibt sich mit dem Anwenden von $\tan^{-1}$:

$\tan^{-1}(0{,}3857) = 21{,}09°$.

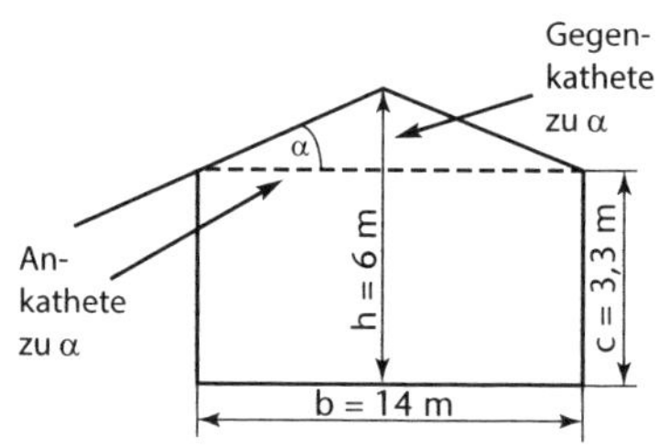

2. **Breite des Wintergartens**

In diesem rechtwinkligen Dreieck ist jetzt der Winkel α mit 21,09° bekannt. Ebenso die Hypotenuse mit 3,61 m. Die gesuchte Breite e des Wintergartens ist in diesem Dreieck die Ankathete von α. Deswegen ist der Cosinus zu verwenden.

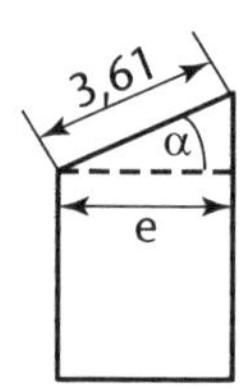

$$\cos(21{,}09°) = \frac{e}{3{,}61\ \text{m}}$$

$\Leftrightarrow$ e = 3,61 m · cos(21,09°) = 3,61 m · 0,933 = 3,368 m

Die durch den Wintergarten dazugewonnene Wohnfläche beträgt 5 m · 3,368 m = 16,84 m².

3. **Berechnung der Glasflächen**

Die Seitenflächen haben die Form eines Trapezes. Für dessen Fläche gilt

$$A_{\text{Seite}} = \frac{2\ \text{m} + 3{,}3\ \text{m}}{2} \cdot 3{,}338\ \text{m} = \frac{5{,}3\ \text{m}}{2} \cdot 3{,}368\ \text{m}$$

= 2,65 m · 3,368 m = 8,9252 m².

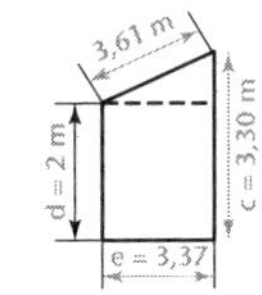

Schrägbild

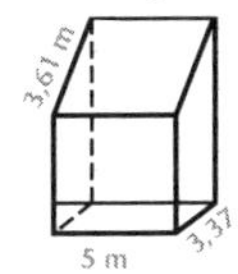

Die Frontfläche hat die Form eines Rechteckes, für das gilt: A_{Front} = 5 m · 2 m = 10 m².

Das rechteckige Glasdach hat eine Fläche von A_{Dach} = 5 m · 3,61 m = 18,05 m².

Für die gesamte Glasfläche gilt damit:

$A_{\text{Gesamt}} = 2 \cdot A_{\text{Seite}} + A_{\text{Front}} + A_{\text{Dach}}$ = 2 · 8,9252 m² + 10 m² + 18,05 m² = 45,9 m²

Glaskosten für den Wintergarten = 400,00 EUR/m² · 45,9 m² = 18.360,00 EUR

Zuzüglich 20 % Arbeits- und Materialkosten = 18.360,00 EUR · 0,2 = 3.672,00 EUR

Der Wintergarten kostet somit insgesamt 18.360,00 EUR + 3.672,00 EUR = 22.032,00 EUR.

Eine Realisierung dieses Projekts ist nicht machbar, da die entstehenden Kosten zu hoch sind.

c. **Geraden**

1. **Steigung**

Der Faktor a vor dem x gibt die Steigung einer Geraden an. Die Gerade fällt, wenn vor dem x eine negative Zahl steht, d. h. wenn a < 0 ist.

Ist dagegen a > 0, die Zahl vor dem x also positiv, dann steigt die Gerade.

Fehlt noch der Fall a = 0. Eine Gerade mit der Steigung 0 steigt und fällt nicht, ist also parallel zur x-Achse.

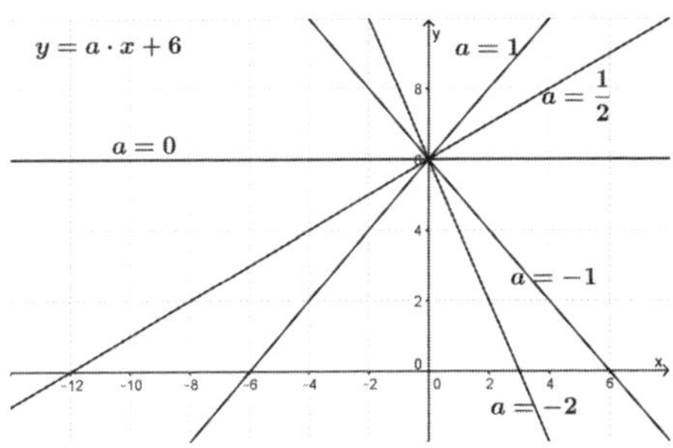

Grafische Veranschaulichung zu 1.–3.

2. Soll der Punkt P(1 I 7) auf der Geraden g liegen, dann muss zum x-Wert 1 der y-Wert 7 gehören.

Es muss für y = ax + 6 also gelten:

7 = a · 1 + 6 | – 6

1 = a

Somit liegt P auf g: y = 1 · x + 6 = x + 6

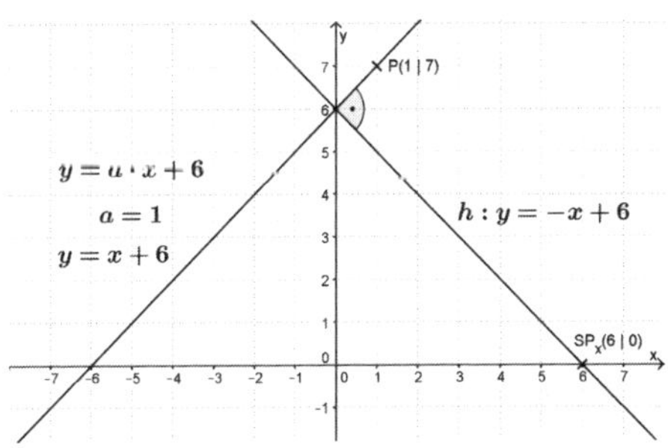

3. Bedingung: $y = 0$
   $-x + 6 = 0 \mid +x$
   $x = 6 \rightarrow SP_x(6 \mid 0)$

4. Zwei Geraden h und i mit den Steigungen m_h und m_i sind senkrecht zueinander, wenn für die Steigungen der beiden Geraden gilt: $m_h \cdot m_i = -1$
   Mit $m_h = -1$ ergibt sich für die Gerade i die Steigung $m_i = 1$, denn dann gilt: $1 \cdot (-1) = -1$.
   Z. B. ist i: $y = x + 6$ senkrecht zu g.

Prüfungsaufgaben 2016

Aufgabe 1

a. **Tarife Stromverbrauch**

1. Den Grundpreis von 5,00 EUR im Tarif „one" bezahlt man auch, wenn kein Strom verbraucht wird.
   Für einen Punkt, der diese Information beinhaltet, gilt:
   (Verbrauch in kWh | Kosten in EUR) = A(0 kWh | 5,00 EUR).
   Für jede verbrauchte kWh steigen die Kosten um 30 Cent = 0,30 EUR an, das bedeutet, dass m = 0,3 die Steigung der Kostengeraden des Tarifs „one" ist.
   Somit: $y_{one} = 0{,}3x + 5$
   Entsprechend gilt für den Tarif „more": $y_{more} = 0{,}25x + 15$

2. **Zeichnung**
   Die Geradengleichungen können nur für $x \geq 0$ gelten.

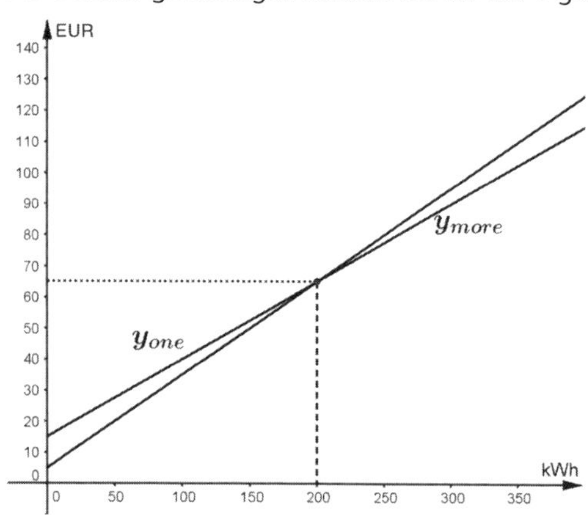

3. Der Tarif „more" ist günstiger, wenn die Gerade y_{more} unterhalb der Geraden y_{one} verläuft.
   Dies ist ab dem Schnittpunkt der beiden Geraden der Fall. Aus der Zeichnung liest man hierfür ca. 200 kWh ab (gestrichelte Linie). Die Kosten betragen dann ca. 65,00 EUR (gepunktete Linie).

Berechnung der Koordinaten des Schnittpunktes:

$$\begin{aligned} y_{one} &= y_{more} & \\ 0{,}3x + 5 &= 0{,}25x + 15 & \mid -0{,}25x - 5 \\ 0{,}05x &= 10 & \mid \cdot 20 \\ x &= 200\ [\text{kWh}] & \end{aligned}$$

Für den y-Wert des Schnittpunktes, also die Kosten, gilt z. B. mit y_{one}:

$$y_{one} = 0{,}3 \frac{EUR}{kWh} \cdot 200\ kWh + 5{,}00\ EUR = 65{,}00\ EUR$$

4. Nach dem alten Tarif muss der Kunde für 250 kWh bezahlen:

$$y_{more} = 0{,}25 \frac{EUR}{kWh} \cdot 250\ kWh + 15{,}00\ EUR = 77{,}50\ EUR$$

Für den neuen Tarif „moreneu" gilt:

$y_{moreneu} = px + 20$ mit dem unbekannten Preis p für eine kWh.

Der Betrag für x = 250 kWh soll gleich bleiben, also 77,50 EUR betragen:

$77{,}50 = p \cdot 250 + 20 \mid -20$

$57{,}50 = 250p \mid : 250$

$p = 0{,}23 \frac{EUR}{kWh}$ darf im neuen Tarif eine kWh kosten.

b. **Quadratische Gleichung**

1. Gleichung umformen:

$(x + 5)(x - 5) + (x + 3)(x + 2) - 10x = (x - 5)^2 - 50$	Klammern ausmultiplizieren
$x^2 - 5x + 5x - 25 + x^2 + 2x + 3x + 6 - 10x = x^2 - 10x + 25 - 50$	x^2, x, Zahlen zusammenfassen
$2x^2 - 5x - 19 = x^2 - 10x + 25$	$-x^2 + 10x + 25$
$x^2 + 5x + 6 = 0$	

2. Gleichung lösen:

$x^2 + 5x + 6 = 0$ Mitternachtsformel

$$x_{1/2} = \frac{-5 \pm \sqrt{5^2 - 4 \cdot 1 \cdot 6}}{2 \cdot 1} = \frac{-5 \pm \sqrt{25 - 24}}{2} = \frac{-5 \pm \sqrt{1}}{2} = \frac{-5 \pm 1}{2}$$

$$x_1 = \frac{-5 + 1}{2} = \frac{-4}{2} = -2$$

$$x_2 = \frac{-5 - 1}{2} = \frac{-6}{2} = -3$$

3. Grafische Bedeutung von $x^2 + 5x + 6 = 0$:
   Nimmt man an, dass
   $y = x^2 + 5x + 6$
   eine in einem Koordinatensystem gezeichnete Parabel p darstellt, dann stellen die Lösungen der Gleichung
   $x^2 + 5x + 6 = 0$
   die Nullstellen (Schnittpunkte mit der x-Achse) dieser Parabel dar (siehe Skizze).

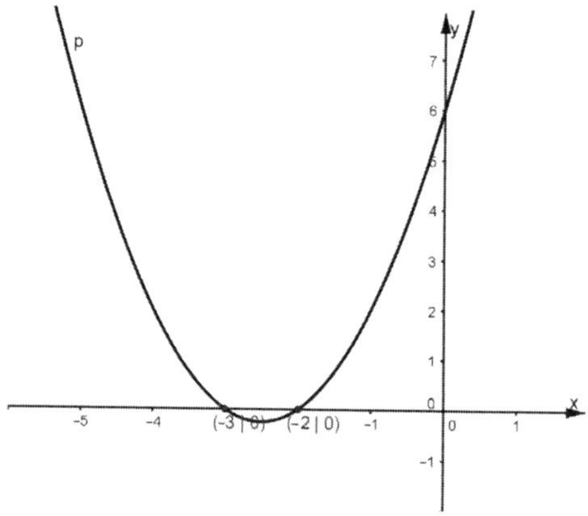

c. **Skizze Seilbahn Mont Fort**

In diesem rechtwinkligen Dreieck gilt mit

$$\sin(\alpha) = \frac{\text{Gegenkathete}}{\text{Hypotenuse}}$$

$$\sin(17°) = \frac{\text{Gegenkathete}}{1.425\text{ m}}$$

Gegenkathete = 1.425 m · sin(17°) = 416,63 m

Das heißt, die Seilbahn überwindet von der Tal- bis zur Bergstation 416,63 m.

Die Bergstation liegt also in 2.904 m Höhe über NN + 416,63 m = 3.320,63 m Höhe über NN (Meeresspiegel).

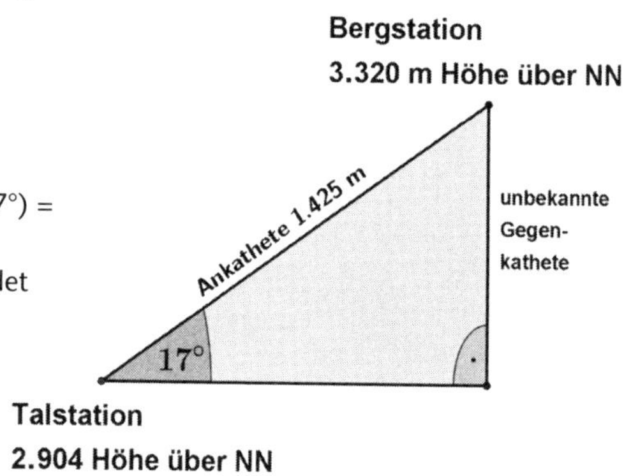

Aufgabe 2

a. **Feuerwerksrakete**

1. **Treibsatzvolumen**

   Skizze:

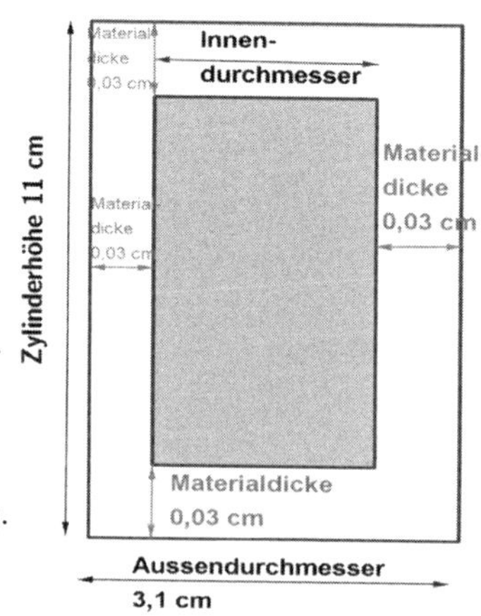

   Für das Volumen eines Zylinders gilt:

   $V_{Zylinder} = \pi r^2 \cdot h$

   Nur der innere Teil des Zylinders wird befüllt.

   Innendurchmesser
   = Außendurchmesser – 2 · Materialdicke
   = 3,1 cm – 2 · 0,3 cm = 2,5 cm

   Damit ist der Radius $\frac{2,5\text{ cm}}{2} = 1,25$ cm lang.

   Innenhöhe des Zylinders
   = Zylinderhöhe – 2 · Materialdicke

$= 11\text{ cm} - 2 \cdot 0{,}3\text{ cm} = 10{,}4\text{ cm}$
$V_{Zylinder} = \pi \cdot (1{,}25\text{ cm})^2 \cdot 10{,}4\text{ cm}$
$= \pi \cdot 1{,}5625\text{ cm}^2 \cdot 10{,}4\text{ cm}$
$\cong 51{,}05\text{ cm}^3$

2. **Durchmesser der Grundfläche**
Skizze:

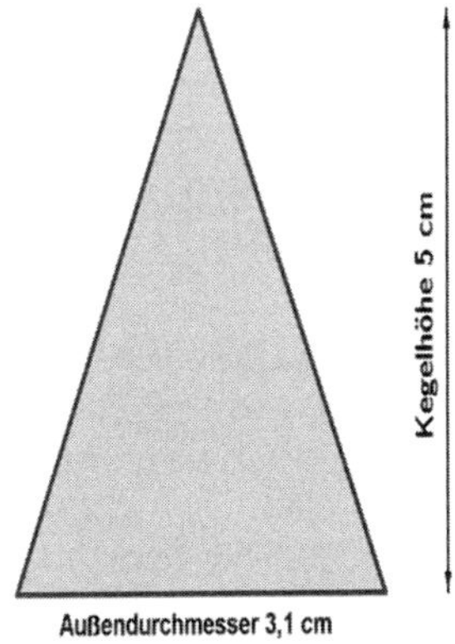

Für das Volumen eines Kegels gilt:
$V_{Kegel} = \frac{1}{3} \pi r^2 \cdot h$
Der Kegel hat eine Höhe von h = 5 cm
und soll ein Volumen von $V_{Kegel} = 50\text{ cm}^3$ haben.
Damit $50\text{ cm}^3 = \frac{1}{3} \pi \cdot r^2 \cdot 5\text{ cm} \mid : 5\text{ cm} \cdot 3$
$30\text{ cm}^2 = \pi \cdot r^2 \mid : \pi$
$9{,}55\text{ cm}^2 \cong r^2$ | „Wurzel ziehen"
$r = \sqrt{9{,}55\text{ cm}^2} \cong 3{,}09\text{ cm}$
Damit gilt für den Durchmesser d der Grundfläche
$d = 2 \cdot 3{,}09\text{ cm} = 6{,}18\text{ cm}$.

b. **Scheitelpunkte von Parabeln**

1. Liegt eine Parabel in der Scheitelform $y = a \cdot (x - x_S)^2 + y_S$ vor, dann hat der Scheitel die Koordinaten $(x_S \mid y_S)$.

   Hier: $y = 3(x + 2)^2 - 4 = 3(x - (-2))^2 + (-4)$ und somit Scheitel $(-2 \mid -4)$

2. $y = \frac{1}{2} x^2 - 1$ ist eine mit dem Faktor $\frac{1}{2}$ gestreckte (hat keinen Einfluss auf die Scheitelkoordinaten) und in y-Richtung um –1 verschobene Normalparabel. Die Normalparabel hat die Scheitelkoordinaten $(0 \mid 0)$, also hat diese verschobene Parabel den Scheitel $(0 \mid -1)$.

3. Bestimmt man die Nullstellen der Parabel $y = (x - 2)(x + 2)$, so erhält man $x_1 = 2$ und $x_2 = -2$.

   Der x-Wert des Scheitels x_S liegt in der Mitte dieser beiden Nullstellen: $x_S = \frac{2 + (-2)}{2} = 0$.
   Berechnung des y-Wertes: $y = (0 - 2)(0 + 2) = -4$ und somit Scheitel $(0 \mid -4)$.

4. Berechnet man die Nullstellen von $y = -(x - 5)^2$, so erhält man $x_{1/2} = 5$.
   Das bedeutet, dass die Parabel an der Stelle x = 5 die x-Achse berührt, mithin der Scheitel auf der x-Achse bei $(5 \mid 0)$ liegt.

c. **Geraden**

1. Gleichung der Geraden g: Mit der Punkt-Steigungs-Form $y = m(x - x_1) + y_1$ und $m = 2$ und $A(x_1 = 1 \mid y_1 = 5)$ gilt für g:
   $y = 2(x - 1) + 5 = 2x - 2 + 5$
   $= 2x + 3$

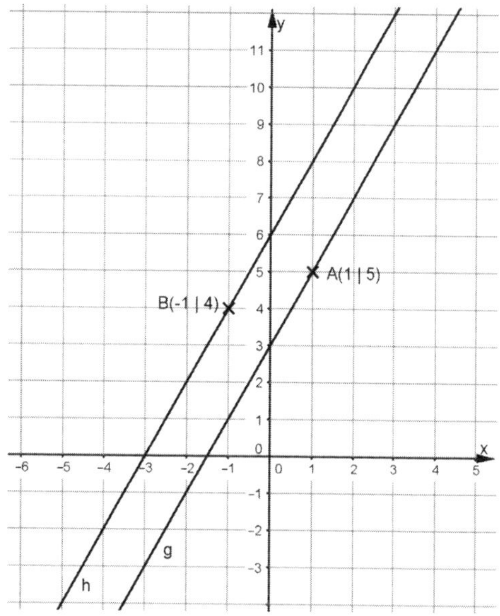

2. Die Gerade h hat wie die Gerade g die Steigung $m = 2$, da g und h parallel sind.
   Aus der Zeichnung liest man zudem den y-Achsenabschnitt $b = 6$ von g ab.
   Damit gilt mit der Hauptform $y = mx + b$ für h:
   $y = 2x + 6$.

3. Aus der Zeichnung ist nicht ersichtlich, ob der Punkt $C(-10{,}5 \mid -18)$ mit $x = -10{,}5$ und $y = -18$ auf einer der Geraden liegt.
   Deswegen muss der rechnerische Nachweis mithilfe der Punktprobe das Problem lösen.
   Punktprobe mit $C(-10{,}5 \mid -18)$ und g: $y = 2x + 3$:
   $-18 = 2 \cdot (-10{,}5) + 3 = -21 + 3 = -18$
   $-18 = -18$ ist eine wahre Aussage, also liegt der Punkt C auf der Geraden g.
   Somit kann aber der Punkt C nicht mehr auf der Geraden h liegen, da diese gegenüber der Geraden h um 3 Einheiten parallel nach oben verschoben ist.

4. Für die Steigung m_i der Geraden i gilt mit

   $m = \frac{y_2 - y_1}{x_2 - x_1}$ und $A(x_1 = 1 \mid y_1 = 5)$ und $B(x_2 = -1 \mid y_2 = 4)$: $m_i = \frac{4 - 5}{-1 - 1}$
   $= \frac{-1}{-2} = \frac{1}{2}$

   z. B. $A(x_1 = 1 \mid y_1 = 5)$ einsetzen in die Punkt-Steigungs-Form $y = m(x - x_1) + y_1$ liefert:

   i: $y = \frac{1}{2}(x - 1) + 5 = \frac{1}{2}x - \frac{1}{2} + 5 = \frac{1}{2}x + \frac{9}{2} = 0{,}5x + 4{,}5$

d. **Term vereinfachen**

$$\frac{\sqrt{16a^2}}{\sqrt{4a}} \cdot \frac{\sqrt{12a}}{\sqrt{3}} - \sqrt{25a^2}$$
$$= \frac{\sqrt{16a^2}}{4a} \cdot \frac{\sqrt{12a}}{3} - \sqrt{25} \cdot \sqrt{a^2}$$
$$= \sqrt{4a} \cdot \sqrt{4a} - \sqrt{25} \cdot \sqrt{a^2}$$
$$= 4a - 5 \cdot a = -a$$

Formeln und Regeln:

$\frac{\sqrt{a}}{\sqrt{b}} = \frac{\sqrt{a}}{\sqrt{b}}$ und $\sqrt{a \cdot b} = \sqrt{a} \cdot \sqrt{b}$

Brüche kürzen

$\sqrt{\square} \cdot \sqrt{\square} = \sqrt{\square^2} = \square$, $\sqrt{25} = 5$, $\sqrt{a^2} = a$

Aufgabe 3

a. **Parabeln**

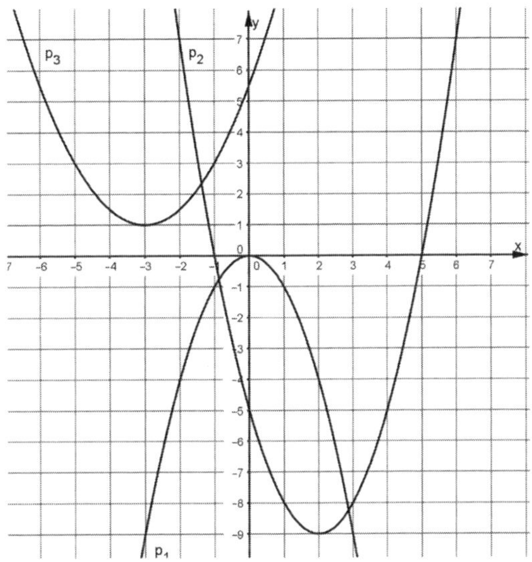

1. Die einzige Parabel, die an der x-Achse gespiegelt sein kann, ist Parabel p_1, da diese nach unten geöffnet ist.
   Da sie laut Text nicht verschoben ist, muss der Scheitel von p_1 im Ursprung liegen.
   Damit ist die Lage von x- und y-Achse festgelegt.
   Die Normalparabel hat den Scheitel (0 | 0) und geht durch den Punkt (1 | 1), also muss die an der x-Achse gespiegelte Parabel p_1 durch den Punkt (1 | –1) gehen. Damit sind auch die Einheiten von x- und y-Achse festgelegt.

2. Für p_1 gilt, da sie eine an der x-Achse gespiegelte Normalparabel ist:
   $p_1 : y = -x^2$

3. Parabel p_2 hat den Scheitelpunkt ($x_S = 2 \mid y_S = -9$) und ist eine verschobene Normalparabel.
   Es gilt mit der Scheitelform $y = (x - x_S)^2 + y_S$:
   $p_2 : y = (x - 2)^2 + (-9) = (x - 2)^2 - 9 = x^2 - 4x + 4 - 9 = x^2 - 4x - 5$ (allgemeine Form einer Parabel).

4. Parabel p_3 hat den Scheitelpunkt ($x_S = -3 \mid y_S = 1$) und ist eine verschobene, gestauchte Parabel mit dem Streckungsfaktor $\frac{1}{2}$ (Geht man vom Scheitel zwei Einheiten nach rechts, dann muss man bei der Normalparabel vier Einheiten nach oben gehen, um einen weiteren Punkt auf der Normalparabel zu erhalten. Bei p_3 sind es aber nur zwei Einheiten nach oben.).

Mit der Scheitelform $y = a(x - x_S)^2 + y_S$ gilt:

$p_3 : y = \frac{1}{2}(x - (-3))^2 + 1 = \frac{1}{2}(x + 3)^2 + 1$

b. **Lineares Gleichungssystem lösen**

$\frac{1}{3}x + \frac{1}{4}y = \frac{5}{2}$ (Ia) | · HN = 12, um Brüche wegzubekommen

$\frac{1}{2}x + \frac{1}{8}y = 2$ (IIa) | · HN = 8

$4x + 3y = 30$ (Ib) | · (–1)

$4x + y = 16$ (IIb) | · 1

$-4x - 3y = -30$ (Ic)

$4x + y = 16$ (IIc)

$-2y = -14$ (Ic) + (IIc) | : (–2)

$y = 7$ eingesetzt in (IIc) ergibt

$4x + 7 = 16$ | –7

$4x = 9$ | : 4

$x = \frac{9}{4} = 2{,}25$ und damit ist die Lösung dieses Gleichungssystems:

$x = \frac{9}{4}$ und $y = 7$

c. **Tabelle ausfüllen**

x	–0,5	0	2,5	9(*)
$y = 0{,}5x - 4{,}5$	$y = 0{,}5 \cdot (-0{,}5) - 4{,}5$ $= -0{,}25 - 4{,}5$ $= -4{,}75$	$y = 0{,}5 \cdot 0 - 4{,}5$ $= 0 - 4{,}5$ $= -4{,}5$	$y = 0{,}5 \cdot 2{,}5 - 4{,}5$ $= 1{,}25 - 4{,}5$ $= -3{,}25$	0

(*) Es ist die Gleichung $0{,}5x - 4{,}5 = 0$ zu lösen.
$0{,}5x = 4{,}5$ | · 2 ergibt $x = 9$.

d. **Schwimmbecken**

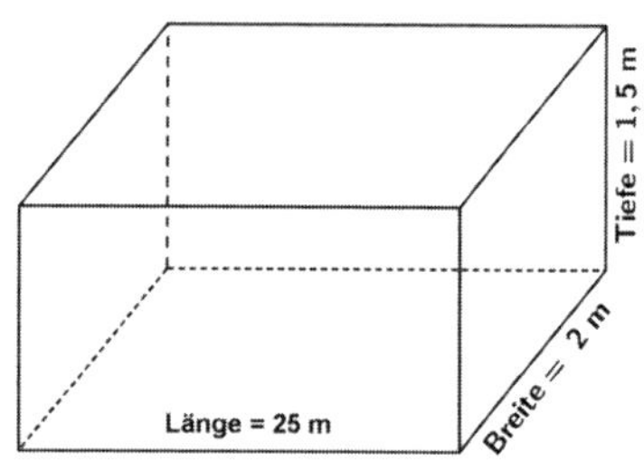

1. Das Schwimmbecken hat ein Volumen von

   $V_{Becken} = 25\text{ m} \cdot 12\text{ m} \cdot 1{,}5\text{ m} = 450\text{ m}^3$.

   Es fließen ab: $36\ \frac{\text{m}^3}{\text{Stunde}}$

   Zeit bis das Becken leer ist:

   $\frac{450\text{ m}^3}{36\ \frac{\text{m}^3}{\text{Stunde}}} = \frac{450}{36}\text{ m}^3 \cdot \frac{\text{Stunde}}{\text{m}^3} = 12{,}5$ Stunden

   Es dauert also 12 Stunden und 30 Minuten, bis das Becken leer ist.

2. 1 Liter Wasser entspricht 1 dm^3 und $1 = 1\ \frac{\text{m}^3}{\text{m}^3} = \frac{(1\text{ m})^3}{\text{m}^3} = \frac{(10\text{ dm})^3}{\text{m}^3} = \frac{1.000\text{ dm}^3}{\text{m}^3}$

   200.000 Liter Wasser entsprechen 200.000 $\text{dm}^3 = \frac{200.000\text{ dm}^3}{1.000\ \frac{\text{dm}^3}{\text{m}^3}} = 200\text{ m}^3$

   Das Becken hat eine Grundfläche von $25\text{ m} \cdot 12\text{ m} = 300\text{ m}^2$.

   Das Wasser steht damit $\frac{200\text{ m}^3}{300\text{ m}^2} = \frac{2}{3}\text{ m} \cong 0{,}67$ m hoch.

Aufgabe 4

a. **Gleichschenkliges Dreieck**

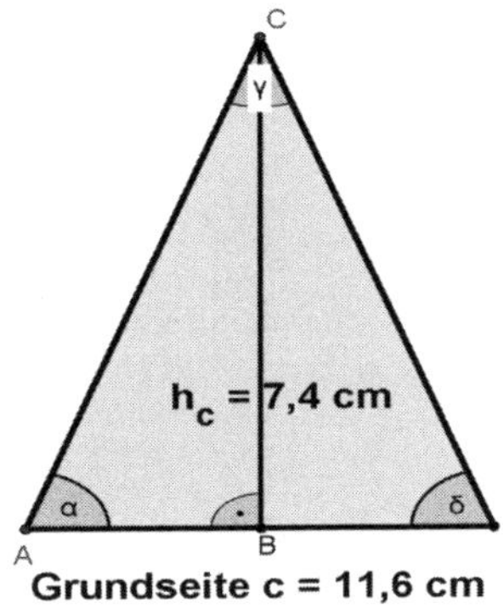

1. Im Dreieck ABC gilt:

   Strecke $\overline{AB} = \frac{11{,}6\text{ cm}}{2} = 5{,}8$ cm lang

   Mit Pythagoras $\overline{AB}^2 + h_c^2 = \overline{AC}^2$ ergibt sich:

   $\overline{AC}^2 = (5{,}8\text{ cm})^2 + (7{,}4\text{ cm})^2$

   $= 33{,}64\text{ cm}^2 + 54{,}76\text{ cm}^2 = 88{,}4\text{ cm}^2$

   Damit $\overline{AC} = \sqrt{88{,}4\text{ cm}^2} \cong 9{,}4$ cm

   Für den Umfang des Dreiecks gilt also:

   $U_{\text{Dreieck}} = 11{,}6\text{ cm} + 2 \cdot 9{,}4\text{ cm} = 30{,}4\text{ cm}$

2. Im rechtwinkligen Dreieck ABC gilt für den Winkel α:

   $\tan(\alpha) = \frac{\text{Gegenkathete}}{\text{Ankathete}} = \frac{h_c}{\frac{c}{2}} = \frac{7{,}4\text{ cm}}{5{,}8\text{ cm}} = 1{,}2759$ und damit $\alpha = \tan^{-1}(1{,}2759) \cong 51{,}91°$

   Da das Dreieck gleichschenklig ist, gilt auch für den Winkel $\delta = 51{,}91°$.
   Die Winkelsumme der Innenwinkel in einem Dreieck beträgt 180° und deswegen gilt für den Winkel $\gamma = 180° - 2 \cdot 51{,}91° = 76{,}18°$.

b. **Parabeln**

1. Nullstellen und Scheitelform:

$$p_1 : y = 0 \quad \text{Bedingung für Schnittpunkte mit der x-Achse (Nullstellen)}$$

$$\frac{1}{4}x^2 - \frac{1}{2}x - \frac{15}{4} = 0 \quad | \cdot \text{HN} = 4\text{, damit Brüche wegfallen}$$

$$x^2 - 2x - 15 = 0 \quad \text{Mitternachtsformel}$$

$$x_{1/2} = \frac{-(-2) \pm \sqrt{(-2)^2 - 4 \cdot 1 \cdot (-15)}}{2 \cdot 1} = \frac{2 \pm \sqrt{4 + 60}}{2}$$

$$= \frac{2 \pm \sqrt{64}}{2} = \frac{2 \pm 8}{2}$$

$$x_1 = \frac{2+8}{2} = \frac{10}{2} = 5 \rightarrow N_1(5 \mid 0)$$

$$x_2 = \frac{2-8}{2} = \frac{-6}{2} = -3 \rightarrow N_2(-3 \mid 0)$$

Scheitelform der Parabel p_1 herstellen:

y	$= \frac{1}{4}x^2 - \frac{1}{2}x - \frac{15}{4}$	Streckungsfaktor ausklammern
	$= \frac{1}{4}(x^2 - 2x - 15)$	Klammer auf binomische Formel bringen
	$= \frac{1}{4}(x^2 - 2x + 1 - 16)$	2. binomische Formel anwenden
	$= \frac{1}{4}\left((x-1)^2 - 16\right)$	große Klammer ausmultiplizieren
	$= \frac{1}{4}(x-1)^2 - 4$	mit Scheitel $(1 \mid -4)$

Schlauer die Scheitelform von p_1 finden:
Der x-Wert x_S des Scheitels muss in der Mitte der beiden Nullstellen liegen: $x_S = \frac{5 + (-3)}{2} = 1$

y-Wert y_S des Scheitels mithilfe der Parabelgleichung von p_1 berechnen:

$$y_S = \frac{1}{4} \cdot 1^2 - \frac{1}{2} \cdot 1 - \frac{15}{4} = \frac{1}{4} - \frac{1}{2} - \frac{15}{4} = -\frac{16}{4} = -4$$

Mit dem Streckungsfaktor a = 1 – 4 und der Scheitelform $y = a(x - x_S)^2 + y_S$ ergibt sich ebenfalls :

$$y = \frac{1}{4}(x - 1)^2 + (-4) = \frac{1}{4}(x - 1)^2 - 4$$

2. **Zeichnung**

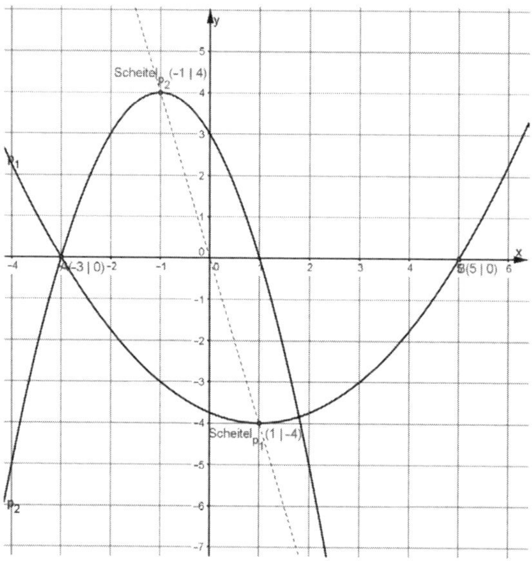

3. **Geradengleichung**

In der Zeichnung sieht man, dass es sich bei dieser Geraden um eine Ursprungsgerade mit der Steigung m = –4 handelt.
Deswegen y = –4x
Berechnung:
Aus der Parabelgleichung p_2: $y = -(x + 1)^2 + 4$ liest man den Scheitel (–1 | 4) ab.
Berechnung der Geradensteigung m mit dem Scheiteln von p_1 (1 |–4) und p_2 (–1 | 4):

$$m = \frac{-4 - 4}{1 - (-1)} = \frac{8}{2} = -4$$

Einsetzen eines Scheitelpunktes (z. B. von p_2) und m = –4 in y = mx + b liefert:
$4 = -4 \cdot (-1) + b \mid -4$
und somit b = 0 und g: y = –4x

c. **Geraden**

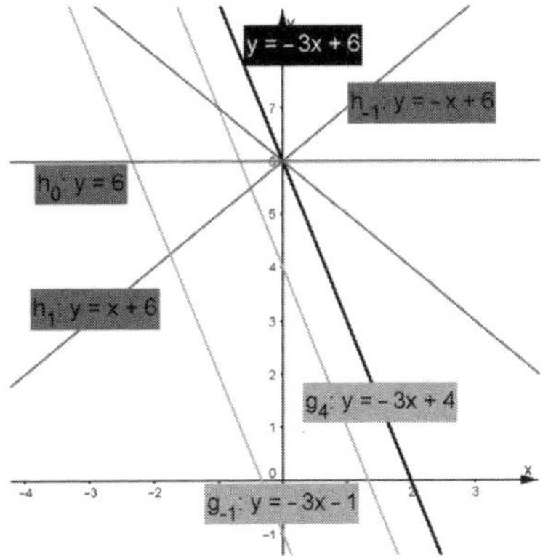

1. Eine Gerade $y = mx + b$, die parallel zu $y = -3x + 6$ liegen soll, muss die gleiche Steigung $m = -3$ haben.
   Der y-Achsenabschnitt b ist frei wählbar.
   Z. B. ist $y = -3x + 4$ oder $y = -3x - 1$ parallel zu $y = -3x + 6$.
2. Eine Gerade $y = mx + b$, die $y = -3x + 6$ auf der y-Achse schneiden soll, muss den bleichen y-Achsenabschnitt $b = 6$ haben.
   Die Steigung m ist frei wählbar.
   Z. B. schneidet $y = -x + 6$ oder $y = x + 6$ oder $y = 6$ die Gerade $y = -3x + 6$ auf der y-Achse.

d. **Formel umstellen**

$s = \frac{1}{2} at^2 + b \qquad | - b$

$s - b = \frac{1}{2} at^2 \qquad | \cdot \frac{2}{a}$

$\frac{2(s - b)}{a} = t^2 \qquad$ | „Wurzel ziehen"

$t_1 = + \sqrt{\frac{2(s - b)}{a}} = \sqrt{\frac{2s - 2b}{a}} = \sqrt{\frac{2s}{a} - \frac{2b}{a}}$

$t_2 = - \sqrt{\frac{2(s - b)}{a}}$

Aufgabe 5

a. **Kosten berechnen**

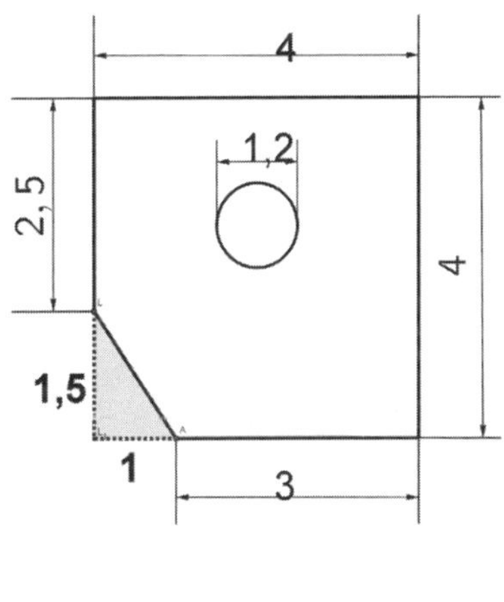

1. Die Fläche F_{Hof} des Innenhofs besteht aus einem Quadrat mit der Seitenlänge 4 m abzüglich des linken unteren gepunkteten rechtwinkligen Dreiecks und ohne die runde Grünfläche mit dem Radius r = 0,6 m. Damit:
   $F_{Hof} = 4\text{ m} \cdot 4\text{ m} - \frac{1}{2} \cdot 1\text{ m} \cdot 1{,}5\text{ m} - \pi \cdot (0{,}6\text{ m})^2$
   $\cong 16\text{ m}^2 - 0{,}75\text{ m}^2 - 1{,}13\text{ m}^2 = 14{,}12\text{ m}^2$
   Da mit 15 % Verschnitt gerechnet werden muss, gilt:
   $115\ \% = x\text{ m}^2$ und $100\ \% = 14{,}12\text{ m}^2$
   $x = 14{,}12\text{ m}^2 \cdot \frac{115\ \%}{100\ \%} \cong 16{,}24\text{ m}^2$ Pflastersteine müssen bestellt werden.
2. 1 m² kostet 17,00 EUR und somit kosten die zu bestellenden Pflastersteine
   $16{,}24\text{ m}^2 \cdot 17{,}00\ \frac{\text{EUR}}{\text{m}^2} = 276{,}08\text{ EUR}$.

b. **Lineares Gleichungssystem lösen**

Die gekauften kg an Äpfeln werden mit „Ap“, die der gekauften kg an Orangen mit „Or“ bezeichnet. Dann gilt:

Ap kg + Or kg = 4 kg

$1{,}50\ \frac{\text{EUR}}{\text{kg}} \cdot \text{Ap kg} + 2{,}50\ \frac{\text{EUR}}{\text{kg}} \cdot \text{Or kg} = 1{,}50\ \text{EUR Ap} + 2{,}50\ \text{EUR Or} = 7{,}50\ \text{EUR}$

und diese beiden Gleichungen müssen die gleichen Lösungen besitzen:

$$\begin{aligned} \text{Ap} + \text{Or} &= 4 && \text{(Ia)} \mid -\text{Or} \\ 1{,}5\ \text{Ap} + 2{,}5\ \text{Or} &= 7{,}5 && \text{(IIa)} \end{aligned}$$

$$\begin{aligned} \text{Ap} &= 4 - \text{Or} && \text{(Ib), das einsetzen in (IIa)} \\ 1{,}5 \cdot (4 - \text{Or}) + 2{,}5\ \text{Or} &= 7{,}5 && \text{(IIb)} \\ 6 - 1{,}5\ \text{Or} + 2{,}5\ \text{Or} &= 7{,}5 && \text{linke Seite zusammenfassen} \mid -6 \\ \text{Or} &= 1{,}5 && \text{und mit A} = 4 - \text{O gilt} \\ \text{Ap} &= 4 - 1{,}5 = 2{,}5 \end{aligned}$$

Also hat Herr Müller 1,5 kg Orangen und 2,5 kg Äpfel gekauft.

c. **Geraden**

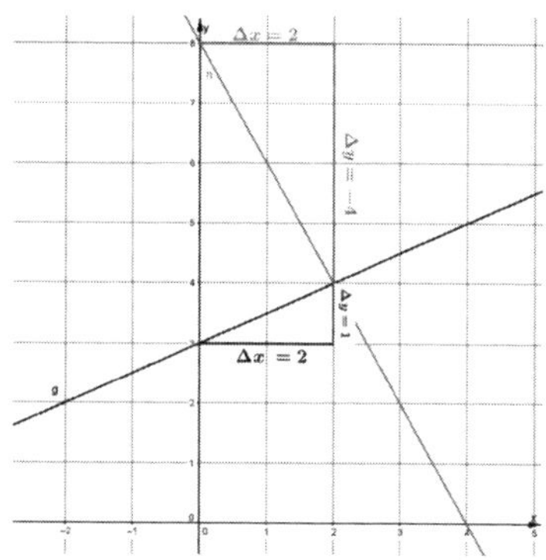

1. Die Gerade g (in der Skizze schwarz) schneidet die y-Achse im Punkt (0 | 3), das bedeutet, dass der y-Achsenabschnitt und damit b = 3 ist.
   Die Steigung ist: $m = \frac{\Delta y}{\Delta x} = \frac{1}{2}$
   Also g: $y = \frac{1}{2}x + 3$
   Die Gerade h (in der Skizze grau) schneidet die y-Achse im Punkt (0 | 8), das heißt, dass der y-Achsenabschnitt b = 8 ist.
   Für die Steigung gilt $m = \frac{\Delta y}{\Delta x} = \frac{-4}{2} = -2$
   Also h: $y = -2x + 8$

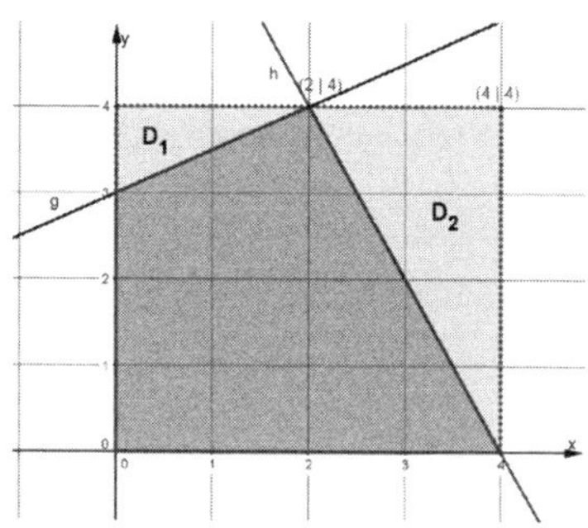

2. Den Flächeninhalt A des gesuchten Vierecks erhält man, wenn man von der Fläche des Quadrats A_Q mit der Seitenlänge 4 LE die Flächen der zwei Dreiecke D_1 und D_2 abzieht.

   $A_Q = (4\ \text{LE})^2 = 16\ \text{FE}$

   $A_{D_1} = \frac{1}{2} \cdot 1\ \text{LE} \cdot 2\ \text{LE} = 1\ \text{FE}$

   $A_{D_2} = \frac{1}{2} \cdot 2\ \text{LE} \cdot 4\ \text{LE} = 4\ \text{FE}$

   Damit gesuchte Fläche:
   $A = 16\ \text{FE} - 1\ \text{FE} - 4\ \text{FE} = 11\ \text{FE}$

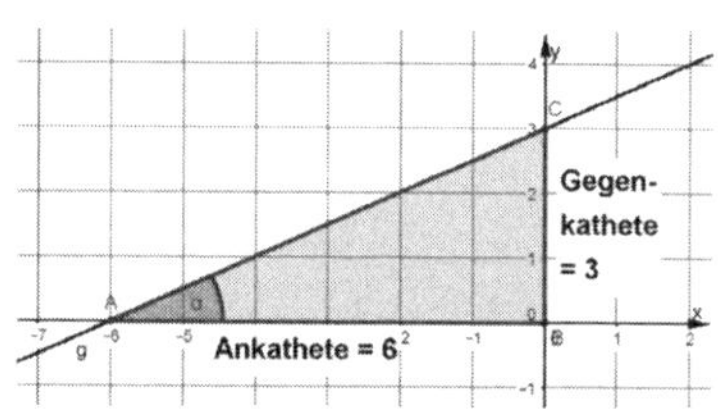

3. Betrachtet man das rechtwinklige Dreieck ABC, dann gilt mit dem Tangens
   $\tan(\alpha) = \frac{\text{Gegenkathete}}{\text{Ankathete}} = \frac{3}{6} = 0{,}5$
   $\alpha = \tan^{-1}(0{,}5) \cong 26{,}57°.$

4. Die beiden Geraden schneiden sich im Punkt SP(2 | 4). Eine waagrechte Gerade durch den Punkt (2 | 4) muss denselben y-Wert = 4 haben. Damit diese Gerade auch parallel zur x-Achse ist, müssen alle Punkte auf dieser Geraden einen y-Wert von 4 haben. Deshalb muss als Geradengleichung gelten: $y = 4$.
Eine senkrechte Gerade durch den Punkt (2 | 4) muss denselben x-Wert = 2 haben. Damit diese Gerade auch parallel zur y-Achse ist, müssen alle Punkte auf dieser Geraden einen x-Wert von 2 haben. Deshalb muss als Geradengleichung gelten: $x = 4$.

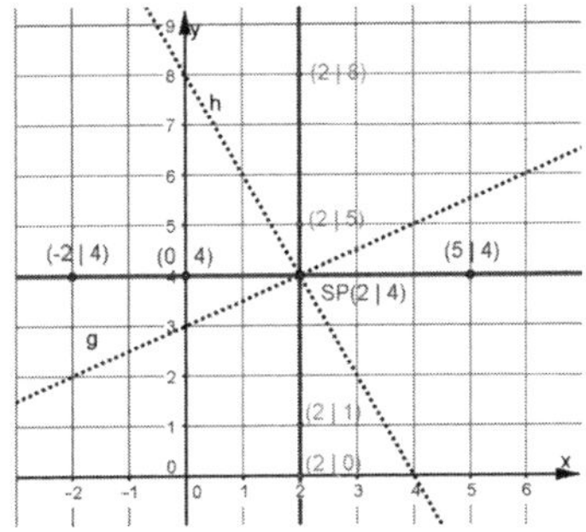

d. **Parabelgleichung aufstellen**

1. Möglichkeit:
Ein Bogen endet im Ursprung des Koordinatensystems.
Dann hat die Parabel die beiden Nullstellen $x_1 = 0$ und $x_2 = 192$.
Damit muss gelten:
$p(x) = a \cdot x \cdot (x - 192)$ mit dem noch unbekannten Streckungsfaktor a.
Der Scheitel (96 | 192) muss auch auf der Parabel liegen, also ergibt sich mit der Punktprobe:

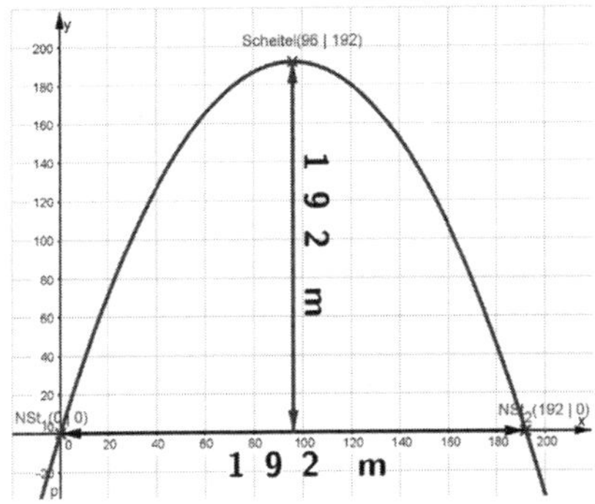

$192 = a \cdot 96 \cdot (96 - 192) = -9.216a \mid : (-9.216)$

$a = \frac{192}{-9.216} = -\frac{1}{48}$ und p: $y = -\frac{1}{48}x\,(x - 192) = -\frac{1}{48}\,x^2 + 4x$

Argumentation mithilfe der Scheitelform:
p: $y = a \cdot (x - 96\,)^2 + 192$ ebenfalls mit dem noch unbekannten Streckungsfaktor a.
Die Parabel muss durch den Ursprung ($x = 0 \mid y = 0$) gehen, also erhält man wiederum mit der Punktprobe:
$0 = a \cdot (0 - 96)^2 + 192 = 9.216a + 192 \mid -192$
$-192 = 9.216a \mid : 9.216$ ergibt wiederum $a = -\frac{1}{48}$

2. Möglichkeit:
Der Scheitel der Parabel liegt auf der y-Achse. Damit lautet der Ansatz für die Parabel: $y = ax^2 + 192$.
Die Parabel muss durch z. B. ($x = 96 \mid y = 0$) gehen.
Mit Punktprobe: $0 = a \cdot (96\,)^2 + 192$ erhält man wie oben
$a = -\frac{1}{48}$ und für die Parabel gilt:
p: $y = -\frac{1}{48}\,x^2 + 192$

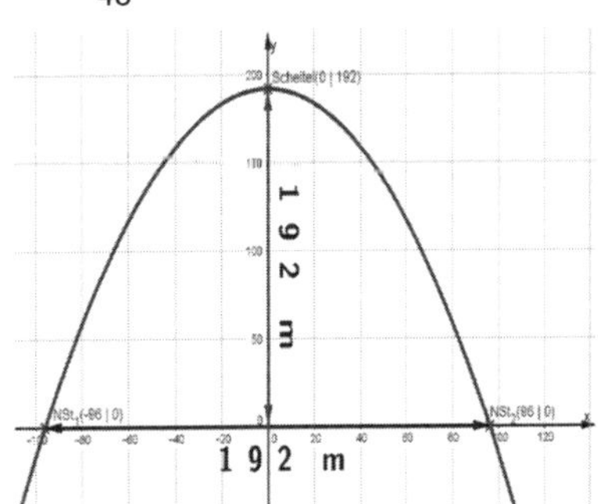

1 Prüfungsaufgaben VBWL

Aufgabe 1

1.1

Vorgang	Verstoß gegen das BBiG? (Ja/Nein)	Genaue Angabe des betreffenden Paragrafen	Begründung
Anschaffung eines Laptops mit eigenen Mitteln	ja	§ 14 Abs. 1 Nr. 3 BBiG	Der Ausbildende hat dem Auszubildenden kostenlos die Ausbildungsmittel zur Verfügung zu stellen.
Kein Berufsschulunterricht wegen Messevorbereitungen	ja	§ 15 BBiG	Der Ausbildende hat den Auszubildenden für die Teilnahme am Berufsschulunterricht freizustellen.
Lernpflicht	nein	§ 13 BBiG	Der Auszubildende hat sich zu bemühen, die berufliche Handlungsfähigkeit zu erwerben, die zum Erreichen des Ausbildungsziels erforderlich ist.

1.2.1 Abzüge vom Bruttogehalt:
- Steuerabzüge (bei höheren Ausbildungsvergütungen; Lohnsteuer, Solidaritätszuschlag, evtl. Kirchensteuer)
- Sozialversicherungsbeiträge (Kranken-, Pflege-, Arbeitslosen- und Rentenversicherung)

1.2.2 Finanzielle Absicherung im Alter notwendig, damit Altersarmut vermieden wird und der Lebensstandard gehalten werden kann, da gesetzliche Rentenleistungen in Zukunft nicht ausreichen werden.

1.3.1 Eigentumsübertragung erfolgt durch Einigung und Übergabe des Fahrrads am 28. April 2017.

1.3.2 Lisa kann nicht Eigentümerin werden, da ein gutgläubiger Eigentumserwerb bei gestohlenen, verloren gegangenen oder sonst abhandengekommenen Sachen nicht möglich ist.

1.4

Ausgabe	Empfehlung Zahlungsform mit möglicher Begründung
Miete (350,00 EUR, jeweils am Ersten des Monats fällig)	Dauerauftrag: regelmäßige Zahlung, bei der Empfänger und Zahlungsbetrag gleich bleiben
Telefonrechnung (Flatrate 34,95 EUR, in manchen Monaten zusätzlich Gebühren für Auslandsgespräche)	Lastschriftverfahren/Abbuchung vom Konto: Zahlung monatlich, jedoch kein gleichbleibender Betrag
Rechnung für die bestellte und gelieferte Waschmaschine (400,00 EUR)	Überweisung: einmalige Zahlung, bei der Rechnung vorliegt

1.5.1

Konto-Nr.	Kontobezeichnung	Soll Wertezufluss (+)	Haben Werteabfluss (–)
6000/2000	AfW/Waren	546,00 EUR	
2600	Vorsteuer	38,22 EUR	
4400	Verbindlichkeiten		584,22 EUR

1.5.2

Konto-Nr.	Kontobezeichnung	Soll Wertezufluss (+)	Haben Werteabfluss (–)
4400	Verbindlichkeiten	584,22 EUR	
6000/2000	AfW/Waren		16,38 EUR
2600	Vorsteuer		1,15 EUR
2800	Bank		566,69 EUR

1.6.1 Schülerabhängige Lösung, z. B. Sicherungsübereignung: Bank erhält den Kfz-Brief und wird somit Eigentümerin des Fahrzeugs, Candy GmbH kann Fahrzeug als Besitzerin nutzen.

1.6.2 Abzahlungsdarlehen: gleichbleibende Tilgung, fallende Zinsen, jährlich fallende Gesamtbelastung

Fälligkeitsdarlehen: keine Tilgung während der Laufzeit, dafür gesamte Tilgung am Ende, jährlich gleichbleibende Zinsen

1.6.3

Konto-Nr.	Kontobezeichnung	Soll Wertezufluss (+)	Haben Werteabfluss (–)
2800	Bank	24.000,00 EUR	
4200	Verbindlichkeiten ggü. Kreditinstituten		24.000,00 EUR

Konto-Nr.	Kontobezeichnung	Soll Wertezufluss (+)	Haben Werteabfluss (–)
4200	Verbindlichkeiten ggü. Kreditinstituten	6.000,00 EUR	
2800	Bank		6.000,00 EUR

Konto-Nr.	Kontobezeichnung	Soll Wertezufluss (+)	Haben Werteabfluss (–)
7510	Zinsaufwendungen	960,00 EUR	
2800	Bank		960,00 EUR

Aufgabe 2

2.1
- Einkaufscenter: Kunden anderer Geschäfte können auf das Angebot aufmerksam werden, konsumfreudige Atmosphäre
- Fußgängerzone: viel Kundenverkehr/Laufkundschaft, sehr breites Publikum
- Randlage: günstigere Miete, Parkmöglichkeiten für Kunden

2.2 Schülerabhängige Lösung, z. B.
- Anzeigen in der regionalen Zeitung: großer Streukreis
- Flyer auslegen und verteilen (Fußgängerzone, Einkaufszentrum ...), erreicht viele potenzielle Kunden
- in den sozialen Netzwerken tätig werden, da hierüber viele Personen kostengünstig erreicht werden können
- attraktive Schaufenstergestaltung
- Gewinnspiel oder Eröffnungsaktion, lockt neue Kunden an

2.3.1 Ein breites Sortiment umfasst viele verschiedene Artikelgruppen, z. B. Smartphones, Handys, Zubehör wie Handytaschen, Speicherkarten, Adapter Ladegeräte.
Ein schmales Sortiment beschränkt sich auf wenige Artikelgruppen, z. B. nur Zubehör oder Handys in einer bestimmten Preisklasse.

2.3.2
- begrenzte Verkaufsfläche
- durch die Spezialisierung kompetentere/bessere Beratung möglich, dadurch Abgrenzung von der Konkurrenz
- evtl. günstigere Einkaufskonditionen durch höhere Stückzahlen

2.4.1 Der Handlungskostenzuschlag beinhaltet alle Kosten, die bei der Lagerung, Verwaltung und beim Vertrieb der eingekauften Handelsware entstehen.
Beispiele:
- Miete
- Gehalt des Mitarbeiters
- Energiekosten
- Werbekosten
- Abschreibung der Geschäftseinrichtung ...

2.4.2

	%	Beträge
Einkaufspreis	100,00	240,00 EUR
– Liefererrabatt	5,00	12,00 EUR
Zieleinkaufspreis	100,00	228,00 EUR
– Liefererskonto	2,00	4,56 EUR
Bareinkaufspreis		223,44 EUR
+ Bezugskosten		0,50 EUR
Einstandspreis	100,00	223,94 EUR
+ Handlungskosten	80,00	179,15 EUR
Selbstkosten	100,00	403,09 EUR
+ Gewinn	10,00	40,31 EUR
Barverkaufspreis		443,40 EUR
+ Kundenskonto	0,00	0,00 EUR
= Zielverkaufspreis		443,40 EUR
+ Kundenrabatt	11,14	55,60 EUR
Listenverkaufspreis (netto)	100,00	499,00 EUR

2.4.3 Bei der Kalkulation ist die Umsatzsteuer nicht zu berücksichtigen, da Alexander Brühl als Kaufmann die bezahlte Vorsteuer vom Finanzamt zurückerstattet bekommt und die erhaltene Umsatzsteuer abführen muss. Es handelt sich um einen durchlaufenden Posten.

2.5.1

Konto-Nr.	Kontobezeichnung	Soll Wertezufluss (+)	Haben Werteabfluss (–)
2400	Forderungen	603,81 EUR	
5000	Umsatzerlöse		507,40 EUR
4800	Umsatzsteuer		96,41 EUR

2.5.2 Es handelt sich um einen einfachen Eigentumsvorbehalt. Bei Forderungsausfall kann Alexander Brühl die Ware zurückverlangen.

2.6 Vorteile:

- Erweiterung des Kundenkreises, überregional
- Abwicklung der Verkäufe mit vergleichbar geringem Mitarbeitereinsatz
- Chance einer Umsatzsteigerung und (bei geringeren Fixkosten) höherer Gewinn

Nachteile:

- Beachtung des Fernabsatzgesetzes mit Widerrufsmöglichkeit
- größeres Ausfallrisiko durch zahlungsunfähige Kunden bei Gewährung von Zahlungszielen

2.7

- keine Rechte aus Schlechtleistung ableitbar, weil kein Mangel vorliegt
- Fernabsatzrecht gilt, daher Widerrufs- und Rückgaberecht innerhalb von 14 Tagen nach Bestellung bzw. Lieferung (sofern Kunde vollständig informiert wurde)

2 Prüfungsaufgaben Aufgabe 3 – Wahlaufgaben

Wahlaufgabe 1

3.1.1
- Ist der Kunde bereits in der IUS angelegt?
  Wie ist die Bonität (Zahlungsfähigkeit) des Kunden?
- Lieferfähigkeit:
  - Führen wir die angefragten Artikel im Sortiment?
  - Ist genügend Ware auf Lager? Wenn nicht, kann die Ware rechtzeitig beschafft werden?
  - Können wir den Kunden rechtzeitig beliefern?
- Lieferwilligkeit:
  - Wollen wir an diesen Kunden liefern?
  - Hat der Debitor evtl. sein Kreditlimit überschritten/wird er es mit diesem Auftrag überschreiten?
  - Wie ist die Zahlungsmoral des Debitors?

3.1.2

Lösungen zu Aufgabe 3.1.2			
Artikelnummer	200012	200013	200014
Lagerbestand	**36**	32	**15**
frei verfügbare Menge	**24**	32	**15**
Listeneinkaufspreis laut IUS	60,00 EUR	60,00 EUR	**45,00 EUR**
Listenverkaufspreis laut IUS	96,00 EUR	96,00 EUR	**72,00 EUR**
Stammlieferant	**Maier & Koch**		
Liefererskontosatz	2 %		
Beschaffungszeit	6 Tage	6 Tage	**12 Tage**
Menge in der Anfrage	20	20	**30**[1]
gewünschter Rabattsatz	0 %	0 %	**10 %**[2]
gewünschtes Lieferdatum	29.05.2017		
Kundenskontosatz	**2 %**		

- Informationen für die Artikelnummer **200012** suchen:

  Modul Lager → Artikel → Menü Nr.-Suchen aufrufen → Lagerbestand von 36 ablesen → Lagerbestand – Menge in Bestellung – Menge in Auftrag = frei verfügbare Menge (36 – 0 – 12 = 24)

[1] *Angabe aus der Bestellung*
[2] *Angabe aus der Bestellung*

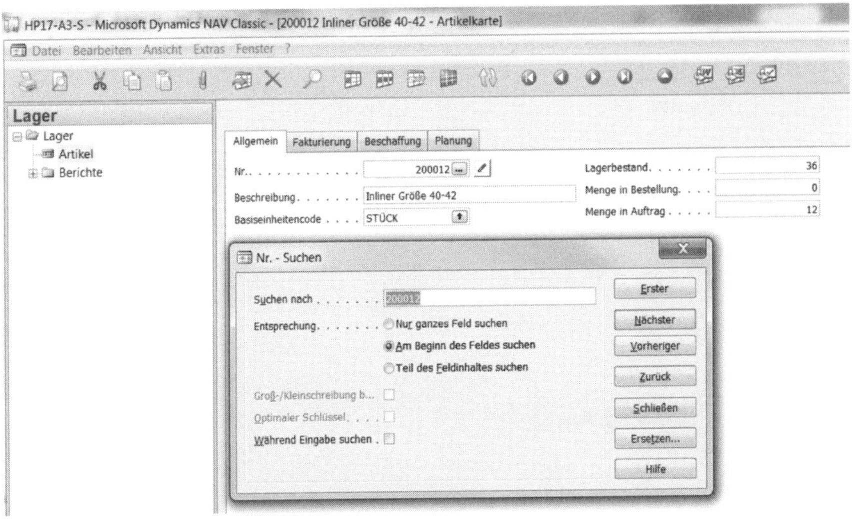

Registerkarte → Beschaffung → Kreditor → Maier & Koch

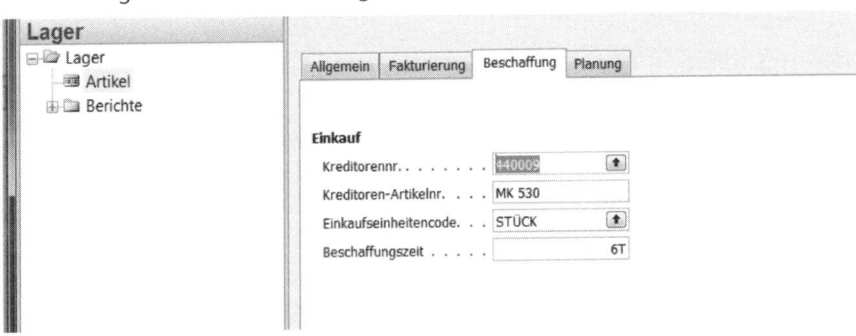

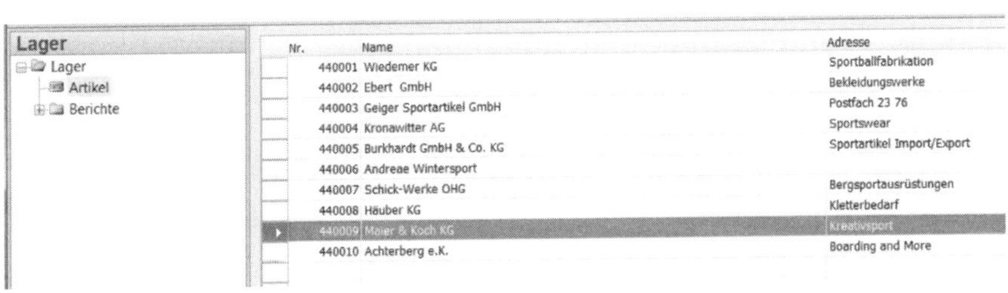

Ausklappmenü → Kreditor → Karte

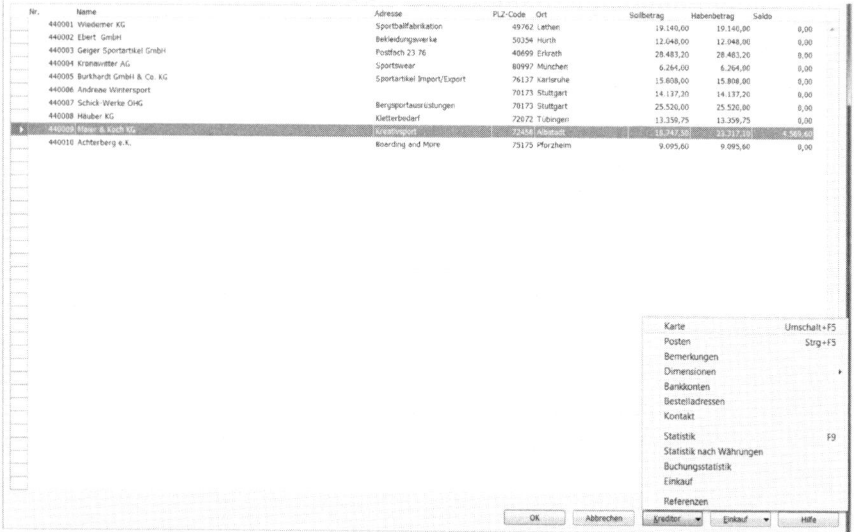

Registerkarte → Zahlung → Zlg.-Bedingungscode anzeigen

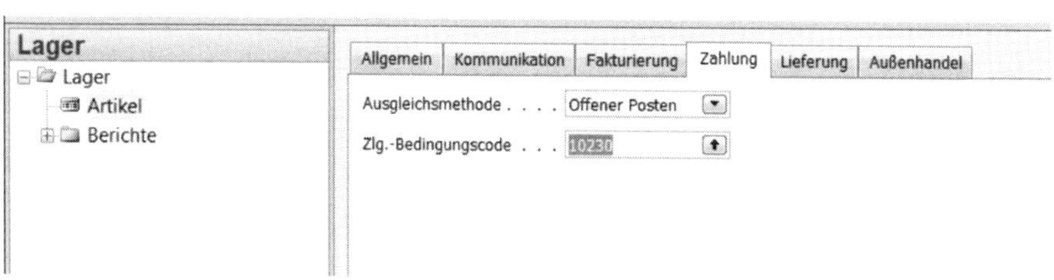

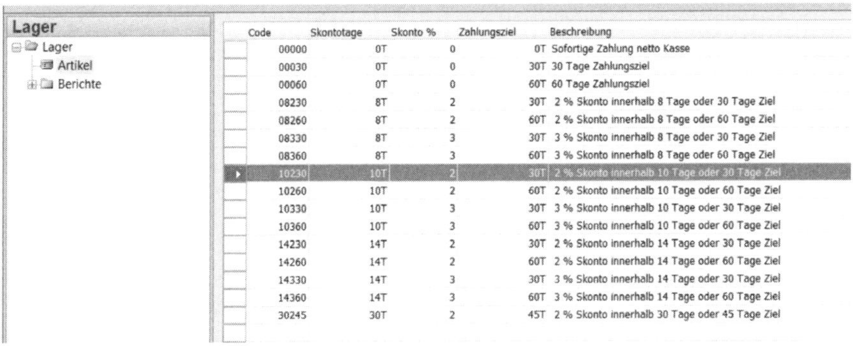

Code	Skontotage	Skonto %	Zahlungsziel	Beschreibung
00000	0T	0	0T	Sofortige Zahlung netto Kasse
00030	0T	0	30T	30 Tage Zahlungsziel
00060	0T	0	60T	60 Tage Zahlungsziel
08230	8T	2	30T	2 % Skonto innerhalb 8 Tage oder 30 Tage Ziel
08260	8T	2	60T	2 % Skonto innerhalb 8 Tage oder 60 Tage Ziel
08330	8T	3	30T	3 % Skonto innerhalb 8 Tage oder 30 Tage Ziel
08360	8T	3	60T	3 % Skonto innerhalb 8 Tage oder 60 Tage Ziel
10230	10T	2	30T	2 % Skonto innerhalb 10 Tage oder 30 Tage Ziel
10260	10T	2	60T	2 % Skonto innerhalb 10 Tage oder 60 Tage Ziel
10330	10T	3	30T	3 % Skonto innerhalb 10 Tage oder 30 Tage Ziel
10360	10T	3	60T	3 % Skonto innerhalb 10 Tage oder 60 Tage Ziel
14230	14T	2	30T	2 % Skonto innerhalb 14 Tage oder 30 Tage Ziel
14260	14T	2	60T	2 % Skonto innerhalb 14 Tage oder 60 Tage Ziel
14330	14T	3	30T	3 % Skonto innerhalb 14 Tage oder 30 Tage Ziel
14360	14T	3	60T	3 % Skonto innerhalb 14 Tage oder 60 Tage Ziel
30245	30T	2	45T	2 % Skonto innerhalb 30 Tage oder 45 Tage Ziel

- Informationen für die Artikelnummer **200013** suchen:

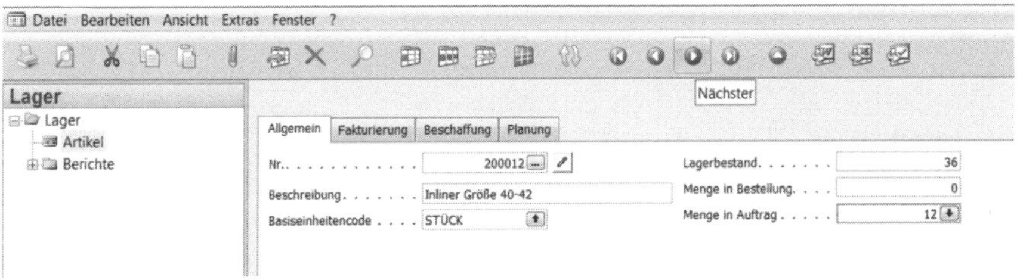

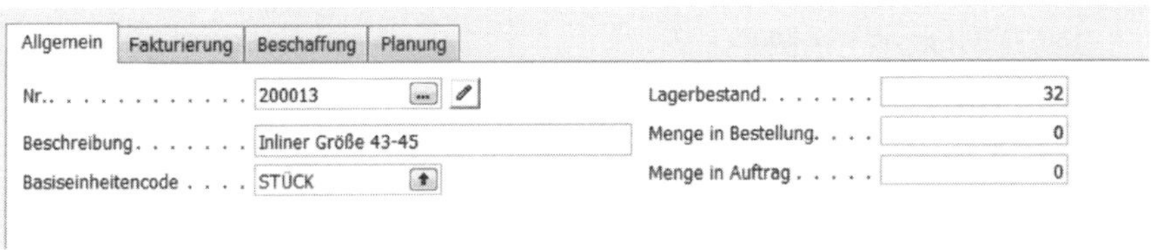

Registerkarte → Beschaffung → Kreditorennr. → Maier & Koch liefern auch den Artikel 200013. → Skontosatz ist auch 2 %.

Nr.	Name	Adresse	PLZ-Code	Ort
440001	Wiedemer KG	Sportballfabrikation	49762	Lathen
440002	Ebert GmbH	Bekleidungswerke	50354	Hürth
440003	Geiger Sportartikel GmbH	Postfach 23 76	40699	Erkrath
440004	Kronawitter AG	Sportswear	80997	München
440005	Burkhardt GmbH & Co. KG	Sportartikel Import/Export	76137	Karlsruhe
440006	Andreae Wintersport		70173	Stuttgart
440007	Schick-Werke OHG	Bergsportausrüstungen	70173	Stuttgart
440008	Häuber KG	Kletterbedarf	72072	Tübingen
440009	Maier & Koch KG	Kreativsport	72458	Albstadt
440010	Achterberg e.K.	Boarding and More	75175	Pforzheim

- Informationen für die Artikelnummer **200014** suchen:
  Menü → Nächster →

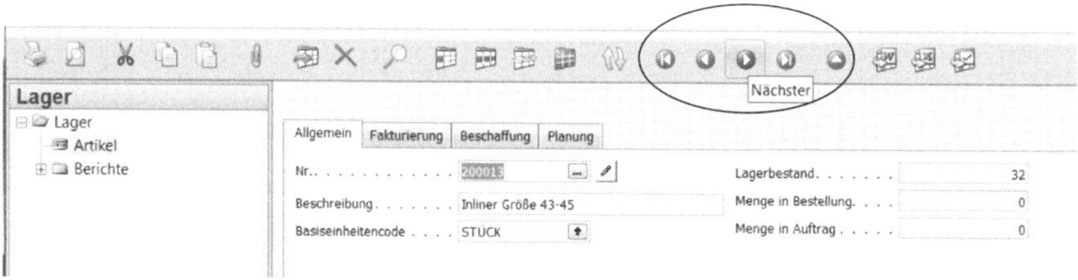

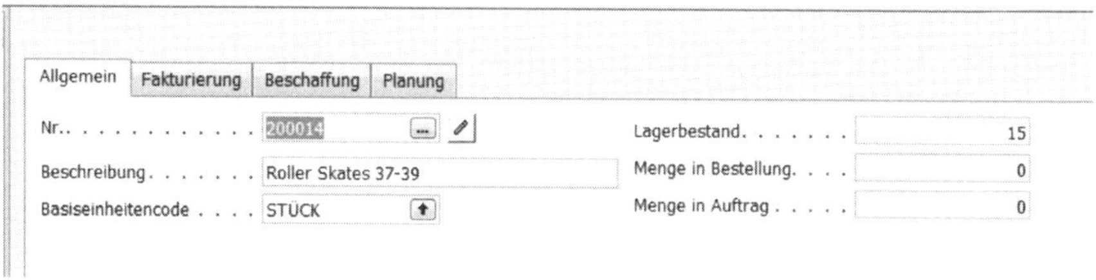

Lagerbestand = 15
frei verfügbare Menge = 15 (da keine Menge in Auftrag bzw. Bestellung)

Registerkarte → Beschaffung → Menü Kreditorennr. ausklappen → Stammlieferant → Maier & Koch

Beschaffungszeit = 12 Tage

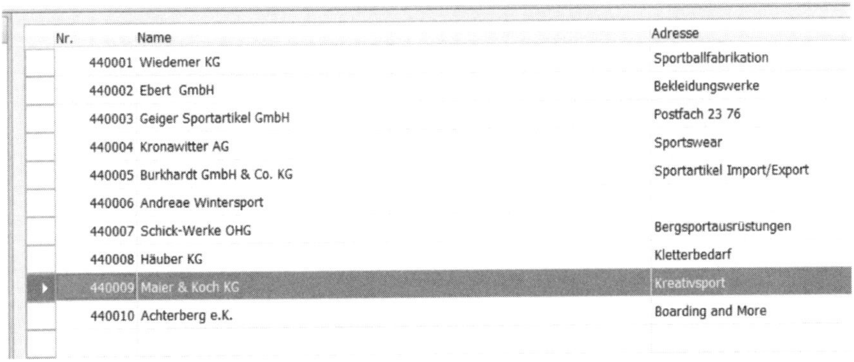

Nr.	Name	Adresse
440001	Wiedemer KG	Sportballfabrikation
440002	Ebert GmbH	Bekleidungswerke
440003	Geiger Sportartikel GmbH	Postfach 23 76
440004	Kronawitter AG	Sportswear
440005	Burkhardt GmbH & Co. KG	Sportartikel Import/Export
440006	Andreae Wintersport	
440007	Schick-Werke OHG	Bergsportausrüstungen
440008	Häuber KG	Kletterbedarf
440009	Maier & Koch KG	Kreativsport
440010	Achterberg e.K.	Boarding and More

Registerkarte Fakturierung
Listeneinkaufspreis: 45,00 EUR
Listenverkaufspreis: 72,00 EUR

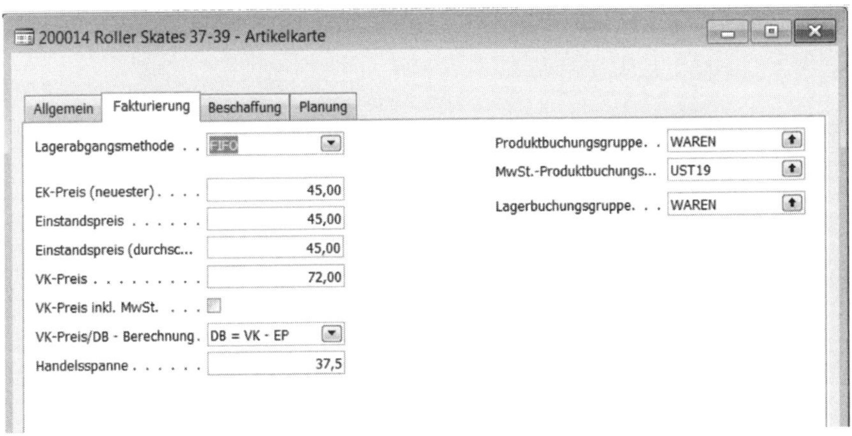

- Informationen zum Kundenskontosatz suchen:
  Laut Beleg heißt der Kunde Sporthaus Huber e. K.
  Modul → Verkauf → Debitoren

  Cursor in Debitorname 1 → 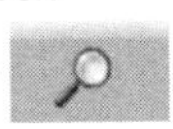 Lupe

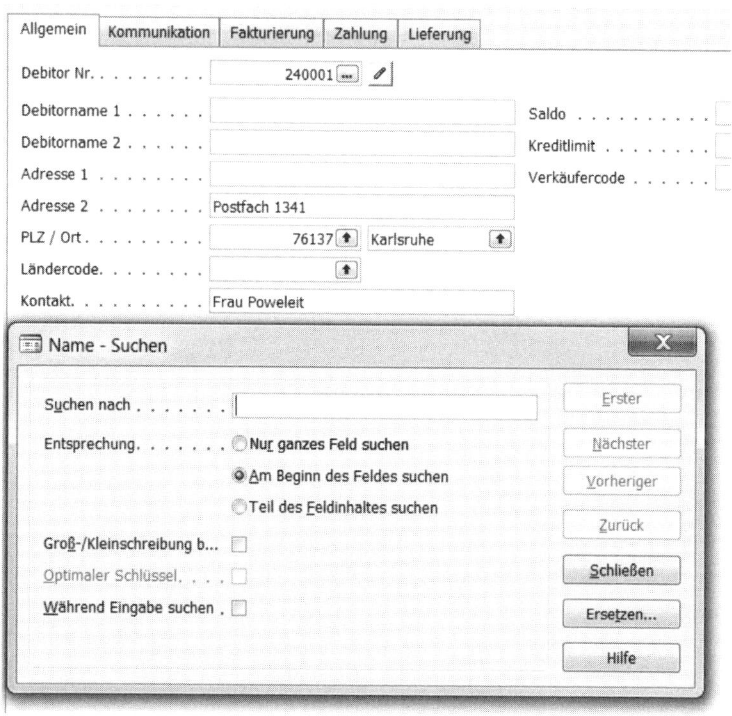
Allgemein
Kommunikation
Fakturierung
Zahlung
Lieferung
Debitor Nr. 240001
Debitorname 1 . . . . . .
Debitorname 2 . . . . . .
Adresse 1 . . . .
Adresse 2 . . . . Postfach 1341
PLZ / Ort . . . . 76137 Karlsruhe
Ländercode. . . . .
Kontakt. . . . . Frau Poweleit
Saldo . . . .
Kreditlimit . . . .
Verkäufercode . . . . . .
Name - Suchen
Suchen nach . . . .
Entsprechung. . . . . . .
Nur ganzes Feld suchen
Am Beginn des Feldes suchen
Teil des Feldinhaltes suchen
Groß-/Kleinschreibung b...
Optimaler Schlüssel. . . .
Während Eingabe suchen .
Erster
Nächster
Vorheriger
Zurück
Schließen
Ersetzen...
Hilfe

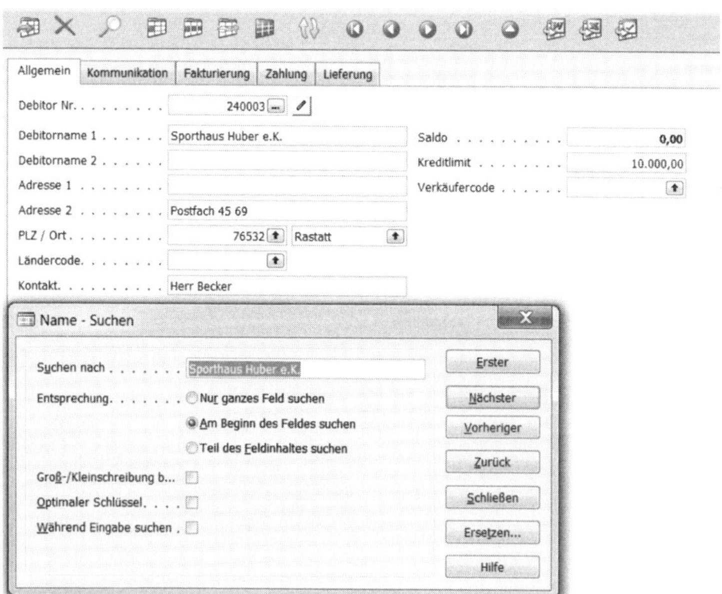
Allgemein
Kommunikation
Fakturierung
Zahlung
Lieferung
Debitor Nr. 240003
Debitorname 1 . . . . . . Sporthaus Huber e.K.
Debitorname 2 . . . . . .
Adresse 1 . . . .
Adresse 2 . . . . Postfach 45 69
PLZ / Ort . . . . 76532 Rastatt
Ländercode. . . . .
Kontakt. . . . . Herr Becker
Saldo 0,00
Kreditlimit 10.000,00
Verkäufercode . . . . . .
Name - Suchen
Suchen nach . . . . Sporthaus Huber e.K.
Entsprechung. . . . . . .
Nur ganzes Feld suchen
Am Beginn des Feldes suchen
Teil des Feldinhaltes suchen
Groß-/Kleinschreibung b...
Optimaler Schlüssel. . . .
Während Eingabe suchen .
Erster
Nächster
Vorheriger
Zurück
Schließen
Ersetzen...
Hilfe

Alternativ: So lange „Nächster" drücken, bis der gewünschte Debitor kommt.

Registerkarte → Zahlung →

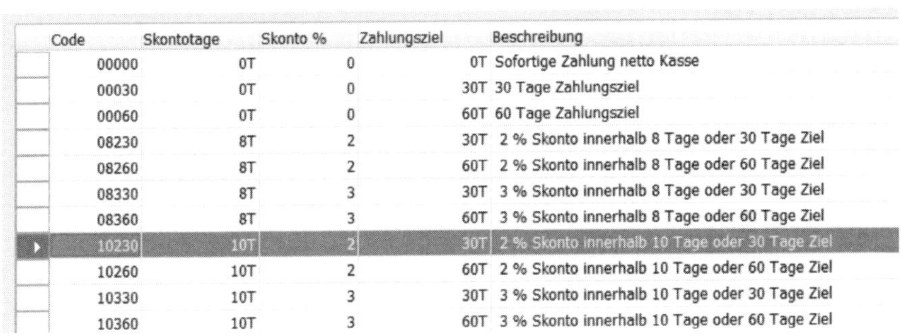

Code	Skontotage	Skonto %	Zahlungsziel	Beschreibung
00000	0T	0	0T	Sofortige Zahlung netto Kasse
00030	0T	0	30T	30 Tage Zahlungsziel
00060	0T	0	60T	60 Tage Zahlungsziel
08230	8T	2	30T	2 % Skonto innerhalb 8 Tage oder 30 Tage Ziel
08260	8T	2	60T	2 % Skonto innerhalb 8 Tage oder 60 Tage Ziel
08330	8T	3	30T	3 % Skonto innerhalb 8 Tage oder 30 Tage Ziel
08360	8T	3	60T	3 % Skonto innerhalb 8 Tage oder 60 Tage Ziel
10230	10T	2	30T	2 % Skonto innerhalb 10 Tage oder 30 Tage Ziel
10260	10T	2	60T	2 % Skonto innerhalb 10 Tage oder 60 Tage Ziel
10330	10T	3	30T	3 % Skonto innerhalb 10 Tage oder 30 Tage Ziel
10360	10T	3	60T	3 % Skonto innerhalb 10 Tage oder 60 Tage Ziel

Der Kunde Sporthaus Huber e. K. hat einen Kundenskontosatz von 2 %.

3.1.3 Gesucht: Stückgewinn? → Differenzkalkulation

Gegeben: Listeneinkaufspreis 45,00 EUR, Listenverkaufspreis 72,00 EUR, Skonto je 2 %, Handlungskostensatz 37,5 %, Kundenrabatt (Mengenrabatt) 10 %

Modul → Verkauf → Planung → Handelskalkulation → Registerkarte → Differenzkalkulation → Artikelnummer → 200014 mit der Lupe suchen. Alternativ: Nächster …

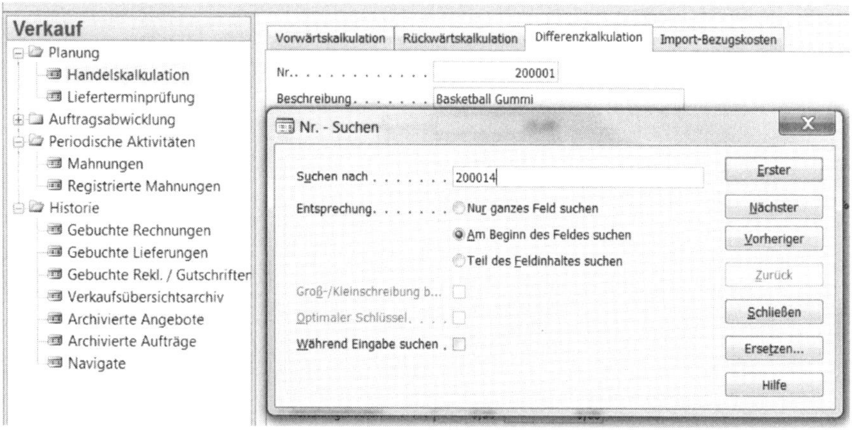

Differenzkalkulation durchführen:

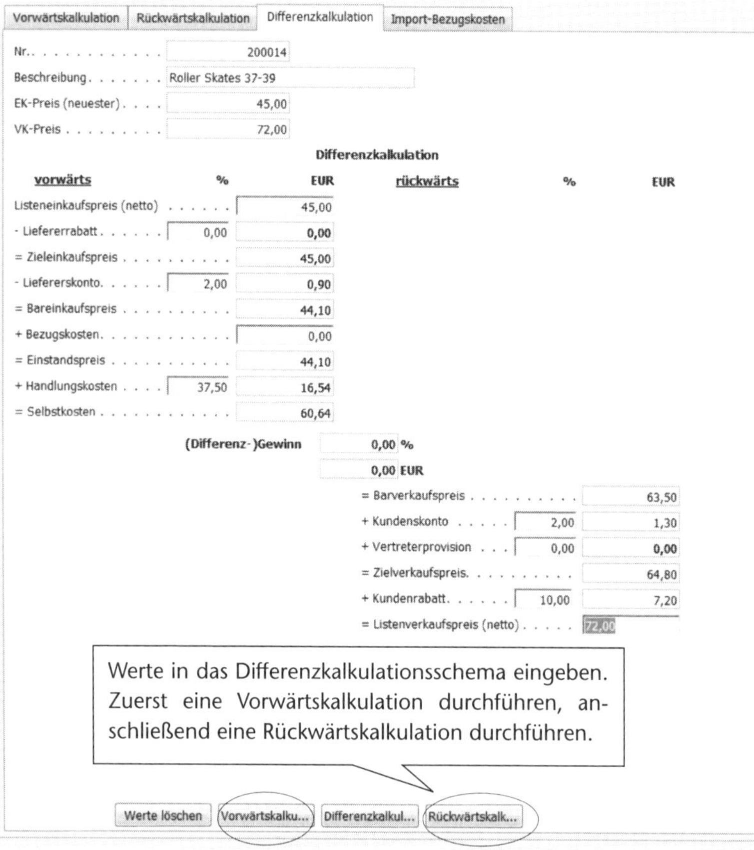

Anschließend Button „Differenzkalkulation“ drücken:

Vorwärtskalkulation | Rückwärtskalkulation | Differenzkalkulation | Import-Bezugskosten

Nr.	200028
Beschreibung	Abseilachter
EK-Preis (neuester)	3,00
VK-Preis	6,00

Differenzkalkulation

vorwärts	**%**	**EUR**
Listeneinkaufspreis (netto)		45,00
- Liefererrabatt	0,00	**0,00**
= Zieleinkaufspreis		**45,00**
- Liefererskonto	2,00	**0,90**
= Bareinkaufspreis		**44,10**
+ Bezugskosten		0,00
= Einstandspreis		**44,10**
+ Handlungskosten	37,50	**16,54**
= Selbstkosten		**60,64**

(Differenz-)Gewinn 4,72 **%** / 2,86 **EUR**

rückwärts	**%**	**EUR**
= Barverkaufspreis		**63,50**
+ Kundenskonto	2,00	**1,30**
+ Vertreterprovision	0,00	**0,00**
= Zielverkaufspreis		**64,80**
+ Kundenrabatt	10,00	**7,20**
= Listenverkaufspreis (netto)		72,00

Werte löschen | Vorwärtskalku... | Differenzkalkul... | Rückwärtskalk...

Wir erzielen einen Stückgewinn von 2,86 EUR. Der von Sporthaus Huber gewünschte Mengenrabatt in Höhe von 10 % kann gewährt werden.

3.1.4 Wir haben vom Artikel 200014 einen Lagerbestand von 15 Stück bzw. eine frei verfügbare Menge von 15 Stück. Laut Bestellung will der Kunde aber 30 Stück. Wir haben 15 Stück zu wenig.

- Nachbestellung notwendig – Beschaffungszeit beträgt 12 Tage. → Der gewünschte Liefertermin 29.05.2017 kann somit nicht eingehalten werden.
- neuen Liefertermin mit dem Kunden vereinbaren, wenn die Ware vollständig ist
- Alternativ: Teillieferung zum gewünschten Termin und Restlieferung

3.1.5 Modul → Verkauf → Auftragsabwicklung → Angebote → Cursor in Debitor-Nr. → Debitorenübersicht aufrufen → Sporthaus Huber e. K. auswählen

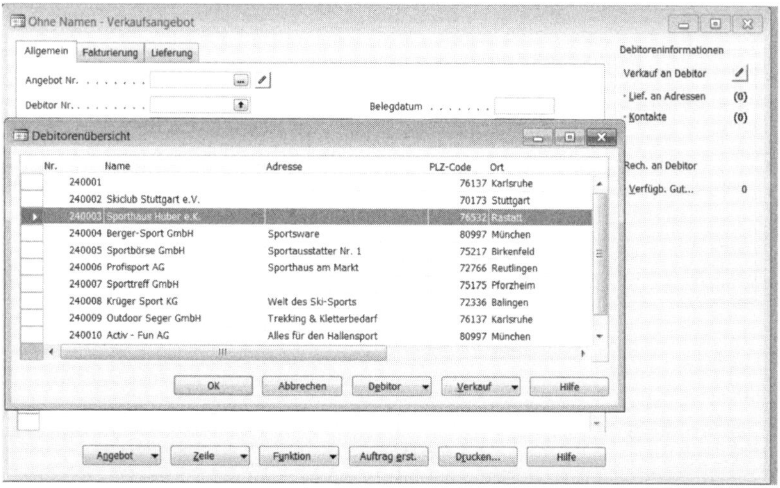

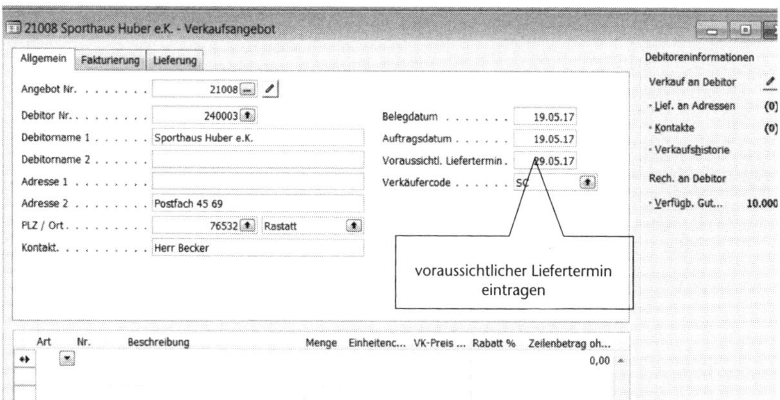

Mithilfe der Bestellung des Sporthaus Huber e. K. oder der Informationen aus der Aufgabe 3.1.2 das Angebot ausfüllen.

- Artikel aus den Artikelübersichten auswählen

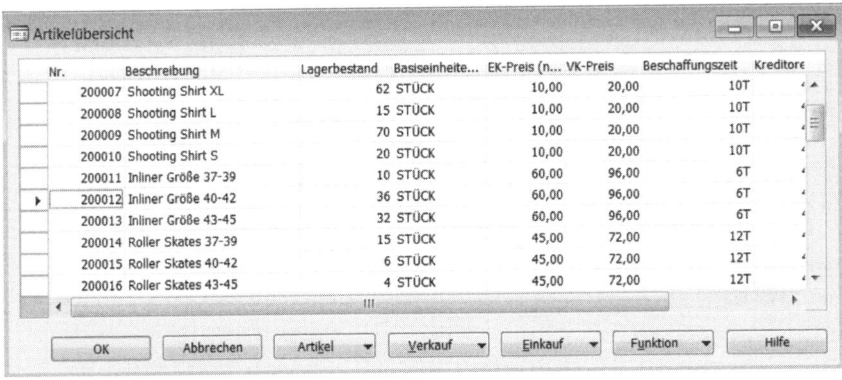

- Mengen eingeben
- Rabatte eingeben (hier nur bei 200014)

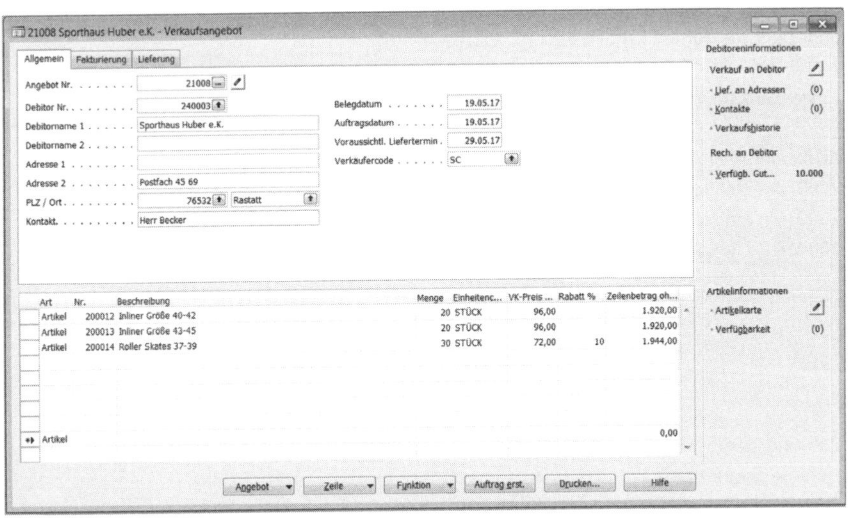

Drucken → Drucken

Limes Sport

LIMES Sport GmbH
Sportgroßhandel

LIMES Sport GmbH * Im Industriegebiet 11 * 70173 Stuttgart

Sporthaus Huber e. K.
Herrn Becker
Postfach 45 69
76532 Rastatt

Name: Schüler
Telefon: 0711 233-425
Telefax: 0711 233-426
E-Mail: service@limes-sport.de
Internet: www.limes-sport.de

Baden-Württemberg Bank
IBAN: DE97 6005 0000 0002 1000 11
BIC: BAWUDEST

Datum: 19.05.2017

Angebot Nr. 21008

Sehr geehrte Damen und Herren,

vielen Dank für Ihre Anfrage. Die gewünschten Artikel bieten wir Ihnen wie folgt freibleibend an:

Artikel-Nr.	Bezeichnung	Menge	Einheit	Preis	Rabatt %	MwSt. %	Betrag
200012	Inliner Größe 40–42	20	Stück	96,00		19	1.920,00
200013	Inliner Größe 43–45	20	Stück	96,00		19	1.920,00
200014	Rollerskates 37–39	30	Stück	72,00	10	19	1.944,00

Netto-Betrag EUR	5.784,00
19 % MwSt.	1.098,96
Brutto-Betrag EUR	**6.882,96**

Zahlungsbedingungen: 2 % Skonto innerhalb von zehn Tagen oder 30 Tage Ziel
Lieferbedingung: frei Haus
Voraussichtliche Lieferung bis: 29.05.2017

Wir freuen uns auf Ihren Auftrag.

Mit freundlichen Grüßen

LIMES Sport GmbH

i. A. Schüler

Gerichtsstand: Amtsgericht Stuttgart
Handelsregister: HRB 234
Geschäftszeiten: Mo.–Fr. 8:00–20:00 Sa. 8:00–14:00 Uhr

Geschäftsleitung:
Herr Karl Schwarz
Frau Michaela Maier

Finanzamt Stuttgart
Steuer-Nr.: 53050/00954
USt-IdNr.: DE456123789

3.2.1 Warenbegleitpapiere sind in der Regel

- Lieferschein,
- Ausgangsrechnung.

Modul Verkauf → Auftragsabwicklung → Aufträge → Auftragsnummer 22012

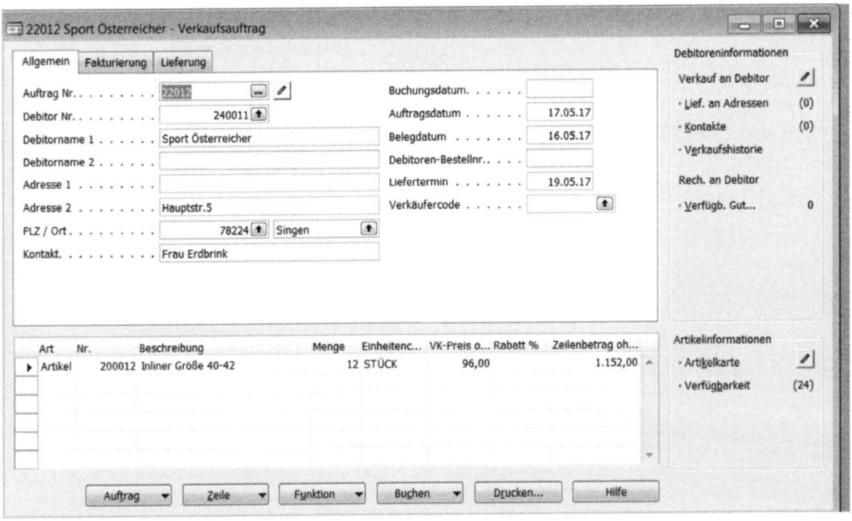

Buchungsdatum ergänzen: 19.05.2017 → Buchen und drucken → Liefern und fakturieren

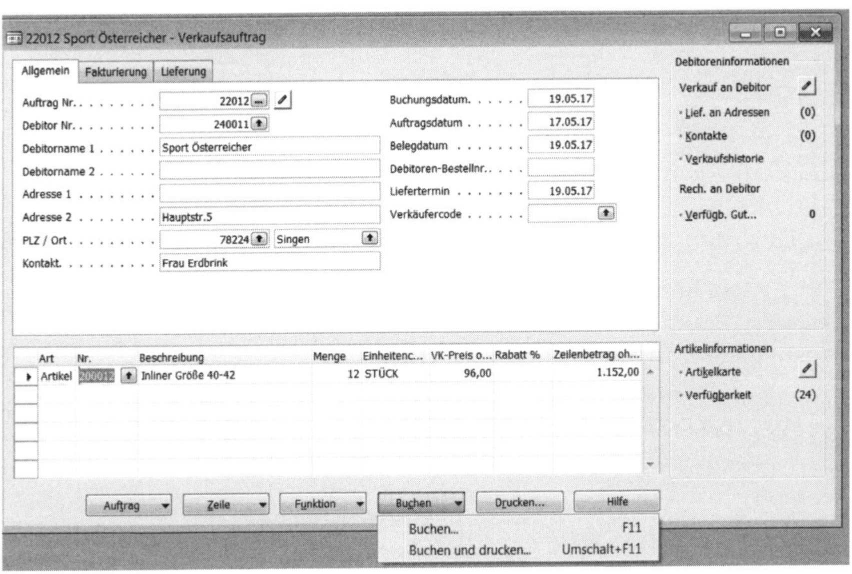

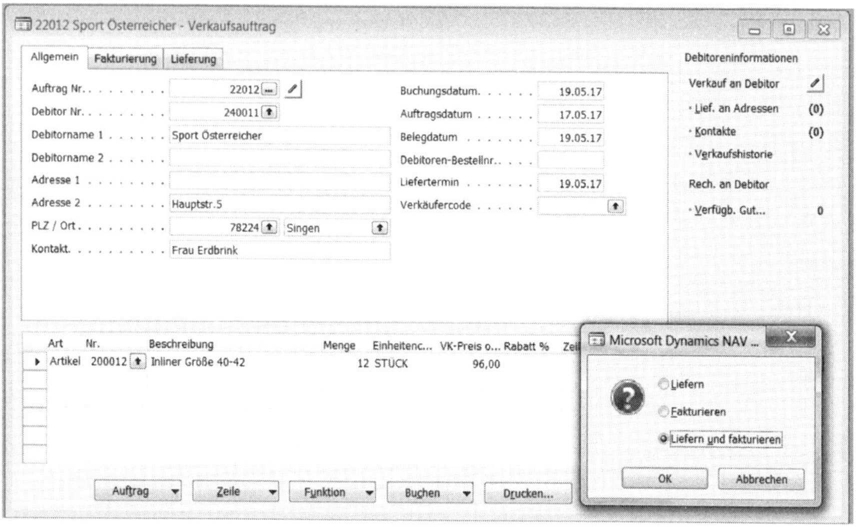
22012 Sport Österreicher - Verkaufsauftrag
Allgemein
Fakturierung
Lieferung
Auftrag Nr. 22012
Debitor Nr. 240011
Debitorname 1 Sport Österreicher
Debitorname 2
Adresse 1
Adresse 2 Hauptstr.5
PLZ / Ort 78224 Singen
Kontakt. Frau Erdbrink
Buchungsdatum 19.05.17
Auftragsdatum 17.05.17
Belegdatum 19.05.17
Debitoren-Bestellnr.
Liefertermin 19.05.17
Verkäufercode
Debitoreninformationen
Verkauf an Debitor
Lief. an Adressen (0)
Kontakte (0)
Verkaufshistorie
Rech. an Debitor
Verfügb. Gut... 0
Art Nr. Beschreibung Menge Einheitenc... VK-Preis o... Rabatt %
Artikel 200012 Inliner Größe 40-42 12 STÜCK 96,00
Auftrag
Zeile
Funktion
Buchen
Drucken...
Microsoft Dynamics NAV ...
Liefern
Fakturieren
Liefern und fakturieren
OK
Abbrechen

Limes Sport

LIMES Sport GmbH
Sportgroßhandel

LIMES Sport GmbH * Im Industriegebiet 11 * 70173 Stuttgart

Name:
Telefon: 0711 233-425
Telefax: 0711 233-426
E-Mail: service@limes-sport.de
Internet: www.limes-sport.de

Sport Österreicher
Frau Erdbrink
Hauptstr. 5
78224 Singen

Baden-Württemberg Bank
IBAN: DE97 6005 0000 0002 1000 11
BIC: BAWUDEST

Kunden-Nr.: 240011
Bestell-Nr.:
Auftrag Nr.: 22012
Datum: 19.05.2017

Lieferschein Nr. 23011

Artikel-Nr.	**Bezeichnung**	**Menge**	**Einheit**
200012	Inliner Größe 40-42	12	Stück

Ware ordnungsgemäß erhalten:

____
Datum, Unterschrift

Gerichtsstand:	Amtsgericht Stuttgart	Geschäftsleitung:	Finanzamt Stuttgart
Handelsregister:	HRB 234	Herr Karl Schwarz	Steuer-Nr.: 53050/00954
Geschäftszeiten:	Mo.–Fr. 8:00–20:00 Sa. 8:00–14:00 Uhr	Frau Michaela Maier	USt-IdNr.: DE456123789

LIMES Sport GmbH
Sportgroßhandel

LIMES Sport GmbH * Im Industriegebiet 11 * 70173 Stuttgart

Name:	
Telefon:	0711 233-425
Telefax:	0711 233-426
E-Mail:	service@limes-sport.de
Internet:	www.limes-sport.de

Baden-Württemberg Bank
IBAN: DE97 6005 0000 0002 1000 11
BIC: BAWUDEST

Sport Österreicher
Frau Erdbrink
Hauptstr.5
78224 Singen

Kunden-Nr.:	240011
Bestell-Nr.:	
Auftrag Nr.:	22012
Rechn- Datum:	19.05.2017
Lieferdatum:	19.05.2017

Rechnung Nr. 26011

Sehr geehrte Damen und Herren,

aufgrund Ihres Auftrages stellen wir Ihnen folgende Artikel in Rechnung:

Artikel-Nr.	Bezeichnung	Menge	Einheit	Preis	Rabatt %	MwSt. %	Betrag
200012	Inliner Größe 40–42	12	Stück	96,00		19	1.152,00

Warenwert	**1.152,00**
19 % MwSt.	218,88
Rechnungsbetrag	**1.370,88**

Zahlungsbedingungen: 2 % Skonto innerhalb von zehn Tagen oder 30 Tage Ziel
Lieferbedingung: frei Haus

Wir bedanken uns für Ihren Auftrag.

Mit freundlichen Grüßen

LIMES Sport GmbH

i. A.

Gerichtsstand:	Amtsgericht Stuttgart	Geschäftsleitung:	Finanzamt Stuttgart
Handelsregister:	HRB 234	Herr Karl Schwarz	Steuer-Nr.: 53050/00954
Geschäftszeiten:	Mo.–Fr. 8:00–20:00 Sa. 8:00–14:00 Uhr	Frau Michaela Maier	USt-ID-Nr.: DE456123789

3.2.2

Artikel 200012	Menge
Lagerbestand	24
– erwartete Auftragsmenge aus Aufgabe 3.1.5	20
= frei verfügbare Menge (24 – 20) =	4
Meldebestand	8

- Lagerbestand
  Modul Lager → Artikel → Artikel mit der Artikelnummer 200012 suchen/anzeigen

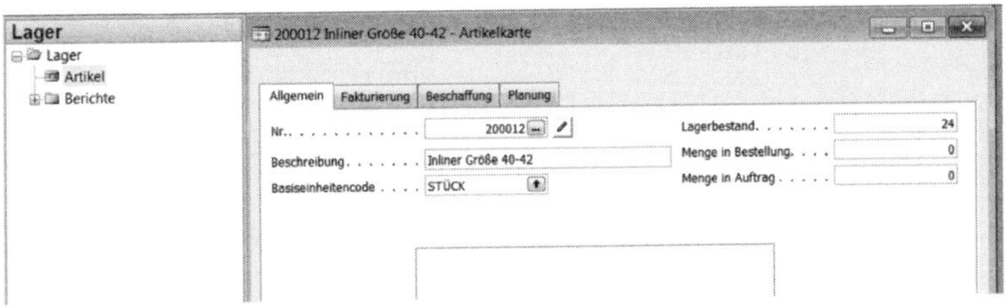

- erwartete Auftragsmenge aus 3.1.5 = 20 (siehe Bestellung)
- Meldebestand:
  Modul Lager → Artikel → Registerkarte Planung

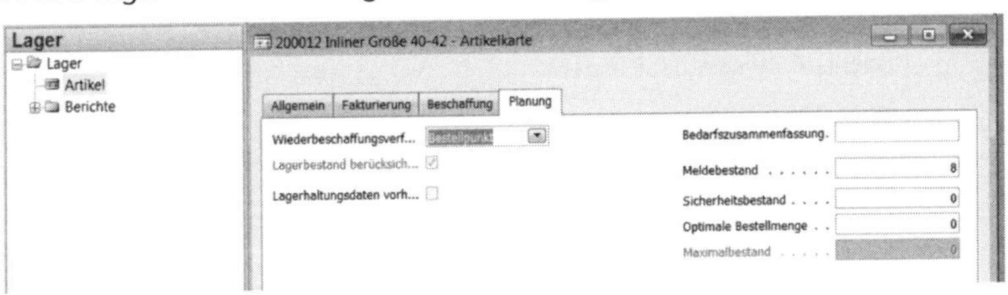

Kaufmännische Tätigkeiten

Situation: Lagerbestand liegt unter Meldebestand.

Folge: Einkaufprozess starten → Beschaffungsprozess starten → Bestellung beim Lieferanten veranlassen

3.3.1

Reihenfolge	Belegname
1	Anfrage
2	Angebot
3	Kundenauftrag
4	Auftragsbestätigung
5	Versandnachricht
6	Lieferschein
7	Ausgangsrechnung
8	Kontoauszug

3.3.2.1 Modul Verkauf → Auftragsabwicklung → Berichte → Debitor Verkaufsübersicht

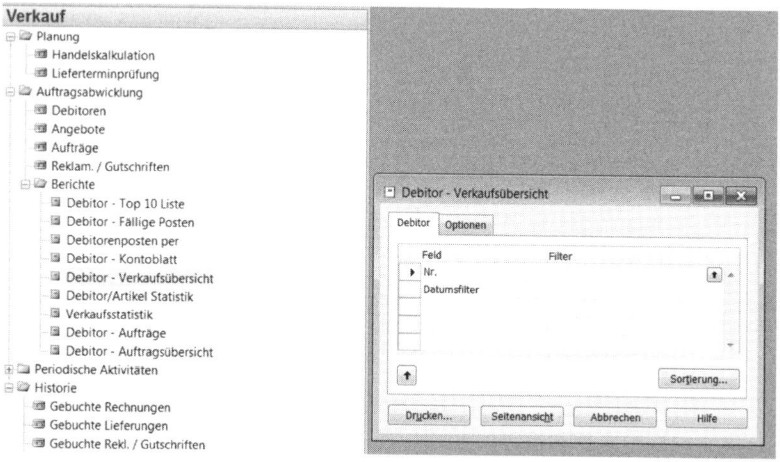

→ Seitenansicht → Anzeige der Verkaufsübersicht → Der Kunde mit dem bisherigen kleinsten Umsatz ist:

TV Waghäusel e. V. mit 1.044,00 EUR

Debitor – Verkaufsübersicht
HP17-A3-S

Nr.	**Name**	**USt-IdNr.**	**Verkaufsbetrag (MW)**
240001	TV Waghäusel e. V. Frau Poweleit Postfach 1341 76137 Karlsruhe		1.044,00

Total berichteter Verkaufsbetrag (MW) 123.489,05

3.2.2.2 Maßnahmen z. B.

- Angebot mit Rabatt
- Testprodukt zusenden
- Katalog/Flyer zusenden
- Kreditlimit erhöhen
- Werbebrief mit Coupon zusenden
- Vertreterbesuch machen

Wahlaufgabe 2

3.1.1 Primärschlüssel ist das Attribut BelegungsNr.
Der Primärschlüssel hat die Aufgabe, einen Datensatz eindeutig zu identifizieren.

3.1.2 Fremdschlüssel sind die Attribute KursNr und PersonalNr.
Fremdschlüssel haben den Zweck, Tabellen miteinander zu verknüpfen.

3.2.1 Abfrageentwurf:

Feld	Bezeichnung	Kursgebühr
Tabelle	tabKursangebote	tabKursangebote
Kriterien		<100

Ergebnisliste:

Bezeichnung	Kursgebühr
Rückenfit	80,00 EUR
Konditionstraining	60,00 EUR

3.2.2 Abfrageentwurf:

Feld	Name des Anbieters	Bezeichnung
Tabelle	tabKursanbieter	tabKursangebote
Kriterien	„Sportcenter Fit“	

Ergebnisliste:

Name des Anbieters	Bezeichnung
Sportcenter Fit	Rückenfit
Sportcenter Fit	Konditionstraining

3.2.3 Abfrageentwurf:

Feld	Name	KursNr
Tabelle	tabMitarbeiter	tabKursbelegung
Funktion	Gruppierung	Anzahl
Kriterien		>1

Ergebnisliste:

Name	AnzahlvonKursNr
Köhler	3

3.2.4 Abfrageentwurf:

Feld	Bezeichnung	Name	Eintrittsdatum
Tabelle	tabAbteilungen	tabMitarbeiter	tabMitarbeiter
Sortierung			Aufsteigend
Kriterien	„Verkauf		

Ergebnisliste:

Bezeichnung	Name	Eintrittsdatum
Verkauf	Kienle	01.04.1995
Verkauf	Günana	02.01.2000
Verkauf	Wagner	01.04.2001
Verkauf	Mielnik	01.04.2004

3.2.5 Abfrageentwurf:

Feld	Name des Anbieters	Rabatt in EUR: [Kursgebühr]*[Rabatt in %]/100
Tabelle	tabKursanbieter	
Funktion	Gruppierung	Summe
Kriterien	„Sportcenter Fit“	

Ergebnisliste:

Name des Anbieters	Rabatt in EUR
Sportcenter Fit	30

3.2.6.1 Abfrageentwurf:

Feld	Bezeichnung	Bezeichnung
Tabelle	tabAbteilungen	tabKursangebote
Kriterien	„Geschäftsleitung“	

Ergebnisliste:

tabAbteilungen	tabKursangebote
Geschäftsleitung	Rhetorik

3.2.6.2 tabAbteilungen, tabMitarbeiter, tabKursbelegung, tabKursangebote (Die Tabellen tabKursanbieter und tabOrt werden nicht benötigt!)

3.3.1 Vorteile: Zugriff weltweit von jedem PC, Speicherplatz einsparen, gemeinsame Bearbeitung von Dokumenten

Risiken: Daten können ausgelesen werden, Gefahr durch unsichere Internetverbindung, Zugriff für Unbefugte möglich (Hackerangriff)

3.3.2 Schülerabhängige Lösung, z. B. nicht zusammenhängende Zeichenfolge aus Groß- /Kleinbuchstaben, Zahlen, Sonderzeichen, mindestens acht Zeichen, keine Passwörter, welche im Zusammenhang mit eigener Person stehen

3 Prüfungsaufgaben Englisch

Teil I: Leseverstehen

Text 1: True/False und Fragen

1. **Entscheiden Sie, ...**
    1) Falsch. Surfer erfanden das Skateboarden, um bei Windstille und ruhigem Wasser eine Beschäftigung zu haben.
    2) Richtig. Die Leute bauten die ersten Skateboards zu Hause, erst später begann die Fabrikherstellung.
    3) Richtig. Man kann auf Geh- oder Radwegen schnell fahren oder Sprünge und Tricks über Bänke, Treppen oder Geländer machen.
    4) Falsch. In einem Skatepark kann man Sprünge üben, ohne andere zu stören/behindern.
    5) Richtig. Beim Skaten genießt Carl das Gefühl von Freiheit und Geschwindigkeit.
    6) Falsch. Erwachsene Skater haben meist als Jugendliche mit diesem Sport begonnen.
    7) Falsch. Meistens trägt man bei Stürzen nur kleinere Veletzungen davon, wie z.B. Schnittwunden oder blaue Flecken.
    8) Richtig. Skateboarder verletzen oft ihre Hände oder Handgelenke, weil sie sich beim Stürzen mit den Händen abstützen.
    9) Richtig. In den USA und in Europa gibt es einige Profis, die von den Einnahmen bei Wettkämpfen oder von Sponsorenverträgen leben.
    10) Falsch. Es gab zwar eine Kampagne, Skateboarding zu einer olympischen Disziplin für die Spiele 2020 zu machen, diese scheiterte jedoch.

Text 2: Mediation

Gründe
- US-Wirtschaftskrise – bei Arbeitslosigkeit keine Fahrten zur Arbeit
- Gebrauch von öffentlichem Nahverkehr oder Fahrgemeinschaften
- hohe Benzinpreise
- Verlassen des Hauses unnötig wegen Internet (Onlineshopping, Onlinerecherche, soziale Medien)

Erklärung
- erschwerte Voraussetzungen für Führerscheinerwerb in vielen Staaten
- Gesetzesänderungen: Zwang zum Erwerb einer Fahrerlaubnis für „Lerner" mit eingeschränkter Fahrerlaubnis

Auswirkungen
- Positiv: mehr Sicherheit für Jugendliche und andere Fahrer
- Negativ: – längere Abhängigkeit von Eltern, die Jugendliche chauffieren
    – Führerscheinerwerb in späterem Alter schwieriger, da angsteinflößender

Teil II: Sprache und Kommunikation

1. Sprachliche Mittel im Kontext

1) Geben Sie folgende Informationen über den Rapper Jay Z wieder.
- Jay Z was born in 1969 and grew up in Brooklyn.
- He doesn't use his real name.
- He has been married to Beyoncé since 2008.
- He will support environmental projects in the future.

2) Fragen Sie Jay Z, ...
a) Are you going to perform/give concerts in Germany next year?
b) Were you interested in Rap music when you were a child?

3) Übertragen Sie folgende Vergleichssätze.
a) Jay Z is one of the most successful rappers.
b) His wife Beyoncé is as famous as he is/him.
c) He is much richer than other rappers.

4) Beantworten Sie folgende Frage. Beginnen Sie Ihren Satz mit "If".
If I met Jay Z, I would ask him many questions/would be very excited/would like to make music with him/would make a selfie with him.

2. Managing Situations/Eine Unterhaltung führen

Korrektur nicht pro Satz, sondern ganzheitlich entsprechend der Deskriptorentabelle
1) Hello, I've never been to London before. Which activities could you recommend?
2) Wow! This sounds fantastic/awesome. There seems to be a lot to discover in London. Can I manage to do all these things in one day?
3) This sounds like a good idea. Where do the bus tours start and how much is a ticket?
4) How can I get to the tourist information office? I would like to find out if there are any reductions for students.
5) Great. The office isn't far away at all. When does it open? I'd like to go there tomorrow morning as early as possible.
6) Oh no, thanks. I don't like this kind of music. I like sports more/prefer sports. Is there a cricket match in the next few days? I've heard that this is one of the most popular sports in England.
7) Well, I saw an exciting rugby match on TV last week. Unfortunately/I'm afraid I've already planned/I'm going to go on a trip to Oxford at the weekend.
8) Thank you so much for your help. Have a nice day. Goodbye.

Teil III: Schreiben

1. Stellungnahme: Smartphones im Unterricht

Pros
- Help students to organize themselves (used as calendars, organisers, notebooks)
- Used as means of learning and teaching (webquests, e-learning etc.)
- Help students to develop skills in media use
- Help students to stay in direct contact with family and friends
- Can be used in case of emergency to ask for quick help

Cons

- Cheating in tests/exams becomes easier.
- Cyberbullying (negative posts of photos, videos of classmates and teachers)
- Disturbing sounds in the classrooms
- Make direct social contact among students during the school day more difficult
- Are discriminating against poorer pupils as social status symbols (showing off, bullying)
- Permanent control by teachers necessary
- Means of distraction during lessons, breaks etc. (searching the internet, playing games, chatting with with friends)

2. **Eine Geschichte zum Bild**
   Individuelle Lösungen

4 Prüfungsaufgaben Mathematik

Aufgabe 1

a. Gerade g gegeben mit $y = -\frac{2}{3}x + 3$.

1. $-\frac{2}{3}$ gibt die Steigung und +3 den y-Achsenabschnitt der Geraden g, d.h. den Schnittpunkt (0 | 3) mit der y-Achse, an.

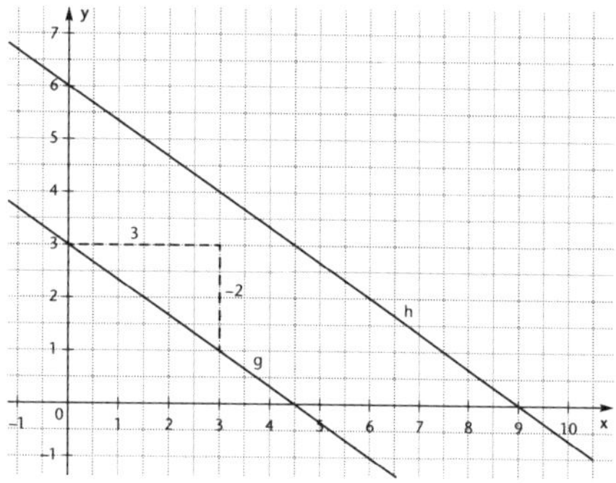

2. Punkte auf der x-Achse haben einen y-Wert von 0. Es gilt deswegen:

$-\frac{2}{3}x + 3 = 0 \mid -3$

$-\frac{2}{3}x = -3 \mid \cdot \left(-\frac{3}{2}\right)$

$x = -3 \cdot \left(-\frac{3}{2}\right) = \frac{9}{2} = 4{,}5$

Die Gerade g schneidet die x-Achse im Punkt (4,5 | 0).

3. Die Grundseite des Dreiecks wird begrenzt vom Ursprung und der Nullstelle (Schnittpunkt mit der x-Achse) von g und hat damit die Länge $l = 4{,}5 - 0 = 4{,}5$.
Die Höhe h wird begrenzt vom y-Achsenabschnitt von g und dem Ursprung $h = 3 - 0 = 3$.
Somit gilt für den Flächeninhalt $A_{Dreieck}$ des Dreiecks
$A_{Dreieck} = \frac{1}{2} \cdot l \cdot h = \frac{1}{2} \cdot 4{,}5 \cdot 3 = 6{,}75$ LE.

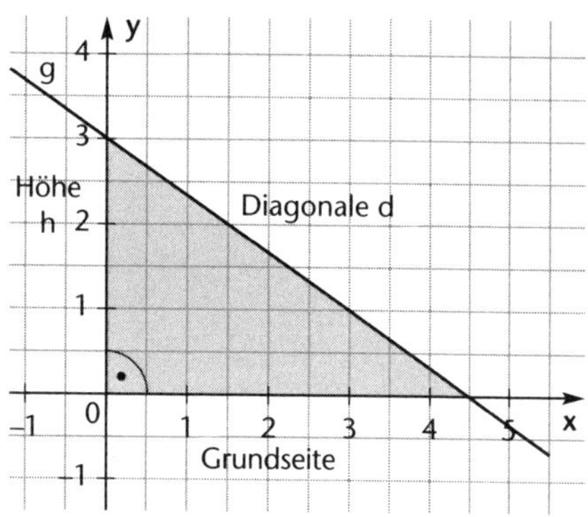

Um den Umfang $U_{Dreieck} = h + l + d$ berechnen zu können, muss die Länge der Diagonalen d bekannt sein. Mithilfe des Satzes von Pythagoras gilt:

$d^2 = h^2 + l^2 = 3^2 + 4{,}5^2 = 9 + 20{,}25 = 29{,}25$

$d = \sqrt{29{,}25} \cong 5{,}81$

Der Umfang hat somit eine Länge von 3 + 4,5 + 5,81 = 12,91 LE.

4. Die Gerade g hat auf der y-Achse eine Kathete mit der Länge 3. Die Gerade h muss also durch den Punkt (0 | 6) gehen. Der y-Achsenabschnitt von h ist also b = 6. Da h parallel zu g sein muss, gilt für die Steigung m von der Geraden h: $m = -\frac{2}{3}$.
Mit der Hauptform $y = mx + b$ ergibt sich für h: $y = -\frac{2}{3} + 6$.
Bild der Geraden h:
Verschiebe die Gerade g parallel, bis sie durch den Punkt (0 | 6) geht.
Bild von h siehe oben.

b. Das Dreieck ABC ist rechtwinklig. In Bezug auf den Winkel $\alpha = 60°$ ist die Seite a die Gegenkathete.

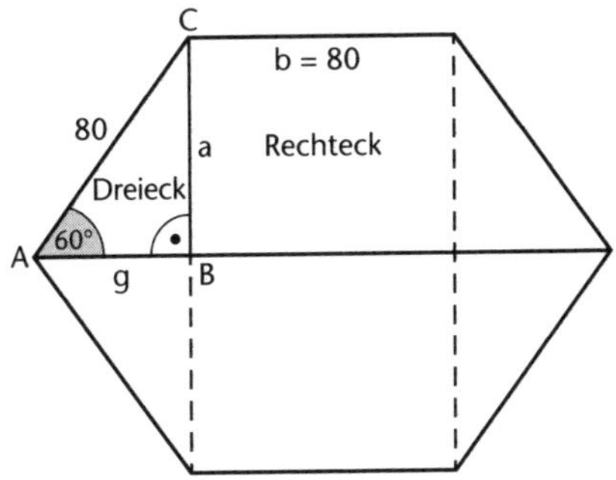

Mithilfe des Sinus gilt:

$$\sin(60°) = \frac{\text{Gegenkathete}}{\text{Hypotenuse}} = \frac{a}{80} \,|\cdot 80$$

$a = 80 \cdot \sin(60°) \cong 80 \cdot 0{,}866 = 69{,}28$ cm

Also sind Tom und Luisa von Tischkante zu Tischkante $2 \cdot 69{,}28 = 138{,}56$, d. h. ca. 1,39 m, voneinander entfernt.

Die Fläche des Gruppentisches setzt sich zusammen aus vier gleich großen Dreiecken und zwei gleich großen Rechtecken.

Von einem Rechteck sind die Seiten mit $a = 69{,}28$ und $b = 80$ bekannt. Die Rechtecksfläche ist damit $A_R = a \cdot b = 69{,}28 \cdot 80 = 5.542{,}4$ cm² groß. Beide Rechtecke zusammen besitzen einen Flächeninhalt von $2 \cdot 5.542{,}4 = 11.084{,}8$ cm².

Vom Dreieck ist die Höhe $a = 51{,}96$ cm bekannt. Die unbekannte Länge der Grundseite g kann mithilfe des Pythagoras (1) oder des Kosinus (2) berechnet werden.

(1) Pythagoras: $g^2 + 69{,}28^2 = 80^2 \Leftrightarrow g = \sqrt{80^2 - 69{,}28^2} \cong 40$ cm

(2) Kosinus: $\cos(60°) = \frac{\text{Ankathete}}{\text{Hypotenuse}} = \frac{g}{80} \Leftrightarrow g = 80 \cdot \cos(60°) = 40$ cm

Ein Dreieck hat demnach eine Fläche von: $\frac{1}{2} \cdot 40 \cdot 69{,}28 = 1.385{,}6$ cm².

Die Fläche des Gruppentisches ergibt sich zu

$4 \cdot 1.358{,}6 \text{ cm}^2 + 11.084{,}8 \text{ cm}^2 = 16.519{,}2 \text{ cm}^2 \cong 1{,}65 \text{ m}^2$.

c. Die unbekannte Anzahl der gekauften Tomatenpflanzen sei T und die unbekannte Anzahl der gekauften Gurkenpflanzen G. Da zusammen 15 Pflanzen gekauft wurden und dafür 30,85 EUR ausgegeben wurden, gilt:

$$T + G = 15 \Leftrightarrow T = 15 - G$$
$$1{,}59T + 2{,}29G = 30{,}85$$

Lösen dieses linearen Gleichungssystems z. B. mit dem Einsetzungsverfahren:

$$1{,}59 \cdot (15 - G) + 2{,}29G = 30{,}85$$
$$23{,}85 - 1{,}59G + 2{,}29G = 30{,}85 \,|\, -23{,}85 \text{ und zusammenfassen}$$
$$0{,}7G = 7 \,|: 0{,}7$$
$$G = 10$$

Frau Knipp hat also $G = 10$ Gurkenpflanzen und $T = 15 - 10 = 5$ Tomatenpflanzen gekauft.

d. **Prozentrechnen**

ursprünglicher Preis	x	entspricht	100 %
reduzierter Preis	1.750,00 EUR	entspricht	100 % – 15 % = 85 %

Damit ergibt sich für den ursprünglichen Preis:

$$\frac{x}{100\ \%} = \frac{1.750{,}00\ \text{EUR}}{85\ \%} \mid \cdot 100\ \%$$

$$x = \frac{1.750{,}00\ \text{EUR} \cdot 100\ \%}{85\ \%} \cong 2.058{,}82\ \text{EUR}$$

Aufgabe 2

a. **Geradengleichungen**

1. Für den von der Zeit abhängigen Tankinhalt T_A des Tanks A sind die 100 Liter Wasser, die sich bereits im Tank befinden, unabhängig von der Zeit. Die 30 Liter/Minute steigen dagegen linear pro vergangener Minute x. Also:

$$T_A = 100\ \text{Liter} + 30x\ \frac{\text{Liter}}{\text{Minute}} \cdot \text{Minute} = 100\ \text{Liter} + 30x\ \text{Liter} = 100 + 30x$$

$$T_B = 200\ \text{Liter} + 20x\ \frac{\text{Liter}}{\text{Minute}} \cdot \text{Minute} = 100\ \text{Liter} + 20x\ \text{Liter} = 100 + 20x$$

Für den Tank B gilt Entsprechendes.

2. Tank A kann 500 Liter aufnehmen. Die Frage ist demnach, zu welcher Zeit x für $T_A = 500$ gilt. Um die für Tank A benötigte Zeit zu berechnen, muss folgende Gleichung gelöst werden:

$$500 = T_A$$
$$100 + 30x = 500 \mid -100$$
$$30x = 400 \mid : 30$$
$$x = \frac{400}{30} = \frac{40}{3}$$
$$= 13\frac{1}{3}\ \text{Minuten}$$
$$= 13\ \text{Minuten}\ 20\ \text{Sekunden}$$

In diesem Sinne gilt für den Tank B:

$$500 = T_A$$
$$200 + 20x = 500 \mid -200$$
$$20x = 300 \mid : 20$$
$$x = \frac{300}{20}$$
$$= \frac{30}{2}$$
$$= 15\ \text{Minuten}$$

3. Gleich viel Wasser ist dann in den beiden Tanks, wenn gilt:

$$T_A = T_B$$
$$100 + 30x = 200 + 20x \mid -100 - 20x$$
$$10x = 100 \mid : 10$$
$$x = 10$$

und demnach sind die Tanks nach 10 Minuten gleich voll.

b. **Parabel p mit $y = -4x^2 + 16x - 15$ und Gerade g mit $y = 2x$**

1. Alle Punkte auf der x-Achse haben den y-Wert 0. Deshalb gilt für die Koordinaten der Schnittpunkte der Parabel mit der x-Achse:

$$0 = y$$
$$0 = -4x^2 + 16x - 15 \mid \text{Mitternachtsformel}$$
$$x_{1/2} = \frac{-16 \pm \sqrt{16^2 - 4 \cdot (-4) \cdot (-15)}}{2 \cdot (-4)} = \frac{-16 \pm \sqrt{256 - 240}}{-8}$$

$$= \frac{-16 \pm \sqrt{16}}{-8} = \frac{-16 \pm 4}{-8}$$

$$x_1 = \frac{-16 + 4}{-8} = \frac{-12}{-8} = \frac{3}{2} = 1{,}5 \leftarrow SP_{x_1}\ (1{,}5 \mid 0)$$

$$x_2 = \frac{-16 - 4}{-8} = \frac{-20}{-8} = \frac{5}{2} = 5 : 2 = 2{,}5 \leftarrow SP_{x_2}\ (2{,}5 \mid 0)$$

2. Sollen sich die Parabel p und die Gerade g schneiden, dann müssen die y-Werte der Schnittpunkte gleich sein:

   $-4x^2 + 16x - 15 = 2x \mid -2x$

   $-4x^2 + 12x - 15 = 0 \mid$ Mitternachtsformel

   $$x_{1/2} = \frac{-12 \pm \sqrt{12^2 - 4 \cdot (-4) \cdot (-15)}}{2 \cdot (-4)} = \frac{-12 \pm \sqrt{144 - 240}}{-8}$$

   $$= \frac{-12 \pm \sqrt{-96}}{-8}$$

   Wegen der negativen Diskriminante –96 hat die Gleichung $-4x^2 + 16x - 15 = 2x$ keine Lösung. Mithilfe dieser Gleichung sollten aber die Schnittpunkte von der Parabel p und der Geraden g berechnet werden. Da diese Gleichung keine Lösung hat, haben also die Parabel p und die Gerade g keine Schnittpunkte, schneiden sich nicht.

3. Eine Gerade, die parallel zur Geraden g ist, muss die gleiche Steigung $m = 2$ haben wie die Gerade g. Mit der Hauptform einer Geraden gilt somit bis jetzt für die gesuchte Gerade $y = 2x + b$ mit dem noch unbekannten y-Achsenabschnitt b. Damit die gesuchte Gerade durch den Punkt $P(x = 5 \mid y = -12)$ verläuft, muss gelten:

   $$-12 = 2 \cdot 5 + b \mid -10 \Leftrightarrow b = -22$$

   und die gesuchte Gerade ist $y = 2x - 22$.

c. **Trigonometrie**

1. T_H = Turmhöhe, Ab = Abstand vom Turm zum Fluss und B = Breite des Flusses

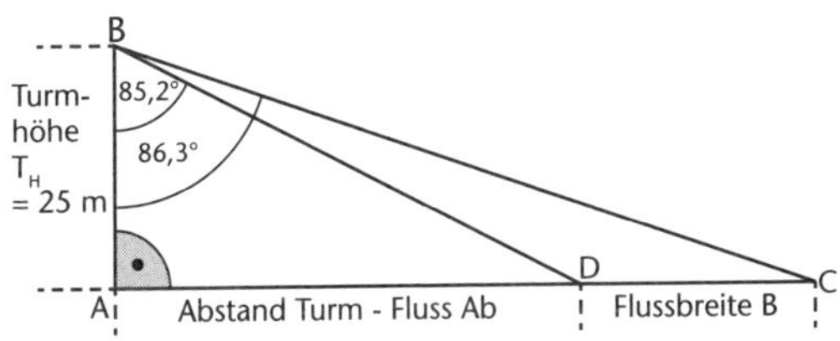

2. Im rechtwinkligen Dreieck ABC mit der Hypotenuse $\overline{BC}$, der dem gegebenen Winkel 86,3° gegenüber liegenden Gegenkathete $\overline{AC}$ und der bezüglich dieses Winkels gegebenen Ankathete von 25 m gilt:

   $$\tan(86{,}3°) = \frac{\text{Gegenkathete}}{\text{Ankathete}} = \frac{\overline{AC}}{25\text{ m}} \mid \cdot 25\text{ m}$$

   $$\overline{AC} = 25\text{ m} \cdot \tan(86{,}3°) \cong 386{,}6\text{ m}$$

Entsprechend gilt für den Abstand des Flusses zum Turm A = $\overline{AD}$:

$\overline{AD} = 25\text{ m} \cdot \tan(85{,}2°) \cong 297{,}7\text{ m}$

Letztlich gilt für die Flussbreite: B = 386,6 m – 297,72 m = 88,88 m

d. Bezeichnet G die Ausgaben in Großbritannien, D die Ausgaben in Deutschland und I die Ausgaben in Italien, dann muss für den Betrag 234,00 EUR, der in diesen drei Ländern durchschnittlich ausgegeben wurde, gelten:

$$234 = \frac{G + D + I}{3} \quad (*)$$

Da in Deutschland 26,00 EUR weniger als im Durchschnitt ausgegeben wurde, ist D = 234 – 26 = 208.

Italiener gaben 1/16 weniger als die Deutschen aus. Deshalb gaben die Italiener

$\frac{1}{16}$ von 208 ergibt $\frac{1}{16} \cdot 208 = 13$

$I = 208 - 13 = 195$

für Weihnachtsgeschenke aus. Die Werte D = 208 und I = 195 in die Gleichung (*) eingesetzt führt auf

$$234 = \frac{G + 208 + 195}{3} \quad | \cdot 3$$
$$702 = G + 403 \quad | -403$$
$$299 = G$$

und somit gaben die Briten im Jahr 2015 für Weihnachtsgeschenke durchschnittlich 299,00 EUR aus.

Aufgabe 3

a. Mithilfe des Additionsverfahrens wird

$$4x - \frac{1}{2}y = 21 \quad | \cdot 10$$
$$6x + 5y = 20^*$$

zu

$$40x - 5y = 210$$
$$6x + 5y = 20 \quad +$$

und somit schlussendlich für x

$$46x = 230 \quad |: 46$$
$$x = 5$$

und mit (*) für y

$$4 \cdot 5 - \frac{1}{2}y = 21 \Leftrightarrow -\frac{1}{2}y = 1 \Leftarrow y = -2.$$

b. **Parabeln**

1. Die Parabel p_1: $y = \frac{1}{2}(x-1)^2 - 2$ liegt in der Scheitelform $y = a(x - x_s)^2 + y_s$ mit den Scheitelkoordinaten $x_s = 1$ und $y_s = -2$ vor. Die Abbildung hat ebenfalls den Scheitel (1 | –2). $\frac{1}{2}$ gibt die Stauchung der Parabel p_1 an. Bei der Normalparabel $y = 1x^2$ erhält man einen weiteren Parabelpunkt, wenn man vom Scheitel eine Einheit nach rechts und eine Einheit nach oben oder zwei Einheiten nach rechts und vier Einheiten nach oben geht.

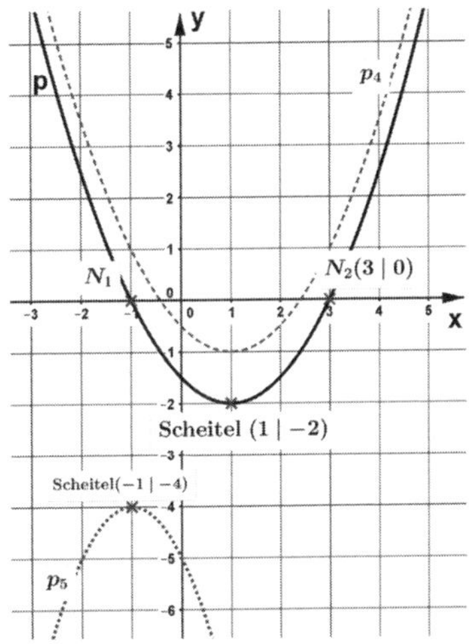

Beim Stauchungsfaktor $\frac{1}{2}$ trifft man bei p_1 auf einen Parabelpunkt, wenn man vom Scheitel eine Einheit nach rechts und eine $\cdot \frac{1}{2}$ = eine halbe Einheit nach oben oder zwei Einheiten nach rechts und vier $\cdot \frac{1}{2} = 2$ Einheiten nach oben geht. Dies ist bei der Parabel p_1 der Fall, also passt p_1 zum abgebildeten Schaubild. Aus dem oben genannten Grund passt p_2: $y = -2x^2 - 1{,}5$ nicht zum gezeichneten Schaubild, da hier der Streckungsfaktor –2 ist. Das Schaubild zu p_2 müsste also steiler als das gezeichnete Schaubild sein, zudem nach unten geöffnet, wie das Minus vor der Zwei zeigt.

Die Parabel p_3: $y = \frac{1}{2}x^2 - x - 2$ hat den passenden Stauchungsfaktor. Mithilfe der Punktprobe prüft man, ob der Scheitel auf dieser Parabel liegt:

$$-2 = \frac{1}{2} \cdot 1^2 - 1 - 2 = -2{,}5$$

ergibt eine falsche Aussage. Also liegt der Scheitelpunkt (1 | –2) nicht auf der Parabel p_2 und deswegen passt p_2 nicht zur gezeichneten Parabel.

2. Jede Parabel p_4, die den selben Stauchungsfaktor wie p_1 hat und deren Scheitel um einen Faktor C nach oben verschoben ist, schneidet die abgebildete Parabel P nicht. Also z. B.

$$p_4: y = \frac{1}{2}(x-1)^2 - 2 + 1 = \frac{1}{2}(x-1)^2 - 1$$

wie die gestrichelt gezeichnete Parabel p_4 in der Abbildung zeigt. Sicher sind auch all die Parabeln möglich, die nach unten geöffnet sind und deren Scheitel unterhalb des Scheitels von p liegt, also z. B. $y = -(x+1)^2 - 3$; in der Abbildung die gepunktete Parabel p_5.

3. Um zu erreichen, dass der Punkt P (x = –1 | y = 15) auf der Parabel $y = x^2 - 6x + q$ liegt, werden die Koordinaten dieses Punktes P in die Parabelgleichung eingesetzt (Punktprobe):

$y = 15 = (-1)^2 - 6 \cdot (-1) + q = 1 + 6 + q = 7 + q \mid -7$
$q = 8$
Somit verläuft die Parabel $y = x^2 - 6x + 8$ durch den Punkt P.

c. **Sanduhr**

1. Die quadratische Grundfläche bedeutet, dass jede Seite der Grundfläche die Länge a hat. Mithilfe des Satzes des Pythagoras gilt also:

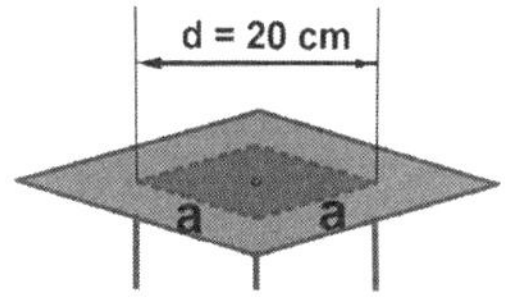

$$(20\text{ cm})^2 = a^2 + a^2 = 2a^2$$
$$400\text{ cm}^2 = 2a^2 \mid :2$$
$$200\text{ cm}^2 = a^2 \mid \text{ Wurzel ziehen}$$
$$a = \sqrt{200\text{ cm}^2} \cong 14{,}14\text{ cm}$$

Diese Grundfläche hat dann einen Flächeninhalt von
$A = \text{Länge} \cdot \text{Breite} = \left(\sqrt{200\text{ cm}^2}\right)^2 = 200\text{ cm}^2$
und einen Umfang mit
$U = 2 \cdot \text{Länge} + 2 \cdot \text{Breite} = 2 \cdot \sqrt{200\text{ cm}^2} + 2 \cdot \sqrt{200\text{ cm}^2}$
$= 4 \cdot \sqrt{200\text{ cm}^2} \cong 56{,}57\text{ cm}$

2. Da die beiden Hälften der Sanduhr in den Maßen gleich sind, genügt es, das Volumen der unteren Hälfte zu berechnen. Diese Figur besteht aus einem Quader mit aufgesetzter Pyramide.

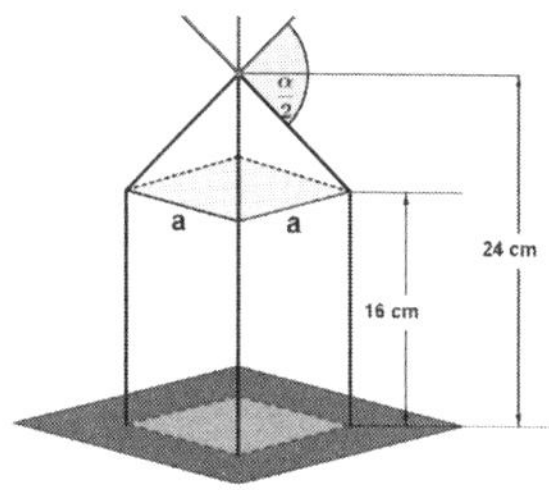

$$V_{Quader} = \text{Länge} \cdot \text{Breite} \cdot \text{Höhe}$$
$$= 14{,}14\text{ cm} \cdot 14{,}14\text{ cm} \cdot 16\text{ cm}$$
$$= 3.199{,}03\text{ cm}^3$$
$$V_{Pyramide} = \frac{1}{3} \cdot G \cdot h = \frac{1}{3} \cdot 200\text{ cm}^2 \cdot (24\text{ cm} - 16\text{ cm})$$
$$= \frac{1}{3} \cdot 200\text{ cm}^2 \cdot 8\text{ cm} \cong 533{,}33\text{ cm}^3$$

Das gesamte Volumen V der Sanduhr ergibt sich zu
$V = 2 \cdot (V_{Quader} + V_{Pyramide}) = 2 \cdot (3.199{,}03\text{ cm}^3 + 533{,}33\text{ cm}^3) = 7.464{,}72\text{ cm}^3$

3. Im rechts abgebildeten rechtwinkligen Dreieck gilt für die Hälfte des gesuchten Winkels α

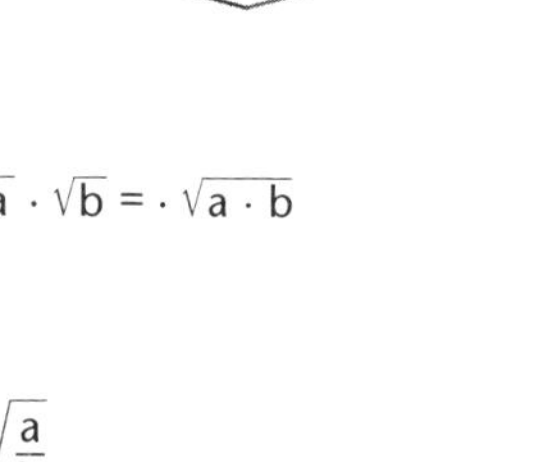

$$\tan\left(\frac{\alpha}{2}\right) = \frac{8\text{ cm}}{10\text{ cm}} = 0{,}8$$
$$\frac{\alpha}{2} = \tan^{-1}(0{,}8) \cong 38{,}66°$$

Der Winkel α ist also $2 \cdot 38{,}66° = 77{,}32°$ groß.

d. Vereinfacht wird der Term nach folgenden Regeln:

$$\frac{\sqrt{54a^2b} \,.\, \sqrt{2ab^3}}{\sqrt{3a^3}} - 5b^2 = \frac{\sqrt{54a^2b \cdot 2ab^3}}{\sqrt{3a^3}} - 5b^2 \mid \cdot \sqrt{a} \cdot \sqrt{b} = \cdot \sqrt{a \cdot b}$$
$$= \frac{\sqrt{108a^3b^4}}{\sqrt{3a^3}} - 5b^2$$
$$= \sqrt{\frac{108a^3b^4}{3a^3}} - 5b^2 \mid \frac{\sqrt{a}}{\sqrt{b}} = \sqrt{\frac{a}{b}}$$
$$= \sqrt{\frac{36b^4}{1}} - 5b^2 = \sqrt{36b^4} - 5b^2 \mid \text{Bruch gekürzt}$$
$$= \cdot \sqrt{36} \cdot \sqrt{b^4} - 5b^2 = 6b^2 - 5b^2 = b^2$$

Aufgabe 4

a. **Parabel** p: $y = (x - \mathbf{3})^2 - \mathbf{1}$

1. p liegt in der Scheitelform $y = a\,(x - x_S)^2 + y_S$ vor. Für p gilt $x_S = 3$ und $y_S = -1$ und damit für den Scheitel (3 | –1).
   Alle Punkte auf der y-Achse haben einen x-Wert von null, also
   $y = (0 - 3)^2 - 1 = (-3)^2 - 1 = 9 - 1 = 8 \rightarrow SP_y\,(0\,|\,8)$

   Alle Punkte auf der x-Achse haben einen y-Wert von null, damit
   $0 = y$
   $0 = (x - 3)^2 - 1 = x^2 - 6x + 9 - 1 = x^2 - 6x + 8\,|$ Mitternachtsformel
   $$x_{1/2} = \frac{-(-6) \pm \sqrt{(-6)^2 - 4 \cdot 1 \cdot 8}}{2 \cdot 1} = \frac{6 \pm \sqrt{36 - 32}}{2} = \frac{6 \pm \sqrt{4}}{2} = \frac{6 \pm 2}{2}$$
   $$x_1 = \frac{6+2}{2} = \frac{8}{2} = 4 \rightarrow SP_{x_1}(4\,|\,0)$$
   $$x_2 = \frac{6-2}{2} = \frac{4}{2} = 2 \rightarrow SP_{x_2}(2\,|\,0)$$

2. Ob der Punkt P auf der Parabel p liegt, wird mithilfe einer Punktprobe überprüft. Dabei werden die gegebenen Koordinaten des Punktes
   P(x = –2,1 | y = 25,01)
   in die Parabelgleichung
   $y = (x - 3)^2 - 1$
   eingesetzt und man erhält
   $$\begin{aligned} 25{,}01 &= (-2{,}1 - 3)^2 - 1 \\ &= (-5{,}1)^2 - 1 \\ &= 26{,}01 - 1 \\ &= 25{,}01 \text{ w. A.} \end{aligned}$$
   Aus dieser wahren Aussage folgt, dass der Punkt P auf der Parabel p liegt.

3. Schaubild

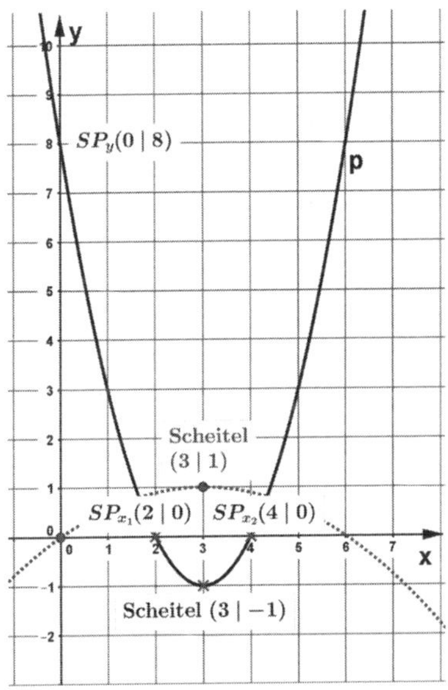

4. Der x-Wert des Scheitels mit x = 3 liegt bei einer Parabel in der Mitte der Nullstellen. Da die eine bekannte Nullstelle der Parabel bei x = 0 liegt und diese vom x-Wert des Scheitels einen Abstand von 3 hat, muss die andere Nullstelle bei x = 3 + 3 = 6 liegen. Der andere Schnittpunkt mit der x-Achse hat also die Koordinaten (6 | 0). In der obigen Abbildung die gepunktete Parabel.

b. **Gerade**

1. Nach der gegebenen Wertetabelle sind von der Geraden zwei Punkte $A(x_1 = -2 \mid y_1 = 3)$ und $B(x_2 = 2 \mid y_2 = 1)$ gegeben. Mithilfe dieser Koordinaten kann die Steigung der Geraden bestimmt werden:

$$m = \frac{y_2 - y_1}{x_2 - x_1} = \frac{1 - 3}{2 - (-2)} = \frac{-2}{4} = -0{,}5$$

Der y-Achsenabschnitt der gesuchten Geraden kann jetzt mithilfe der Hauptform $y = mx + b$ berechnet werden, indem man in diese die Steigung und die Koordinaten eines beliebigen Punktes, z. B. $B(x = 2 \mid y = 1)$, einsetzt.

$$1 = -0{,}5 \cdot 2 + b \Leftrightarrow 1 = -1 + b \Leftrightarrow b = 2$$

Die gesuchte Gerade hat also die Geradengleichung $y = -0{,}5x + 2$.

2. Um die fehlenden y-Werte in der Tabelle zu bestimmen, setzt man die x-Werte in die Geradengleichung ein. Für $x = -3$ ergibt sich

$$y = -0{,}5 \cdot (-3) + 2 = 1{,}5 + 2 = 3{,}5$$

und für = 1

$$y = -0{,}5 \cdot 1 + 2 = -0{,}5 + 2 = 1{,}5$$

und in der Wertetabelle stehen die Werte:

x	−3	−2	1	2
y	3,5	3	1,5	1

3. Für den Schnittpunkt mit der y-Achse gilt $x = 0$ und somit

$$y = -0{,}5 \cdot 0 + 2 = 0 + 2 = 2 \rightarrow SP_y\,(0 \mid 2)$$

und für den Schnittpunkt mit der x-Achse, wie bekannt, $y = 0$, also

$$y = 0 \Leftrightarrow -0{,}5x + 2 = 0 \Leftrightarrow -0{,}5x = -2 \Leftrightarrow x = 4 \rightarrow SP_x\,(4 \mid 0)$$

c. **Kreis**

1. Im äußeren Kreisring malt Sarah von sechs gleich großen Segmenten drei an. Das sind 50 %. Auch im mittleren Kreisring und inneren Kreis malt sie 50 % an, also bleiben 50 % der Scheibe weiß.

2. Für die Fläche F der ganzen Scheibe gilt:

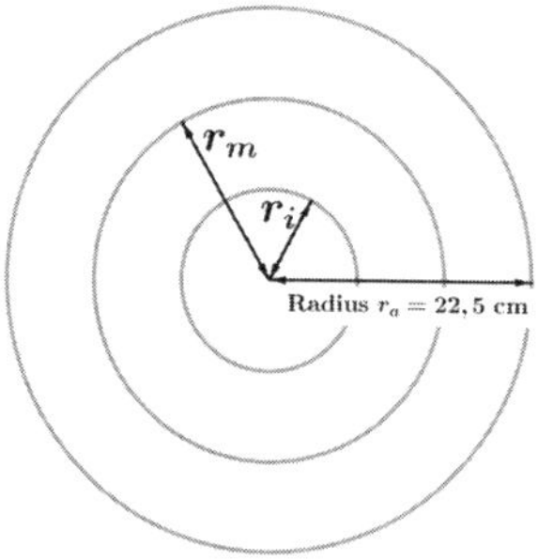

$$F = \pi \cdot r^2 = \pi \cdot \left(\frac{d}{2}\right)^2$$

$$= \pi \cdot \left(\frac{45\text{ cm}}{2}\right)^2 = \pi \cdot (22{,}5\text{ cm})^2$$

$$= 506{,}25\,\pi\text{ cm}^2 \cong 1.590{,}43\text{ cm}^2$$

Davon 5 % ergibt:

$$\frac{1590{,}43\text{ cm}^2}{100\,\%} \cdot 5\,\% = 79{,}5215\text{ cm}^2$$

Für diese 5%ige Fläche ist ein Radius r_i von

$$79{,}5215\text{ cm}^2 = \pi\, r_i^2 \mid :\pi$$

$$25{,}31\text{ cm}^2 \cong r^2 \mid \text{Wurzel ziehen}$$

$$r_i = \sqrt{25{,}31\text{ cm}^2} \cong 5{,}03\text{ cm}$$

notwendig.

3. Die Länge des goldenen Drahtes setzt sich aus den drei Umfängen U_i, Umfang des inneren Kreises, U_m, Umfang des mittleren Kreisrings, und U_a, Umfang des äußeren Kreisrings, zusammen:

$U_{Kreis} = 2\,\pi r$

$U_i = 2\pi \cdot r_i = 2\pi \cdot 5 \text{ cm} \cong 31{,}42 \text{ cm}$

$U_m = 2\pi \cdot r_m = 2\pi \cdot \frac{22{,}5 \text{ cm} + 5 \text{ cm}}{2} = 2\pi \frac{27{,}5 \text{ cm}}{2} \cong 86{,}39 \text{ cm}$

$U_a = 2\pi \cdot r_a = 2\pi \cdot 22{,}5 \text{ cm} \cong 141{,}37 \text{ cm}$

Damit ergibt sich für die Länge L des Drahtes ein Wert von

$L = U_i + U - m + U_a = 31{,}42 \text{ cm} + 86{,}39 \text{ cm} + 141{,}37 \text{ cm} = 259{,}18 \text{ cm} \cong 2{,}59 \text{ m}$

Ein Meter des goldenen Drahtes kostet $\frac{6{,}00 \text{ EUR}}{\text{Meter}}$ und somit muss Sarah

$$K = 2{,}59 \text{ m} \cdot 6{,}00 \frac{\text{EUR}}{\text{m}} = 15{,}54 \text{ EUR}$$

ausgeben.

Aufgabe 5

a. **Grundriss Gewächshaus**

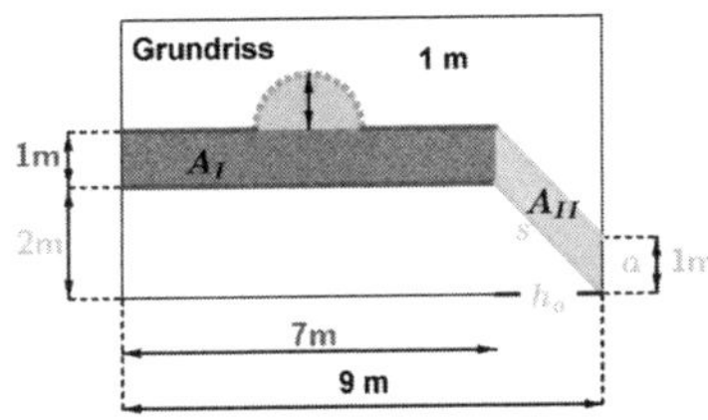

1. Die gesuchte Fläche setzt sich aus drei Teilflächen zusammen:
   - einem Rechteck A_I mit der Länge L = 7 m und der Breite B = 1 m,
   - einem Parallelogramm A_{II} mit der Grundlinie a = 1 m und der Höhe $h_a = +2$ m,
   - einem Halbkreis A_{HK} mit dem Radius r = 1 m.

   Berechnung der Teilflächen:

$$A_I = L \cdot B = 7 \text{ m} \cdot 1 \text{ m} = 7 \text{ m}^2$$
$$A_{II} = a \cdot ha = 1 \text{ m} \cdot 2 \text{ m} = 2 \text{ m}^2$$
$$A_{HK} = \frac{1}{2} \cdot \pi \cdot r^2 = \frac{1}{2}\pi \cdot (1 \text{ m})^2 = \frac{1}{2}\pi \cdot 1 \text{ m}^2 \cong 1{,}57 \text{ m}^2$$

   Damit haben die Wege eine Gesamtfläche G von:

   $G = A_I + A_{II} + HK = 7 \text{ m}^2 + 2 \text{ m}^2 + 1{,}57 \text{ m}^2 = 10{,}57 \text{ m}^2$

   Diese Fläche soll 10 cm = 0,1 m mit Holzhackschnitzel belegt werden. Für das entstehenden Volumen V gilt:

   $V = 10{,}57 \text{ m}^2 \cdot 0{,}1 \text{ m} = 1{,}057 \text{ m}^3$

   Ein Kubikmeter Holzhackschnitzel kostet 25,90 EUR je m³. Für die Wege fallen also Kosten K in Höhe von

$$K = 1{,}057 \text{ m}^3 \cdot 25{,}90 \frac{\text{EUR}}{\text{m}^3} = 27{,}3763 \text{ EUR} \cong 27{,}38 \text{ EUR}$$

   an.

2. Bezeichnet r_{HK} den Radius des Halbkreises, dann ist die obere dunkelgraue Linie R_1

$R_1 = 7\ \text{m} - 2 \cdot \text{Radius} = 7\text{m} - 2 \cdot 1\ \text{m} = 5\ \text{m}$

lang.

Die untere dunkelgraue Randsteinstrecke ist 7 m lang.

Der Halbkreis hat einen Umfang U_{HK} mit

$U_{HK} = \frac{1}{2} \cdot 2 \cdot \pi \cdot r = \pi \cdot r = \pi \cdot 1\ \text{m} \cong 3{,}14\ \text{m}.$

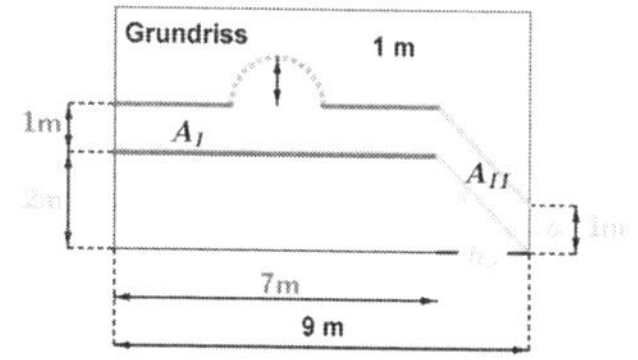

Die schräge Strecke s des Parallelogramms lässt sich mithilfe des Satzes des Pythagoras berechnen:

$$s^2 = (2\ \text{m})^2 + (2\ \text{m})^2 = 4\ \text{m}^2 + 4\ \text{m}^2 = 8\ \text{m}^2 \mid \text{Wurzel ziehen}$$
$$s = \sqrt{8\ \text{cm}^2} = \sqrt{8}\ \text{m} \cong 2{,}83\ \text{m}$$

Die Länge L der benötigten Randsteine ergibt sich zu

$L = 5\ \text{m} + 7\ \text{m} + 3{,}14\text{m} + 2 \cdot 2{,}83\ \text{m} = 20{,}80\ \text{m}.$

Wenn 1 m Randstein 1,50 EUR kosten, dann kosten 20,80 m

$20{,}80\ \text{m} \cdot 1{,}50\ \frac{\text{EUR}}{\text{m}} = 31{,}20\ \text{EUR}.$

b. **Geraden**

1.

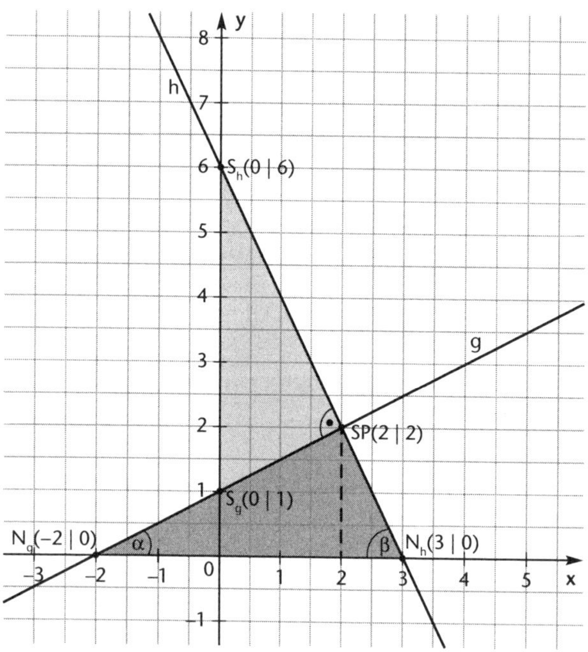

2. Für die Steigung zweier Geraden m_g und m_h, die senkrecht aufeinander stehen, gilt die Beziehung $m_g \cdot m_h = -1$.
   Die Steigung von g ist mit $m_g = 0{,}5$ bekannt. Damit gilt für die Steigung m_h der Geraden h:
   $0{,}5 \cdot m_h = -1 \Leftrightarrow m_h = \frac{-1}{0{,}5} = -2$
   Die Gerade h geht zudem durch den Punkt (x = 0 | y = 6), also ergibt sich mithilfe der Punktprobe in
   $y = -2x + b$
   $6 = -2 \cdot 0 + b$
   $b = 6$
   und damit
   h: $y = -2x + 6$.
3. Das Dreieck N_gN_hSP, das die Geraden g und h mit der x-Achse einschließen, hat eine Grundseite mit einer Länge von 3 – (–2) = 5 LE und eine Höhe von 2 LE. Deswegen gilt für den Flächeninhalt A dieses Dreiecks
   $A = \frac{1}{2} gh = \frac{1}{2} \cdot 5 \text{ LE} \cdot 2 \text{ LE} = 5 \text{ LE}^2 = 5 \text{ FE}$.
   Das Dreieck S_hS_gSP, das die beiden Geraden mit der y-Achse einschließen, hat eine Grundseite von 6 – 1 = 5 LE und eine Höhe von 2 LE. Damit hat die Fläche A dieses Dreiecks einen Inhalt von
   $A = \frac{1}{2} \cdot 5 \text{ FE} \cdot 2 \text{ FE} = 5 \text{ FE}$
   und die beiden Dreiecke sind gleich groß.
4. Der Winkel α hat eine Ankathete mit 2 – (–2) = 4 LE und eine Gegenkathete mit 2 LE. Mit dem Tangens gilt:
   $\tan(\alpha) = \frac{\text{Gegenkathete}}{\text{Ankathete}} = \frac{2 \text{ LE}}{4 \text{ LE}} = 0{,}5 \mid \tan^{-1}$
   $\alpha = \tan^{-1}(0{,}5) \cong 26{,}57°$
   Für den Winkel β gilt im rechtwinkligen Dreieck N_gN_hSP
   $\beta = 180° - 90° - 26{,}57° = 63{,}43°$

c. **Formel $B = \sqrt{\frac{200 \cdot J \cdot K}{P \cdot L}}$**

1. Einsetzen der Werte J = 1.000, K = 10, P = 20 und L = 0,1 in die Formel ergibt
   $B = \sqrt{\frac{200 \cdot 1.000 \cdot 10}{20 \cdot 0{,}1}} = \sqrt{\frac{2.000.000}{2}} = \sqrt{1.000.000} = 1.000$
2. Umstellen der Formel nach L ergibt:
   $$B = \sqrt{\frac{200 \cdot J \cdot K}{P \cdot L}} \mid (\,)^2$$
   $$B^2 = \frac{200 \cdot J \cdot K}{P \cdot L} \mid \cdot P \cdot L$$
   $$P \cdot L \cdot B^2 = 200 \cdot J \cdot K \mid : (P \cdot B^2)$$
   $$L = \frac{200 \cdot J \cdot K}{P \cdot B^2} = \frac{200 \cdot J \cdot K}{B^2 \cdot P}$$